“十四五”职业教育国家规划教材配套用书
职业教育·道路运输类专业教材

Gonglu Gongcheng Shigong Zhaobiao

公路工程施工招标

Wenjian Shili

文件示例

宁金成　吴志华　陈世九　主　编
俞素平　许圣妹　主　审

人民交通出版社股份有限公司
China Communications Press Co.,Ltd.

内 容 提 要

本书作为“十四五”职业教育国家规划教材《公路工程定额与造价》(第 4 版)的配套用书,包括“公路施工招标文件(项目专用本)”和“公路施工图设计文件”两部分。具体内容包括路基工程、路面工程、涵洞工程、桥梁工程、隧道工程(洞身工程及隧道路面部分)等项目的施工招标文件(含招标公告、投标人须知、评标办法、合同条款及格式、工程量清单等)及相应的施工图设计文件(含工程数量和图纸)。

本书作为《公路工程定额与造价》(第 4 版)的项目背景材料,满足基于行动导向的“项目引领、任务驱动”的教学模式需要。此外,本书也可作为《道路勘测技术》《路基工程》《路面工程》《桥梁工程》《道路工程施工组织与管理》等相关课程的教学项目背景资料,亦可供公路工程相关技术人员借鉴学习。

图书在版编目(CIP)数据

公路工程施工招标文件示例 / 宁金成,吴志华,陈世九主编. — 北京 : 人民交通出版社股份有限公司,2019.9

ISBN 978-7-114-15620-5

Ⅰ. ①公… Ⅱ. ①宁… ②吴… ③陈… Ⅲ. ①道路施工—招标—文件—编制 Ⅳ. ①U415.13

中国版本图书馆 CIP 数据核字(2019)第 201883 号

“十四五”职业教育国家规划教材配套用书
职业教育 · 道路运输类专业教材

书　　名:公路工程施工招标文件示例
著 作 者:宁金成　吴志华　陈世九
责任编辑:岑　瑜　冀爱芳
责任校对:孙国靖　扈　婕
责任印制:张　凯
出版发行:人民交通出版社股份有限公司
地　　址:(100011)北京市朝阳区安定门外外馆斜街 3 号
网　　址:http://www.ccpcl.com.cn
销售电话:(010)59757973
总 经 销:人民交通出版社股份有限公司发行部
经　　销:各地新华书店
印　　刷:北京印匠彩色印刷有限公司
开　　本:787 × 1092　1/16
印　　张:16.75
字　　数:429 千
版　　次:2019 年 9 月　第 1 版
印　　次:2023 年 6 月　第 5 次印刷
书　　号:ISBN 978-7-114-15620-5
定　　价:38.00 元

前·言

Preface

为更好地推进"公路工程造价"等相关课程基于行动导向的"项目引领、任务驱动"教学模式的应用，按照"能力目标先行，以教师为主导，以学生为主体，以工程项目为载体，以造价编制流程为导向，以综合训练为手段，理论实践一体化"原则开展课程教学，特组织经验丰富的教师编写了本书。

"项目引领"是指以工程项目为载体，以造价编制流程为导向，以项目带动教学，通过共同完成一个"学习性工程项目"的造价编制总任务而进行的教学活动。学生完成一个项目总任务的过程就是学生掌握知识、技能的过程。

"任务驱动"是指以教师为主导，以学生为主体，以基本工作任务为中心组织教学，体现"做中学，学中做"。为完成项目造价编制总任务，各学习单元设计若干个基本工作任务。

本书依据国家和交通运输部最新的政策法规、技术标准、规范和计价文件，结合近年来公路工程施工招标、投标实践和课程教学目标需要及教学特点，对源于实际工程项目的施工招标文件加以改编，形成了"学习性工程项目"。在进行项目教学时，可将本书提供的"学习性工程项目"作为载体，以完成施工图预算编制和投标报价编制的项目学习总任务为主线来组织实施。

本书具体编写分工如下：福建船政交通职业学院吴志华编写"第一部分　××至××港区疏港公路施工招标文件"，福建船政交通职业学院陈世九编写第二部分中的"第四篇 桥梁、涵洞"和"第五篇隧道"部分，河南交通职业技术学院宁金成编写第二部分中的其他部分。本书由宁金成、吴志华、陈世九担任主编，由福建船政交通职业学院俞素平教授、福建陆海工程勘察设计有限公司许圣妹高级工程师担任主审。

在本书撰写过程中,得到了许多企业专家的热情帮助,在此表示衷心的感谢。

由于作者水平有限,疏漏与不足之处在所难免,敬请读者批评指正。

编　者

2019 年 6 月

目·录

Contents

第四卷

第二部分　××至××港区疏港公路两阶段施工图设计文件

总说明

一、× ×至× ×港区疏港公路施工招标文件，由2007年版《标准施工招标文件》（以下简称《标准文件》）、2018年版《公路工程标准施工招标文件》（以下简称《公路工程标准文件》）和《× ×至× ×港区疏港公路施工招标文件项目专用本》（以下简称《项目专用本》）三部分组成。

二、2007年版《标准文件》指国家发改委发布的发改法规[2007]3419号《标准施工招标文件》；2018年版《公路工程标准文件》指中华人民共和国交通运输部公告2017年第51号《公路工程标准施工招标文件》；《项目专用本》是根据本项目实际情况，对《标准文件》《公路工程标准文件》内容的局部修改和补充，凡与《标准文件》《公路工程标准文件》内容相同的部分不再列出，按《标准文件》《公路工程标准文件》执行。

三、投标人在编制投标文件时，应认真阅读《标准文件》《公路工程标准文件》和《项目专用本》，并严格按《标准文件》《公路工程标准文件》和《项目专用本》规定的内容、条款及格式编制投标文件。

四、《标准文件》和《公路工程标准文件》由各投标人自行购买，业主仅出售《项目专用本》。凡《项目专用本》与《标准文件》《公路工程标准文件》不一致的，均以《项目专用本》为准。

第一部分　××至××港区疏港公路施工招标文件

× ×至× ×港区疏港公路

施 工 招 标 文 件

（项目专用本）

招标编号：× × × × 2019—ZB006

招　　标　　人：× × 交 通 开 发 有 限 公 司

招标代理机构：福建× ×工程造价咨询有限公司

× × × ×月× ×月× ×日

第　一　卷

第一章 CHAPTER ONE 招标公告

××至××港区疏港公路A标段施工招标公告

1. 招标条件

本招标项目××至××港区疏港公路已由 ××县发展和改革委员会文件 以 ××发改审批〔2019〕6号 批准建设，项目业主为 ××交通开发有限公司 ，建设资金来自 上级补助及地方自筹 ，招标人为 ××交通开发有限公司 。项目已具备招标条件，现对该项目的 K8+897.992～K19+555.630(以下简称A标段) 施工进行公开招标。本次招标采用资格后审。

2. 项目概况与招标范围

2.1 项目概况

本项目起点位于××县××村，顺接××疏港公路，桩号为K8+897.992。路线根据规划线，沿垭口布线至K9+300处跨沟后，沿山边布线至梅花村。之后路线在K10+680(梅花船舶管理站)至中心K11+080段穿过山鼻后至亭下村前接上老路。接着路线沿老路布线至K11+630，并在桩号K11+917～K12+180处修建长263m的××隧道，穿越龟屿山后。路线沿着山边阶地直插廪头村后，在K13+080处右转继续沿山后阶地布线。在K14+730及K15+690处分别穿过希望小学及牛坑中心小学后的山地，经下莲村、油杭村后至终点廪尾村接上老路(××港区)。在内厝板东北面路线中心桩号K15+091.5处修建长53.4m的内厝板中桥。终点桩号为K19+555.630，全长10.659505km(断链长1.867m)，共分一个施工标段(A标段)。

2.2 招标范围及标段划分

2.2.1 本次对 ××至××港区疏港公路A标段 进行招标。

××至××港区疏港公路A标段：拟建项目起点位于××县××村，起点桩号为K8+897.992，终点桩号为K19+555.630，全长10.66km。

2.2.2 项目技术标准

本项目采用二级公路标准，设计速度60km/h，路基宽度采用17m(全幅式混凝土路面)，设计洪水频率大中桥采用1/100、小桥涵和路基采用1/50,设计车辆荷载为公路-Ⅱ级,路面设计标准轴载为BZZ-100,服务水平三级,地震动峰值加速度系数为0.05,本路线坐标系统采用1980年西安坐标系,水准系统采用1985年国家高程基准;其他技术指标详见设计说明。

2.3　招标项目规模

标段	里程桩号	里程(km)	招标工程主要范围	主要工程数量	备　注
A	K8 +897.992 ~ K19 +555.630	10.66	路基、路面、桥梁、涵洞、沿线交通安全设施、景观绿化工程等	(1)路基土石方:土方213267m^3,石方544328m^3; (2)防护砌体:40657.96m^3; (3)喷锚挂网:38533m^2; (4)排水砌体:11397.7m^3; (5)路面:水泥混凝土路面140582.5m^2,硬路肩35385.6 m^2; (6)涵洞:钢筋混凝土盖板涵1109.8m/36道,石拱涵45.78m/1道; (7)平面交叉:2处; (8)隧道:1处,长263m; (9)中桥:1座,长53.4m(内湄板中桥)	具体以招标人提供的工程量清单为准,以施工图纸为依据

2.4　招标项目施工工期

A标段 24 个月。

2.5　工程质量要求

符合交通运输部《公路工程质量检验评定标准 第一册 土建工程》(JTG F80/1—2017)合格标准。

3. 投标人资格要求

3.1　本招标项目要求投标人须具备以下条件:

具有国内独立法人资格,建设行政主管部门颁发的公路工程施工总承包二级及以上资质且取得相关行政主管部门核发有效的《施工企业安全生产许可证》(且投标人必须列入全国公路建设市场信用信息管理系统公路工程施工资质企业名录)。

业绩要求: ××××年××月××日以来至少成功地完成过一个合同段3km及以上二级及以上普通公路(含路基、路面、中桥等,其中路面结构形式不限)或3km及以上高速公路路基土建工程,且项目合同价在人民币5000万元及以上。(金额以合同协议书价格为准,业绩需提供竣工验收报告或交工验收报告等相关材料)。

投标人企业应同时具备上述两点业绩,且要在一个业绩内体现。

投标申请人拟担任本工程项目经理应具备有效的公路工程专业一级注册建造师资质且为本企业员工,持有交通运输部或省级交通主管部门颁发的公路工程《安全生产考核合格证书》B证。

人员、设备、资金等方面具有相应施工能力。

在由福建省发改委、省重点办最近发布的福建省重点项目参建单位业绩信誉评价登记情况通报中被评为C、D级的企业,在有效期内不得参加投标。

投标人应进入交通运输部“全国公路建设市场信用信息管理系统(https://glxy.mot.gov.cn)”中的公路工程施工资质企业名录,且投标人名称和资质与该名录中的相应企业名称和资质完全一致。

3.2 本次招标不接受联合体投标。

3.3 与招标人存在利害关系可能影响招标公正性的单位,不得参加投标;单位负责人为同一人或存在控股、管理关系的不同单位,不得参加同一标段投标,否则其投标均无效。

3.4 在“信用中国”网站(https://www.creditchina.gov.cn)中被列入失信被执行人名单的投标人,不得参加投标。

3.5 同一施工标段范围内的施工、监理、试验检测服务标段的第一中标候选人为同一法人,或为同一个法定代表人,或存在控股或参股关系的,按照施工、监理、试验检测的顺序以及在施工、监理、试验检测标段中只能中一个标的原则,确定中标候选人。

3.6 投标人在投标文件中提交的企业资质证书编号、安全生产许可编号以及项目经理、总工的姓名和相关证书编号应与在全国公路建设市场信用信息管理系统中登记的一致,否则,将导致资格审查不通过。

3.7 评标结束后,中标候选人提交的投标报价、项目经理、总工的姓名和相关证书名称、编号、信用等级以及被否决投标的投标人名称、否决依据和原因等将在福建省公共资源交易电子公共服务平台(https://www.fjggfw.gov.cn)和福建省公路水运工程电子招标投标交易平台(http://fjjt.hyebid.cn)上进行公示。

4.招标文件的获取

4.1 本次招标采用资格后审方式进行,评标办法采用合理低价法。

凡有意参加投标者,请于____××××____年____××____月____××____日至____××××____年____××____月____××____日(含法定双休日、节假日)每天上午____8:30—11:30____,下午____14:30—17:00____(北京时间,下同),____××县建设工程交易中心(地址:××)持以下资料购买招标文件:

(1)企业法人营业执照副本原件,企业资质证书副本原件,企业安全生产许可证副本原件,公司银行基本账户开户许可证原件,单位介绍信原件、经办人身份证原件。

(2)上述资料彩色扫描件或彩色复印件并加盖单位公章一套。其中《标准文件》《公路工程标准文件》由投标人自行购买。

4.2 施工招标文件(含固化工程量清单等)售价____300____元,以上资料捆绑出售,售后不退。

5.投标文件的递交及相关事宜

5.1 投标人不组织踏勘现场,且不召开投标预备会。

5.2 投标文件递交的截止时间(投标截止时间,下同)为____××××____年____××____月____××____日____9时00分____,地点为____××建设工程交易中心(地址:××);在递交投标文件的同时,投标人的法定代表人或其委托的代理人应当持授权委托书原件(若为法定代表人应持法人身份证明书原件)、身份证(原件)等核验资料,具体详见投标须知前附表。

5.3 逾期送达的或者未送达指定地点的或未按招标文件要求密封和加写标记或未按本招标公告第5.2款规定递交投标文件的,招标人不予受理。

5.4　投标保证金：人民币捌拾万元，具体详见招标文件。

6. 发布公告的媒介

本次招标公告同时在福建省公共资源交易电子公共服务平台（https://www.fjggfw.gov.cn）和福建省公路水运工程电子招标投标交易平台（http://fjjt.hyebid.cn）等媒体上发布。

7. 联系方式

招标人：××交通开发有限公司

地址：________________

电话：________________　　传真：________________

联系人：________________

招标代理机构：福建××工程造价咨询有限公司

地址：________________

电话：________________　　传真：________________

联系人：________________

投标保证金银行账号：________________

开户银行：________________

账户名称：________________

账　　号：________________

监督机构：××市交通运输局　　地址：________________

第二章
CHAPTER TWO
投标人须知

投标人须知前附表

条款号	条 款 名 称	编 列 内 容
1.1.2	招标人	见招标公告
1.1.3	招标代理机构	见招标公告
1.1.4	项目名称	××至××港区疏港公路A标段
1.1.5	建设地点	××县××
1.2.1	资金来源	上级补助及地方自筹
1.2.2	出资比例	100%
1.2.3	资金落实情况	已落实
1.3.1	招标范围	路基、路面、隧道、桥梁、涵洞、沿线交通安全设施、景观绿化工程等
1.3.2	计划工期	24个月
1.3.3	质量要求	工程交工验收的质量评定：符合交通运输部《公路工程质量检验评定标准 第一册 土建工程》(JTG F80/1—2017)合格标准； 竣工验收的质量评定：符合交通运输部《公路工程质量检验评定标准 第一册 土建工程》(JTG F80/1—2017)合格标准
1.3.4	安全目标	1. 职工伤亡事故：死亡率控制在0，重伤率控制在0； 2. 其他事故：万元以上的直接经济损失控制在年产值的0.4‰以下
1.4.1	投标人资质条件、能力和信誉	资质条件：见附录1； 财务要求：不要求； 业绩要求：见附录2； 信誉要求：见附录3； 项目经理和项目总工资格：见附录4
1.4.2	是否接受联合体投标	不接受
1.10.2	投标人在投标预备会前提出问题	时间：/ 形式：/

续上表

条款号	条款名称	编列内容
1.11	分包	不允许
2.1	构成招标文件的其他材料	根据本章第1.10.2款、第2.2.1～2.3.2款对招标文件所作的澄清、修改,构成招标文件的组成部分
2.2.1	投标人要求澄清招标文件	在 ×××× 年 ×× 月 ×× 日 18:00之前,使用CA数字证书登录"电子交易平台",在"投标答疑"菜单以书面形式要求招标人对招标文件予以澄清
2.2.2	招标文件澄清发出的形式	通过"电子交易平台"发出招标文件澄清
2.2.3	投标人确认收到招标文件澄清	无须确认
2.3.1	招标文件修改发出的形式	通过"电子交易平台"发出招标文件澄清
2.3.2	投标人确认收到招标文件修改的时间	无须确认
3.1.1	投标文件的组成	本次招标采用双信封形式,投标人编制的投标文件应包括下列内容: 第一个信封(商务及技术文件): (1)投标函及投标函附录; (2)法定代表人身份证明及授权委托书; (3)投标保证金银行回执或投标保证金银行保函; (4)项目管理机构; (5)资格审查资料; (6)承诺函; (7)投标人信用等级情况表与信用加分申请函; (8)其他资料。 第一信封内(商务及技术文件)不得体现任何关于投标报价方面的内容,否则按废标处理。 第二个信封(报价文件): (1)投标函; (2)已标价工程量清单(含数据U盘或光盘); (3)合同用款估算表
3.2.1	工程量清单的填写方式	投标人按照招标人提供的工程量固化清单电子文件填写工程量清单
3.2.3	报价方式	以投标总价方式报价
3.2.5	是否接受调价函	否
3.2.8	最高投标限价	有,最高投标限价(不含暂列金额),在投标截止时间15天以前发布在电子招标投标交易平台上(网址详见招标公告),供投标人自行查阅和下载,招标人不再以其他方式通知投标人。投标人的投标价(不含暂列金额)不得高于最高限价(不含暂列金额),否则均按无效投标处理
3.3.1	投标有效期	自投标人提交投标文件截止之日起计算 90 天

续上表

条款号	条 款 名 称	编 列 内 容
3.4.1	投标保证金	投标保证金的形式： 1. 投标保证金提交的方式：以银行电汇或银行转账或银行保函形式提交； 2. 投标保证金提交的金额：人民币捌拾万元； 3. 投标保证金提交的时间及要求： 3.1 银行电汇或银行转账形式：投标保证金须 在××××年××月××日17:00时 前从投标人所在地银行的投标人企业基本账户以电汇或银行转账的形式一次性汇达招标公告中指定的投标保证金账户（以到户银行出具的进账单为准），并在电汇或转账单上注明"××至××港区疏港公路A标段"的投标保证金（可简写为"××A标投标保证金"）。 投标保证金银行账号： 开户名称： 开户银行： 账　　号： 联系电话： 3.2 银行保函形式：该保函应由投标人开立基本账户的银行开具（若投标人开立基本账户为银行的分支机构，不具备开具投标信用银行保函资格时，可由该分支机构的上级且具有开具投标信用保函资格的银行开具，并附相关证明材料）并保证其有效。办理投标信用保函所需的一切费用由投标人自理。 投标信用银行保函彩色扫描件（或彩色复印机）装订于投标文件中，原件应在递交投标文件时单独提交给招标人。 投标保证金银行保函格式见"第9章 投标文件格式"
3.4.2	未提交投标保证金和投标信用银行保函的处理	投标人不按本章第3.4.1项要求提交投标保证金的，其投标文件作废标处理
3.4.3	投标保证金退还和利息计算原则	（1）招标人最迟将在中标通知书发出后5日内向中标候选人以外的其他投标人退还投标保证金，与中标人签订合同后5日内向中标人和其他中标候选人退还投标保证金。投标保证金以现金或支票形式递交的，招标人应同时退还投标保证金的银行同期活期存款利息，且退还至投标人的基本账户。 （2）计算利息的起始日期为投标截止当日，终止日期为招标人退还投标保证金日期的前一日；投标保证金的利息按上述计息时间内招标人指定汇入银行公告的活期存款利率计付，并扣除招标人汇款手续费；利息金额计算至分位，分以下尾数四舍五入
3.4.4	其他可以不予退还投标保证金的情形	发生下列情形之一的，视为投标违约行为： （1）投标人在规定的投标有效期内撤销或修改其投标文件； （2）招标人在发出中标通知书后，投标人无正当理由而放弃中标、拒签合同或未按招标文件规定提交投标保证金； （3）投标人不接受依据评标办法的规定对其投标文件中细微偏差进行澄清和补正； （4）投标人提交了虚假资料； （5）反映投标文件个性特征的内容出现明显雷同； （6）有证据显示投标人以他人名义投标、与他人串通投标、以非法手段谋取中标。 如投标人违约，招标人将没收其投标保证金，同时报请省交通运输主管部门在其门户网站公告，并按法律、法规、规章有关规定处理；对由于投标违约行为造成招标人损失的（含工期延误损失、中标差价损失），投标人应予以赔偿

续上表

条款号	条款名称	编列内容
3.5.2	近年财务状况的年份要求	见1.4.1中财务要求
3.5.3	近年完成的类似项目的年份要求	2014年1月1日至投标截止日前
3.5.5	近年发生的诉讼及仲裁情况的年份要求	2014年1月1日至投标截止日前
3.6	是否允许递交备选投标方案	不允许
3.7.3	签字或盖章要求	需由法定代表人或其委托人逐页签署并加盖单位公章
3.7.4	投标文件份数	××至××港区疏港公路A标段正本_1_份,副本_1_份,另附加1份填写完毕的工程量固化清单电子文件(投标人须提供能够完整打开的电子文件并需注明投标单位名称,并采用光盘或U盘存档,当电子文件与纸质文件不一致时,应以纸质文件为准)。 当副本和正本不一致时,以正本为准。 (在投标文件中正本提供的复印件应为彩色扫描件和彩色复印件,中标人在领取中标通知书时应再提供7份投标文件副本)
3.7.5	装订要求	投标文件的正本与副本应分别装订成册(A4纸幅)并编制目录、且逐页标注页码。投标文件不得采用活页夹装订,否则,招标人对由于投标人装订松散而造成的丢失或其他后果不承担任何责任
4.1.1	投标文件的密封和标识	投标文件应按招标文件要求装订成册,不得使用活页夹。投标文件应按所投标段分开单独包装,每个标段投标文件为两个信封包装,包装必须使用内外两层封套,内层封套的正本和副本应分别包装,并在封套上都要加贴封条,上有"正本""副本"标记。未密封的投标文件将不予签收。外层封套上不应有任何投标人的识别标志,否则不予接收
4.1.2	封套上应载明的信息	投标文件第一个信封(商务及技术文件) 内层封套: 投标人邮政编码: 投标人地址: 投标人名称: 投标人联系人: 投标人联系电话: 招标人地址及名称: 投标文件第一个信封(商务及技术文件) 外层封套: 招标人名称:_××交通开发有限公司_ 外层封套应分别标记"_××至××港区疏港公路A标段_"(项目名称)施工招标第一个信封(商务及技术文件)投标文件在_××××_年_××_月_××_日_9_时_00_分(投标截止时间)前不得开启 投标文件第二个信封(投标报价文件) 内层封套: 投标人邮政编码: 投标人地址: 投标人名称: 投标人联系人: 投标人联系电话: 投标文件第二个信封(投标报价文件)

续上表

条款号	条款名称	编列内容
4.1.2	封套上应载明的信息	外层封套： 招标人名称：××交通开发有限公司 外层封套应分别标记"××至××港区疏港公路A标段"（项目名称）施工招标第二个信封（投标报价文件）投标文件在××××年××月××日9时00分（投标截止时间）前不得开启
4.2.2	递交投标文件地点	见第一章"招标公告"
4.2.3	是否退还投标文件	否
4.2.6	招标人通知延后招标截止时间的时间	原定投标截止时间5天前
5.1	开标时间和地点	投标文件第一个信封（商务及技术文件） 开标时间：××××年××月××日9时00分 开标地点：同投标文件递交地点，见招标公告。 投标文件第二个信封（投标报价文件） 开标时间：另行通知 开标地点：××县建设工程交易中心
5.2.1	第一个信封（商务及技术文件）开标程序	（1）宣布开标纪律以及开标人、唱标人、记录人、监标人有关人员姓名； （2）公布在投标截止时间前递交投标文件的投标人名称，并点名确认投标人是否到场； （3）由监标人及投标人代表检查投标文件的密封情况； （4）宣布投标文件的开标顺序：按递交投标文件的投标人顺序开标； （5）当众开标，公布投标人名称、标段名称、投标保证金及投标信用银行保函的递交情况、质量目标、工期及其他内容，并记录在案； （6）投标人代表、招标人代表、监标人、记录人等有关人员在开标记录上签字确认； （7）开标结束
5.2.4	第二个信封（投标报价文件）开标程序	（1）宣布开标纪律； （2）当众宣布通过及未通过投标文件第一个信封（商务及技术文件）评审的投标人名单，并点名确认投标人是否派人到场； （3）宣布开标人、唱标人、记录人、监标人有关人员姓名； （4）由监标人及投标人代表检查投标文件的密封情况； （5）宣布开标顺序； （6）宣读最高限价，随机抽取确定K值的代表号与下浮系数； （7）按照宣布的开标顺序当众开标，开标人在拆封投标文件第二个信封（投标报价文件）外层封套后，按照内层封套上写明的投标人名称公布通过投标文件第一个信封（商务及技术文件）评审的投标文件第二个信封（投标报价文件）的投标人名称、标段名称、投标报价及其他内容，并记录在案； （8）当场计算评标基准价； （9）投标人代表、招标人代表、监标人、记录人等有关人员在开标记录上签字确认； （10）开标结束

续上表

条款号	条 款 名 称	编 列 内 容
5.2.5	开标程序	第二个信封(投标报价文件)开标过程中,若招标人发现投标文件出现以下任一情况,经监标人确认后如实记录情况且其投标报价不参与计算评标基准价: (1)未在投标函上填写投标总价; (2)投标报价中的报价超出招标人公布的投标限价范围
6.1.1	评标委员会的组建	评标委员会构成: 5 人,其中招标人代表 0 人,专家 5 人; 评标专家确定方式: 从福建省综合评标专家库中随机抽取确定
6.3.2	评标委员会推荐中标候选人的人数	1 名
7.1	中标候选人公示媒介及期限	公示媒介:福建省公共资源交易电子公共服务平台(http://www.fjggfw.gov.cn)、福建省公共资源交易网(http://www.fjggzyjy.cn)和福建省公路水运工程电子招标投标交易平台(http://fjjt.hyebid.cn) 公示期限:3 日
7.4	是否授权评标委员会确定中标人	否
7.5	中标通知书和中标结果通知发出形式	在电子交易平台上发布
7.6	中标结果公告媒介及期限	公告媒介:福建省公共资源交易电子公共服务平台(https://www.fjggfw.gov.cn)、福建省公共资源交易网(http://www.fjggzyjy.cn)和福建省公路水运工作电子招标投标交易平台(http://fjjt.hyebid.cn) 公告期限:10 日
7.7.1	履约担保	履约担保额为合同价(不含不可预见费)的10%,采用银行保函或银行转账(电汇或现金转账),由中标人在收到中标通知书后 21 天内,并在签订合同之前提交。 (1)银行保函,应由投标人开立账户的银行开具,并保证其有效。办理银行保函所需的一切费用由投标人自理; (2)银行转账(电汇或现金转账):应从投标人开立帐户的银行一次性汇达并解入招标人指定银行账号
9.5	监督部门	监督机构: ××县交通运输局 地址: 电话: 邮编: 投标人和其他利害关系人认为招标投标活动不符合法律、行政法规规定的,应按《中华人民共和国招标投标法实施条例》(国务院 2011 年第 613 号令)的规定,在评标结果公示之日起 10 日内向有关行政监督部门投诉,投诉应当有明确的请求和必要的证明材料,否则不予受理。对恶意虚假投诉的,将报请省交通运输厅按有关规定进行处理
10	需要补充的其他内容	
10.1	投标人提交虚假资料的处理	若经查实中标候选人存在弄虚作假行为,招标人将取消其中标候选人资格,不退还保证金,并报省交通运输厅按法律、法规、规章及福建省交通建设市场信用考核管理办法有关规定处理

续上表

条款号	条款名称	编列内容
10.2	安全生产费用	按照《公路水运工程安全生产监督管理办法》(交通运输部2007年1号令)、《福建省公路水运建设工程安全生产费用暂行规定》(闽交建〔2010〕151号)及《企业安全生产费用提取和使用管理办法》(财企〔2012〕16号)的要求,投标人应充分考虑用于施工安全防护用具及设施的采购和更新、安全施工措施的落实、安全生产条件的改善的费用。投标人在投标时按不低于最高投标限价(《公路工程标准招标文件》(第二册)100章至700章清单合计)的1.5%计算安全生产费用,以总金额列入工程量清单100章"安全生产费"子目。安全生产费未按上述要求填列的投标文件按废标处理
10.3	临时用地报价	临时用地由投标人根据施工组织设计详细计算,所需的一切费用由投标人自行调查确定,列入工程量清单103节中报价,实行总额包干。工程实施期间,由于数量计算不足所造成的损失,均由承包人承担。承包人负责办理租用手续,由于承包人办理租用手续不及时造成的一切损失均由承包人负责。临时用地如有地面附着物,其拆迁补偿费用也由承包人自行调查并予以赔偿,赔偿费用包含在报价中。临时用地的防护、环保、复耕等所有费用均包含在102节和103节相关细目报价中,发包人不另行支付,但施工图设计文件中有明确的数量并在700章中已单列的清单细目除外。承包人的防护、环保、复耕等应满足相关要求,因此引发的纠纷和经济责任由承包人自行承担
10.4	税费	除专用合同条款第16.1款已约定因价差调整所引起的增值税由发包人按国家规定的税率支付外,承包人因承包本合同工程需缴纳的一切税费均由承包人承担,并包含在所报的单价或总额价内,因决(结)算审计金额调整造成承包人应缴纳的增值税等一切税费变化,承包人已缴纳而无法退回的损失由承包人承担
10.5	招标人补遗书的方式及投标人收悉确认方式	招在投标截止期15日前,在电子交易平台上发布,投标人查看后无须回复
10.6	最高限价	最高限价将在投标截止时间15日前,发布在电子交易平台(网址见招标公告)上供投标人自行查阅和下载,投标价(100章至700章清单合计价)高于最高限价的投标文件无效
10.7	招投标期间争议解决方式	争议的最终解决方式:诉讼 应向项目所在地有管辖权的人民法院提起诉讼

附录1

资格审查条件(资质最低条件)

施工企业资质等级要求
具有国内独立法人资格,建设行政主管部门颁发的注册资本金金额应不少于2000万元的公路工程施工总承包二级及以上资质且取得相关行政主管部门核发有效的《施工企业安全生产许可证》(且投标人必须列入全国公路信用信息管理系统公路工程施工资质企业名录)

附录2

资格审查条件(业绩最低要求)

工程项目	业绩要求
工程业绩	××××年××月××日以来至少成功地完成过一个合同段为3km及以上二级及以上普通公路(含路基、路面、中桥等,其中路面结构形式不限)或3km及以上高速公路路基土建工程,且项目合同价在人民币5000万元及以上(金额以合同协议书价格为准,业绩需提供竣工验收报告或交工验收报告等相关材料) 投标人企业应同时具备上述两点业绩,且要在一个业绩内体现

注:以上数据有"以上"字句的均含本数。

附录3

资格审查条件(信誉最低要求)

信誉要求
1. 投标人在截止投标文件递交之日前未被交通运输部、福建省交通运输厅依法取消一定期限内投标资格,且未在取消投标资格期限内的(以交通运输部、福建省交通运输厅文件或行政处罚文书为准),否则其资格审查不予通过。 2. 2014 年 1 月 1 日至投标文件递交截止日期间,投标人所承建的工程项目(基础设施建设类)未曾发生过重大及以上等级安全事故,否则资格审查不予通过。安全事故以国家安全生产监督管理总局(http://www.chinasafety.gov.cn)、福建省安监局、福建省交通运输厅的公告、公文为准。 3. 投标人自 2014 年 1 月 1 日以来未在福建省普通公路建设项目投标中出现骗取中标、串通投标的(以福建省交通运输厅网站公布的为准),否则资格审查不予通过。 4. 投标人没有涉及正在诉讼、仲裁的案件,或涉及正在诉讼、仲裁的案件但经评标委员会认定不会对承担本工程造成重大影响。 5. 投标人没有正受到责令停业的行政处罚或正处于财务被接管、冻结、破产的状态。 6. 其他原因限制不能投标的

附录4

资格审查条件(项目经理及项目总工最低要求)

人员	数量	资格要求
项目经理	1	中级工程师及以上职称,具有住房和城乡建设部颁发的 公路工程专业一级(含临时执业资格)注册建造师证书且为本企业员工 ,并持有交通运输部或省级交通主管部门颁发的公路工程《安全生产考核合格证书》B证
项目总工	1	路桥专业高级工程师职称,持有交通运输部或省级交通主管部门颁发的公路工程《安全生产考核合格证书》B证且为本企业员工

注:1. 近5年是指2014年1月1日至投标截止日止。
2. 若提供的业绩满足附录2的要求,须提供业绩证明材料。
3. 其他人员由投标人在投标文件中承诺在招标人发出中标通知书之前,按照《招标文件》中合同附件提出的最低要求填报,在经招标人同意后作为派驻本标段的项目管理机构主要人员且不得随意更换,若有更换须经业主同意后才能更换。

投标人须知(正文)

(略)

第三章
CHAPTER THREE

评标办法(合理低价法)

评标办法前附表

条款号		评审因素与标准
1. 评标办法		本项目招标实行资格后审,并采用“合理低价法”的方法评标,对具备参投资格的所有投标人的投标文件按投标人须知规定的顺序依次进行开标。评标委员会对满足招标文件实质性要求的投标文件,按照本章第2.2款规定的评分标准进行打分,并按得分由高到低顺序推荐中标候选人,但投标报价低于其成本的除外。当两个或两个以上投标人的综合得分相同时,以信用得分高者优先;当综合得分、信用得分均相同时,以投标报价低者优先;当综合得分、信用得分和投标报价均相同时,则通过抽签的方式来确定排名顺序
2.1.1 2.1.3	形式评审与响应性评审标准	1. 投标商务及技术文件存在下列情形之一的,按重大偏差处理,存在的其他问题和不明确之处,按细微偏差处理: (1)投标文件的包装和密封不符合招标文件的规定的; (2)投标文件未按照招标文件规定的格式、内容填写,字迹模糊,无法辨认,造成实质性不响应招标文件要求的: a. 投标函未按招标文件的规定进行填报; b. 投标函附录的数据不符合招标文件规定; c. 投标文件组成不完整,或内容未按规定填写(但项目管理机构及其他材料缺页不全的按照细微偏差处理,应通过澄清方式进行核实); d. 投标文件商务及技术文件中有工程投标报价的。 (3)投标人提供的投标担保金额,或格式,或时效,或内容不满足招标文件规定: a. 投标担保金额不符合招标文件规定的金额; b. 若采用电汇,投标人未在投标人须知前附表规定的时间之前将投标担保金一次性汇入或转入招标人指定账户; c. 投标担保金额不是从投标人的基本账户一次性汇入或转入招标人指定账户; d. 投标信用银行保函的格式,或时效,或内容、或额度不满足招标文件规定; e. 投标信用银行保函弄虚作假; f. 开具投标信用银行保函的开具银行不符合招标文件规定的。 (4)投标人法定代表人的授权代理人,未提交或提交的法定代表人身份证明的授权委托书不符合下列要求: a. 授权人和被授权人均在授权书上签名,未使用印章、签名章或其他电子制版签名; b. 附有公证机关出具的加盖钢印、单位章并盖有公证员签名章的公证书,钢印应清晰可辨,同时公证内容完全满足招标文件规定; c. 公证书出具的日期与授权书出具的日期同日或在其之后。

续上表

条款号		评审因素与标准
2.1.1 2.1.3	形式评审与响应性评审标准	(5)投标人法定代表人若亲自签署投标文件的,未提供或提供的法定代表人身份证明不符合下列要求: a.法定代表人在法定代表人身份证明上签名,不得使用印章、签名章或其他电子制版签名; b.附有公证机关出具的加盖钢印、单位章并盖有公证员签名章的公证书,钢印应清晰可辨,同时公证内容完全满足招标文件规定; c.公证书出具的日期与法定代表人身份证明出具的日期同日或在其之后。 (6)投标人如有分包计划,没有按第八章“投标文件格式”的要求填写“拟分包项目情况表”,或没有提交分包协议,或专业分包的工程量累计超过总工程量的30%; (7)投标文件载明的招标项目完成期限超过招标文件规定的时限; (8)投标文件附有招标人不能接受的条件; (9)投标文件弄虚作假的; (10)反映投标文件个性特征的内容出现明显雷同的; (11)不按评标委员会的要求进行澄清、说明或补正; (12)权利义务不符合招标文件规定: a.投标人不接受招标文件规定的风险划分原则,提出新的风险划分办法; b.投标人增加发包人的责任范围,或减少投标人义务; c.投标人提出不同的工程验收、计量、支付办法; d.投标人对合同纠纷、事故处理办法提出异议; e.投标人在投标活动中有欺诈行为; f.投标人对合同条款有重要保留。 2.投标报价文件文件存在下列情形之一的,按重大偏差处理,存在的其他问题和不明确之处,按细微偏差处理: (1)投标文件未按招标文件规定的要求进行包装和密封的; (2)未按照招标文件的要求填投标价; (3)报价文件未按照招标文件规定的格式、内容和要求填写,字迹不清,无法辨认的,造成对招标文件实质性不响应的; a.投标函未按招标文件规定填报投标价; b.投标文件组成不完整,内容未按规定填写[但合同用款估算表、人工、材料、机械单价汇总表(预算07表)、其他直接费、间接费综合费率计算表(预算04表)、建筑安装工程费计算表(预算03表)、人工、主要材料、机械台班数量汇总表(预算02表)缺页不全的按照细微偏差处理,应通过澄清方式进行核实]。 (4)投标人无视规定擅自修改了招标人提供的工程量固化清单电子文件中的数据、格式及运算定义; (5)投标报价函和报价文件上法定代表人或其授权代理人的签字,或投标人的单位章盖章不符合招标文件规定的: 投标函、已标价工程量清单(包含工程量清单说明、投标报价说明其他说明及工程量清单各项表格“工程量清单表5.1~表5.5”),应由投标人的法定代表人或其授权代理人逐页签署姓名(本页正文内容已由投标人的法定代表人或其授权代理人签署姓名的可不签署)并逐页加盖投标人单位章(本页正文内容已加盖单位章的除外); (6)报价文件有多个投标报价,或提交了选择性报价; (7)投标人的投标报价(《公路工程标准招标文件》(第二册)100章至700章清单合计)高于招标人最高限价的,或修正后的投标价与原投标价相比偏差在1%及以上的; (8)安全生产费用、标准化专项费用报价不符合招文件的规定的; (9)不同投标人之间的投标报价明显雷同、或报价相关性强的; (10)不按评标委员会的要求进行澄清、说明或补正。 3.如果有证据显示投标人以他人名义投标、与他人串通投标、以非法手段谋取中标,也应按废标处理

续上表

条款号		评审因素与标准
2.1.2	资格评审标准	资格审查文件存在下列情形之一,按重大偏差处理;存在的其他问题和不明确之处,按细微偏差处理。若投标文件所附的营业执照、资质证书、安全许可证、业绩、人员等证明材料不全,或招标文件要求提交的证明材料未按照规定提供彩色扫描件及扫描件未盖公章时,也按细微偏差处理,应通过澄清的方式进行核实: (1)投标人的营业执照、资质证书、安全生产许可证或基本账户开户许可证无效或不符合招标文件规定; (2)投标人的资质等级不符合招标文件规定; (3)投标人的类似项目业绩不符合招标文件规定; (4)投标人的履约信誉不符合招标文件规定; (5)投标人的项目经理或项目总工资格不符合招标文件规定; (6)投标人存在下列情形之一: a. 为招标人不具有独立法人资格的附属机构(单位); b. 为本标段前期准备提供设计或咨询服务的,但设计施工总承包的除外; c. 为本标段的监理人或试验检测单位; d. 为本标段的代建人; e. 为本标段提供招标代理服务的; f. 与本标段的监理人或试验检测单位或代建人或招标代理机构同为一个法定代表人的; g. 与本标段的监理人或试验检测单位或代建人或招标代理机构相互控股或参股的; h. 与本标段的监理人或试验检测单位或代建人或招标代理机构相互任职或工作的; i. 被责令停业的; j. 被暂停或取消投标资格的; k. 财产被接管或冻结的; l. 在最近 3 年内有骗取中标,或严重违约,或重大工程质量问题的; m. 涉及诉讼、仲裁的案件,经评标委员会认定会对承担本项目造成重大影响; n. 被省级以上交通主管部门取消项目所在地的投标资格或禁止进入该区域公路建设市场且处于有效期内; o. 为投资参股本项目的法人单位

条款号	条款内容	编 列 内 容
2.2.1	分值构成(总分 100 分)	评标价:90 分; 信用分:10 分,其中施工企业信用分分值 7 分,人员信用分分值 3 分
2.2.2	评标基准价计算	在开标现场,招标人将当场计算并宣布评标基准价。 1. 投标人评标价的确定 投标人评标价 = 投标函文字报价 - 暂估价 - 暂列金额(不含计日工总额) 2. 投标人评标价平均值的计算 除按第二章"投标人须知"第 5.2 项规定开标现场被宣布为废标的投标报价之外,所有投标人在招标人给定的最高控制价的 100% ~85%(含 100%、85%)范围内去掉一个最高值和一个最低值后的算术平均值即为评标价平均值(如果参与评标价平均值计算的有效投标人少于 5 家时,则计算评标价平均值时不去掉最高值和最低值)。 3. 评标基准价的确定 评标基准价计算公式: $A = (B + C)/2 \times (1 - K)$ 式中:A——评标基准价(取整到元,小数点后第一位四舍五入); B——投标人评标价平均值;(取整到元,小数点后第一位四舍五入); C——最高评标价(最高控制价 - 暂估价 - 暂列金额,取整到元); K——下浮系数。

续上表

条款号	条款内容	编列内容
2.2.2	评标基准价计算	K的范围为4% ~6%,按0.25%为一档,共分4.0%、4.25%、4.5%、4.75%、5.0%、5.25%、5.5%、5.75%、6%计9档。下浮系数K值由招标人在开标第二信封前现场随机抽取确定。 招标人将在开标现场宣读完投标人的投标总价后,计算评标基准价。如果投标人认为评标价计算有误,有权在开标现场提出,经监标人当场核实确认后,可重新宣布评标基准价。确认后的评标基准价在整个评标期间保持不变,不随通过初步评审和详细评审的投标人的数量发生变化
2.2.3	评标价的偏差率计算公式	$偏差率 = 100\% \times \frac{投标人评标价 - 评标基准价}{评标基准价}$
2.2.4(1)	施工组织设计	0分
2.2.4(2)	项目管理机构	0分
2.2.4(3)	评标价	标价得分(满分90分)计算公式: $F_1 = 90 - \frac{\mid D_n - A \mid}{A} \times 100 \times E$ 式中:F_1——投标人评标价得分(评标价分值计算保留小数点后两位,小数点后第三位“四舍五入”); D_n——投标人的评标价,投标人的评标价应不超过最高评标价,最高评标价为:最高控制价; A——评标基准价(精确到元); E——折价分值,若 $D_n > A$ 时,$E = 1.5$;若 $D_n \leqslant A$ 时,$E = 1$
2.2.4(4)	信用分评分标准(满分10分)	信用分值确定: 信用分满分为10分,其中施工企业信用分分值为7分,项目经理信用分分值为2分,技术负责人信用分分值为1分。 (1)在普通公路、高速公路路基土建工程(未参与普通公路考核)建设中被福建省交通运输厅、省重点办评为2018年度信用等级为AA级的施工企业信用分得分为7分,已完工项目的AA级的项目经理信用分得分为2分、已完工项目的AA级的技术负责人信用分得分为1分。 (2)在普通公路、高速公路路基土建工程(未参与普通公路考核)建设中被福建省交通运输厅、省重点办评为2018年度信用等级为A级的施工企业信用分得分为6.3分,已完工项目的A级的项目经理信用分得分为1.8分、已完工项目的A级的项目总工信用分得分为0.9分。 (3)在普通公路建设中被福建省交通运输厅、省重点办评为2018年度信用等级为B级的施工企业以及未参加2018年度福建省交通建设市场信用考核的施工企业信用分得分为4.9分,B级的以及未参加2018年度福建省交通建设市场信用考核的项目经理信用分得分为1.4分、项目总工信用分得分为0.7分。 (4)在普通公路或高速公路建设中被福建省交通运输厅、省重点办评为2018年度信用等级为C、D级的施工企业及C、D级的项目经理和技术负责人,其信用分得零分。 (5)2018年度高速公路路基土建评为A级或AA级且未参与同年普通公路考核的施工单位及主要从业人员,其信用奖励除高速公路相应类别适用外,同时适用于普通公路项目施工。其中,AA级单位享受AA级信用分且中标3个普通公路标段,A级单位享受A级信用分且中标2个普通公路标段;从业人员在有效期限内,已中标一次(含高速公路、普通公路),则从业人员相应的信用分规定失效。 (6)2018年度普通公路项目或高速公路路基土建工程项目(未参与普通公路考核)信用考核被评为A、AA级的项目经理和技术负责人,若其所在项目尚未完工,即使有项目业主同意调出的书面意见,信用分也按照B级处理。 (7)符合信用分加分条件的投标人应在投标文件的信用加分申请函中提出申请并如实填写,若未提出申请其信用分按B级处理

续上表

条款号	条款内容	编 列 内 容
3.1.5	算术性修正的偏差	按相关条款对算术性进行修正，应通过澄清取得投标人同意。若修正后的投标价超过招标人的最高限价或修正后的投标价与原投标价相比偏差在1%及以上者，均属于重大偏差，按废标处理；在1%以内者，不论何种情况，均属于细微偏差，不按废标处理
3.1.6	算术性修正的目的	(1)算术性修正只是校核投标人的报价偏差，修正结果不作为最终的投标报价，若无废标，最终的投标报价仍以开标时宣读并经投标人确认的报价为准。 (2)若修正后的评标价低于原投标价(即开标价)，则签订合同时以修正后的评标价为准，同时按比例修正相应子目的单价或合价；若修正后的评标价高于原评标价，则签订合同时以原评标价为准，同时按比例修正相应子目的单价或合价
需要补充的其他内容：(略)		

第四章 CHAPTER FOUR 合同条款及格式

第一节 通用合同条款

本通用合同条款摘录自国家《标准施工招标文件》和交通运输部《公路工程标准施工招标文件》(2018 年版),如与上述两者的内容有不一致之处时,则应以国家《标准施工招标文件》和交通运输部《公路工程标准施工招标文件》(2018 年版)相关内容为准。

第二节 专用合同条款

一、项目专用条款数据表

序号	条款号	信息或数据
1	1.1.2.2	发包人:××交通开发有限公司 地　址: 邮政编码:
2	1.1.2.6	监理人:另行通知 地址: 邮政编码:
3	1.1.4.5	缺陷责任期:自实际交工日期起计算＿2＿年
4	1.6.3	图纸需要修改和补充的,应由监理人取得发包人同意后,在该工程或工程相应部位施工前＿14＿天内签发图纸修改图给承包人

续上表

序号	条款号	信息或数据
5	3.1.1	监理人在行使下列权利前需要经发包人事先批准： (6)根据第15.3款发出的变更指示，其单项工程变更涉及的金额超过了该单项工程签约时合同价的__/__%或累计变更超过了签约合同价的__/__%。 本项按照《公路工程设计变更管理办法》规定和本合同相应条款执行
6	5.2.1	发包人是否提供材料或工程设备：__否__
7	6.2	发包人是否提供施工设备和临时设施：__否__
8	8.1.1	发包人提供测量基准点、基准线和水准点及其书面资料的期限：__进场7天内__； 承包人将施工控制网资料报送监理人审批的期限：__14天__
9	11.5	逾期交工违约金：__1000元/天__
10	11.5	逾期交工违约金限额：__5__%签约合同价
11	11.6	提前交工的奖金：__/__元/天
12	11.6	提前交工的奖金限额：__/__%签约合同价
13	15.5.2	不适用
14	16.1	因物价波动引起的价格调整按照第16.1.1项约定的原则处理。 若按第16.1.1项的约定采用价格调整公式进行调价，每月按价格调整公式进行一次调整
15	17.2.1	开工预付款金额：不设预付款
16	17.2.1	材料、设备预付款比例：__/__
17	17.3.2	承包人在每个付款周期末向监理人提交进度付款申请单的份数：__7__份
18	17.3.3(1)	进度付款证书最低限额：__100__万元
19	17.3.3(2)	逾期付款违约金的利率：同期中国人民银行短期贷款利率加手续费
20	17.4.1	质量保证金百分比：月支付金额的__10__%
21	17.4.1	质量保证金限额：__5__%合同价格
22	17.5.1	承包人向监理人提交交工付款申请单（包括相关证明材料）的份数：__7__份
23	17.6.1	承包人向监理人提交最终结清申请单（包括相关证明材料）的份数：__7__份
24	18.2	竣工资料的份数：__7__份
25	18.5.1	单位工程或工程设备是否需投入施工期运行：__否__； 如单位工程或工程设备需要进行施工期运行，需要施工期运行的单位工程或工程设备规定如下：__/__
26	18.6.1	本工程及工程设备是否进行试运行：否； 如本工程及工程设备需要进行试运行，试运行的具体规定如下：__/__
27	19.7	保修期：自实际交工日期起计算__5__年
28	20.1	建筑工程一切险的保险费率：__3.7‰__
29	20.4.2	第三者责任险的最低投保金额：__200__万元，事故次数不限（不计免赔额）； 保险费率：__2.0‰__
30	24.1	争议的最终解决方式：__诉讼__本项目所在地工程项目所在地人民法院

注：本数据表是项目专用合同条款中适用于本项目的信息和数据的归纳与提示，是项目专用合同条款的组成部分。第九章“招标文件格式”的投标函附录中的数据（供投标人确认）与本表所列有重复。

二、项目合同专用条款(摘录)

4. 承包人

4.1　承包人的一般义务

第4.1.8项:为他人提供方便。

本项细化如下:

(1)承包人应按监理人的指示为他人在施工场地或附近实施与工程有关的其他各项工作提供可能的条件(如临时场地、道路、桥梁、码头、电梯和交通船舶、电源、水源等),提供有关条件的内容和可能发生的费用,由监理人按第3.5款商定或确定。

(2)承包人应配合发包人进行相关的科研和试验,并为其提供必要的试验场地、设备及人员等;承包人也应按发包人或监理人的要求配合省、市有关部门检查、施工试验检测及监控工作、机电工程施工、桥面铺装和桥梁动、静载试验等。上述配合工作所发生的费用已包含在投标报价中,发包人不再另行支付。同时,承包人不得对因此可能发生的人工、机械闲置损失向发包人提出补偿要求。

第4.1.10项补充第(5)~(14)目。

6. 施工设备和临时设施

6.1　承包人提供的施工设备和临时设施

第6.1.1项补充:

尽管承包人已按招标文件的履约标准提供了机械、设备和仪器,但监理人认为仍不能满足现场施工的需要或不能保证工程质量时,监理人有权要求承包人继续调遣或购买、租用某些机械、设备和仪器,承包人不得拒绝,也不得要求增加任何费用。若承包人在接到指令14天内未按要求执行,将按第22.1款有关规定处理。

第6.1.2项修改如下:

承包人在递交投标文件的同时,应本着少占耕地的原则,按招标文件第五篇投标书附表七的格式填写一份《临时用地计划表》,中标后应在此表范围内按实际需要与先后次序,提出具体计划报监理人同意,并报发包人。表中应标明承包人的临时工程用地位置、数量和使用期限。本公路征地红线以外(除通道接线、改渠改沟需永久征用而未划入红线的)的土地都为临时用地范围。

临时工程租用地数量(含承包人驻地建设用地、取、弃土场等)由承包人根据施工组织设计详细计算,所需的一切费用由承包人自行调查确定,列入工程量清单100章中报价,实行总额包干,发包人不另行支付。由于数量计算不足所造成的损失,均由承包人承担。承包人负责办理租用手续,由于承包人办理租用手续不及时造成的一切损失均由承包人负责。临时用地如有地面附着物,其拆迁补偿费用也由承包人自行调查并予以赔偿,赔偿费用包含在报价中。临时用地的防护、环保、复耕等所有费用均包含在相关细目报价中,发包人不另行支付,但施工图设计文件中有明确的数量并在700章中已单列的清单细目除外。承包人的防护、环保、复耕等应满足相关要求。承包人在与地方政府签定临时用地(含取、弃土场)协议时应考虑在土地复耕问题上的免责条款。

临时用地由承包人向当地镇(街道)政府土地管理部门申请,并办理租用手续,承包人按有关规定直接支付其费用,发包人对此将予以协调。临时用地退还前,承包人应自费恢复到临时用地使用前的状况。如因承包人撤离后未按要求对临时用地进行恢复或虽进行了恢复但未达到使用标准的,将由发包人委托第三方对其恢复,所发生的费用将从应付给承包人的任何款项内扣除。超出《临时用地计划表》的临时用地由承包人自行办理并自付费用。

承包人的临时用地(临时用地的选址应报业主批复)尽可能利用永久征地红线内的土地及荒山、荒地。严格控制临时用地占用耕地;在满足施工需要的前提下,严格控制使用时间,严格控制施工和生活对土地的污染。

增加第6.1.3项和第6.1.4项:

6.1.3 临时工程是永久性工程质量顺利施工的保证,承包人对临时工程应予以高度重视,所有临时工程须按《福建省普通公路施工标准化管理指南》要求建设、维护。对不符合指南要求的,发包人将按第22.1款的相关规定对承包人进行违约处理。

6.1.4 承包人应在施工现场建立工地实验室,按照《福建省公路管理局关于印发普通公路建设项目施工标准化实施纲要的通知》(闽路程[2010]14号)和《福建省普通公路标准化施工指南(试行)》的规定,全面推行工地试验室标准化建设,对试验室主要非数控试验设备(如压力机、万能机、抗折机)应进行智能化控制系统改造,配备必要的计算机和网络,将试验数据成果(混凝土抗压试验、抗折试验、钢筋试验、梁片智能张拉数据等)由试验设备直接传输到计算机系统进行处理、传输和存储,使试验过程及试验数据可远程查询。费用已包含在工程量清单相关子目单价中,发包人不再另行支付。

增加第6.5款料场使用费:

除另有规定外,承包人应承担并支付为获得本合同工程所需的石料、砂、砾石、黏土或其他当地材料等所发生的料场使用费及其他开支或补偿费。发包人将协助承包人办理料场租用手续及解决使用过程中的有关问题。但无论协助成功与否,并不免除承包人应承担合同规定的责任和义务。所有因料场而产生的一切税和费,已包括在相关单价或总价中,发包人不再另行支付。

11. 开工和交工

11.5 承包人的工期延误

第11.5款(2)项补充如下:

由于承包人原因导致发包人将工程切割给指定分包人施工时,对采取切割指定分包的部分工程,其切割工程单价按照发包人招标时为确定最高控制价而编制的清单预算相应单价和承包人中标单价的高值为准进行结算,按此原则结算金额与承包人中标单价结算金额的增加费用,承包人应无条件予以承担。

本款补充第11.5款(6)项、(7)项:

(6)承包人如果在工程实施过程中,因质量、进度、履约等原因造成实际工程进度未能满足经监理人审批的实施性施工组织设计书中的工程进度,发包人有权按照第22.1款的规定对承包人进行处理。

(7)涉及因承包人原因造成工期延误或其他结果,使监理人工作量增加而导致增加监理服务费时,由监理人根据其与发包人所签订的服务合同提出相应的增加费用报发包人审定,并通知承包人。发包人将从应支付给承包人的费用中扣除，并拨付给监理人。

13. 工程质量

13.1 工程质量要求

第13.1.1项细化为（招标人可根据需要在不违背相关法律、法规等要求的前提下对工程质量要求进一步）：

本项目工程质量验收按技术规范及《公路工程质量检验评定标准》（JTG F80/1—2017）《公路工程竣（交）工验收办法》和《公路工程竣（交）工验收办法实施细则》执行，合同实施期间无重大质量事故。

第13.2.3项细化：

承包人必须遵守国家有关法律、法规和规章，严格执行公路工程强制性技术标准、各类技术规范及规程，全面履行工程合同义务，依法对公路工程质量负责。在工程实施全过程中，所引用的标准和规范如果有修改或新颁，承包人应按新标准、新规范执行。采用新标准、新规范所增加的费用由承包人承担。

15. 变更

15.1 变更的范围和内容

本款约定：

如发包人或监理人认为有必要时，可根据规定对本合同工程或其任何部分的结构形式、质量、等级或数量作出变更，为此，经发包人同意，监理人有权指令承包人进行下述变更、增加或取消：

（1）取消合同中任何一项工作，但被取消的工作不能转由发包人或其他人实施，由于承包人违约造成的情况除外；

（2）改变合同中任何一项工作的质量或其他特性；

（3）改变合同工程的基线、高程、位置或尺寸；

（4）改变合同中任何一项工作的施工时间或改变已批准的施工工艺或顺序；

（5）为完成工程需要追加的额外工作。

上述变更均不应使本合同作废或无效。

增加第15.4.6项：

变更工程无论采取何种作价方法，均不考虑100章费用的调整。

15.7 计日工

本款约定：本工程不考虑计日工。

16. 价格调整

16.1 物价波动引起的价格调整

合同期内均不调价。

17. 计量与支付

17.2 预付款

第17.2.1项约定：不设预付款。

17.3 工程进度付款

第17.3.4项约定：

在对以往历次已签发的进度付款证书进行汇总和复核中发现错、漏或重复的，监理人有权予以修正，承包人也有权提出修正申请。经双方复核同意后报发包人审批，发包人审批后在本次进度付款中支付或扣除。

本款补充第17.3.5项：

17.3.5 内容如下：

①按月支付工程进度款，即当月确定的合格工程量所含款项的80%支付进度款；

②工程完工并经有关部门进行交工验收后30天内，发包人支付至累计工程进度款的90%；

③工程完成结算，并经有关部门审核批准后（如需审计部门介入时则以审计报告为准）30天内，发包人支付至审核价的95%（处罚款除外），余下款项5%待缺陷责任期满后三个月内无息返还。

监理工程师在收到进度付款申请单后14天内应签发中期支付证书，签发时应写明他认为应该到期结算的价款及需要扣留和扣回的款额并报业主审批。如果该月应结算的价款额少于投标书附录中列明的中期支付证书的最低金额，则该月监理工程师可不核证支付，上述款额将按月结转，直至累计应支付的款额达到投标书附录中列明的中期支付证书的最低金额为止。业主为本合同工程支付的一切费用，承包人应加强管理，监理人有权监督，如发现承包人移用或挪用本工程资金用于与本合同工程无关的开支，并且影响了本工程的实施，按第22.1款承包人违约处理。

在业主资金不能按时到位的情况下，承包人应有能力保证工程按计划组织实施，并同意业主延期支付承包人不超过应付工程款30%的款额，但业主应承担延期支付工程款的利息，该利息按同期中国人民银行短期贷款利率加手续费计算。

17.4 质量保证金

17.4.2 约定：在整个工程缺陷责任期满后三个月内，监理签发质量保证金支付证书，发包人将质量保证金的退还给承包人。

17.6 最终结清

第17.6.1(1)目约定：

承包人向监理人提交最终结清申请单（包括相关证明材料）的份数在项目专用合同条款数据表中约定；期限：缺陷责任期终止证书签发后28天内。

本项目工程结算须经审计部门审计。经监理人和承包人双方同意的最后结账单，经过发包人审核和审计部门审计完成后得出的总金额方能被确认为代表了根据合同规定应付给承包人的全部款项，即为最后结账单中的总金额。

18. 交工验收

18.2 交工验收申请报告

第18.2.(2)目细化：

竣工资料的内容：承包人应按照《公路工程竣（交）工验收办法》、交通运输部、福建省交通运输厅、省档案局等有关档案管理规定及相关规定编制竣工资料。承包人提供的竣工资料（包括按规定提交项目影像资料、电子竣工文件、微缩、刻录光盘等）必须满足档案专项验收的有关要求。竣工资料的份数在项目专用合同条款数据表中约定。

18.3　验收

第 18.3.5 项补充:经验收合格工程的实际竣工日期,以交通主管签发的竣工日期为准。

增加第 18.9 款 竣工文件:

为保证项目档案管理与项目建设同步,承包人应严格按照第 18.2.(2)目的要求进行本合同段工程资料的形成、收集、整理、归档和移交工作。在合同段交工验收后 3 个月内向项目发包人移交项目档案资料。在缺陷责任期内还应补充缺陷责任期资料,并在签发缺陷责任证书之前提交。否则,发包人将在最终计量支付中暂扣一定的保留金,直至符合档案管理要求后再予支付,并视情报省交通运输厅按信用考核管理办法直接考核定级行为的有关规定处理。

20. 保险

20.1　工程保险

本款约定:承包人应以发包人和承包人的共同名义向财产保险公司投保建筑工程一切险,保险费由发包人在接到保单后按实际保险费支付给承包人。

建筑工程一切险的投保内容:为本合同工程的永久工程、临时工程和设备及已运至施工工地用于永久工程的材料和设备所投的保险。

保险金额:发包人在招标时公布的本合同段的最高限价。

保险费率:　0.37　%。

保险期限:开工日期直至本合同工程签发交工验收证书之日止。

20.4　第三者责任险

第 20.4.1 项约定:

第三者责任系指在保险期内,对因工程意外事故造成的、依法应由被保险人负责的工地上及毗邻地区的第三者人身伤亡、疾病或财产损失(本工程除外),以及被保险人因此而支付的诉讼费用和事先经保险人书面同意支付的其他费用等赔偿责任。第三方责任险按累计赔偿限额计算,费率为　0.2%　,投保金额为　200　万元,但事故次数不限。

第 20.4.2 项约定:

在缺陷责任期终止证书颁发前,承包人应以承包人和发包人的共同名义,投保第 20.4.1 项约定的第三者责任险,保险费由承包人报价时列入工程量清单 100 章中。中标后,第三方责任险由承包人以发包人和承包人的名义向财产保险公司投保,保险费由发包人在接到保单后将按实际保险费支付给承包人。

第 20.4.3 项约定:

保险金额:发包人在招标时公布的本合同段的最高限价中的保险金额。

22. 违约

22.1　承包人违约(招标人可根据招标项目具体情况对承包人违约处理条款进行适当修改,包括违约金额)

第 22.1.1(7)目约定:

承包人未能按期开工,或接到监理人通知后 14 天内未能采取有效措施加快进行本工程或其关键部位的施工;

本项(10)目细化:

①承包人未建立完善的工程质量保障体系，强化工序管理，规范工序逐级检验制度和工序交接制度；未按合同约定和技术规范、标准化施工指南及设计图纸进行施工或偷工减料；

②承包人未按《福建省公路管理局关于印发普通公路建设项目施工标准化实施纲要的通知》（闽路程〔2010〕14 号）和《福建省普通公路标准化施工指南（试行）》的规定，实行标准化施工、管理以及工地试验室标准化建设；

③承包人未建立健全安全生产管理体系，安全生产管理规章制度不完善，管理混乱。未按福建省交通运输厅《关于进一步加强公路工程建设安全管理的紧急补充通知》（闽交建明电〔2011〕50 号）和福建省交通质监局《关于印发福建省公路水运工程施工现场领导带班生产工作制度细则（试行）的通知》（闽交质监〔2012〕335 号）的要求，落实质量安全“五项制度”。未按规定开展“平安工地建设”，课以承包人 30000 元的违约金；

④承包人未建立健全环境保护和水土保持保证体系，相应的规章、制度不健全，现场管理不力。

承包人发生第 22.1.1（10）目②、③的违约情况时，除责令承包人整改外，发包人按以下规定处理：

① 承包人工程质量保障体系不健全，管理规章制度不完善，课以承包人 50000 元的违约金。违反《福建省普通公路标准化施工指南（试行）》中规定的现场规范化管理或驻地、试验室、拌和站和临时设施等建设要求，视情节轻重，课以承包人 5000 ~ 10000 元的违约金。承包人未按《福建省普通公路标准化施工指南（试行）》要求在施工现场设立标示牌、标志牌、警示牌等和有关图表，课以承包人 500 元/处的违约金；现场管理人员未佩戴安全防护用品、胸卡上岗（专职安全管理人员还必须佩戴红色袖标），课以承包人每人每次 200 元的违约金。

增加第 22.1.1（11）目：

（11）违反等相关规定：

承包人未按合同约定和技术规范、《福建省普通公路施工标准化管理指南》、《福建省普通公路建设项目施工单位管理标准化指南》及设计图纸进行施工或偷工减料的，除责令整改或返工外，分别按以下规定进行违约处理：

①工地建设场地硬化方面，拌和站、钢筋加工场、预制场、材料场等所有工作场地未进行混凝土硬化处理的，课以人民币 2 万 ~5 万元的处罚。

②标段内桥梁、涵洞、路面工程的混凝土未进行集中拌和的，课以人民币 2 万 ~5 万元的处罚。

③混凝土构件（预制梁、涵洞边沟盖板、防护工程预制块以及人行道、栏杆等小型预制构件）未进行集中预制的，课以人民币 2 万 ~5 万元的处罚。

④钢筋未采用集中加工配送方式的，材料堆放区、成品区、作业区未分开或隔离，各种原材料、半成品或成品未按其检验状态与结果、使用部位等进行标识，加工制作区未悬挂钢筋大样图的，课以人民币 1 万 ~3 万元的处罚。

⑤驻地建设方面，未设立项目现场告示牌、驻地上墙图表不完善的，课以人民币 1 万 ~3 万元的处罚。

26. 资料的份量与送交时限

监理人或发包人可能需要增加承包人送交资料的份数和提前或延长递交的时间。承包人需满足此类要求，并不以此为增加费用的理由，如承包人拒不配合，视同承包人违约，按第22.1款相关规定处理。

27. 其他文件与规定

在合同期间，省、市、县（区）交通主管部门或发包人等下发并适用于本工程的文件、规定、办法等，如其内容不违背国家的法律、法规，承包人应无条件执行。

工程税费由承包人在工程所在地税务机关缴纳。

第三节 合同附件格式

（略）

第五章 CHAPTER FIVE 工程量清单

1. 工程量清单说明

1.1 本工程量清单是根据招标文件中包括的、有合同约束力的图纸以及有关工程量清单的国家标准、行业标准、合同条款中约定的工程量计算规则编制。约定计量规则中没有的子目，其工程量按照有合同约束力的图纸所标示尺寸的理论净量计算。计量采用中华人民共和国法定计量单位。本章涉及的章节条目为《公路工程标准施工文件》(2018 年版)对应内容。

1.2 本工程量清单应与招标文件中的投标人须知、通用合同条款、专用合同条款、技术规范及图纸等一起阅读和理解。

1.3 本工程量清单中所列工程数量是估算的或设计的预计数量，仅作为投标报价的共同基础，不能作为最终结算与支付的依据。实际支付应按实际完成的工程量，由承包人按技术规范规定的计量方法，以监理人认可的尺寸、断面计量，按本工程量清单的单价和总额价计算支付金额；或者，根据具体情况，按合同条款第 15.4 款的规定，由监理人确定的单价或总额价计算支付额。

1.4 工程量清单各章是按第七章“技术规范”的相应章次编号的，因此，工程量清单中各章的工程子目的范围与计量等应与“技术规范”相应章节的范围、计量与支付条款结合起来理解或解释。

1.5 对作业和材料的一般说明或规定，未重复写入工程量清单内，在给工程量清单各子目标价前，应参阅第七章“技术规范”的有关内容。

1.6 工程量清单中所列工程量的变动，丝毫不会降低或影响合同条款的效力，也不免除承包人接规定的标准进行施工和修复缺陷的责任。

1.7 图纸中所列的工程数量量表及数量汇总表仅是提供资料，不是工程量清单的外延。当图纸与工程量清单所列数量不一致时，以工程量清单所列数量作为报价的依据。

2. 投标报价说明

2.1 工程量清单中的每一子目须填入单价或价格，且只允许有一个报价。

2.2 除非合同另有规定，工程量清单中有标价的单价和总额价均已包括了为实施和完成合同工程所需的劳务、材料、机械、质检(自检)、安装、缺陷修复、管理、保险、税费、利润等费用,以及合同明示或暗示的所有责任、义务和一般风险。

2.3　工程量清单中有标出数量的细目,均需填入单价;第100章中的细目数量虽未标出,而要求填入总额价的,投标人应按要求将总额价填入。投标时没有填入单价或总额价的细目,其费用应视为已分配在工程量清单的其他单价或总额价之中,承包人必须按监理人指令完成工程量清单中未填入单价或总额价的工程细目,但不能得到结算与支付。

2.4　符合合同条款规定的全部费用应认为已被计入有标价的工程量清单所列各子目之中,未列子目不予计量的工作,其费用应视为已分摊在本合同工程的有关子目的单价或总额价之中。

2.5　承包人用于本合同工程的各类装备的提供、运输、维护、拆卸、拼装等支付费用,已包括在工程量清单的单价与总额价之中。

2.6　工程量清单中各项结算均以人民币(元)为结算,投标报价精确到元。

2.7　在工程量清单中标明的暂列金额,除合同另有规定外,应由监理工程师按合同条款第15.6.1款的规定,结合工程具体情况,报经业主批准后指令全部或部分地使用,或者根本不予动用。

2.8　暂估价的数量及拟用子目的说明。

2.9　工程量清单第100章中"安全生产专项费用"按不低于工程量清单第100章至第700章合计的1.5%计入,且不得低于最高投标限价(100章至700章清单合计)的1.5%(示例见表5-1),不得作为竞争性报价。若承包人在此基础上需增加安全生产专项费用,以满足本项目施工需要,则承包人应在工程量清单其他子目或总额价中予以考虑,发包人不再另行支付。安全生产专项费用,应当用于施工安全防护用具及设施的采购和更新、安全施工措施的落实、安全生产条件的改善,不得挪作他用,否则不予支付。

2.10　工程一切险的投保金额为工程量清单第100章至第700章(不含工程一切险及第三方责任险的保险费)的合计金额,保险费率为3.7‰(示例见表5-1);第三方责任险的投保金额为200万元,保险费率为2‰。除上述工程一切险及第三方责任险以外,所投其他保险的保险费均由承包人承担并支付,不在报价中单列。

2.11　根据《公路工程标准施工招标文件》(2018年版)第103.04条说明,临时用地包含承包人驻地的办公室、食堂、宿舍、试验室、道路和机械设备停放场、材料堆放场地、取(弃)土场、预制场、拌和场、仓库、进场临时道路、临时便道、便桥等,投标人应根据项目实际综合考虑,发包人不在清单报价外另行支付。

2.12　投标人的投标报价必须平衡,对各标段工程报价要保证其可行性。

2.13　暂列金额为工程量清单第100章至700章合计金额的10%计入(示例见表5-1),若投标人未按上述规定填报,则按废标处理。

3.计日工说明

见《公路工程标准施工招标文件》。

4.其他说明

4.1　施工标准化建设费用,应强化施工现场的标准化建设与管理,须经建设单位和监理单位监督审批后组织实施。投标报价时不得低于第100~700章合计(不含保险费、公路工程施工标准化建设费用)的1.0%列入工程量清单(示例见表5-1)。

5. 工程量清单

5.1 工程量清单表(表5-1)

工 程 量 清 单 表5-1

合同段:××至××港区疏港公路A标段

清单 第100章 总 则					
子目号	子 目 名 称	单位	数量	单价	合价
101-1	保险费				
-a	按合同条款规定,提供建筑工程一切险	总额	1.0		
-b	按合同条款规定,提供第三者责任险	总额	1.0		
102	工程管理				
102-1	竣工文件	总额	1.0		
102-2	施工环保费	总额	1.0		
102-3	安全生产费	总额	1.0		
102-4	信息化系统(暂估价)	总额	1.0		
103	临时工程与设施				
103-1	临时道路修建、养护与拆除(包括原道路的养护费)	总额	1.0		
103-2	临时占地	总额	1.0		
103-3	临时供电设施架设、维护与拆除	总额	1.0		
103-4	电信设施的提供、维修与拆除	总额	1.0		
103-5	临时供水与排污设施	总额	1.0		
105	施工标准化	总额	1.0		
清单 第100章 合计 人民币 元					

清单 第200章 路 基					
子目号	子 目 名 称	单位	数量	单价	合价
202	场地清理				
202-1	清理与掘除				
-a	清理现场	m^2	204503.33		
-b	砍伐树木	棵	1674		
-c	挖除树根	棵	1674		
202-2	挖除旧路面				
-a	水泥混凝土路面	m^3	1697.50		
203	挖方路基				
203-1	路基挖方				
-a	挖土方	m^3	224179.00		
-b	挖石方	m^3	544628.90		
-d	挖淤泥	m^3	49409.10		
203-2	改河、改渠、改路挖方				

续上表

清单　第200章　路　　基					
子目号	子 目 名 称	单位	数量	单价	合价
-a	挖土方	m^3	3710.00		
204	填方路基				
204-1	路基填筑(包括填前压实)				
-a	利用土方	m^3	169706.00		
-b	利用石方	m^3	366712.00		
-j	换填透水性材料	m^3	5482.80		
-k	换填石	m^3	43926.30		
204-2	改河、改渠、改路填筑				
-a	利用土方	m^3	1875.00		
204-3	施工便道填筑				
-a	利用土方	m^3	1586.00		
204-4	弃土场压实	m^3	276696.00		
205	特殊地区路基处理				
205-1	软土地基处理				
-a	抛石挤淤	m^3	564.40		
-c	垫层				
-c-1	砂垫层	m^3	2090.10		
-d	土工合成材料				
-d-1	土工布	m^2	864.00		
-e	预压与超载预压				
-e-2	超载预压	m^3	632.40		
-h	粒料桩				
-h-1	挤密砂桩	m	30.00		
-0	双层草袋围堰	m	76.00		
-p	沉降土方	m^3	773.70		
207	坡面排水				
207-1	浆砌片石边沟				
-a	M7.5浆砌片石边沟	m^3	5164.90		
-c	现浇C30混凝土	m^3	17.00		
-e	预制安装C30混凝土盖板	m^3	51.60		
207-2	排水沟				
-a	M7.5浆砌片石排水沟	m^3	2741.20		
207-3	截水沟				
-a	M7.5浆砌片石截水沟	m^3	1953.00		
207-4	跌水与急流槽				
-a	M7.5浆砌片石急流槽	m^3	1535.70		

续上表

清单 第200章 路 基					
子目号	子 目 名 称	单位	数量	单价	合价
207-5	渗沟				
-a	0.6m×0.8m 盲沟	m	1130.20		
207-7	涵洞上下游改沟、改渠铺砌				
-a	M7.5 浆砌片石改沟	m^3	644.90		
208	护坡、护面墙				
208-3	浆砌片石护坡				
-a	M7.5 浆砌片石方格护坡	m^3	10482.10		
-b	M7.5 浆砌片石骨架护坡	m^3	10114.10		
-c	M7.5 浆砌片石踏步	m^3	8919.00		
-d	M7.5 浆砌片石流水槽	m^3	253.30		
208-4	混凝土护坡				
-b	混凝土预制块满铺护坡				
-b-1	C20 混凝土预制块	m^3	513.40		
-b-2	C25 混凝土预制块	m^3	220.20		
-f	C20 混凝土平台挡水埂	m^3	73.20		
208-5	护面墙				
-a	M7.5 浆砌片石护面墙	m^3	3395.80		
208-9	干砌块石护坡				
-a	50cm 厚干砌块石	m^3	3968.51		
-b	碎石垫层	m^3	2381.11		
-c	无纺土工布	m^2	7937.02		
-d	浆砌片石护脚	m^3	1313.52		
-e	抛石护底	m^3	2842.20		
-f	M7.5 浆砌块石踏步	m^3	18.88		
209	挡土墙				
209-2	挡土墙基础				
-a	M7.5 浆砌片石基础	m^3	122.12		
209-3	砌体挡土墙				
-a	M7.5 浆砌片石墙身	m^3	1027.77		
209-6	锥坡	m^3	50.94		
209-7	浆砌片石护肩	m^3	374.54		
209-8	浆砌片石护脚	m^3	1927.78		
212-2	挂网锚喷混凝土防护护坡				
-a	C20 喷射混凝土防护护坡	m^2	38533.00		
-b	钢筋网	kg	114651.00		
-e	锚杆	kg	35450.30		
清单 第200章 合计 人民币 元					

续上表

清单 第300章 路 面					
子目号	子 目 名 称	单位	数量	单价	合价
302-5	填隙碎石底基层				
-a	厚100mm	m^2	4109.20		
-b	厚150mm	m^2	169991.30		
304-3	水泥稳定土基层				
-a	厚150mm的5%水泥稳定碎石	m^2	169.00		
-b	厚180mm的5%水泥稳定碎石	m^2	173862.60		
310-3	沥青贯入式面层	m^2	1960.00		
312-1	水泥混凝土面板				
-a	厚200mm(混凝土弯拉强度5.0MPa)	m^2	1549.50		
-b	厚240mm(混凝土弯拉强度5.0MPa)	m^2	171734.60		
312-2	钢筋				
-a	光圆钢筋(HPB300)	kg	14184.00		
-b	带肋钢筋(HRB400)	kg	61055.00		
313-5	混凝土预制块路缘石	m^3	1067.80		
清单 第300章 合计 人民币 元					

清单 第400章 桥梁、涵洞					
子目号	子 目 名 称	单位	数量	单价	合价
403-1	基础钢筋(含灌注桩、承台、桩系梁等)				
-a	光圆钢筋(HPB300)	kg	3075.70		
-b	带肋钢筋(HRB400)	kg	23985.20		
403-2	下部结构钢筋				
-a	光圆钢筋(HPB300)	kg	4597.50		
-b	带肋钢筋(HRB400)	kg	17036.50		
403-3	上部结构钢筋				
-a	光圆钢筋(HPB300)	kg	9975.40		
-b	带肋钢筋(HRB400)	kg	34437.40		
403-4	附属结构钢筋				
-a	光圆钢筋(HPB300)	kg	3447.80		
-b	带肋钢筋(HRB400)	kg	8655.50		
404-1	干处挖土方	m^3	34.00		
404-3	干处挖石方	m^3	434.70		
404-4	水下挖石方	m^3	27.30		
404-5	锥坡填方	m^3	1452.70		
405-1	钻孔灌注桩(ϕ…m)				

续上表

清单 第400章 桥梁、涵洞					
子目号	子 目 名 称	单位	数量	单价	合价
-a	陆上钻孔灌注桩				
-a-1	ϕ1.2m	m	60.40		
-a-2	ϕ1.3m	m	71.80		
-b	水中钻孔灌注桩				
-b-1	ϕ1.3m	m	30.40		
410-1	混凝土基础(包括支撑梁、桩基承台、桩系梁,但不包括桩基)				
-a	承台混凝土(C25)	m^3	90.36		
-b	桩系梁混凝土(C30)	m^3	6.76		
410-2	混凝土下部结构				
-a	桥台混凝土(C30)	m^3	67.92		
-b	桥墩混凝土(C30)	m^3	38.20		
-c	盖梁混凝土(C30)	m^3	78.80		
-e	墩间系梁混凝土(C30)	m^3	6.92		
410-3	现浇混凝土上部结构				
-a	铰缝混凝土(C40)	m^3	13.00		
410-5	上部结构现浇整体化混凝土				
-a	桥面连续防水混凝土(C40)	m^3	6.48		
410-6	现浇混凝土附属结构				
-a	支座垫石混凝土(C30)	m^3	4.05		
-b	防震挡块混凝土(C30)	m^3	1.04		
-c	防撞护栏混凝土(C30)	m^3	30.80		
-d	桥台搭板混凝土(C30)	m^3	28.18		
-e	伸缩缝预留槽钢钎维混凝土(C50)	m^3	1.59		
411-5	后张法预应力钢绞线	kg	7761.60		
411-8	预制预应力混凝土上部结构				
-a	C40 预应力空心板	m^3	203.58		
413-1	浆砌片石				
-a	M7.5 浆砌片石护坡	m^3	98.30		
-b	M7.5 浆砌片石锥坡	m^3	82.10		
413-2	浆砌块石				
-a	M7.5 浆砌块石锥基	m^3	121.30		
-b	M7.5 浆砌块石坡脚及挡墙	m^3	100.20		
415-2	水泥混凝土桥面铺装				

续上表

清单 第400章 桥梁、涵洞					
子目号	子 目 名 称	单位	数量	单价	合价
-a	厚120mm C40防水混凝土	m^3	56.71		
415-4	桥面排水				
-a	竖、横向集中排水管				
-a-3	PVC管	m	13.30		
416-1	板式橡胶支座				
-a	圆形板式GYZ 200mm×42mm	dm^3	73.85		
-b	四氟板式GYZF4 200mm×44mm	dm^3	38.68		
417-2	模数式伸缩装置				
-a	GQF-MZL-40型伸缩缝	m	19.36		
420-1	钢筋混凝土盖板涵				
-a	1~1.5m×1.5m	m	296.55		
-b	1~2.0m×2.0m	m	128.25		
-c	1~2.5m×2.0m	m	206.00		
-d	1~3.0m×3.0m	m	288.00		
-e	1~3.5m×3.5m	m	28.00		
-f	1~4.0m×4.0m	m	163.00		
清单 第400章 合计 人民币 元					

清单 第500章 隧 道					
子目号	子 目 名 称	单位	数量	单价	合价
502	洞口与明洞工程				
502-1	洞口、明洞开挖				
-a	土方	m^3	48.00		
-b	石方	m^3	6481.00		
502-2	防水与排水				
-a	石砌截水沟、排水沟				
-a-1	M7.5浆砌片石截水沟	m^3	238.90		
-a-2	M7.5浆砌片石天沟	m^3	60.00		
-b	无纺布(300g/m^2)	m^2	246.00		
-c	EVA防水板	m^2	107.00		
-d	胶泥防渗层	m^3	103.00		
-e	砂砾垫层	m^3	49.20		
-f	现浇C10素混凝土	m^3	1.40		
-g	C50钢钎维混凝土	m^3	3.90		
-h	带肋钢筋(HRB400)	kg	499.30		

续上表

清单 第500章 隧 道					
子目号	子 目 名 称	单位	数量	单价	合价
-i	40型伸缩缝	kg	11.50		
502-3	洞口坡面防护				
-a	浆砌片石护坡				
-a-1	M7.5浆砌片石拱形骨架护坡	m^3	24.20		
-a-2	喷播草籽	m^2	76.00		
-b	三维网	m^2	890.00		
-c	C20预制混凝土挡水块	m^3	2.10		
-d	C20喷射混凝土	m^3	72.50		
-e	M7.5浆砌料石护脚	m^3	2.80		
-f	M7.5浆砌块石护脚	m^3	2.80		
-g	M7.5浆砌块石铺砌	m^3	5.40		
-i	钢筋网(HPB300)	kg	4733.00		
-j	ϕ22加固锚杆	kg	3854.00		
502-4	洞门建筑				
-a	现浇C15片石混凝土基础	m^3	374.40		
-c	浆砌片粗料石(块石)				
-c-1	M10浆砌粗料石	m^3	95.20		
-c-2	M10浆砌块石	m^3	497.90		
-c-3	M7.5浆砌片石	m^3	6.60		
-f	洞门花岗岩铭牌	m^2	36.50		
-g	C20混凝土基座	m^3	28.80		
502-5	明洞衬砌				
-a	现浇混凝土				
-a-1	C25级防水混凝土拱墙	m^3	315.00		
-a-2	C25级模筑普通混凝土仰拱	m^3	132.40		
-a-3	C25级混凝土侧墙	m^3	238.30		
-a-4	C15片石混凝土回填	m^3	230.60		
-b	光圆钢筋(HPB300)	kg	247.00		
-c	带肋钢筋(HRB400)	kg	44961.90		
-d	M7.5浆砌片石侧墙	m^3	309.00		
502-7	洞顶回填				
-b	回填土	m^3	1524.00		
503	洞身开挖				
503-1	洞身开挖				

续上表

清单　第500章　隧　　道					
子目号	子 目 名 称	单位	数量	单价	合价
-a	洞身开挖	m^3	18067.67		
503-2	洞身支护				
-a	管棚支护				
-a-1	管棚(ϕ108×6mm 无缝钢管)	m	1225		
-a-2	管棚(ϕ127×4mm 无缝钢管)	m	305.77		
-a-3	管棚(ϕ114×5mm 无缝钢管)	m	13.00		
-a-4	C25 混凝土套拱	m^3	65.00		
-a-5	套拱钢筋	kg	5232.00		
-a-6	C15 片石混凝土套拱基础	m^3	10.60		
-c	锚杆支护				
-c-1	ϕ22 砂浆锚杆	m	6064.20		
-c-3	ϕ25 中空注浆锚杆	m	2425.80		
-d	喷射混凝土支护				
-d-1	钢筋网	kg	10636.00		
-d-2	C20 喷射混凝土	m^3	653.70		
-d-3	C25 级喷射混凝土	m^3	182.20		
-e	钢支架支护				
-e-1	型钢支架	kg	27249		
-e-2	钢筋格栅(初期支护)	kg	38861		
-e-3	连接钢筋(初期支护)	kg	7252		
-e-4	钢筋格栅(临时支护)	kg	6202		
-e-5	连接钢筋(临时支护)	kg	598		
-f	C25 混凝土预留变形回填	m^3	137.60		
504-1	洞身衬砌				
-a	钢筋	kg	54664		
-b	现浇 C25 防水混凝土	m^3	1849.50		
504-2	仰拱、铺底混凝土				
-a	现浇 C25 模筑普通混凝土仰拱	m^3	383.70		
-b	现浇 C15 片石混凝土仰拱回填	m^3	404.30		
504-3	边沟、电缆沟混凝土				
-a	现浇 C25 电缆沟、沉砂井混凝土	m^3	442.30		
-b	预制安装 C25 混凝土电缆沟盖板	m^3	31.60		
-c	预制安装 C25 混凝土排水沟	m^3	19.50		
-d	光圆钢筋(HPB300)	kg	16851.00		

续上表

清单　第500章　隧　道					
子目号	子 目 名 称	单位	数量	单价	合价
-e	铸铁盖板	kg	653.20		
504-5	洞内路面				
-a	钢筋				
-a-1	光圆钢筋(HPB300)	kg	1213.00		
-a-2	带肋钢筋(HRB400)	kg	707.00		
-b	现浇混凝土				
-b-1	现浇C35水泥混凝土面层(厚240mm)	m^2	2025.10		
-b-2	现浇C15素混凝土调平层(厚150mm)	m^2	1906.80		
505-1	防水与排水				
-b	排水管				
-b-1	ϕ250mm双壁打孔波纹管)	m	537.00		
-b-2	ϕ150mm双壁打孔波纹)	m	6.00		
-b-3	ϕ100mm双壁打孔波纹管	m	92.10		
-b-4	ϕ100mm PVC横向排水管	m	526.00		
-c	EVA防水板	m^2	5600.00		
-d-1	中埋式橡胶止水带	m	214.60		
-d-2	背贴式止水带	m	588.30		
-e	BM-S120缓膨型止水条	m	364.8		
-f	固定钢筋(HPB300)	kg	162		
-g	沥青麻丝填缝料	m^2	27.10		
-h	MF12塑料盲沟	m	850.40		
-i	无纺土工布(300g/m^2)	m^2	6194.40		
-j	接头井	个	1.00		
-k	2~4mm碎石	m^3	86.30		
-l	C25现浇混凝土	m^3	47.30		
-m	C15片石混凝土基座	m^3	28.30		
-n	光圆钢筋(HPB300)	kg	1336.00		
-o	带肋钢筋(HRB400)	kg	2906.00		
506-1	洞内防火涂料				
-a	喷涂防火涂料	m^2	3546.00		
506-2	洞内装饰工程				
-b	喷涂混凝土专用漆	m^2	1310.00		
508-1	监控量测				
-a	必测项目	总额	1		
-b	选测项目	总额	1		
清单　第500章　合计　人民币　　元					

续上表

清单 第600章 安全设施及预埋管线					
子目号	子 目 名 称	单位	数量	单价	合价
602－1	混凝土护栏				
－a	现浇混凝土护栏	m^3	929.90		
－d	钢筋	kg	61510		
602－2	石砌护墙	m^3	1011.65		
604－1	单柱式交通标志	个	38.00		
604－8	里程碑	个	11.00		
605－1	热熔型涂料路面标线				
－a	热熔标线	m^2	3836.70		
605－5	轮廓标				
－b	附着式轮廓标	个	426.00		
第600章 合计 人民币 元					

清单 第700章 绿化及环境保护设施					
子目号	子 目 名 称	单位	数量	单价	合价
702－2	铺设利用的表土	m^2	1340.50		
703－1	撒播草种(含喷播)	m^2	54405.70		
703－6	客土喷播	m^2	700.80		
704－1	人工种树	棵	8622		
第700章 合计 人民币 元					

5.2 投标报价汇总表(表5-2)

清 单 汇 总 表　　表5-2

合同段：××至××港区疏港公路A标段

序号	章次	科 目 名 称	金额(元)
1	100	总　则	
2	200	路　基	
3	300	路　面	
4	400	桥梁、涵洞	
5	500	隧　道	
6	600	安全设施及预埋管线	
7	700	绿化及环境保护	
8	第100~700章合计		
9	已包含在清单合计中的材料、工程设备、专业工程暂估价合计		
10	清单合计减去材料、工程设备、专业工程暂估价合计(即“8”－“9”=“10”)		
11	计日工合计		
12	暂列金额(不含计日工总额)		
13	投标报价(即“8”+“11”+“12”=“13”)		

第　二　卷

第六章
CHAPTER SIX

图　　纸

本章内容详见第二部分。

第　三　卷

第七章
CHAPTER SEVEN

技 术 规 范

1. 本项目采用的技术规范除按照《公路工程标准施工招标文件》(2018 年版 · 第二册)执行外,还要按照福建省交通运输厅闽交建〔2014〕104 号《福建省交通运输厅关于印发普通公路建设养护标准化管理实施方案的通知》的相关规定来执行。特别强调以下三点:

(1)路面工程。必须配备三仓式自动计量的强制式拌和设备、三辊轴排插及与设计面板等厚的钢模。

(2)场地硬化。所有堆料场必须硬化、隔仓(隔仓统一采用砖墙砌筑,砌筑高度满足标准化指南要求)。

(3)桥梁工程。要参照标准化指南五个集中,特别强调梁片集中预制、混凝土集中拌和、中小构件集中制作、钢筋集中加工配送等。

2. 详见《公路工程标准施工招标文件》(2018 年版)第二册。

工程量清单计量规则

详见《公路工程标准施工招标文件》(2018 年版 · 第三册)。

第 四 卷

第九章
CHAPTER NINE

投标文件格式

1. 投标人可结合投标项目具体特点和实际需要，对本章内容进行补充、细化。

2. 为节省篇幅，本章投标文件(第1信封　商务及技术文件)只给出了“一、投标函及投标函附录”的示例文件格式，其余部分参照《公路工程标准施工招标文件》(2018年版)执行。

______(项目名称)______标段施工招标

投 标 文 件

(第1信封　商务及技术文件)

投标人:____________________(盖单位章)

______月____月____日

目 录

一、投标函及投标函附录

(一)投标函(用于商务和技术文件)

________________(招标人名称):

1. 我方已仔细研究____(项目名称)____标段施工招标文件的全部内容(含补遗书第____号至第____号),在考察工程现场后,愿意以第二个信封(报价文件)中的投标总报价(或根据招标文件规定修正核实后确定的另一金额),按合同约定实施和完成承包工程,修补工程中的任何缺陷。

2. 我方承诺在招标文件规定的投标有效期内不撤销投标文件。

3. 工程质量:________;安全目标:________;工期:________日历天。

4. 如我方中标,我方承诺:

(1)在收到中标通知书后,在中标通知书规定的期限内与你方签订合同;

(2)在签订合同时不向你方提出附加条件;

(3)按照招标文件要求提交履约保证金;

(4)在合同约定的期限内完成合同规定的全部义务;

(5)在你方和我方进行合同谈判之前,我方将按照合同附件提出的最低要求填报派驻本标段的其他管理和技术人员及主要机械设备和试验检测设备,经你方审批后作为派驻本标段的项目管理机构主要人员和主要设备且不进行更换。如我方拟派驻的人员和设备不满足合同附件要求,你方有权取消我方中标资格。

5. 我方在此声明,所递交的投标文件及有关资料内容完整、真实和准确,且不存在招标文件第二章"投标人须知"第1.4.3项和第1.4.4项规定的任何一种情形。

6. 在合同协议书正式签署生效之前,本投标函连同你方的中标通知书将构成我们双方之间共同遵守的文件,对双方具有约束力。

7. __________(其他补充说明)。

投 标 人:____________________(盖单位章)

法定代表人或其委托代理人:________(签字)

地　　址:______________________________

网　　址:______________________________

电　　话:______________________________

传　　真:______________________________

邮政编码:______________________________

______年____月______日

(二)投标函附录

项目名称:

序号	条款名称	合同条目号	约定内容	备注
1	缺陷责任期	1.1.4.5	自实际交工日期起计算_2_年	
2	逾期交工违约金	11.5	_1000_元/天	
3	逾期交工违约金限额	11.5	_5_%签约合同价	
4	提前交工的奖金	11.6	_/_元/天	
5	价格调整的差额计算	16.1	见价格指数和权重表	
6	提前交工的奖金限额	11.6	_/_%签约合同价	
7	开工预付款金额	17.2.1	不设开工预付款	
8	材料、设备预付款比例	17.2.1	不设材料、设备预付款	
9	进度付款证书最低限额	17.3.3(1)	_100_万元	
10	逾期付款违约金的利率	17.3.3(2)	中国人民银行短期贷款利率加手续费	
11	质量保证金百分比	17.4.1	月支付金额的_10_%	
12	质量保证金限额	17.4.1	_5_%合同价格	
13	保修期	19.7	自实际交工日期起计算_5_年	

投标人:________________(盖单位章)

投标文件签署人签名:________________

二、其他内容

第二~八项文件格式(略)

______（项目名称）______标段施工招标

投 标 文 件

（第2信封　报价文件）

投标人：____________________（盖单位章）

______月____月____日

目　　录

一、投标函(适用于报价文件)

______________(招标人名称):

1. 我方已仔细研究了_________(项目名称)_____标段施工招标文件的全部内容(含补遗书第_____号至第_____号),在考察工程现场后,愿意以人民币(大写)_________元(￥_____)的投标总报价(含10%暂定金),其中清单第100章至第700章合计为人民币(大写)_________元(￥)(不含10%暂定金)(或根据招标文件规定修正核实后确定的另一金额,其中,增值税税率为_____),按合同约定实施和完成承包工程,修补工程中的任何缺陷。

2. 在合同协议书正式签署生效之前,本投标函连同你方的中标通知书将构成我们双方之间共同遵守的文件,对双方具有约束力。

3. ______________(其他补充说明)。

投 标 人:__________________(盖单位章)
法定代表人或其委托代理人:_______(签字)
地　　址:__________________________
网　　址:__________________________
电　　话:__________________________
传　　真:__________________________
邮政编码:__________________________

_____年____月_____日

二、已标价工程量清单(含数据U盘或光盘)

投标人应该按照第五章"工程量清单"的要求逐项填报工程量清单,包括工程量清单说明、投标报价说明、其他说明及工程量清单各项表格(工程量清单表5-1)。

三、合同用款估算表

从开工月算起的时间(月)	投标人的估算			
	分　期		累　计	
第一次开工预付款	金额(元)	(%)	金额(元)	(%)
1~3				

续上表

从开工月算起的时间(月)	投标人的估算			
	分　　期		累　　计	
	金额(元)	(%)	金额(元)	(%)
4～6				
7～9				
10～12				
13～15				
…				
缺陷责任期				
小计		100.00		
投标价:				
说明				

注:1. 投标人可按工程进度估算并填写本表。

2. 用款额按所报单价和总额价估算,不包括价格调整和暂列金额、暂估价,但应考虑开工预付款的扣回、质量保证金的扣留以及签发付款证书后到实际支付的时间间隔。

第二部分　××至××港区疏港公路两阶段施工图设计文件

××至××港区疏港公路

(K8 +897.99 ~ K19 +555.63 二级公路)

两阶段施工图设计文件

文件编号:××××—××××

××公路设计有限公司

××××年××月

××至××港区疏港公路(K8+897.992~K19+555.63)

项目文件目录

序号	工 程 项 目	图号	页数	页号	备　　注
	第一篇　总体设计				
1	总说明书		8		摘要
2	主要技术经济指标		1		
	第二篇　路线				
1	公路用地表		1		
2	果树、青苗补偿表		1		
3	拆迁建筑物表		1		
4	拆迁电力、电讯及其他管线设施表		1		
5	砍树、挖根、除草、清除表土数量表		1		
6	交通安全设施工程数量表		2		
7	钢筋混凝土防撞护栏工程数量表		1		
8	钢筋混凝土防撞护栏构造图		1		
9	墙式护栏构造图		1		
	第三篇　路基、路面				
1	路基标准横断面图		2		
2	路基一般设计图		4		
3	耕地填前夯(压)实数量表		1		
4	不良地基工程数量表		2		
5	不良地基处理图		1		
6	沿海地基不良地基处理纵断面图		1		
7	软基处理工程数量表		1		
8	K11+485~K11+515 软基处理工程设计图		1		
9	路基每公里土石方数量表		2		
10	取土场、弃土场一览表		1		
11	控制爆破段落及数量表		1		
12	路基防护工程数量表		11		
13	边坡挂网喷混凝土防护设计图(一)		1		
14	边坡挂网喷混凝土防护设计图(二)		1		
15	路堑拱形骨架边坡防护设计图		1		
16	路堑边坡护面墙防护设计图		1		
17	路堑网格骨架边坡防护设计图		1		
18	下边坡拱形骨架(拱内浆砌片石)防护设计图		1		
19	路堑边坡护面墙防护设计图		1		
20	浆砌片石方格网防护设计图		1		
21	干砌片石护坡防护设计图		1		
22	路基防护工程设计图		1		
23	挡土墙工程数量表		1		

续上表

序号	工 程 项 目	图号	页数	页号	备 注
24	路肩、路堤挡土墙一般设计图		2		
25	路面工程数量表		1		
26	路面结构图		5		
27	路基排水工程数量表		2		
28	路基排水工程设计图		4		
29	路基整修工程数量表		1		
30	填挖交界处路基处理工程数量表		1		
31	填挖交界处路基设计图		1		
32	挖土质台阶表		1		
33	零填及挖方路基碾压工程数量表		1		
	第四篇 桥梁、涵洞				
1	内厝板桥设计图		45		
2	钢筋混凝土盖板涵工程数量汇总表		4		
3	预制盖板钢筋构造通用图		1		
4	现浇盖板钢筋通用图		1		
5	钢筋混凝土支撑梁钢筋通用图		1		
6	涵洞布置图		2		示例
	第五篇 隧道				（土建工程部分项目）
1	龟屿隧道设计说明		3		
2	龟屿隧道工程数量表		1		
3	龟屿隧道(地质)纵断面图		1		
4	龟屿隧道建筑限界及净空断面设计图		1		
5	龟屿隧道横断面一般构造图		1		
6	龟屿隧道支护结构设计图		14		
7	龟屿隧道钢支撑设计图		5		
	第六篇 路线交叉				
1	平面交叉设置及工程数量一览表		1		
	第七篇 （略）				
	第八篇 （略）				
	第九篇 其他工程				
1	施工便道工程数量表		1		
2	改沟工程数量表		1		
	第十篇 筑路材料				
1	沿线筑路材料料场表		1		
2	沿线筑路材料供应示意图		1		
	第十一篇 施工组织计划				
1	临时工程数量表		1		
2	公路临时用地表		1		

总 体 设 计

一、总说明书

第一篇 总体设计

1. 概述

××至××旧路为沥青路面及部分水泥路面，路基宽度5~6m，旧路弯道多，半径小，无法满足港区开发的需要。因此，××至××港区疏港公路的建设将会完善省级干线路网布局和适应港区建设后的交通量发展的要求，同时对促进经济发展将具有十分重要的作用。

2. 设计标准

按交通运输部颁发的《公路工程技术标准》(JTG B01—2014)中车速为60km/h的二级公路进行测设，采用的主要技术标准见表1。

技 术 标 准 表　　表1

项目		指标
设计速度(km/h)		60
平曲线最小半径	一般值(m)	200
	极限值(m)	125
不设超高最小平曲线半径(m)		1500
停车视距(m)		75
凸形竖曲线最小半径	一般值(m)	2000
	极限值(m)	1400
凹形竖曲线最小半径	一般值(m)	1500
	极限值(m)	1000
路基宽度(m)		17
桥梁设计荷载		公路Ⅱ级
路面设计荷载		单轴双轮组100kN
设计洪水频率	大、中桥	1/100
	小桥涵、路基	1/50

注：为便于阅读，本章内容为竖排，在实际工程图纸中，该部分内容随图纸多为横排。

第二篇 路　　线

1. 主要技术指标采用情况

本项目采用设计速度为60km/h的二级公路进行设计,采用主要技术经济指标见表2。

主要技术经济指标表　　表2

项　　目			单　　位	指　　标
路线长度			km	10.659505
路基宽度			m	17
平曲线	转角点		个	14
	平均每公里		个	1.313
	最小半径		m/处	200.236/1
	最大直线长度		m/处	1543.404/1
	平曲线占路线总长		%	50.386
竖曲线	变坡次数		次	22
	平均每公里		次	2.064
	最小半径	凸形	m/个	2050/1
		凹形	m/个	1600/1
	最大纵坡		%/处	4.5/1
	最短坡长		m	92.008

2. 路线平、纵面设计

(1)平面设计

根据××船厂建设的需要,路线起于××村,顺接××港区疏港公路,桩号为K8+897.992(废弃已施工好的K8+897.992~K9+330.454段长约432.462m的公路)。路线根据××船厂规划线,沿垭口布线至K9+300处跨沟后,沿山边布线至梅花村。之后路线在K10+680(梅花船舶管理站)至中心K11+080段穿过山鼻后至亭下村前接上老路。接着路线沿老路布线至K11+630,并在桩号K11+917~K12+180处修建长263m的龟屿隧道,穿越龟屿山后。路线沿着山边阶地直插廪头村后,在K13+080处右转继续沿山后阶地布线。在K14+730及K15+690处分别穿过希望小学及牛坑中心小学后的山地,经下莲村、油杭村后至终点廪尾村接上老路(××港区)。在内厝板东北面路线中心桩号K15+091.5处修建3~16m内厝板中桥。终点桩号为K19+555.630,全长10.659505km(长链1.867m)。

(2)纵面设计

本段路线纵断面设计主要控制高程为起终点的路面高程、××船厂路段的规划高程、龟屿隧道的坡度、沿线构造物以及沿海潮位等。同时还综合考虑了平纵组合要求、填挖平衡等因素。

路线起点高程及起圪纵坡接××港区疏港公路,起点高程10.667m,坡度为2.435%,接坡后起始坡长为150m。后沿着××船厂后山(该段路基挖方由船厂结合厂区规划和公路纵坡一起开挖到位)爬坡绕至K10+000,路线至梅花村口时由于受××船厂主入口及村庄高程的控制,路线设计高程控制在5.5m高程左右。路线从亭下村前经过后在K11+660处以1.72%的纵坡进入隧道。之后除翻越个别山包为减少挖方而采用较大坡度(坡度为4.5%)外,其余纵坡均小于4.5%。终点接上老路(××港区),设计高程为17.652m。

第三篇 路基、路面

1.路基横断面布置及加宽超高设置

(1)路基横断面宽度17.0m,具体布置形式:1.75m硬路肩+3.25m慢车道+2×3.5m主车道+3.25m慢车道+1.75m硬路肩;龟屿隧道进出洞口处各设置70m长路基过渡渐变段,路基宽由17m过渡渐变至11m。

(2)路基超高方式。整体式路基超高绕未加宽前路基内侧边缘旋转,正常路面横坡为:行车道及硬路肩横坡均为2.0%。

2.路基设计

1)设计依据

《公路路基设计规范》(JTG D30—2015),《公路工程技术标准》(JTG B01—2014)。

2)路基设计高度

路基设计高度是根据沿线水文、地质、地形情况及旧路高程、桥涵泄洪、路基排水等要求,并结合路线纵坡的顺适,线形组合的要求,填挖工程量的平衡以及环境保护的要求等因素综合设计的。

3)路基设计洪水频率

路基设计洪水频率为1/50。

4)路基填料

本路段路基填料大部分采用本路段开挖土石方为填料来源,不足部分从借土场取用,沿线池塘地段采用抛石挤淤等处理方案。

5)路基边坡设计

本路线路基形式基本以挖方为主,全线地质情况良好。路基边坡视土质或岩性情况而定:挖土方边坡采用1∶0.75~1∶1.25,挖石方边坡采用1∶0.5~0.75,填方边坡为1∶1.5~1∶2.0。当挖方≥10m或填方≥8m时,采用变缓坡率设计,挖土方上边坡为1∶1.0~1∶1.25,挖石方上边坡为1∶0.75~1∶1,填方下边坡为1∶1.75。高边坡路段,在边沟外侧设置宽1.0m的碎落台边坡中部设置台阶,高度每隔10m设护坡道一道,宽度2m,平台设4%向内倾斜横坡,并设25×25cm纵向排水沟。

另外,由于××船厂填方需要大量土石方,兼顾考虑到高边坡的稳定性,县政府与××船厂有限公司协调决定上边坡30m高处的挖方平台加宽至20m,其中K8+897.992~K10+000路段的挖方由船厂负责开挖到位(该路段的挖方不在本工程计列),并根据开挖后边坡的实际地址情况进行边坡防护。

由于该段的高边坡路段较长,且上边坡最高约72m,下边坡最深开挖25m,而下边坡外侧即为××船厂厂区,因此,该段高边坡的安全稳定性将不仅影响到本路线的行车安全,而且直接影响××船厂厂区的安全,因此,在本项目实施之前,由县政府组织专家对该路段路基边坡的安全性进行评估。

6)深挖路堑地段的设计

(1)深路堑地段设计根据工点的地质构造、水文地质与岩土类别决定开挖断面形式、边坡坡率和平台位置。在施工中发现水文、地质、岩土类别与设计有较大出入时,应及时反馈给设计部门进行调整。

(2)在边坡顶外大于5m处设置截水沟,拦截边坡外的水流流向路堑,截水沟应顺着地形设置将截水沟的水流引入路基排水沟或直接从边坡低处排出。截水沟断面为倒梯形,底宽及深均为60cm×60cm。挖方边坡为坚硬的石质路堑地段不设截水沟。

7)半填半挖路基及陡坡上填土设计

(1)在填方和挖方结合部的纵向必须设置过渡段,过渡段设在挖方内,长10m,深0.3~0.8m,在结合部的挖方段挖成过渡段尺寸的路槽,然后与填方段一起分层填筑,分层碾压,达到要求的密度。

(2)在填方和挖方结合部的横向必须加强结合部之间的整体性,在挖方部分开挖宽度至少2m的台阶,阶面呈4%向内横坡,以加强挖填面之间连接;在横坡陡于1∶5的坡面上填土时,也必须先开挖台阶再填筑,台阶宽度不小于2m。

8)填石路堤

(1)用风化石填筑路堤时,石块应摆平放稳,空隙用小石块或石屑填满铺平,再行压实。

(2)用不易风化的石块填筑路堤时,石块大面向下,石块间用小碎石或石屑填满再行压实,而且在碾石的过程中填缝料要随时添加,直到饱满。边坡坡面应选用大于25cm的石块进行台阶式码砌,码砌厚度为1~2m。

(3)土石混填时,应把石块大面向下并拉开石块间距以保证石间空隙能容纳夯底面积,便于压实。

路基填筑各项工艺要求详见《公路路基施工技术规范》(JTG F10—2006),施工时必须认真遵照执行。

9)特殊路基设计

根据省地质勘察院提供的工程地质初勘报告,在路线K11+220~K11+550亭下村路段滩涂地表分布有淤泥(Q4m),厚度达3~6m。经我司技术人员的研究后,采用清淤换填的方法进行处理。

施工注意事项:由于路线布设在滩涂近岸处,在软基路段清淤换填时,应注意潮位影响和保护好旧路护岸;应施工时应进行跳槽清淤换填,开挖后应及时回填。

10)水塘地段

水塘、鱼塘路段须先行围堰、抽水,后进行清淤,清淤务必彻底。在常水位加0.5m以下加以铺砌或码砌。

11)软土路基设计

(1)设计原则。一般路段容许工后沉降量≤0.5m,涵洞与通道容许工后沉降量≤0.3m,路堤与桥梁相接处的容许工后沉降量≤0.2m,且应满足由工后沉降引起的纵坡变化率≤0.6%。

(2)软基处理方案。软基处理方案有:①抛石挤淤;②换填土处理;③涵洞反开槽施工。

根据地质资料显示,本段不良地基分布在水稻田地段和鱼塘、水塘地段,它具有分布范围小、地基层较薄的特点。因此,在设计中根据实际情况对不良地基进行处理,即先挖除地表软土,换填透水性材料,再填筑路基。

3. 路基、防护工程设计

1)路基排水系统

填方路段的路基排水系统主要依靠坡脚两侧的排水沟,排水沟设有纵坡并分段与附近的涵洞或河流连接;挖方地段主要依据 60cm × 60cm 路基边沟,并通过急流槽、跌水沟等与路堤排水沟相衔接引入河沟或涵洞内等自然流水系统。路基地下排水应设置暗沟(管)、渗沟等地下排水设施,采用地下设施类型,位置尺寸应根据工程地质和水文地质条件决定。根据地下水位情况,个别路段还设置了坡体排水平孔。本工程边沟设置于路堑段,排水沟设置路堤段,挖方地段汇水面积较大的路段设置截水沟且截水沟设置于挖方边坡坡顶外至少 5m 处,急流槽设于陡坡地段将截水沟水引入边沟或涵洞、排水沟水引入自然流水系统,渗沟和盲沟用于降低或排除路基范围内地下水或渗水。

2)路基防护设计

本工程在局部开挖较高的山包或山鼻地段,根据不同地质情况及边坡高度,分别采取喷草籽、网格骨架、拱形骨架、护坡等防护,对石质挖方边坡采用护坡、护面墙边坡挂网喷混凝土等形式,各种防护措施可配合使用,并注意互相衔接。

(1)路堤边坡防护。路堤边坡原则上采用喷草籽防护,局部路段采用网格骨架防护、浆砌片石坡防护、浆砌片石护坡防护、浆砌片石拱形骨架内喷草籽防护等。本线在亭下村路段因受海浪冲刷影响,亭下村路段路堤临海面一侧,采用 50cm 厚干砌片石护坡,其下铺设垫层或反滤层,并在坡脚设置 5m 长抛石护底,防止海浪冲击路堤。同时路线经过在滩涂地路段均设置砌石护坡。

(2)高边坡防护设计。本项目起点至亭下村路段,由于受 × × 船厂厂区规划的影响,个别路段挖方边坡较高(> 30m)。主要分布在 K9 + 450 ~ K9 + 750 及 K9 + 980 ~ K10 + 280 段,在设计过程中,通过工程地质勘察报告和技术人员的研究和计算后,确定了以下处理方案:根据工程地质初勘报告和 × × 船厂路段开挖后的边坡地质情况,第一阶、第二阶、第三阶及第四阶基本采用边坡挂网喷混凝土,第五阶、第六阶及第七阶基本采用拱形骨架护坡,个别路段边坡采用护面墙防护,对 × × 船厂路段的下边坡主要采用边坡挂网喷混凝土防护。

施工注意事项:由于边坡高,在路基土石方开挖时,应注意边坡开挖到位,边坡防护自上而下,根据施工图纸开挖一层,防护一层。

(3)坡体排水。根据路堑边坡地下水具体情况,本设计对有些路段坡体进行埋管排水处理。

4. 取土、弃土设计方案、环保及节约用地措施

本段工程挖方大于填方,全线填方部分,除充分利用到路基开挖土方填筑外。全线弃土量较大,主要集中在起点 2 ~ 3km 内。本次设计共考虑了 1 处弃土场,K11 + 700 右侧 100m 滩涂上,可弃大量的土方。在弃土过程中应注意不得占用河道。

5. 路面设计及土路肩加固形式的说明

1)设计原则

路面设计根据路面的使用功能、等级、使用要求及所在地区的气候、水文、地质等自然条件,结合福建省省高等级公路路面设计、施工经验,进行路基路面综合设计,并本着技术先进、经济合理、安全适用、环境协调、合理选材、方便施工、利于养护原则进行路面方案的设计比选。

2)设计依据

根据交通运输部颁布的《公路水泥混凝土路面设计规范》(JTG D40—2011)有关规定及相应的施工、验收规范进行设计。

3)设计标准

路面设计为单轴双轮组100kN标准轴载,水泥混凝土路面设计使用年限:20年。

4)设计交通量

路面使用初期设计车道标准轴载(BZZ—100)作用次数为425轴次/日,设计基准期为20年。路面竣工后,设计年限内交通量的年增长率4.41%,计算得到基准期内设计车道属重交通等级。

5)路面结构组合、材料组成及技术要求

根据交通量和公路对路面强度、平整度、透水性、防滑、耐磨耗、耐久性、行车舒适等要求,并结合沿线气候、水文、地质、材料来源等情况进行综合设计。路面用砂应坚硬、洁净、无杂质、含泥量 < 2%。本工程行车道为水泥混凝土路面。路肩各结构层厚度与车道一致。

(1)本段自然气候区划根据《公路自然区划图》为浙闽沿海山地中湿区($Ⅳ_4$)。

(2)行车道路面结构组合,采用全路幅水泥混凝土路面;其结构分两种,其一为一般土质挖方路段及填方路段:24cm C35水泥混凝土面层+18cm 5%水泥稳定碎石基层+15cm填隙碎石底基层;其二为石质挖方路段:24cm C35水泥混凝土面层+18cm 5%水泥稳定碎石基层+10cm填隙碎石底基层。

(3)路肩采用现浇水泥混凝土"硬化"处理;其结构与路面一致。

6)路面结构材料的设计参数及要求

(1)路槽底以下0~0.8m范围内的路床要求采用水稳定性好,强度较高的土质填筑。路槽底以下0~0.3m范围内路床土的最小强度(CBR)要求≥6%,0.3~0.8m范围内路床土的最小强度(CBR)要求≥4%;压实度均应≥95%。

(2)5%水泥稳定碎石基层及填隙碎石底基层

基层是路面结构的主要承重层,根据沿线筑路材料的分布特点和工程地质情况,为了尽量利用本工程开挖的石方进行破碎,以降低工程造价。设计中基层选用5%水泥稳定碎石,底基层采用填隙碎石。其集料级配组成应符合部颁《公路路面基层施工技术细则》(JTG/T F20—2015)的有关要求。

(3)水泥稳定碎石基层混合料7d龄期的无侧限抗压强度4.0MPa,压实度应≥97%。水泥应选用初凝时间较长(6h左右),标号为32.5号或42.5号普通硅酸盐水泥;水泥稳定碎石基层的集料压碎值≤35%。

基层在拌和前应按《公路路面基层施工技术细则》(JTG/T F20—2015)的要求进行配合比设计及有关试验,以确定混合料的最佳含水率及水泥、矿料的合适用量。

(4)对沿线可供选用的砂、石、土及基层混合料分别采集有代表性的样品进行主要物理力学性质实验,因供设计中的择用,其实验结果详见各标段筑路材料实验资料表。

6. 下一阶段应解决的问题及注意事项

1)路基施工

(1)全线路基土石方应以机械化施工。

(2)凡属填方地段两侧均应加宽50cm,以利路基边缘压实后再刷坡及保证路基宽度(17m)。

(3)高边坡地段施工时应先修好坡顶截水沟,后从坡顶逐层往下开挖。路基填挖交界处应保证路基压实度均匀,应把挖方部分表层挖松再行夯实。

(4)当取土场距离既有路段和居民区较近时,爆破断面临近既有路段,安全施工要求高,难度大。为确保既有路段行车安全,施工中采取浅孔松动爆破和双层排架防护。

(5)非软基地段的填方及开挖土石方施工应至路槽底高程,软土地段的填方至预压线处,施工路面时再开挖。

(6)路堤坡脚的排水沟应先随路基夯填后然后反开槽施工进行浆砌铺砌。

(7)桥台台腔或台后、涵台后及其顶部、锥坡及挡土墙等构造物背后的填土均应分层压实分层检查,每一层压实松铺厚度不宜超过20cm。涵洞两侧的填土与夯实、桥台背后与锥坡填土与压实应对称或同时进行。

(8)桥台、涵洞背后和涵洞顶部的填土压实度标准,从填方基底或涵洞顶部至路床顶面要求达到95%以上。

(9)土石路堤的压实应按《公路路基施工技术规范》(JTG F10—2006)执行。

(10)路面铺筑前应检查路槽底以下80cm范围的路基压实度是否达到95%以上。

(11)种植草籽地段,均应在表面铺洒至少10cm厚的耕植土,耕植土可从清表土取得。

(12)桥梁台背及明涵、明通道台背均回填透水性材料。

(13)石质挖方地段:路槽采用10cm厚的碎石进行调平。

(14)本路段路线经过水塘地段路基应先排水清淤后采用填石,边坡采用码砌,厚度为1.0m。碾压稳定后的填石高度应高于常水位0.5m以上。

(15)应做好路基排水系统的边沟、排水沟相互的衔接。

2)路面施工

(1)为保证路面质量,水泥混凝土、水泥稳定碎石基层(底基层)混合料,均采用拌和站集中拌和供应,应采用机械摊铺法施工。

(2)水泥混凝土路面、水泥稳定层的碎石粒料级配、配合比等均应在开工前通过实验进一步确定,并在施工中严格控制以保证达到设计要求的各项技术指标。

(3)施工中请严格执行各有关施工技术规范,以提高工程质量。

第四篇　桥梁、涵洞

1. 桥梁

1)桥址区域自然条件

内厝板中桥桥梁位于内厝板东北面,中心桩号K15+091.5,桥位跨越溪溪桥轴线与水流交角为75°，本桥无通航要求。拟建场地的地貌类型为主要为冲洪种成因类型，其余均为丘陵地貌单元。场地各岩土层自上而下分别为冲填石、卵石、碎块状强风化凝灰岩、中风化凝灰岩。

场地各岩土层分布及其特征等详见Q市水电工程勘察院提供的关于《××工程地质勘察报告》。

2）设计标准

（1）设计荷载：公路-Ⅱ级。

（2）设计洪水频率：100年一遇。

（3）桥面宽度：净-8m（行车道）+2×0.5m（防撞护栏）。

（4）设计安全等级：二级。

（5）结构的设计基准期：100年。

（6）抗震设计按Ⅶ度设防，设计地震动峰值加速度系数为0.1。

3）方案选择

桥梁方案的选择是否合理，不但直接关系桥梁本身的工程投资和使用效果，更影响桥梁的施工工期。因此，我们在综合考虑经济、地质、地形及水文条件等因素，经过对几种方案的比较后推荐本方案，即上部结构采用3～16m（板长15.94m）的装配式预应力混凝土简支空心板，下部构造0号桥台采用柱式桥台，钻孔灌注桩基础；3号桥台采用肋式桥台，钻孔灌注桩基础；桥墩采用柱式墩柱，钻孔灌注桩基础。

4）设计要点

（1）本桥流域面积79.9km^2，洪水位（$P=1\%$）为312.322m，本桥无通航要求，常水位较低，桥轴线与水流交角为75°。

（2）空心板厚0.8m，共21片空心板，空心板均与圆曲线切线平行布置。

（3）桥面铺装厚度12cm，采用C40防水混凝土，防渗等级为W6级，全桥在两桥台处各设一道D-40型伸缩缝，其余桥面连续。

（4）支座：本设计在伸缩缝处采用四氟板式橡胶支座ϕ200×44，其余采用圆板式橡胶支座ϕ200×42，支座规格详见具体设计图纸。四氟板式橡胶支座应符合中华人民共和国行业标准《公路桥梁板式橡胶支座》（JT/T 4—2004）的要求。梁底支座处预埋钢板除不锈钢板外，其余的外露金属部分应作防锈处理，预涂环氧富锌底漆。

（5）桥台盖梁梁高1.3m，宽1.60m，0号桥台柱及基础采用ϕ1.3m钻孔灌注桩，桩基要求以中风化花岗岩为持力层；3号桥台肋板厚1.0m，承台厚度1.6m，基础采用ϕ1.2m钻孔灌注桩，桩基要求以中风化花岗岩为持力层，桩基沉渣厚度要求不大于5cm。

（6）桥墩盖梁梁高1.3m，宽1.60m，基础采用ϕ1.3m钻孔灌注桩，桩基要求以中风化花岗岩为持力层，沉渣厚度不大于5cm。

（7）抗震设防：上部构造采取防震落梁措施，即在空心板两端头铰缝处设置防侧向位移的防震锚栓，并在桥台上设横向挡块。

（8）采用较宽而深的铰缝，铰缝上缘将相邻板伸出的钢筋相焊接，以防铰缝开裂、渗水和板体外爬。

（9）桥梁台背长度为3～4倍台高范围内的填土应分层夯实，压实度不应小于96%。特别是3号桥台台背填土材料内摩察角要求大于35°。

(10)耐久性设计：本桥按Ⅰ类环境进行耐久性设计，普通混凝土的最大水灰比不大于0.55，最小水泥用量不小于275kg/m³，最大氯离子含量(与水泥用量相比)不大于0.30%，最大碱含量不大于3.0kg/m³；预应力混凝土的最大水灰比不大于0.45，最小水泥用量不小于350kg/m³，最大氯离子含量(与水泥用量相比)不大于0.06%，最大碱含量不大于3.0kg/m³；混凝土的集料要求采用非碱活性集料。

(11)桥面排水采用横向排水，设置横泄式泄水管。

5)主要材料

(1)桥面铺装、桥面连续、预应力空心板、铰缝采用C40混凝土，盖梁、耳背墙、支座垫石、防震挡块、系梁、肋板及搭板均采用C30混凝土，承台、桩基础采用C25台，防撞护栏采用C30混凝土。

(2)钢材。

①预应力钢束：采用高强度低松弛270K级钢绞线，公称直径为15.2mm，其性能参数必须应符合《预应力混凝土用钢绞线》(GB/T 5224—2014)的规定，其标准强度Rby=1860MPa。

②普通钢筋：主要受力钢筋采用HRB400钢筋，其他分布钢筋采用HPB300钢筋。钢筋的主要技术性能必须符合《钢筋混凝土用钢　第2部分：热轧带肋钢筋》(GB/T 1499.2—2008)的有关规定。

③锚具参考OVM锚固体系设计，必须符合《预应力筋用锚具、夹具和连接器》(GB/T 14370—2015)、《公路桥梁预应力钢绞线用锚具、夹具和连接器》(JT/T 329—2010)等技术要求。若采用其他群锚体系时，也必须符合上述有关技术指标的要求。

④其他钢材：除特殊规定外，其余均采用A3钢，其技术性能必须符合国家标准的规定。

6)施工要点

(1)上部构造

①后张法预应力空心板预应力钢铰线的标准强度为1860MPa，张拉控制应力1339MPa，孔道采用内径为55mm的波纹管，锚具采用YM15-5型。

②为了使桥面铺装与预制空心板紧密结合成整体，预制空心板时顶层必须拉毛，拉毛采用垂直于跨径方向划槽，槽深0.5~1cm，横贯桥面，每延米桥长不少于10~15道，严防板顶滞留油腻。

③要特别注意空心板的养护，混凝土强度必须达到设计强度的100%后方能起吊、运输。堆放时应在空心板端部用两点搁支，不得使上、下面倒置。

④浇筑铰缝及桥面铺装混凝土前，必须用钢刷清除结合面上的浮皮，并用水冲洗后浇筑小石子混凝土，

⑤凡需焊接的钢筋，均应满足受力构件焊接要求，并且要求在不同强度级的异种钢材相电焊时(如16锰和A3号钢相焊)，其焊缝强度应保证高于较低强度级的钢材之强度。

⑥钢筋需接长时应有可靠连接方法，同一断面钢筋接头数量应满足《公路桥涵施工技术规范》(JTG/T F50—2011)有关要求。对于直径大于等于25mm的所有钢筋接头要求采用机械连接。

⑦应注意结构整体施工，有关预埋件不得遗漏，并注意高程准确无误。

⑧支座安装必须水平,伸缩缝施工应在厂家指导下进行。

⑨施工单位在施工前应对设计图纸上的所有数据逐一进行消化理解,把可能存在的问题发现在实施之前。

⑩其他施工未尽事宜应严格执行《公路桥涵施工技术规范》(JTG/T F50—2011)。

⑪桥梁施工时应严格遵守《公路工程施工安全技术规范》(JTG F90—2015)。

(2)下部结构

基础施工时应认真做好地质资料记录,如发现地质情况与设计不符,应及时向设计单位反馈以进行变更。基础施工时应加强地质监控,及时反馈岩性的变化,进行动态变更设计。

(3)其他

①对提供的设计图纸上的所有数据(特别是坐标和高程),施工前应逐一核对并消化理解,把可能存在的问题发现在实施之前。

②施工中应尽可能地采用先进技术和先进设备,确保施工质量。

③台后、挡墙墙背填料采用透水性材料分层夯填,压实度要求达96%以上。

④应注意结构的整体施工观念,部分相关图纸需同时使用,有关预埋件不得遗漏。其他施工未尽事宜应严格执行《公路桥涵施工技术规范》(JTG/T F50—2011)。

2. 涵洞

1)涵洞概况

本工程共设涵洞36道,其中钢筋混凝土盖板36道,共长1155.58m。

2)涵洞结构形式

钢筋混凝土盖板涵。

3)主要材料

钢筋混凝土盖板涵:钢筋混凝土盖板采用C30现浇钢筋混凝土,涵台身采用M7.5浆砌片块石,台帽根据情况采用C20现浇钢筋混凝土,支撑梁根据情况采用C25现浇钢筋混凝土,帽石采用M7.5粗料石,涵基、涵底、涵洞口铺砌采用M7.5浆砌片石。石料强度等级:MU30以上。

4)设计要点

钢筋混凝土盖板涵:

(1)钢筋混凝土盖板涵采用程序计算进行设计。

(2)处于地质较差或高填土的涵洞,采用整体式基础的盖板涵。

(3)非整体式基础的涵洞基础应设支撑梁。净跨径<2.0m时可采用块石砌筑;净跨径≥2.0m宜采用钢筋混凝土浇筑。

(4)钢筋混凝土盖板设置上、下两层钢筋具体布置详见《钢筋混凝土盖板钢筋构造图》。

(5)八字墙的水流扩张角一般按15°~30°设置。

5)涵洞施工要点

钢筋混凝土盖板涵:

(1)涵位各种形式的涵洞施工均按相应部颁标准图的施工要求及《公路桥涵施工技术规范》(JTG/T F50—2011)有关条文办理。

(2)涵位、涵底设计高程及进出口形式可根据实际情况作适当调整,边沟高程和进出口高程落差较大时应根据实际增设急流槽。进出口与上下游导流排水系统的连接应圆顺、稳固、保证流水顺畅,避免水流损害路堤、农田和道路等。

(3)涵洞基坑开挖后注意地基承载力能否满足设计要求,若达不到要求可采用换填土或砂砾垫层处理,以提高承载力。

(4)涵洞的基础采用换填的范围:

①当换填深度小于等于1.5m时为涵基襟边两边缘外侧各加换填的深度长,涵长方向长度为涵洞进出口外各加换填的深度长;

②当换填深度大于1.5m时为涵基襟边两边缘外侧各加1.7m,涵长方向长度为涵洞进出口外各加1.7m。涵洞基底换填范围,要求与前后路基同时分层夯实、压实,压实度要达到95%以上。具体实施按有关图纸办理。换填的材料采用级配碎石或砂砾等透水性材料,具体各个涵洞以各自的说明及图示为准。

(5)涵台台身的沉降缝一般沿涵洞伸方向每隔4~6m设置一道,沉降缝必须贯穿整个涵台断面(包括基础),缝宽2cm,沉降缝的设置详见《涵洞布置图》。沉降缝处两端应竖直、平整、上下不设交错。

(6)沉降缝的防水措施在基础顶面以下,填嵌涂沥青砂,并在流水面边缘以1:3水泥砂浆填塞,深度约15cm。在基础顶面以上,接缝外侧以热沥青浸制麻筋填塞,深度约5cm,内侧以水泥砂浆填塞,深度约15cm,中间空隙填以黏土。

(7)钢筋混凝土盖板涵台背采用透水性材料回填,压实度达96%以上。

(8)凡是采用填石抬高的地基涵洞,压实度应满足填石路基要求。

(9)如基础开挖地质和交角有变化时应及时进行变更设计。

(10)涵洞与有关改沟、改渠的连接详见有关施工图。

(11)在兼人行过道涵洞的人行过道靠沟一侧应注意预埋栏杆的预埋件;洞外部分根据需要预埋栏杆的预埋件,当为爬坡或台阶时两侧必须设栏杆,同时也要注意预埋栏杆的预埋件。

(12)涵台台背回填应在盖板浇筑完毕后,在混凝土强度达到设计强度的100%后进行,并应平格按水平分层填筑碾压,同时注意两边对称进行。

(13)涵台支撑梁的施工应与涵台基础同时进行,之后进行支撑梁间涵底铺筑,在支撑梁混凝土浇筑完成强度达到100%后,方可对称进行涵台背回填。设计图及工程数量详见有关图纸。

(14)凡在地基土质变化较大,基础埋置深度不一或地基承载力发生较大变化及路基填挖交界处均设置沉降,但设置于岩石地基上的涵洞可不设沉降缝。

(15)施工中当涵洞顶上填土高度不足0.5m厚时,严禁采用振动式碾压设备对涵顶和涵洞范围内的填土进行碾压。

(16)盖板混凝土的现场浇筑施工应连续进行,避免施工接缝,接缝应设在涵身沉降缝处。

(17)在翼墙、涵身两侧填土时,需在混凝土强度达到100%时方可进行,填土需对称分层填筑夯实,不得采用大型机械碾压。

(18)施工应严格按照有关图纸及有关规范进行,施工时若发现地质有异,应及时反馈有关部门,以便对其进行研究处理。

(19)应注意结构的整体观念,部分相关图纸需同时使用,有关预埋件不得遗漏。

(20)设计图中尺寸除注明外,高程和桩号以米计,钢材规格以毫米计,其余均以厘米为单位。

第五篇 隧 道

（见第五篇 隧道设计说明）

第六篇 路线交叉

1.路线平面交叉情况

本段路线根据原有的交通情况及发展规划需要，全线共设一处平面交叉，即在K11+600～K11+789处设亭下村平交口，设置Y形交叉，其被交路的路基宽7.5m，水泥混凝土路面宽6.5m。其路面结构为20cm的C35水泥混凝土面层+15cm的5%水泥稳定碎石基层+15cm填隙碎石底基层。

2.施工注意事项

（1）平面交叉工程路基、路面施工时应注意与主线路基、路面的衔接。

（2）平面交叉的路口及通道涵（桥）底施工时应注意路基排水沟布设。

（3）施工时注意施工工艺及工序，遵循有关施工规范，把好质量关。

第七篇 交通工程及沿线设施

（本工程无相关内容）

第八篇 景观设计

（略）

第九篇 其他工程

（1）本工程公路没有渡口和码头。

（2）本工程设施工便道三处共0.58km（具体位置在K10+760～K10+960右侧，0.2km；K11+080～K11+180右侧，0.1km；龟屿道出口右侧0.28km。）

第十篇 筑路材料

本标段公路筑路材料的石料、土料、砂料均以自采、外购方式进行采集，汽车运输为主。水泥、钢材、木材等筑路材料由县内购买，沿线筑路石料质量较好，储量丰富，运输可通过现有公路运抵施工现场，各种筑路材料的具体情况如下。

1.外购材料

水泥、钢筋、木材以市场供应为主，按县建材部门的仓库为起运点，个别材料按实际调查的生产厂家为起运点。

2.地材

1）石料

路线沿线岩石资源储量丰富，主要分布在沿线附近左侧山角下，大部分为砂岩、花岗岩，适宜作为工程用料，工程使用石料可自采加工。

2)中粗(细)砂

砂料、卵砾石本线区域内产量很少,拟采用外购采集,主要在县城购买,可满足公路使用,运输便利。

3)黏土

沿线广泛分布第四系残坡积坡土,储量丰富,尤其是低矮浑圆状的隆丘,以及坡度小于20°的剥蚀残丘,可作为借土场。

4)工程用水

沿线水系发育,水质良好,矿化度低,可作为工程用水。

5)工程用电

沿线村庄较为密集,均可就近接农电使用。

第十一篇 组织计划

1. 主要工程,控制工期的工程及特殊工程的施工方案

本工程公路主要工程及施工方案

路线长:主线 10.659505km;

路基土石方工程:总挖方 $757.595\times10^3m^3$,总填方 $536.418\times10^3m^3$,总废方 $254.085\times10^3m^3$;

路面工程:水泥混凝土路面 10.59505km;

涵洞工程:1167.58m38 座;

本工程控制工期的主要项目为××船厂路段建设的进度及××隧道,施工单位应认真做好施工组织设计,合理安排工期计划,在保证控制工程的前提下,兼顾其他工程,以保证本路段的修建能保质保量按期完工。

2. 施工组织、施工期限、主要工程的施工方法、工期、进度及措施

本工程宜采用国内招标,通过资格预审选择合格施工队伍。本项目施工单位要求具备公路工程、桥隧工程等二级以上的企业。

路线沿线均有农网公路通往施工现场,施工时均可采用农网公路作施工便道,且各主要工程的施工工序无相互制约,沿线隧道、涵洞、路基、路面工程的施工是本工程的关键,是制约工期的主要内容,因此必须做好施工组织计划。

本路段工程施工安排顺序计划:

(1)整理临时设施等前期工程;

(2)路基工程、涵洞工程平面交叉以及通道桥修筑等;本工程无材料供应、运输条件问题的存在,可同时全面开工;

(3)路基防护工程、排水工程及其他工程施工;

(4)路面施工;

(5)安全设施、通讯工程施工及其他修复工程。

以上施工顺序仅作为总体概略,在施工中还应根据实际进行调整。同时,施工队伍应安排好关键的施工内容,严格控制主要工程工期并把好施工质量关。

3. 施工工期、进度及措施

本段公路施工计划24个月完成。

应选择具有二级公路施工资质和筑路机械配置较为完备,特别是配备重型压实机械的队伍负责施工。

从上述安排的工期,施工队伍应安排好关键的施工内容,严格控制主要工程工期并把好施工质量关。

4. 施工质量要求

本段公路为二级公路技术标准,施工单位应按照设计图纸要求及交通运输部颁发的有关公路施工规范及技术标准把好施工质量关。

5. 主要材料的供应,机具、设备的配备及临时工程的安排

主要材料的供应,设计预算按市场价格进行编制,碎石及片石等以自采为主,外购材料中:砂料、水泥、钢材、木材等均在地方市场采购。

临时工程:临时通信用手机或固定电话,并架临时通信线路长1400m,施工用电沿线有农电可接用,须架设临时电力线路1400m;本工程所处位置农村公路网发达,交通便利,可供施工便道使用,但全线施工期间为维持临时通车,在K10+760~K10+960右侧、K11+080~K11+180右侧、龟屿出口右侧设便道3处。

注:为节省篇幅,本书对原设计文件的说明进行了删减。

主要技术经济指标

××至××港区疏港公路　　　　第×页　共×页

序号	指标名称	单位	数量	备注
	一、基本指标			
1	公路等级	级	二级	
2	计算行车速度	km/h	60	
3	交通量	辆/日	9528	小客车
4	拆迁房屋	m^2	8653.33	
5	拆迁电力、电信杆	根	229	
6	拆迁通信光缆	m	8732	
7	征用土地	亩	588.36	
	二、路线			
1	路线总长	km	10.660	
2	路线增长系数	倍	1.435	
3	平均每公里交点数	个	1.313	
4	平曲线最小半径	m/个	200.236/1	
5	平曲线占路线总长	%	49.38	
6	直线最大长度	m	1543.404	

续上表

序号	指标名称	单位	数量	备注
7	最大纵坡	%/处	4.5/1	
8	最短坡长	m	85.63	终点与接廪尾旧路(××港区)
9	平均每公里纵坡变更次数	次	2.158	
10	竖曲线最小半径			
	(1)凸形	m/个	2050/1	
	(2)凹形	m/个	1600/1	
11	竖曲线长占路线总长	%	43.407	
	三、路基、路面			
1	路基宽度			
	(1)宽17m	km	10.66	
2	土石方数量			
	(1)土方	千立方米	213267	
	(2)石方	千立方米	544328	
3	平均每公里土石方	千立方米	71068.949	
4	防护砌体	m^3	40657.96	
5	喷锚挂网	m^2	38533	
6	排水砌体	m^3	11397.7	
7	路面结构类型及宽度			
	(1)水泥混凝土路面	m^2	140582.5	
	(2)硬路肩	m^2	35385.6	
	四、桥梁、涵洞			
1	设计车辆荷载		公路-Ⅱ级	
2	桥梁	m/座	53.4/1	
3	涵洞	m/道	1109.8/36	
	五、叉道			
1	平面交叉	处	2	
	六、安全设施			
1	公里碑	块	11	
2	轮廓标	根	426	
3	各类标志牌	块	38	
4	公路标线	m^2	6927.4	
5	墙式护栏	m^3	1011.65	
…	…			

编制：　　　　　　　　　　　　　　　　　　　　　　　　复核：

第二篇 CHAPTER TWO 路线

本篇为节省篇幅，相关列表进行了缩减，表里合计是全表总和，特此说明。表头的页数表明该表格共有多少页，摘录的为第几页。

公路用地表

××至××港区疏港公路　　　　第3页　共3页

序号	起讫桩号	长度（m）	权属单位县（市、区）乡（镇）、村	面积（m^2）	用地类型（亩）（1亩=666.67m^2）								小计（亩）	备注
					交通用地	滩涂	宅地	园地	非经济林地	经济林地	耕地	未利用地		
55	K17+717.569～K17+892.569	175	××县××乡廪尾村	4568.7049								6.853	6.853	
	…													
65	K19+467.569～K19+555.630	88.061	××县××乡廪尾村	3265.0002	0.660				3.023		0.106	1.108	4.897	
	本页小计	1838.06	0.00	55372.72	0.87	0.00	0.00	10.20	8.20	7.28	16.01	40.50	83.06	
	合计	10704.84		392236.82	19.46	20.30	12.98	130.00	104.50	20.64	38.56	241.92	588.36	

编制：　　　　复核：

果树、青苗补偿表

××至××港区疏港公路　　　　第3页　共3页

序号	起讫桩号	长度（m）	所有者	补偿类型及数量												备注
				枇杷（棵）	橘树（棵）	桃树（棵）	番石榴（棵）	杨梅（棵）	龙眼（棵）		橄榄（棵）			菜地（m^2）	香蕉（丛）	
									中	小	中	小	苗			
45	K16+142.569~K16+317.569	175							5							
	…															
64	K19+467.569~K19+555.630	88.061												71		
	本页小计	3413.061	0	16	0	1	0	5	415	8	1	0	0	616	129	
	合计	10657.64		26	4	10	31	6	2561	295	5			1629.67	254	

编制：　　　　复核：

拆迁建筑物表

××至××港区疏港公路　　　　第6页　共6页

序号	桩号	距中线距离（m）		所属县、乡、村	建筑物种类及数量															备注
		左	右		所有者	砖混结构（m^2/间）	土房（m^2/间）	木房（m^2/间）	石木结构房屋（m^2/间）	砖石平房（m^2/间）	木棚（m^2/间）	井（口）	蓄水池（个）	厕所（蹲位）		围墙（m^2）		坟幕（座）		
														砖	木	砖	土	砖	土	
1	2			3		4	5	6	7	8	9	10	11	12	13	14	15	16	17	18
151	K19+457			××县××乡廪尾村														1		
	…																			
155	K19+524			××县××乡廪尾村														1		
	本页小计																	5		
	合计					4929.86		727.26	1221.28	5493.57	543.22		2	31.5		388.6		141	9	

编制：　　　　复核：

拆迁电力、电信及其他管线设施表

××至××港区疏港公路 第3页 共3页

序号	起 讫 桩 号	交叉角度（度）	长度（m）	所属单位或个人	设备种类及数量						备注
					水泥电力杆（根）	水泥通信杆（根）	闭路电线杆（根）	变压器（个）	电信光缆（m）	军用光缆（m）	
45	K16 +142.569 ~ K16 +317.569		175		2						
	…										
64	K19 +467.569 ~ K19 +555.630		88.061		2						
	本页小计		3413.061		20	48	0	0	3153	0	
	合计		10657.64		67	147	15	5	7401	1331	

编制： 复核：

砍树、挖根、除草、清除表土数量表

××至××港区疏港公路 第3页 共3页

序号	起讫桩号或中心桩号	长度（m）	宽度（m）		所 属 单 位	砍树及挖根	砍灌树木在10cm以下（千平方米）		除草（千平方米）	挖竹根（$10m^3$）	清除表土（$100m^3$）	备注
						直径10cm以上						
			左	右		（棵）	稀	密				
1	2	3	4	5	6	7	8	9	10	11	12	13
45	K16 +142.569 ~ K16 +317.569	175			××县××乡牛坑村	64	0.01		2.21		5.6	
	…											
64	K19 +467.569 ~ K19 +555.630	88.061			××县××乡牛坑村	203	0.05	0.01	0.121		2.5	
	本页小计	3413.061				1674	1.28	0.19	28.591		118.1	
	合计					3802.00	3.74	2.08	52.89	3.69	454.84	

编制： 复核：

交通安全设施工程数量表

××至××港区疏港公路　　　　第1页　共2页

序号	桩号	标志名称	长度(m)	位置	工程数量									备注
					铝合金单柱标志(面)	公里牌(块)	百米桩(块)	热熔划线(m^2)	M10浆砌条石护栏身(m^3)	M10浆砌片石护栏基础(m^3)	2cm厚M10护栏砂浆抹面(m^2)	公路界碑(个)	轮廓标(个)	
1	2	3	4	5	6	7	8	9	10	11	12	13	14	15
1	K8+897.992~K10+000		1102.008			2	0	396.7					44	
K8+897.992~K10+000段小计			1102.008		0	2	0	396.7	0.0	0.0	0.0	0	44	
2	K10+000~K10+719.436		719.436	右侧		0	0	259.0					28	
3	K10+250	警告标志		右侧	1									警27(村庄标志)
4	K10+300	地名标志		右侧	1									梅花村
5	K10+390	警告标志		右侧	1									警3(T形交叉标志)
6	K10+390	警告标志		右侧	1									警39(慢行标志)
7	K10+490	警告标志		左侧	1									警2(T形交叉标志)
8	K10+550	地名标志		左侧	1									梅花村
9	K10+600	警告标志		左侧	1									警27(村庄标志)
10	K10+600	警告标志		左侧	1									警39(慢行标志)
K10+000~K10+719.436段小计			719.436		8	0	0	259.0	0	0	0	0	28	
11	K10+719.436~K19+555.63		8838.061			9		3181.0					354	
12	K11+030	警告标志		右侧	1									警27(村庄标志)

续上表

序号	桩号	标志名称	长度(m)	位置	工程数量									备注
					铝合金单柱标志(面)	公里牌(块)	百米桩(块)	热熔划线(m^2)	M10浆砌条石护栏身(m^3)	M10浆砌片石护栏基础(m^3)	2cm厚M10护栏砂浆抹面(m^2)	公路界碑(个)	轮廓标(个)	
1	2	3	4	5	6	7	8	9	10	11	12	13	14	15
13	K11+080	地名标志		右侧	1									亭下村
14	K11+410	地名标志		左侧	1									亭下村
15	K11+460	警告标志		左侧	1									警27(村庄标志)
16	K13+130	地名标志		右侧	1									廪头村
17	K13+300	地名标志		左侧	1									廪头村
18	K14+350	地名标志		右侧	1									溪边村
19	K15+000	地名标志		左侧	1									溪边村
20	K15+200	地名标志		右侧	1									牛坑村
21	K16+000	地名标志		左侧	1									牛坑村
22	K16+350	警告标志		右侧	1									警27(村庄标志)
23	K16+400	地名标志		右侧	1									下莲村
24	K16+500	地名标志		左侧	1									下莲村
25	K16+550	警告标志		左侧	1									警27(村庄标志)
26	K18+500	地名标志		右侧	1									廪尾村
27	K19+100	地名标志		左侧	1									廪尾村
28	K14+670	警告标志		右侧	1									警19(注意儿童标志)
	本页合计				25	11		3836.7					426	

编制： 复核：

交通安全设施工程数量表

××至××港区疏港公路　　　　第2页　共2页

序号	桩　　号	标志名称	长度(m)	位置	工程数量									备　　注
					铝合金单柱标志(面)	公里牌(块)	百米桩(块)	热熔划线(m^2)	M10浆砌条石护栏身(m^3)	M10浆砌片石护栏基础(m^3)	2cm厚M10护栏砂浆抹面(m^2)	公路界碑(个)	轮廓标(个)	
1	2	3	4	5	6	7	8	9	10	11	12	13	14	15
29	K14 +720	学校标志		右侧	1									希望小学
30	K14 +800	学校标志		左侧	1									希望小学
31	K14 +850	警告标志		左侧	1									警19(注意儿童标志)
32	K15 +610	警告标志		右侧	1									警19(注意儿童标志)
33	K15 +660	学校标志		右侧	1									牛坑中心小学
34	K15 +720	学校标志		左侧	1									牛坑中心小学
35	K15 +770	警告标志		左侧	1									警19(注意儿童标志)
36	K11 +600	警告标志		右侧	1									警5(Y形交叉标志)
37	K11 +790	警告标志		左侧	1									警5(Y形交叉标志)
38	K11 +820	路面变窄标志		右侧	1									警13(两侧变窄标志)
39	K12 +280	路面变窄标志		左侧	1									警13(两侧变窄标志)
40	K11 +870	警告标志		右侧	1									警28(隧道标志)
41	K12 +230	警告标志		左侧	1									警28(隧道标志)
42	K12 +200 ~ K12 +550	城墙式护栏	350	右侧					105.0	113.75	140.0			
	…													
64	K19 +510 ~ K19 +555.63	城墙式护栏	45.63	右侧					13.7	14.83	18.3			
K10 +719.436 ~ K19 +555.63 段小计			8838.061		30	9	0	3181.0	485.6	526.1	647.5		354.00	
合计			10659.505		38	11	0	3836.7	485.6	526.05	647.5	0	426.00	

编制：　　　　复核：

钢筋混凝土防撞护栏工程数量表

××至××港区疏港公路　　第1页　共1页

序号	桩号	设置位置	长度（m）	钢筋混凝土防撞护栏							备注
				HPB300钢筋（kg）	HRB400钢筋（kg）	C25混凝土（m^3）	ϕ100泄水管（m）	沥青麻絮伸缩缝（m^2）	挖基土方（m^3）	挖基石方（m^3）	
1	K8+897.992~K10+000	右侧	1102.008	6821	32542	595.1	55.1	2.0	295.2	366.0	
2	K11+080~K11+700	右侧	620	3838	18309	334.8	31.0	17.1	6.0	366.0	
	合计		1722.008	10659.2	50850.9	929.9	86.1	19.1	301.2	366.0	

编制：　　复核：　　审核：

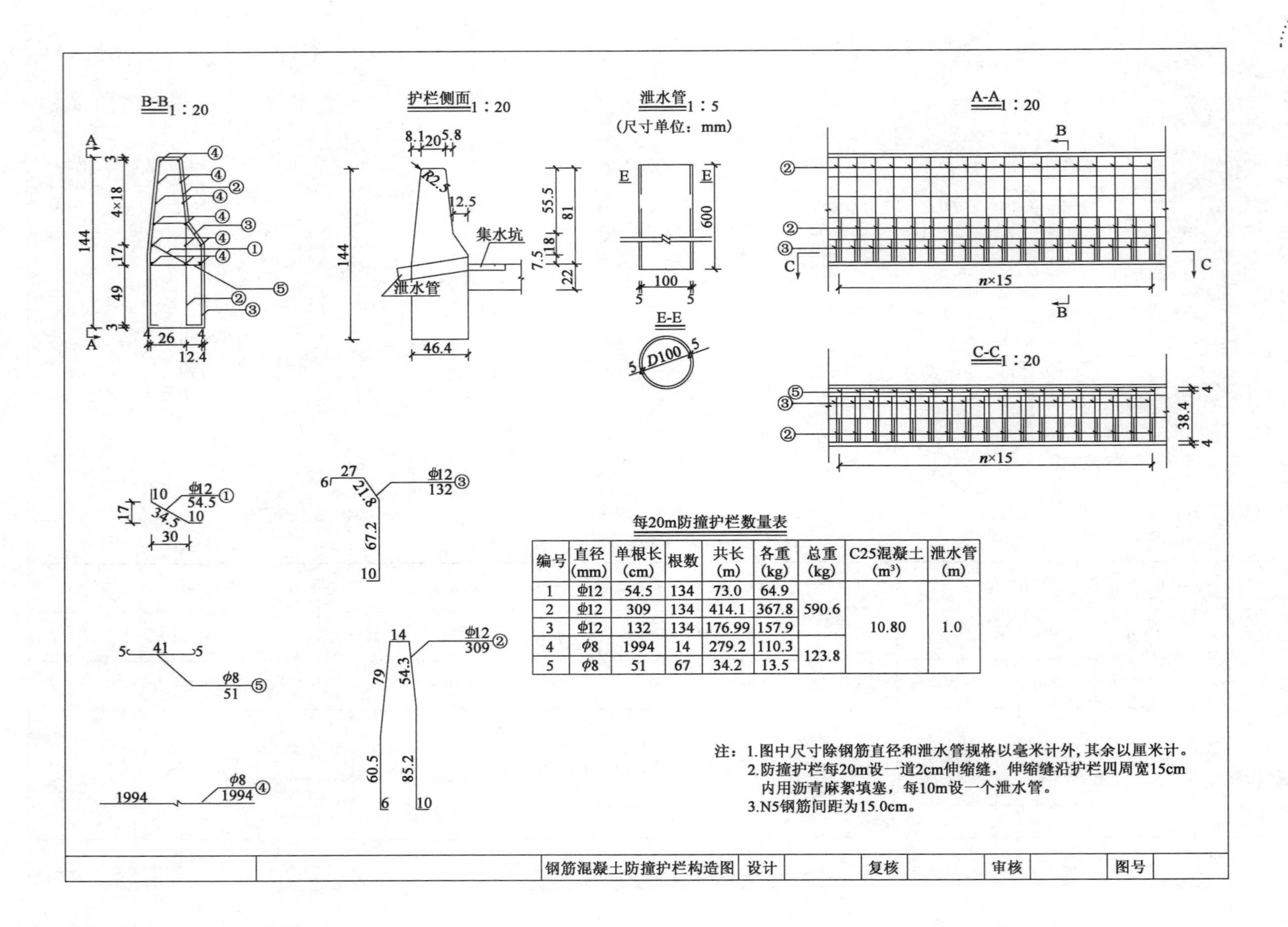

每20m防撞护栏数量表

编号	直径(mm)	单根长(cm)	根数	共长(m)	各重(kg)	总重(kg)	C25混凝土(m^3)	泄水管(m)
1	ϕ12	54.5	134	73.0	64.9	590.6	10.80	1.0
2	ϕ12	309	134	414.1	367.8			
3	ϕ12	132	134	176.99	157.9			
4	ϕ8	1994	14	279.2	110.3	123.8		
5	ϕ8	51	67	34.2	13.5			

注：1.图中尺寸除钢筋直径和泄水管规格以毫米计外，其余以厘米计。
2.防撞护栏每20m设一道2cm伸缩缝，伸缩缝沿护栏四周宽15cm内用沥青麻絮填塞，每10m设一个泄水管。
3.N5钢筋间距为15.0cm。

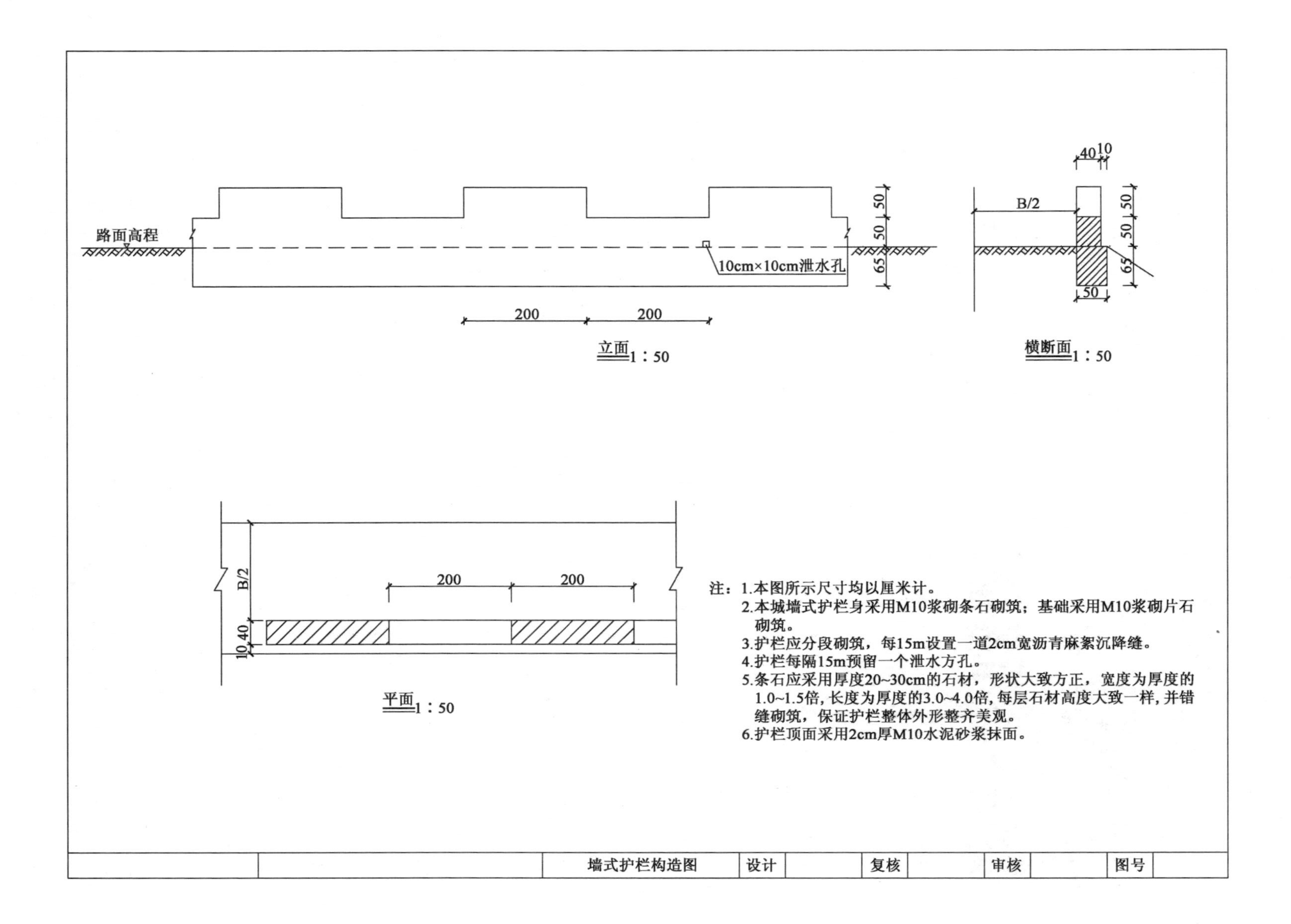
路面高程
10cm×10cm泄水孔
50
50
65
200
200
立面1：50
40
10
B/2
50
50
65
50
横断面1：50
B/2
200
200
10
40
平面1：50
注：1.本图所示尺寸均以厘米计。
2.本城墙式护栏身采用M10浆砌条石砌筑；基础采用M10浆砌片石砌筑。
3.护栏应分段砌筑，每15m设置一道2cm宽沥青麻絮沉降缝。
4.护栏每隔15m预留一个泄水方孔。
5.条石应采用厚度20~30cm的石材，形状大致方正，宽度为厚度的1.0~1.5倍，长度为厚度的3.0~4.0倍，每层石材高度大致一样，并错缝砌筑，保证护栏整体外形整齐美观。
6.护栏顶面采用2cm厚M10水泥砂浆抹面。
墙式护栏构造图
设计
复核
审核
图号

第三篇
CHAPTER THREE

路基、路面

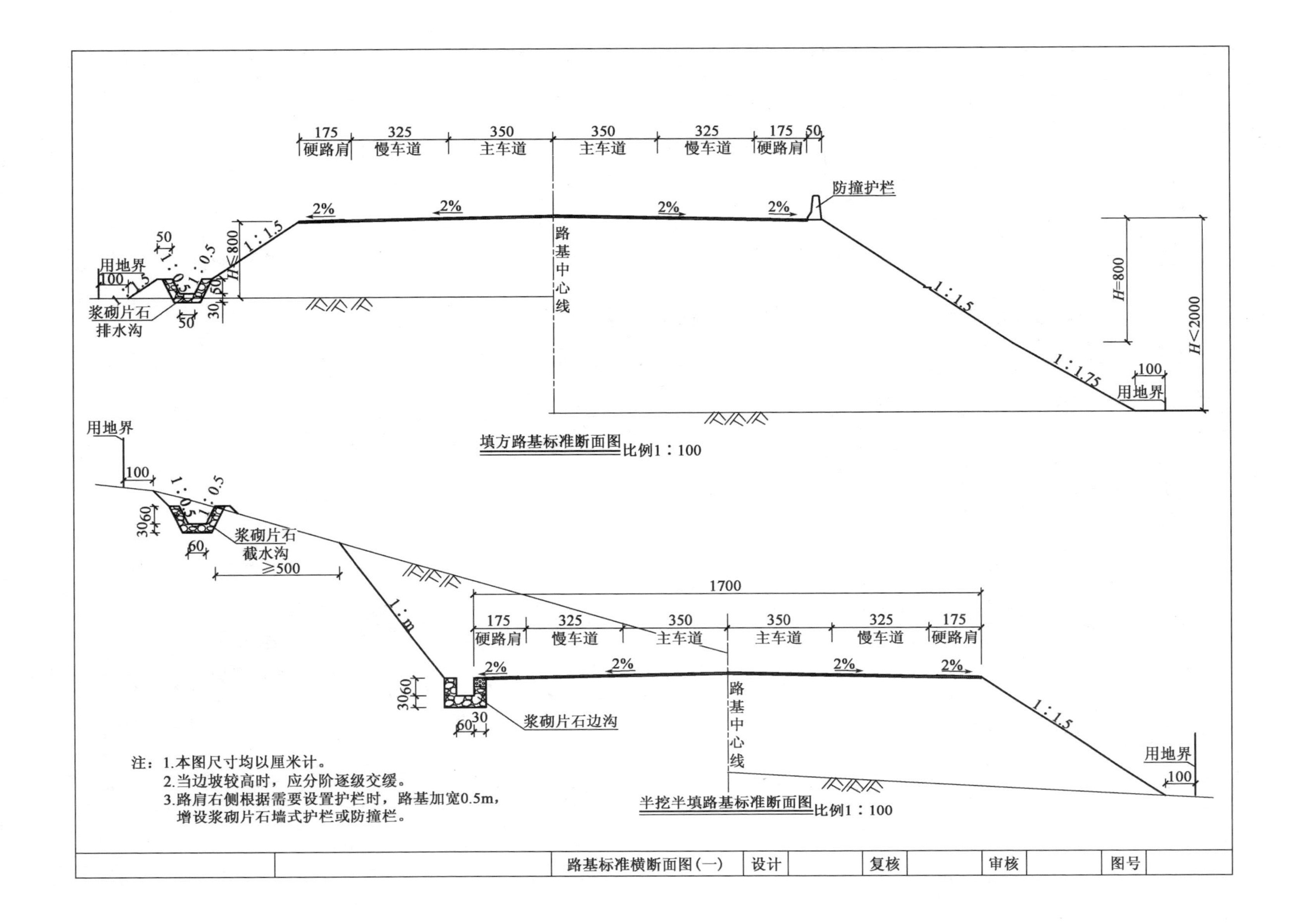
175 硬路肩
325 慢车道
350 主车道
350 主车道
325 慢车道
175 硬路肩
50
防撞护栏
2%
路基中心线
1：1.5
1：1.75
1：0.5
H≤800
H=800
H<2000
用地界
100
浆砌片石排水沟
填方路基标准断面图 比例1：100
用地界
100
浆砌片石截水沟
≥500
1：m
1700
浆砌片石边沟
30
60
半挖半填路基标准断面图 比例1：100
注：1.本图尺寸均以厘米计。
2.当边坡较高时，应分阶逐级交缓。
3.路肩右侧根据需要设置护栏时，路基加宽0.5m，增设浆砌片石墙式护栏或防撞栏。
路基标准横断面图（一）
设计
复核
审核
图号

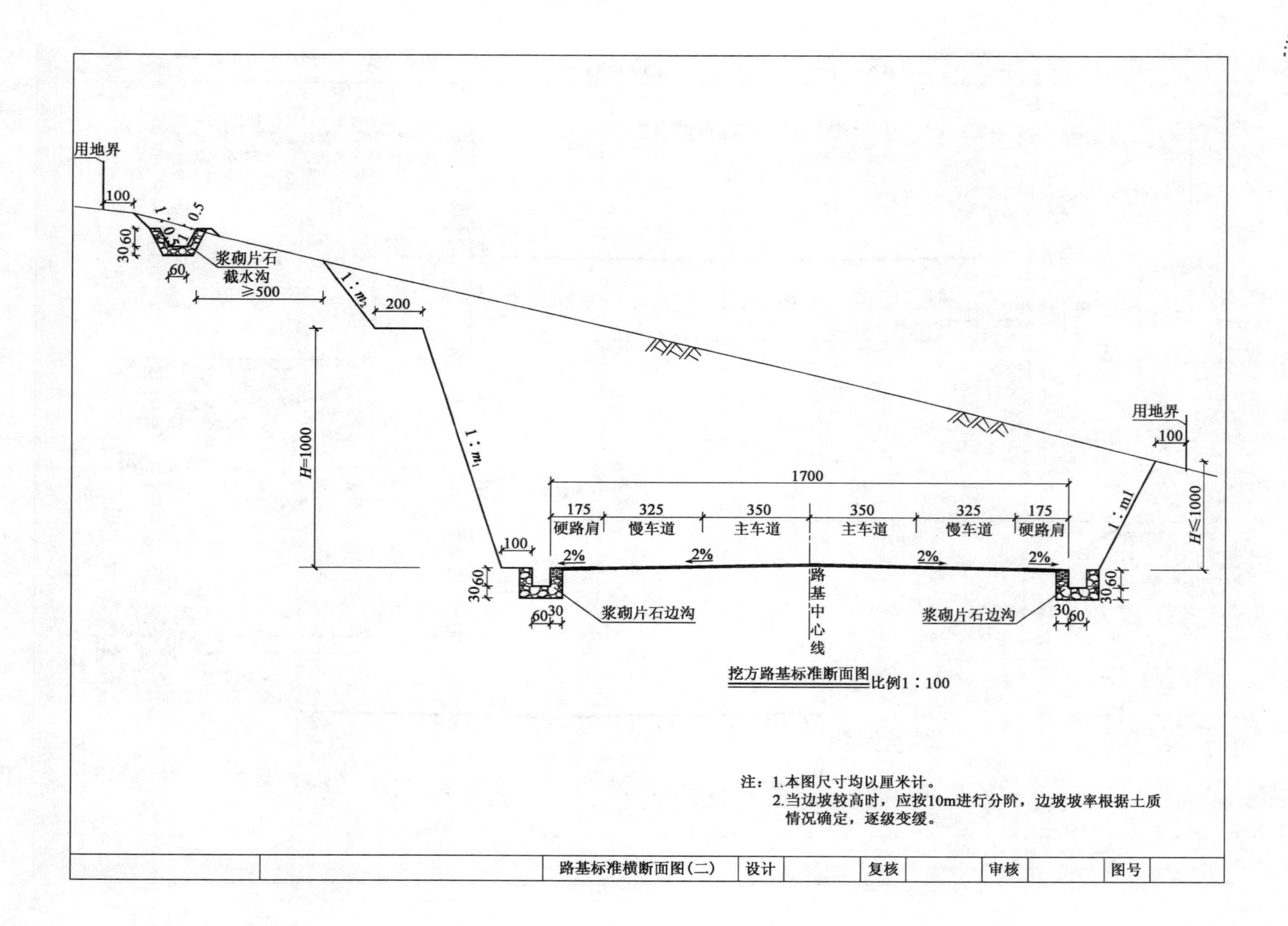
用地界
100
1：0.5
0.5
30
60
浆砌片石
截水沟
≥500
1：m_2
200
H=1000
1：m_1
1700
175
硬路肩
325
慢车道
350
主车道
350
主车道
325
慢车道
175
硬路肩
2%
2%
2%
2%
路基中心线
浆砌片石边沟
浆砌片石边沟
1：m1
用地界
100
H≤1000
挖方路基标准断面图比例1：100
注：1.本图尺寸均以厘米计。
2.当边坡较高时，应按10m进行分阶，边坡坡率根据土质情况确定，逐级变缓。
路基标准横断面图(二)
设计
复核
审核
图号

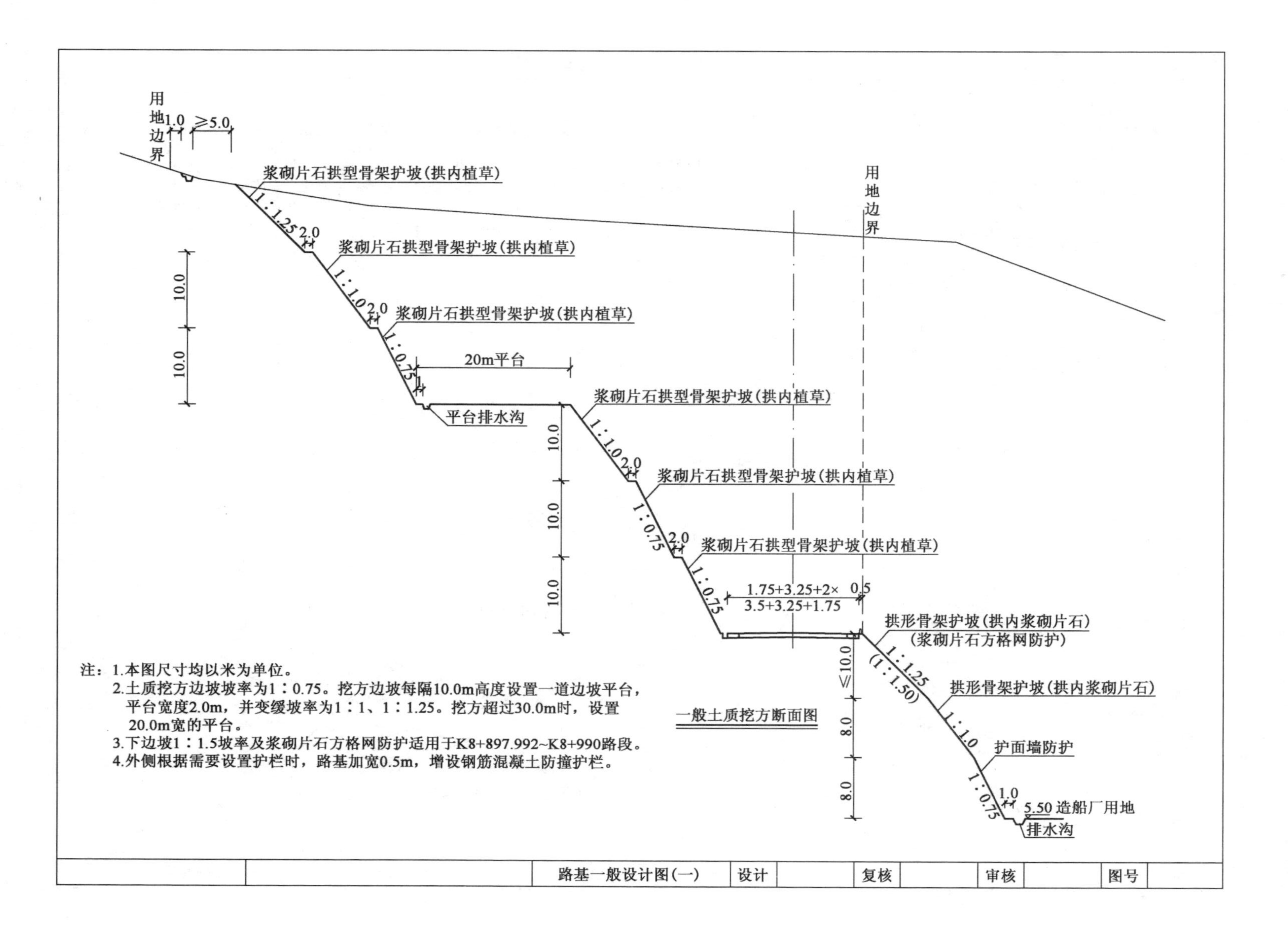

注：1.本图尺寸均以米为单位。
2.土质挖方边坡坡率为1∶0.75。挖方边坡每隔10.0m高度设置一道边坡平台，平台宽度2.0m，并变缓坡率为1∶1、1∶1.25。挖方超过30.0m时，设置20.0m宽的平台。
3.下边坡1∶1.5坡率及浆砌片石方格网防护适用于K8+897.992~K8+990路段。
4.外侧根据需要设置护栏时，路基加宽0.5m，增设钢筋混凝土防撞护栏。

	路基一般设计图(一)	设计		复核		审核		图号	

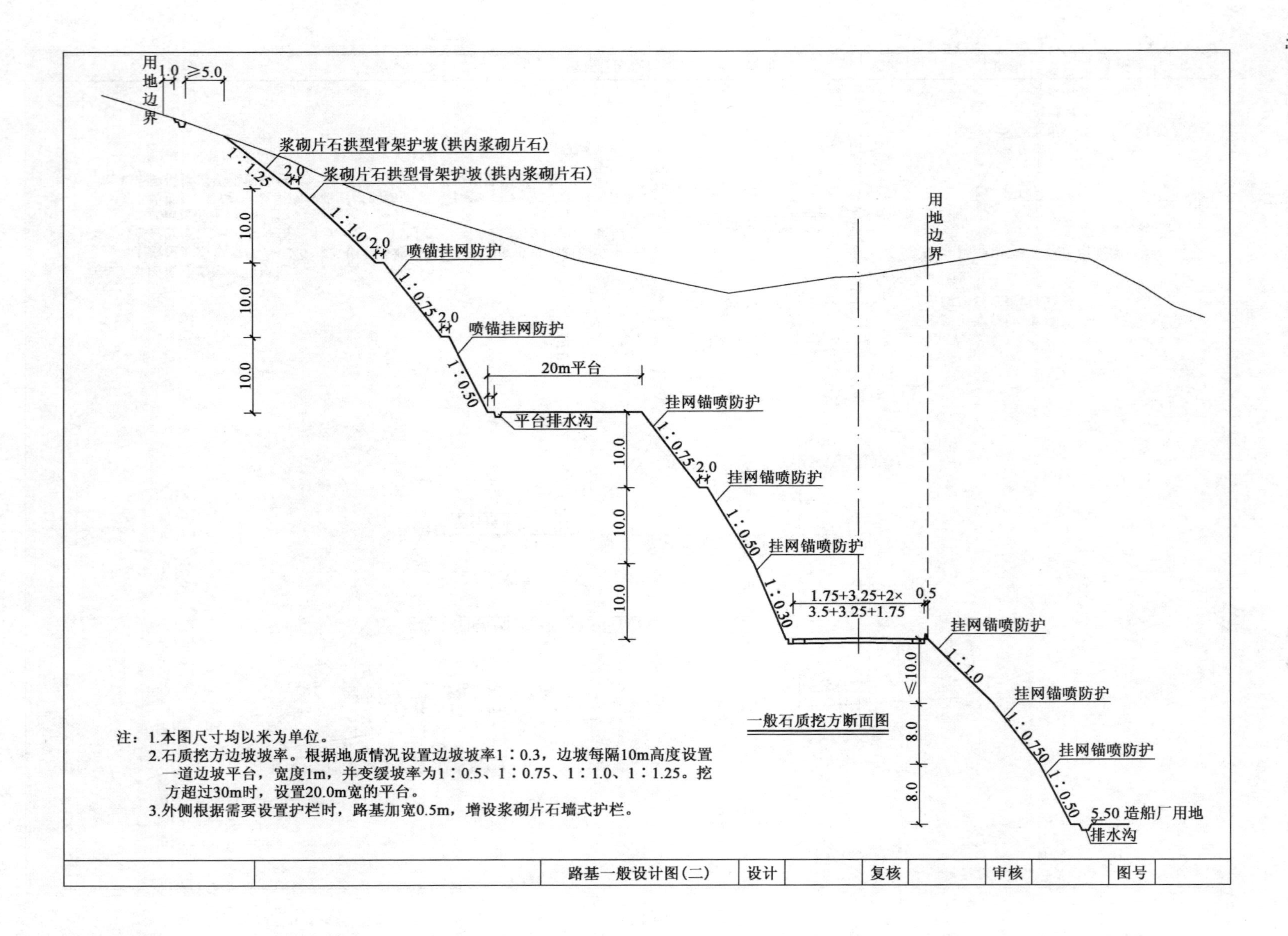

用地边界
1.0
≥5.0
浆砌片石拱型骨架护坡(拱内浆砌片石)
浆砌片石拱型骨架护坡(拱内浆砌片石)
1∶1.25
2.0
1∶1.0
2.0
喷锚挂网防护
1∶0.75
2.0
喷锚挂网防护
1∶0.50
10.0
10.0
10.0
20m平台
平台排水沟
挂网锚喷防护
1∶0.75
2.0
挂网锚喷防护
1∶0.50
挂网锚喷防护
1∶0.30
10.0
10.0
10.0
1.75+3.25+2×
3.5+3.25+1.75
0.5
用地边界
挂网锚喷防护
1∶1.0
挂网锚喷防护
1∶0.750
挂网锚喷防护
1∶0.50
5.50 造船厂用地
排水沟
≤10.0
8.0
8.0
一般石质挖方断面图
注：1.本图尺寸均以米为单位。
2.石质挖方边坡坡率。根据地质情况设置边坡坡率1∶0.3，边坡每隔10m高度设置一道边坡平台，宽度1m，并变缓坡率为1∶0.5、1∶0.75、1∶1.0、1∶1.25。挖方超过30m时，设置20.0m宽的平台。
3.外侧根据需要设置护栏时，路基加宽0.5m，增设浆砌片石墙式护栏。
路基一般设计图(二)
设计
复核
审核
图号

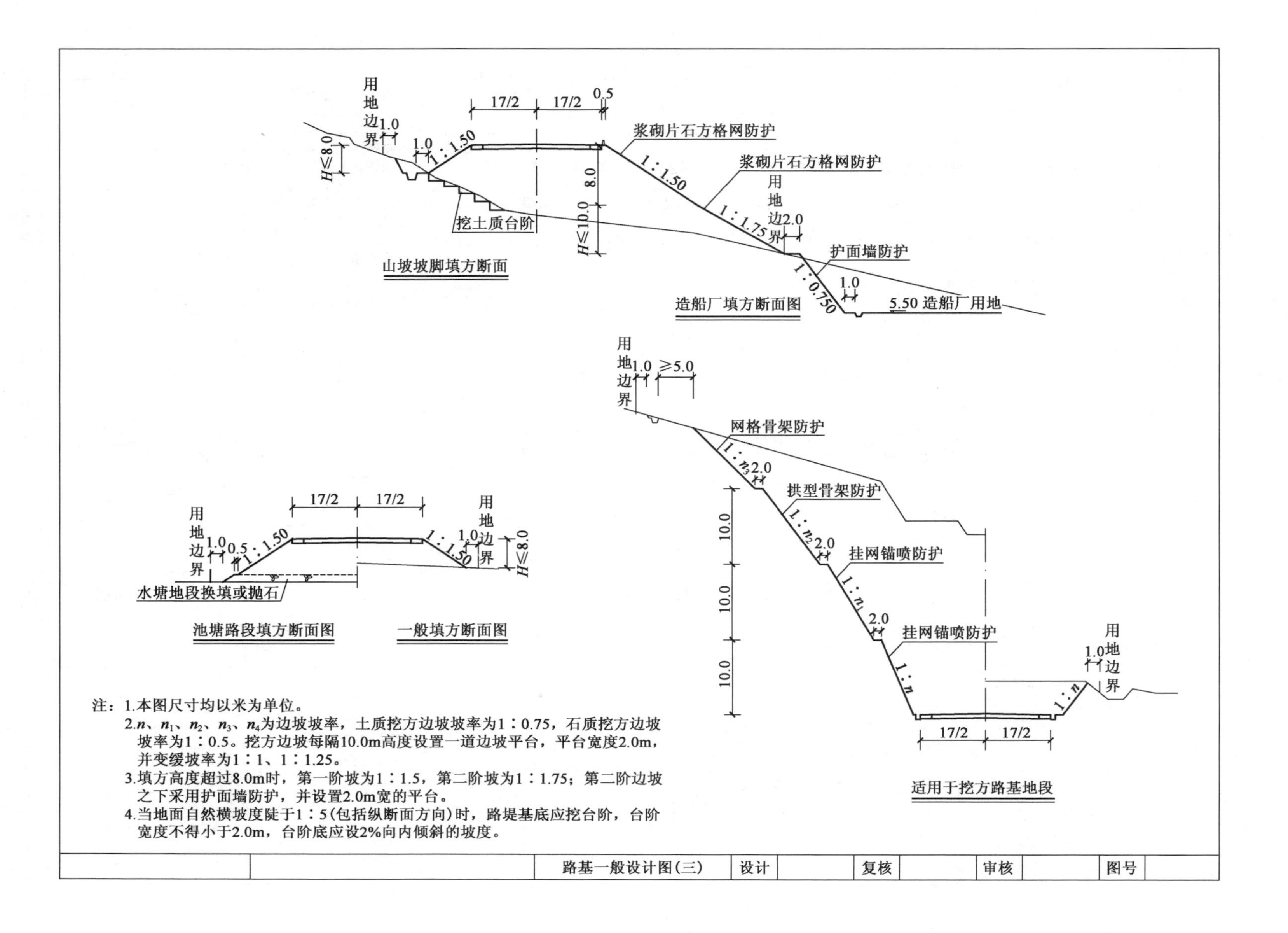

注：1.本图尺寸均以米为单位。
2.n、n_1、n_2、n_3、n_4为边坡坡率，土质挖方边坡坡率为1∶0.75，石质挖方边坡坡率为1∶0.5。挖方边坡每隔10.0m高度设置一道边坡平台，平台宽度2.0m，并变缓坡率为1∶1、1∶1.25。
3.填方高度超过8.0m时，第一阶坡为1∶1.5，第二阶坡为1∶1.75；第二阶边坡之下采用护面墙防护，并设置2.0m宽的平台。
4.当地面自然横坡度陡于1∶5(包括纵断面方向)时，路堤基底应挖台阶，台阶宽度不得小于2.0m，台阶底应设2%向内倾斜的坡度。

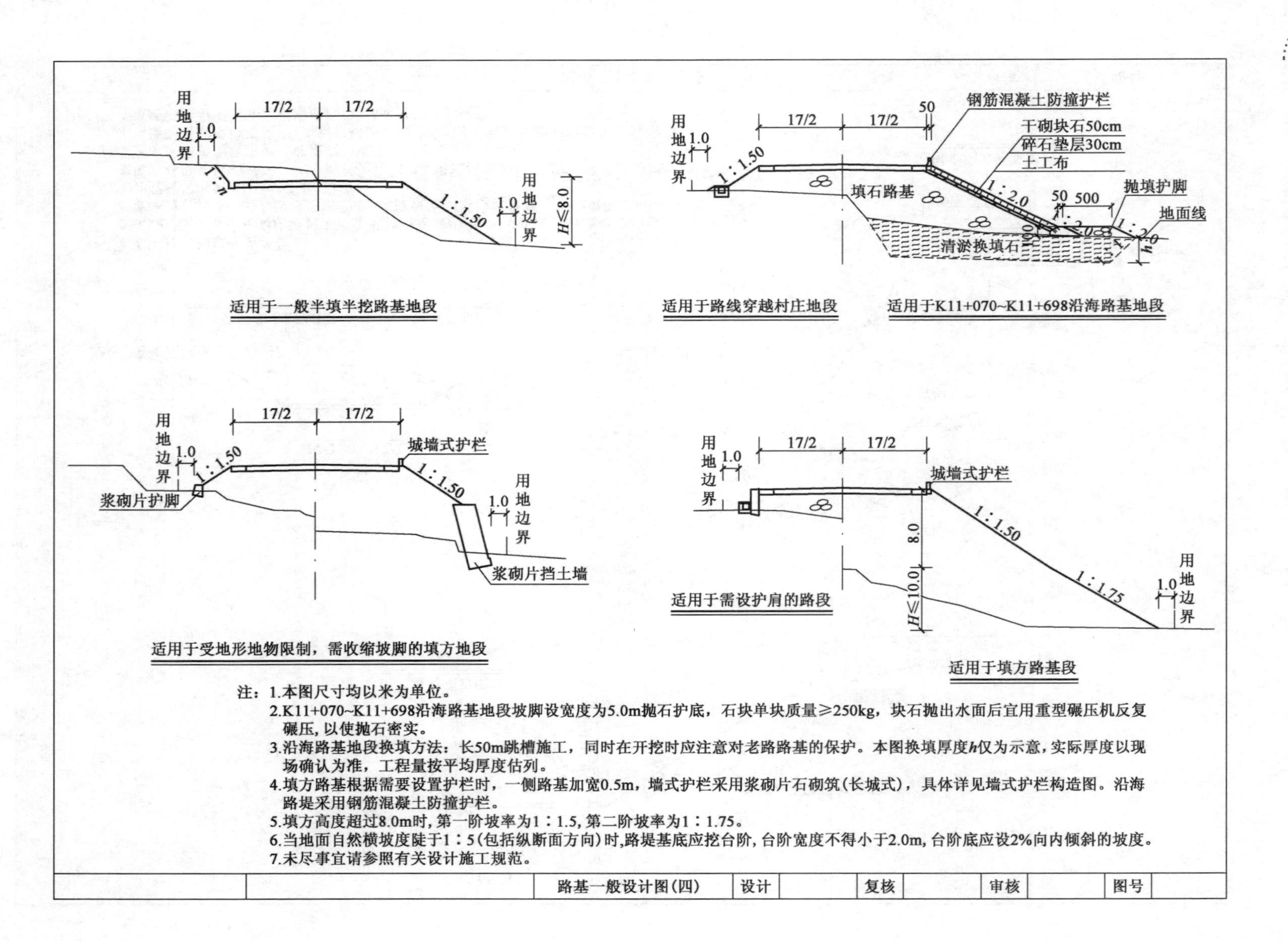
用地边界
1.0
17/2
17/2
1:n
1:1.50
H≤8.0
适用于一般半填半挖路基地段
50
钢筋混凝土防撞护栏
干砌块石50cm
碎石垫层30cm
土工布
1:1.50
填石路基
1:2.0
50 500
抛填护脚
地面线
清淤换填石
h
适用于路线穿越村庄地段
适用于K11+070~K11+698沿海路基地段
城墙式护栏
浆砌片护脚
浆砌片挡土墙
适用于受地形地物限制，需收缩坡脚的填方地段
8.0
H≤10.0
1:1.75
适用于需设护肩的路段
适用于填方路基段
注：1.本图尺寸均以米为单位。
2.K11+070~K11+698沿海路基地段坡脚设宽度为5.0m抛石护底，石块单块质量≥250kg，块石抛出水面后宜用重型碾压机反复碾压，以使抛石密实。
3.沿海路基地段换填方法：长50m跳槽施工，同时在开挖时应注意对老路路基的保护。本图换填厚度h仅为示意，实际厚度以现场确认为准，工程量按平均厚度估列。
4.填方路基根据需要设置护栏时，一侧路基加宽0.5m，墙式护栏采用浆砌片石砌筑（长城式），具体详见墙式护栏构造图。沿海路堤采用钢筋混凝土防撞护栏。
5.填方高度超过8.0m时，第一阶坡率为1∶1.5，第二阶坡率为1∶1.75。
6.当地面自然横坡度陡于1∶5（包括纵断面方向）时，路堤基底应挖台阶，台阶宽度不得小于2.0m，台阶底应设2%向内倾斜的坡度。
7.未尽事宜请参照有关设计施工规范。
路基一般设计图（四）
设计
复核
审核
图号

耕地填前夯(压)实数量表

××至××港区疏港公路　　　　第1页　共1页

序号	起讫桩号	长度(m)	平均宽度(m)	压实面积(m^2)	备注	序号	起讫桩号	长度(m)	平均宽度(m)	压实面积(m^2)	备注
1	K10+820~K10+880	60	30	1800							
	…										
21	K19+000~K19+160	160	30	4800							
	合计	3998		151970							

不良地基处理工程数量表(抛填石块)

××至××港区疏港公路　　　　第1页　共2页

序号	中桩	间距(m)	抛石横断面积(m^2)	平均抛石横断面积(m^2)	抛石体积(m^3)	备注
1	K10+518		0			利用土石方调配中的石方进行抛石，即应在总填方数量内扣除564.4m^3的石方碾压
		2		2.75	5.5	
	K10+520		5.49			
		15.315		10.50	160.8	
	K10+535		15.51			
		7.685		15.95	122.6	
	K10+543		16.39			
2	K10+554		11.3			
		16		13.95	223.2	
	K10+570		16.6			
		3		17.45	52.4	
	K10+573		18.3			
合计		44.0			564.4	

编制：　　　　复核：

不良地基处理工程数量表

××至××港区疏港公路

序号	起讫桩号或中心桩号	工程名称	处理方式	长度(m)	管式渗沟 $h=180$cm (m)	ϕ10cm带孔塑料排水管(m)	ϕ150水泵(台班)	换填透水性材料(m^3)	清除淤泥(m^3)	清除土(石)方(m^3)	换填石(m^3)	砂垫层(m^3)	碎石盲沟Ⅰ型60cm×60cm(m)	碎石盲沟Ⅱ型60cm×60cm(m)	备注
1	2	3	4	5	7	8		9	10	11	12	13	14	15	17
1	K10+546.0~K10+554.0	不良地基	清淤、换填砂砾	8.0					70.4		70.4				视现场实际情况酌情采用
2	K11+090.0~K11+100.0	不良地基	清淤、换填石	10.0					477.62		477.62				视现场实际情况酌情采用
3	K11+130.0~K11+650.0	不良地基	清淤、换填石	490.0			612.75		43378.3		43378.3				视现场实际情况酌情采用,工程数量已扣除K11+485~K11+515段
4	K12+180.0~K12+270.0	不良地基	水塘、抽水、清淤、换填透水性材料	90.0			282.67	3624	3624						视现场实际情况酌情采用
5	K13+520.0~K13+550.0	不良地基	水塘、抽水、清淤、换填透水性材料	30.0			65.05	834	834						视现场实际情况酌情采用
6	K13+820.0~K13+840.0	不良地基	水塘、抽水、清淤、换填透水性材料	20.0			76.19	976.8	976.8						视现场实际情况酌情采用
7	K19+034.0~K19+050.0	不良地基	水塘、抽水、清淤、换填透水性材料	16.0			3.74	48	48						视现场实际情况酌情采用
	合计:			664.0			1040.4	5482.8	49409.1	0.0	43926.3				

审核:　　　　复核:

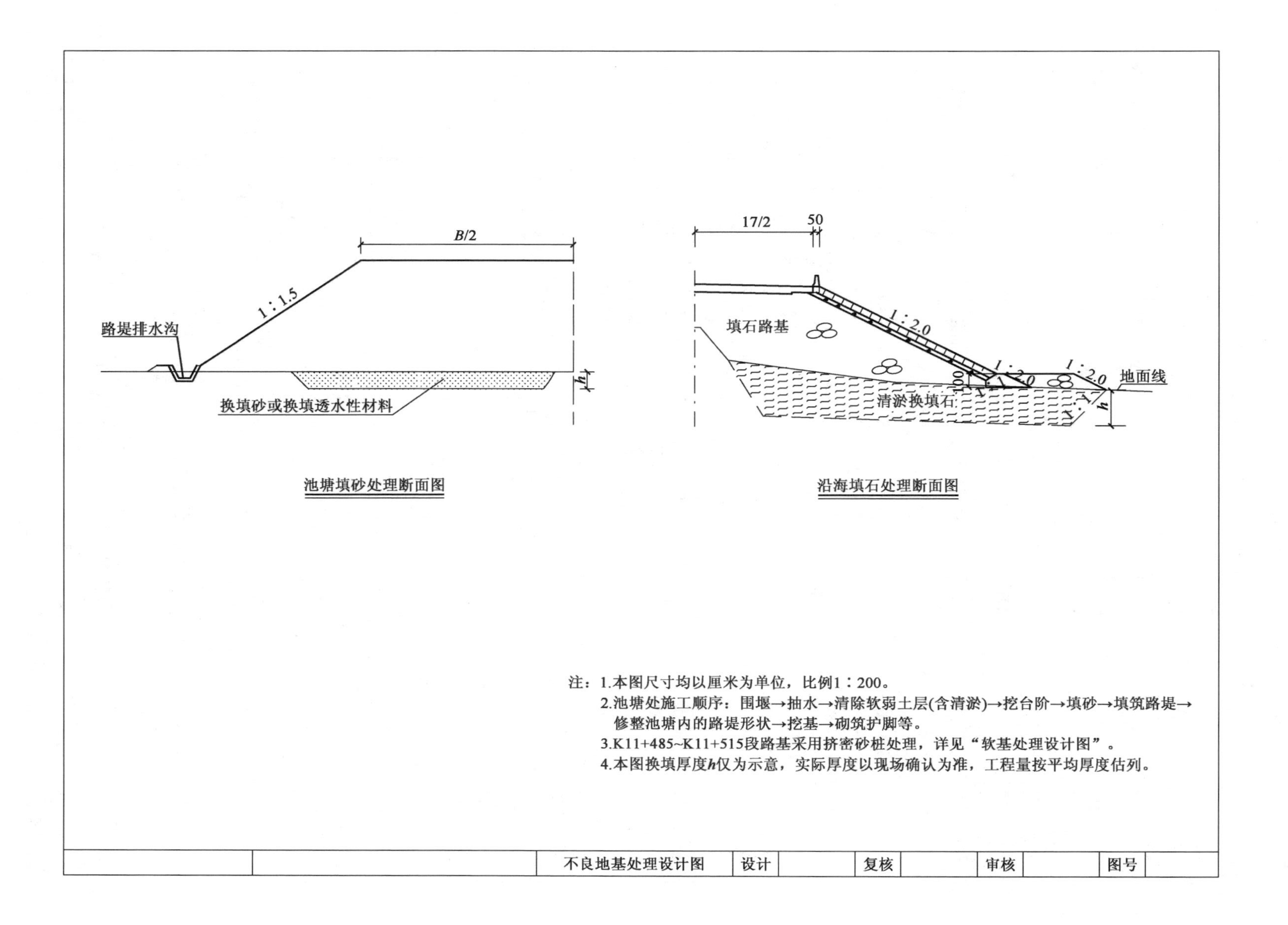

B/2
1：1.5
路堤排水沟
h
换填砂或换填透水性材料
池塘填砂处理断面图
17/2
50
1：2.0
填石路基
1：2.0
1：2.0
100
地面线
清淤换填石
h
沿海填石处理断面图
注：1.本图尺寸均以厘米为单位，比例1：200。
2.池塘处施工顺序：围堰→抽水→清除软弱土层(含清淤)→挖台阶→填砂→填筑路堤→修整池塘内的路堤形状→挖基→砌筑护脚等。
3.K11+485~K11+515段路基采用挤密砂桩处理，详见“软基处理设计图”。
4.本图换填厚度h仅为示意，实际厚度以现场确认为准，工程量按平均厚度估列。
不良地基处理设计图
设计
复核
审核
图号

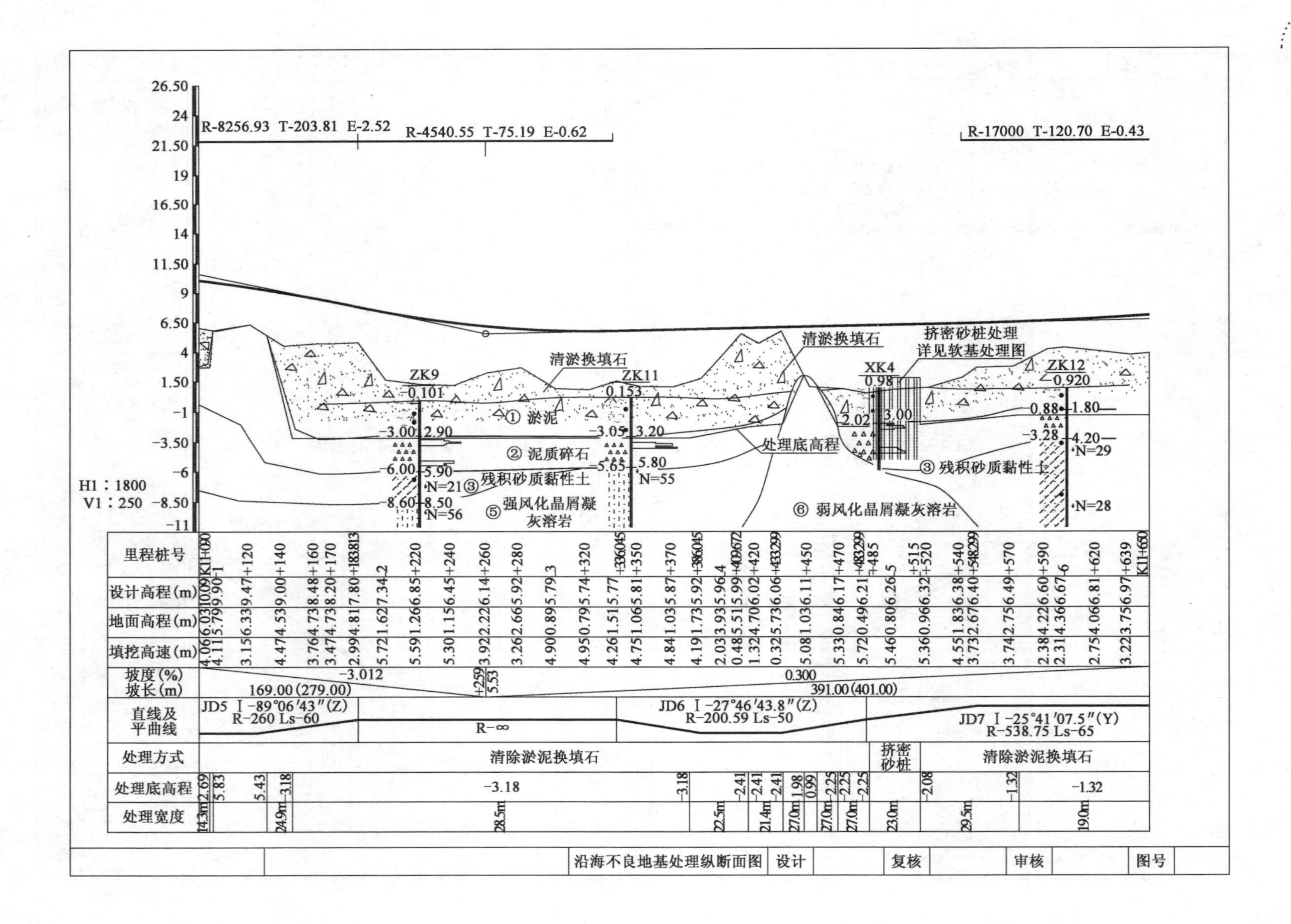

R-8256.93 T-203.81 E-2.52
R-4540.55 T-75.19 E-0.62
R-17000 T-120.70 E-0.43
H1：1800
V1：250
清淤换填石
挤密砂桩处理
详见软基处理图
处理底高程
ZK9
ZK11
XK4
ZK12
① 淤泥
② 泥质碎石
③ 残积砂质黏性土
⑤ 强风化晶屑凝灰溶岩
⑥ 弱风化晶屑凝灰溶岩
里程桩号
设计高程(m)
地面高程(m)
填挖高速(m)
坡度(%)
坡长(m)
169.00(279.00)
391.00(401.00)
直线及平曲线
JD5 I -89°06′43″(Z) R-260 Ls-60
R-∞
JD6 I -27°46′43.8″(Z) R-200.59 Ls-50
JD7 I -25°41′07.5″(Y) R-538.75 Ls-65
处理方式
清除淤泥换填石
挤密砂桩
处理底高程
处理宽度
沿海不良地基处理纵断面图
设计
复核
审核
图号

软基处理工程数量表

××至××港区疏港公路

序号	起讫桩号	工程名称	长度（m）	工程项目及数量									
				砂垫层（m^3）	土工布（m^2）	挤密砂桩（m^3）	ϕ7.5cm PVC 塑料管（m）	ϕ150 水泵（台班）	双层草袋围堰高3.5m（m）	沉降土方（m^3）（利用废方）	超载预压（m^3）（利用废方）	挖除预压土方（m^3）	挤密砂桩处理效果检验（项）
1	K11+485 ~ K11+515	挤密砂桩	30.0	2090.10	864.00	739.87	49.50	69.40	76.00	773.70	632.40	632.40	1
	合计		30.0	2090.10	864.00	739.87	49.50	69.40	76.00	773.70	632.40	632.40	1

编制： 复核：

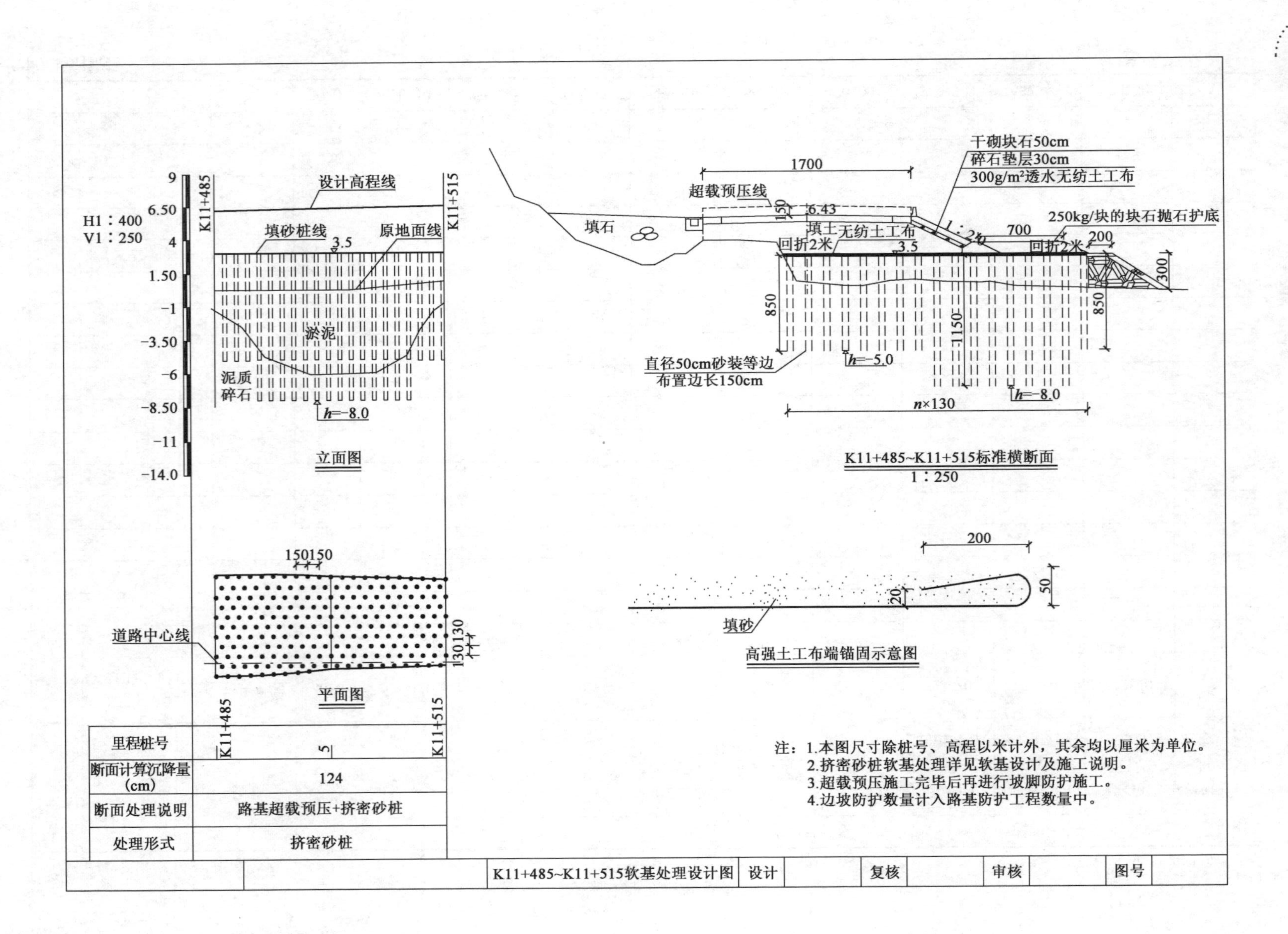

H1：400
V1：250
9
6.50
4
1.50
-1
-3.50
-6
-8.50
-11
-14.0
K11+485
K11+515
设计高程线
填砂桩线
原地面线
3.5
淤泥
泥质碎石
h=-8.0
立面图
150150
道路中心线
130130
平面图
1700
超载预压线
150
6.43
干砌块石50cm
碎石垫层30cm
300g/m²透水无纺土工布
250kg/块的块石抛石护底
填石
填土无纺土工布
回折2米
1：2
700
回折2米
200
3.5
300
850
1150
850
直径50cm砂装等边
布置边长150cm
h=-5.0
h=-8.0
n×130
K11+485~K11+515标准横断面
1：250
200
50
20
填砂
高强土工布端锚固示意图
注：1.本图尺寸除桩号、高程以米计外，其余均以厘米为单位。
2.挤密砂桩软基处理详见软基设计及施工说明。
3.超载预压施工完毕后再进行坡脚防护施工。
4.边坡防护数量计入路基防护工程数量中。
里程桩号
K11+485
5
K11+515
断面计算沉降量(cm)
124
断面处理说明
路基超载预压+挤密砂桩
处理形式
挤密砂桩
K11+485~K11+515软基处理设计图
设计
复核
审核
图号

路基每公里土石方数量表

××至××港区疏港公路　　　　第 1 页　共 1 页

起迄桩号	挖方(m^3)(天然方)						填方数量(压实方)(m^3)					主线调往通道(m^3)			主线利用土石方(m^3)			利用通道余方填方			利用洞渣填方		借方填方		废方(m^3)		
	总体积	土方		石方			设计断面数量		清表土增填方	软基预压沉降增填方	路基加宽填筑增填方	土方	软石	石方	土方	软石	石方	土方	软石	石方	土方	石方	土方	石方	土方	软石	石方
		普通土	硬土	软石	次坚石	坚石	填土	填石				天然方/压实方	天然方/压实方	天然方/压实方	天然方/压实方	天然方/压实方	天然方/压实方	天然方/压实方	天然方/压实方	天然方/压实方	天然方/压实方	天然方/压实方	天然方/压实方	天然方/压实方	天然方/增运量	天然方/增运量	天然方/增运量
1	2	3	4	5	6	7	8	9	10	11	12	13	14	15	16	17	18	19	20	21	22	23	24	25	26	27	28
K8 +897 ~ K9 +000																											
K9 +000 ~ K10 +000																											
K10 +000 ~ K11 +000	441564	20801	36906	37519	84329	262009									28488	12993	119943								24021	16707	213357
															25547	14123	130373								353222	29791	380444
K11 +000 ~ K12 +000	52490		10496	15741	18367	7886		366712							15710	23555	39286										
															14096	25604	42702										
K12 +000 ~ K13 +000	12636	1482	3238	3520	2850	1546									4718	3524	4400				26	23109					
															4226	3830	4783				24	25118					
K13 +000 ~ K14 +000	65684	6617	19800	16452	9791	13024									26414	16452	22814										
															23695	17882	24799										
K14 +000 ~ K15 +000	20533	2313	5438	5899	4916	1967									7751	5899	6883										
															6940	6412	7482										
K15 +000 ~ K16 +000	25281	5959	10739	4926	2958	699									16693	4926	3657										
															14953	5354	3975										
K16 +000 ~ K17 +000	17369	6349	9823	1197											16171	1197	0										
															14480	1301	0										

续上表

起讫桩号	挖方(m^3)(天然方)						填方数量(压实方)(m^3)					主线调往通道(m^3)			主线利用土石方(m^3)			利用通道余方填方			利用洞渣填方		借方填方		废方(m^3)		
	总体积	土方		石方			设计断面数量		清表土增填方	软基预压沉降增填方	路基加宽填筑增填方	土方	软石	石方	土方	软石	石方	土方	软石	石方	土方	石方	土方	石方	土方	软石	石方
		普通土	硬土	软石	次坚石	坚石	填土	填石				天然方/压实方	天然方/压实方	天然方/压实方	天然方/压实方	天然方/压实方	天然方/压实方	天然方/压实方	天然方/压实方	天然方/压实方	天然方/压实方	天然方/压实方	天然方/压实方	天然方/压实方	天然方/增运量	天然方/增运量	天然方/增运量
1	2	3	4	5	6	7	8	9	10	11	12	13	14	15	16	17	18	19	20	21	22	23	24	25	26	27	28
K17+000~K18+000	25016	7862	13495	3659											21357	3659	0										
															19143	3977	0										
K18+000~K19+000	50021	14268	25748	10005											40009	10005	0										
															35856	10875	0										
K19+000~K19+557	47001	101	11832	9401	16334	9333									11935	9402	25669										
															10746	10220	27902										
本页合计	757595	65752	147515	108319	139545	296464	169706	366712							189246	91612	222652				26	23109			24021	16707	213357
															169682	99579	242015				24	25118			353222	29791	380444
本段合计	757595	65752	147515	108319	139545	296464	169706	366712							189246	91612	222652				26	23109			24021	16707	213357
															169682	99579	242015				24	25118			353222	29791	380444

编制： 复核：

注：本表每公里天然方校核条件。

1. 挖土方总量：(3)+(4)=[利用土方(16)+废土方(26)]天然方−(11)−(12)；挖软石总量：(5)=[(17)+(14)+(27)]天然方；挖石方总量：(6)+(7)=[(15)+(18)+(28)]天然方。
2. 利用主线土方：(16)+(13)=本桩利用(30)+(31)+远运利用(34)+(35)；利用主线软石：(17)+(14)=本桩利用(32)+远运利用(36)；利用主线石方：(18)+(15)=本桩利用(33)+远运利用(37)：洞渣的石方包括软石。
3. 本路段填方闭合校核条件式：有带*的清表土数量只需要废方，无需增填方。
4. 填方总量：(8)+(9)+(10)+(11)+(12)=利用方总量：[(16)+(17)+(18)+(19)+(20)+(21)+(22)+(23)+(24)+(25)]分母项。

路基土石方每公里数量表(续表)

××至×××港区疏港公路 第1页 共1页

起讫桩号	长度(km)	本桩利用(m^3)				远运利用(m^3)				土方运输(m^3)(天然方)							软石运输(天然方)				石方运输(天然方)			
		推土机				普通土	硬土	软石	次坚石坚石	推土机		铲运机		自行式铲运机		自卸汽车	推土机	翻斗车	拖拉机	自卸汽车	推土机	翻斗车	拖拉机	自卸汽车
		普通土	硬土	软石	次坚石坚石					普通土	硬土	普通土	硬土	普通土	硬土	第一个1km	第一个20m	第一个100m	第一个100m	第一个1km	第一个20m	第一个100m	第一个100m	第一个1km
		天然方	天然方	天然方	天然方	天然方	天然方	天然方	天然方	第一个20m	第一个20m	第一个100m	第一个100m	第一个100m	第一个100m	每增运0.5km	每增运10m	每增运100m	每增运100m	每增运0.5km	每增运10m	每增运100m	每增运100m	每增运0.5km
		压实方	压实方	压实方	压实方	压实方	压实方	压实方	压实方	每增运10m	每增运10m	每增运50m	每增运50m	每增运50m	每增运50m									
1	29	30	31	32	33	34	35	36	37	38	39	40	41	42	43	44	45	46	47	48	49	50	51	52
K8+897~	0.102																							
K9+000																								
K9+000~	1																							
K10+000																								
K10+000~	1	963	1414	356	3284	9360	16744	12638	116658	1061	1897	889	1590			44676	2519	1850		23775	12026	11138	7415	243005
K11+000		830	1298	387	3569	8396	15017	13737	126803	2766	4948	272	487			273237	8136	98		79166	40461	4484	42854	486068
K11+000~	1		282	1009	1683		15428	22546	37603		518		178		5547	9184	730	428	3586	19662	4356	14691	17099	24003
K12+000			259	1097	1829		13837	24507	40873		1575		47		59403	2004	2846	34	11398	7775	8559	8770	42178	11764
K12+000~	1	799	1019	901	1126	682	2218	2622	3275	683	2218	6	20				2501	28			5825	1498	21682	
K13+000		689	935	980	1223	612	1990	2850	3560	1295	4207						5130				11327	828	29369	
K13+000~	1	327	731	390	540	6289	19067	16062	22274	1072	3249	1951	5914	2900	8791	1481	2095	5096	6508	2243	4089	10119	18166	5962
K14+000		282	671	424	587	5641	17101	17459	24211	3794	11501	2608	7906	20727	62834		7310	3787	19148		14168	6040	54513	
K14+000~	1	757	705	197	230	1556	4733	5702	6653	290	883	887	2697	379	1153		887	3207	1557		1499	7360	3496	
K15+000		653	647	214	250	1395	4245	6198	7232	498	1515	1064	3237	1415	4303		2494	2084	3085		3832	4962	7281	
K15+000~	1	1256	1196	221	164	4701	9540	4705	3493	1790	3631	2550	5175	362	734		1728	3062	275		2828	4704	665	
K16+000		1083	1097	240	178	4217	8556	5114	3797	3868	7849	1367	2774	1529	3103		5136	1009	586		8323	2081	1272	

续上表

起迄桩号	长度(km)	本桩利用(m^3)				远运利用(m^3)				土方运输(m^3)(天然方)							软石运输(天然方)				石方运输(天然方)			
		推土机				普通土	硬土	软石	次坚石坚石	推土机		铲运机		自行式铲运机		自卸汽车	推土机	翻斗车	拖拉机	自卸汽车	推土机	翻斗车	拖拉机	自卸汽车
		普通土	硬土	软石	次坚石坚石					普通土	硬土	普通土	硬土	普通土	硬土									
		天然方	天然方	天然方	天然方	天然方	天然方	天然方	天然方	第一个20m	第一个20m	第一个100m	第一个100m	第一个100m	第一个100m	第一个1km	第一个20m	第一个100m	第一个100m	第一个1km	第一个20m	第一个100m	第一个100m	第一个1km
		压实方	压实方	压实方	压实方	压实方	压实方	压实方	压实方	每增运10m	每增运10m	每增运50m	每增运50m	每增运50m	每增运50m	每增运0.5km	每增运10m	每增运100m	每增运100m	每增运0.5km	每增运10m	每增运100m	每增运100m	每增运0.5km
1	29	30	31	32	33	34	35	36	37	38	39	40	41	42	43	44	45	46	47	48	49	50	51	52
K16+000~	1	2024	2287	416	0	4324	7536	781	0	3057	5327	1268	2209				600	177			604	177		
K17+000		1745	2098	452	0	3878	6759	849	0	5361	9344	135	235				2002	2			2003	1		
K17+000~	1	1116	1318	292	0	6746	12177	3367	0	2437	4398	2653	4788	906	1635	2107	787	1220	665	694	776	1231	665	694
K18+000		962	1209	317	0	6051	10921	3660	0	5858	10573	931	1680	4260	7688		2024	155	2429		1967	224	2658	
K18+000~	1	1340	944	259	0	12925	24800	9746	0	2206	4233	6664	12786			11837	1151	4368		4162	507	1171		2606
K19+000		1155	866	281	0	11593	22242	10594	0	6550	12566	4411	8463			3884	6032	1190		2023	1811	603		1211
K19+000~	0.557	101	2230	447	1219	3	9608	8955	24450	2	477	2	2589	2	2	6544	158	345	1	7766	437	1246	1	19131
K19+557		87	2046	485	1326	3	8617	9734	26577	2	586	2	1882	2	2	17161	391	109	1	14792	1025	373	1	75554
本页合计	10.659	8683	12126	4487	8247	46586	121851	87124	214406	12598	26831	16870	37946	4549	17862	75829	13156	19781	12592	58302	32947	53335	69189	295401
		7486	11126	4876	8963	41786	109285	94702	233053	29992	64664	10790	26711	27933	137333	296286	41501	8468	36647	103756	93476	28366	180126	574597
本段合计	10.659	8683	12126	4487	8247	46586	121851	87124	214406	12598	26831	16870	37946	4549	17862	75829	13156	19781	12592	58302	32947	53335	69189	295401
		7486	11126	4876	8963	41786	109285	94702	233053	29992	64664	10790	26711	27933	137333	296286	41501	8468	36647	103756	93476	28366	180126	574597

编制：　　　　　　　　　　　　　　　　复核：

注：本表每公里天然方校核条件。

1. 土方运输方[(38)+(39)+(40)+(41)+(42)+(43)+(44)]分子项=远运利用土方[(34)+(35)]天然方+借天然土方(24)+废天然土方(26)+利用洞渣天然土方(22)。
2. 软石运输方[(45)+(46)+(47)+(48)]分子项=远运利用软石(36)天然方+废天然软石(27)。
3. 石方运输方[(49)+(50)+(51)+(52)]分子项=远运利用石方(37)天然方+借天然石方(25)+废天然石方(28)+利用洞渣天然石方(23)。

取土场、弃土场一览表

××至××港区疏港公路　　　　第1页　共1页

序号	桩号或位置	取土、弃方位置		运距(km)	数量(m^3)			永久占地(亩)(666.67m^2)					临时占地(亩)(666.67m^2)			临时工程			压实(m^3)	M7.5浆砌片石护坡(m^3)	种树(棵)	M7.5浆砌片石护脚(m^3)	备注
		左(m)	右(m)		取土	软基弃土	路基弃土	滩涂	旱地	果园	松林	荒地	水田	旱地	林地	新修便道(Akm)	便桥(m/座)	整修便道(Akm)					
1	2	3	4	5	6	7	8	9	10	11	12	13	14	15	16	17	18	19	20	21	22	23	24
1	弃土场(K11+700)		100	0.8		52475	276696	155.2											276696	2340	8622	1787.5	
	合计					52475	276696	155.2											276696	2340	8621.67	1787.5	

编制：　　　　复核：

控制爆破段落及数量表

××至××港区疏港公路　　　　第1页　共1页

序号	起 讫 桩 号	数量(m)	位置	控爆数量(m^3)				备　注
				坚石	次坚石			
1	K11+030 ~ K11+080	50	上边坡	12440.3	12965.625			路基土石方数量中应扣除此石方量
合计		50.0		12440	12966			

编制：　　　　复核：

路基防护工程数量表

（上边坡挂网喷混凝土防护）

××至××港区疏港公路　　　　第1页　共1页

序号	桩　号	位置	防护总面积（m^2）	⌀16mm挂网锚杆（kg）	ϕ8mm挂网钢筋（kg）	ϕ6mm钢筋（kg）	⌀12mm钢筋（kg）	C20喷射混凝土（m^3）	水泥砂浆（m^3）	ϕ50mm塑料排水管（m）	脚手架（m^2）	备　注
1	K8+960~K8+980	左侧	735.5	676.7	2033.5	8.5	146.4	73.6	0.2	92.7	588.4	老路左侧挖方边坡防护
2	K8+980~K9+055	左侧第1阶	830.1	763.7	2295.2	9.6	165.2	83.0	0.2	104.6	742.5	边坡坡度1:0.50
3	K9+085~K9+120	左侧第1阶	391.3	360.0	1081.9	4.5	77.9	39.1	0.1	49.3	350.0	边坡坡度1:0.50
	…											
17	K9+990~K10+000	左侧第3阶	125.0	115.0	345.6	1.5	24.9	12.5	0.0	15.8	100.0	边坡坡度1:0.75
18	K9+990~K10+000	左侧第4阶	111.8	102.9	309.1	1.3	22.2	11.2	0.0	14.1	100.0	边坡坡度1:0.50
K8+897.992~K10+000段小计			7691.6	7076.3	21265.8	89.2	1530.6	769.2	2.0	969.1	6767.9	
19	K10+000~K10+250	左侧第1阶	2610.1	2401.3	7216.3	30.3	519.4	261.0	0.7	328.9	2500.0	边坡坡度1:0.30
20	K10+250~K10+270	左侧第1阶	223.6	205.7	618.2	2.6	44.5	22.4	0.1	28.2	200.0	边坡坡度1:0.50
	…											
28	K10+080~K10+210	左侧第4阶	1453.4	1337.2	4018.5	16.9	289.2	145.3	0.4	183.1	1300.0	边坡坡度1:0.50
29	K10+020~K10+080	左侧第5阶	670.8	617.2	1854.7	7.8	133.5	67.1	0.2	84.5	600.0	边坡坡度1:0.50
K10+000~K10+719.436段小计			10484.2	9645.5	28986.7	121.6	2086.4	1048.4	2.8	1321.0	9494.4	
30	K10+719.436~K10+750	左侧第1阶	341.7	314.4	944.8	4.0	68.0	34.2	0.1	43.1	273.4	边坡坡度1:0.50
31	K10+925~K11+050	左侧第1阶	1397.5	1285.7	3863.9	16.2	278.1	139.8	0.4	176.1	1250.0	边坡坡度1:0.50
32	K13+365~K13+470	左侧第1阶	1173.9	1080.0	3245.7	13.6	233.6	117.4	0.3	147.9	1050.0	边坡坡度1:0.50
33	K19+250~K19+420	左侧第1阶	1710.6	1573.7	4729.4	19.8	340.4	171.1	0.5	215.5	1530.0	边坡坡度1:0.50
K10+719.436~K19+555.63段小计			4623.8	4253.9	12783.8	53.6	920.1	462.4	1.2	582.6	4103.4	
	合计		22799.6	20975.6	63036.4	264.5	4537.1	2280.0	6.0	2872.8	20365.6	

编制：　　　　复核：

路基防护工程数量表

（路堑边坡防护）

××至××港区疏港公路　　　　第 1 页　共 10 页

序号	起讫桩号或中心桩号	工程名称	主要尺寸及说明（必要时绘出断面示意图）	单位	数量	分项工程数量														
						网格骨架				护面墙	拱形骨架防护				其他防护				挖基或挖槽土方（m^3）	客土（m^3）
						M7.5浆砌片石网格骨架（m^3）	M7.5浆砌片石上下镶边（m^3）	M7.5浆片石基础（m^3）	喷播草籽（m^2）	M7.5浆砌片块石墙身及防滑台（m^3）	M7.5浆砌片石拱形骨架（m^3）	拱内浆砌片石（m^3）	拱内喷草籽（m^2）	C20混凝土预制块（m^3）	M7.5浆砌片石踏步（m^3）	M7.5浆砌片石流水槽（m^3）	M7.5浆砌片石平台（m^3）	C20混凝土平台挡水埂（m^3）		
1	2	3	4	5	6	7	8	9	10	11	12	13	14	15	16	17	18	19	20	21
1	K9 +055 ~ K9 +085	路堑拱形防护	左侧第 1 阶，坡率 1∶0.75，平均高 H = 10.0m	m	30.0						51.5	70.6		5.6	9.5		21.5	1.5	138.8	
2	K9 +055 ~ K9 +085	路堑拱形防护	左侧第 2 阶，坡率 1∶1.00，平均高 H = 6.0m	m	30.0						39.1		152.0	3.5	5.7				94.0	15.2
3	K9 +200 ~ K9 +215	路堑拱形防护	左侧第 2 阶，坡率 1∶0.75，平均高 H = 9.5m	m	15.0						25.3		109.7	2.7	9.0				70.0	11.0
4	K9 +435 ~ K9 +510	路堑拱形防护	左侧第 2 阶，坡率 1∶0.75，平均高 H = 10.0m	m	75.0						128.6		588.5	14.1	9.5	3.72			332.5	58.9
5	K9 +570 ~ K9 +750	路堑拱形防护	左侧第 2 阶，坡率 1∶0.75，平均高 H = 10.0m	m	180.0						308.7		1412.5	33.9	9.5	3.72			779.6	141.2
6	K9 +970 ~ K9 +990	路堑拱形防护	左侧第 2 阶，坡率 1∶0.75，平均高 H = 9.8m	m	20.0						34.1	45.8		3.7	9.3		14.4	1.0	93.9	
7	K8 +990 ~ K9 +053	路堑拱形防护	左侧第 3 阶，坡率 1∶1.00，平均高 H = 7.2m	m	63.0						94.2	118.7		9.5	6.8	2.77	45.2	3.2	235.2	
8	K9 +085 ~ K9 +105	路堑拱形防护	左侧第 3 阶，坡率 1∶1.00，平均高 H = 6.0m	m	20.0						26.1		101.4	2.3	5.7				64.6	10.1
9	K9 +180 ~ K9 +215	路堑拱形防护	左侧第 3 阶，坡率 1∶1.00，平均高 H = 5.5m	m	35.0						44.5		156.2	3.9	5.2				100.5	15.6
10	K9 +440 ~ K9 +745	路堑拱形防护	左侧第 3 阶，坡率 1∶1.00，平均高 H = 9.0m	m	305.0						526.1		2451.2	58.2	8.6	3.38			1331.6	245.1
11	K9 +975 ~ K9 +990	路堑拱形防护	左侧第 3 阶，坡率 1∶0.75，平均高 H = 6.6m	m	15.0						19.4		75.8	1.7	6.3				50.1	7.6
12	K8 +990 ~ K9 +010	路堑拱形防护	左侧第 4 阶，坡率 1∶0.75，平均高 H = 8.0m	m	20.0						29.8	36.8		3.0	7.6		14.4	1.0	78.1	
13	K9 +100 ~ K9 +120	路堑拱形防护	左侧第 4 阶，坡率 1∶0.75，平均高 H = 9.9m	m	20.0						34.2	46.4		3.7	9.4		14.4	1.0	94.8	
14	K9 +140 ~ K9 +180	路堑拱形防护	左侧第 4 阶，坡率 1∶0.75，平均高 H = 10.0m	m	40.0						68.6	94.2		7.5	9.5		28.7	2.0	181.8	
15	K9 +475 ~ K9 +630	路堑拱形防护	左侧第 4 阶，坡率 1∶0.75，平均高 H = 9.8m	m	155.0						264.1		1183.1	28.8	9.3	3.65			660.8	118.3
16	K9 +107 ~ K9 +175	路堑拱形防护	左侧第 5 阶，坡率 1∶1.00，平均高 H = 6.0m	m	68.0						88.7		344.6	8.0	5.7				205.8	34.5
17	K9 +510 ~ K9 +605	路堑拱形防护	左侧第 5 阶，坡率 1∶0.75，平均高 H = 9.5m	m	95.0						160.2		694.5	17.3	9.0	3.55			398.5	69.5
18	K9 +990 ~ K10 +000	路堑拱形防护	左侧第 5 阶，坡率 1∶0.75，平均高 H = 4.0m	m	10.0						10.3		26.9	0.7	3.8	1.68			24.6	2.7
19	K9 +515 ~ K9 +590	路堑拱形防护	左侧第 6 阶，坡率 1∶1.00，平均高 H = 8.5m	m	75.0						118.5		589.1	12.6	8.1	3.21			319.0	58.9
20	K9 +530 ~ K9 +570	路堑拱形防护	左侧第 7 阶，坡率 1∶1.25，平均高 H = 9.5m	m	40.0						70.3		345.7	7.9	9.0				190.9	34.6
	K8 +897.992 ~ K10 +000 段小计			m	1311.0						2142.3	412.5	8231.1	228.8	156.6	25.7	138.5	9.8	5444.9	823.1

编制：　　　　复核：

路基防护工程数量表
（路堑边坡防护）

××至××港区疏港公路　　　　第2页　共10页

序号	起讫桩号或中心桩号	工程名称	主要尺寸及说明（必要时绘出断面示意图）	单位	数量	分项工程数量														
						网格骨架				护面墙	拱形骨架防护				其他防护				挖基或挖槽土方（m^3）	客土（m^3）
						M7.5浆砌片石网格骨架（m^3）	M7.5浆砌片石上下镶边（m^3）	M7.5浆片石基础（m^3）	喷播草籽（m^2）	M7.5浆砌片块石墙身及防滑台（m^3）	M7.5浆砌片石拱形骨架（m^3）	拱内浆砌片石（m^3）	拱内喷草籽（m^2）	C20混凝土预制块（m^3）	M7.5浆砌片石踏步（m^3）	M7.5浆砌片石流水槽（m^3）	M7.5浆砌片石平台（m^3）	C20混凝土平台挡水埂（m^3）		
1	2	3	4	5	6	7	8	9	10	11	12	13	14	15	16	17	18	19	20	21
21	K10+640～K10+719.4	路堑拱形防护	左侧第2阶，坡率1:0.75，平均高H=9.8m	m	79.4						135.3	181.9		14.8	9.3		57.0	4.1	345.3	
22	K10+060～K10+150	路堑拱形防护	左侧第3阶，坡率1:0.75，平均高H=10.0m	m	90.0						154.4	211.9		16.9	9.5		64.6	4.6	397.3	
23	K10+250～K10+270	路堑拱形防护	左侧第3阶，坡率1:0.75，平均高H=5.5m	m	20.0						24.6	23.2		2.0	5.2		14.4	1.0	56.1	
24	K10+645～K10+719.4	路堑拱形防护	左侧第3阶，坡率1:0.75，平均高H=6.5m	m	74.4						95.9		367.9	8.5	6.2	2.53			223.5	36.8
25	K10+000～K10+010	路堑拱形防护	左侧第5阶，坡率1:0.75，平均高H=8.0m	m	10.0						14.9		61.3	1.5	7.6	3.04			45.4	6.1
26	K10+080～K10+170	路堑拱形防护	左侧第5阶，坡率1:0.75，平均高H=10.0m	m	90.0						154.4	211.9		16.9	9.5		64.6	4.6	397.3	
27	K10+210～K10+265	路堑拱形防护	左侧第5阶，坡率1:0.75，平均高H=6.0m	m	55.0						69.3		242.4	5.9	5.7				153.7	24.2
28	K10+015～K10+080	路堑拱形防护	左侧第6阶，坡率1:0.75，平均高H=8.0m	m	65.0						96.7		398.3	9.6	7.6				233.4	39.8
29	K10+080～K10+210	路堑拱形防护	左侧第6阶，坡率1:1.00，平均高H=9.5m	m	130.0						228.4		1123.6	25.7	9.0	3.55			603.8	112.4
30	K10+035～K10+060	路堑拱形防护	左侧第7阶，坡率1:1.00，平均高H=5.5m	m	25.0						31.8		111.6	2.8	5.2				73.3	11.2
	K10+000～K10+719.436段小计				644.9						1017.7	641.9	2319.0	119.6	90.9	26.1	218.6	33.3	2548.9	251.5

编制：　　　　复核：

路基防护工程数量表
（路堑边坡防护）

××至××港区疏港公路　　　　第3页　共10页

序号	起讫桩号或中心桩号	工程名称	主要尺寸及说明（必要时绘出断面示意图）	单位	数量	分项工程数量																
						喷播草籽		网格骨架			护面墙	拱形骨架防护				其他防护						
						喷播草籽（m^3）	M7.5浆砌片石镶边及基础（m^3）	M7.5浆砌片石网格骨架（m^3）	M7.5浆砌片石上下镶边（m^3）	喷播草籽（m^2）	M7.5浆砌片石墙身及防滑台（m^3）	M7.5浆砌片石拱形骨架（m^3）	拱内浆砌片石（m^3）	拱内喷草籽（m^2）	C20混凝土预制块（m^3）	M7.5浆砌片石踏步（m^3）	M7.5浆砌片石流水槽（m^3）	M7.5浆砌片石平台（m^3）	C20混凝土平台挡水埂（m^3）	碎落台喷草籽（m^3）	挖基或挖槽土方（m^3）	客土（m^3）
1	2	3	4	5	6	7	8	9	10	11	12	13	14	15	16	17	18	19	20	21	22	23
31	K10+750～K10+810	路堑边坡护面墙防护	左侧第1阶，坡率1:0.5，平均高度 H=9.3m	m	60.0						460.7					57.0	2.8			42.0	548.4	
32	K10+719～K10+730	路堑拱形骨架（内砌石）边坡防护	左侧第2阶，坡率1:0.75，平均高度 H=10m	m	10.6							19.3	35.1			10.0	3.2	4.7	0.5		63.4	7.0
33	K10+730～K10+790	路堑边坡拱形骨架（内喷草籽）防护	左侧第2阶，坡率1:0.75，平均高度 H=5.3m	m	60.0							73.2		219.4	6.0	57.0	1.8	26.8	3.1		89.1	
34	K10+719～K10+730	路堑边坡拱形骨架（内喷草籽）防护	左侧第3阶，坡率1:0.75，平均高度 H=6.9m	m	10.6							13.9		56.7	1.2	10.0	2.3	4.7	0.5		19.2	
35	K10+719～K10+730	路堑边坡护面墙防护	右侧第1阶，坡率1:0.5，平均高度 H=10m	m	10.6						85.7					10.0	3.0			7.4	96.6	
36	K10+719～K10+730	路堑网格骨架边坡防护	右侧第2阶，坡率1:0.75，平均高度 H=2.4m	m	10.6			3.9	6.3	22.0						10.0	1.1	4.9	0.5		1.2	
37	K10+870～K10+925	路堑边坡护面墙防护	左侧第1阶，坡率1:0.5，平均高度 H=9.7m	m	55.0						436.0					52.3	2.9			38.5	502.7	
38	K11+050～K11+085	路堑边坡护面墙防护	左侧第1阶，坡率1:0.5，平均高度 H=9m	m	35.0						262.2					33.3	2.8			24.5	319.9	
39	K10+890～K10+925	路堑边坡拱形骨架（内喷草籽）防护	左侧第2阶，坡率1:0.75，平均高度 H=6.4m	m	35.0							44.9		169.3	3.9	33.3	2.2	15.6	1.8		56.1	

编制：　　　　复核：

路基防护工程数量表
（路堑边坡防护）

××至××港区疏港公路　　　　第4页　共10页

序号	起讫桩号或中心桩号	工程名称	主要尺寸及说明（必要时绘出断面示意图）	单位	数量	分项工程数量																
						喷播草籽		网格骨架			护面墙	拱形骨架防护				其他防护						
						喷播草籽（m^3）	M7.5浆砌片石镶边及基础（m^3）	M7.5浆砌片石网格骨架（m^3）	M7.5浆砌片石上下镶边（m^3）	喷播草籽（m^2）	M7.5浆砌片石墙身及防滑台（m^3）	M7.5浆砌片石拱形骨架（m^3）	拱内浆砌片石（m^3）	拱内喷草籽（m^2）	C20混凝土预制块（m^3）	M7.5浆砌片石踏步（m^3）	M7.5浆砌片石流水槽（m^3）	M7.5浆砌片石平台（m^3）	C20混凝土平台挡水埂（m^3）	碎落台喷草籽（m^3）	挖基或挖槽土方（m^3）	客土（m^3）
1	2	3	4	5	6	7	8	9	10	11	12	13	14	15	16	17	18	19	20	21	22	23
40	K10+925～K11+070	路堑拱形骨架（内砌石）边坡防护	左侧第2阶，坡率1:0.75，平均高度H=10m	m	145.0							265.4	482.4			137.8	6.4	64.7	7.4		829.6	96.5
41	K10+925～K11+055	路堑边坡拱形骨架（内喷草籽）防护	左侧第3阶，坡率1:0.75，平均高度H=8.7m	m	130.0							198.6		894.1	20.3	123.5	5.9	58.0	6.6		247.3	
42	K10+930～K11+010	路堑网格骨架边坡防护	左侧第4阶，坡率1:1，平均高度H=5.7m	m	80.0			78.8	48.0	448.2						76.0	2.3	37.0	4.1		2.5	
43	K11+030～K11+050	路堑网格骨架边坡防护	左侧第4阶，坡率1:1，平均高度H=3.5m	m	20.0			12.1	12.0	68.8						19.0	1.5	9.3	1.0		1.7	
44	K10+945～K11+075	路堑边坡护面墙防护	右侧第1阶，坡率1:0.5，平均高度H=9.3m	m	130.0						998.1					123.5	5.7			91.0	1188.2	
45	K10+970～K10+990	路堑边坡拱形骨架（内喷草籽）防护	右侧第2阶，坡率1:0.75，平均高度H=4m	m	20.0							20.7		53.8	1.4	19.0	1.4	8.9	1.0		25.7	
46	K10+990～K11+070	路堑拱形骨架（内砌石）边坡防护	右侧第2阶，坡率1:0.75，平均高度H=9.5m	m	80.0							143.5	255.4			76.0	3.0	35.7	4.1		442.2	51.1
47	K11+005～K11+045	路堑网格骨架边坡防护	右侧第3阶，坡率1:1，平均高度H=2.6m	m	40.0			18.0	24.0	102.2						38.0	1.2	18.5	2.0		1.3	
48	K11+840～K11+917	路堑边坡拱形骨架（内喷草籽）防护	左侧第1阶，坡率1:0.75，平均高度H=4.7m	m	77.0							86.0		264.8	7.0	73.2	5.6			53.9	108.5	
49	K11+875～K11+917	路堑网格骨架边坡防护	右侧第1阶，坡率1:0.75，平均高度H=3.3m	m	42.0			21.2	25.2	120.4						39.9	1.4				1.6	

编制：　　　　复核：

路基防护工程数量表
（路堑边坡防护）

××至××港区疏港公路　　　　

序号	起讫桩号或中心桩号	工程名称	主要尺寸及说明（必要时绘出断面示意图）	单位	数量	分项工程数量																
						喷播草籽		网格骨架			护面墙	拱形骨架防护				其他防护						
						喷播草籽(m^3)	M7.5浆砌片石镶边及基础(m^3)	M7.5浆砌片石网格骨架(m^3)	M7.5浆砌片石上下镶边(m^3)	喷播草籽(m^2)	M7.5浆砌片石墙身及防滑台(m^3)	M7.5浆砌片石拱形骨架(m^3)	拱内浆砌片石(m^3)	拱内喷草籽(m^2)	C20混凝土预制块(m^3)	M7.5浆砌片石踏步(m^3)	M7.5浆砌片石流水槽(m^3)	M7.5浆砌片石平台(m^3)	C20混凝土平台挡水埂(m^3)	碎落台喷草籽(m^3)	挖基或挖槽土方(m^3)	客土(m^3)
1	2	3	4	5	6	7	8	9	10	11	12	13	14	15	16	17	18	19	20	21	22	23
50	K12+180～K12+188	路堑边坡拱形骨架（内喷草籽）防护	左侧第1阶，坡率1:0.75，平均高度 $H=3.6$m	m	8.0							8.4		18.1	0.6	7.6	2.0			5.6	12.1	
51	K12+575～K12+625	路堑拱形骨架（内砌石）边坡防护	右侧第1阶，坡率1:0.75，平均高度 $H=5.6$m	m	50.0							67.0	98.3			47.5	2.3			35.0	184.3	19.7
52	K13+230～K13+330	路堑边坡拱形骨架（内喷草籽）防护	左侧第1阶，坡率1:0.75，平均高度 $H=9.1$m	m	100.0							170.6		688.2	19.3	95.0	11.5			70.0	221.4	
53	K13+250～K13+315	路堑网格骨架边坡防护	左侧第2阶，坡率1:1，平均高度 $H=4.5$m	m	65.0			50.5	39.0	287.5						61.8	1.9	30.1	3.3		2.0	
54	K13+470～K13+490	路堑拱形骨架（内砌石）边坡防护	左侧第1阶，坡率1:0.75，平均高度 $H=7.5$m	m	20.0							31.6	51.3			19.0	2.9			14.0	94.4	10.3
55	K13+370～K13+470	路堑边坡拱形骨架（内喷草籽）防护	左侧第2阶，坡率1:0.75，平均高度 $H=6.5$m	m	100.0							128.9		494.3	11.4	95.0	4.4	44.6	5.1		159.1	
56	K13+395～K13+445	路堑网格骨架边坡防护	左侧第3阶，坡率1:1，平均高度 $H=4.9$m	m	50.0			42.3	30.0	240.8						47.5	2.0	23.2	2.6		2.2	
57	K13+380～K13+480	路堑拱形骨架（内砌石）边坡防护	右侧第1阶，坡率1:0.75，平均高度 $H=7.1$m	m	100.0							155.6	245.9			95.0	5.5			70.0	447.6	49.2
58	K17+910～K18+090	路堑边坡拱形骨架（内喷草籽）防护	左侧第1阶，坡率1:0.75，平均高度 $H=8.6$m	m	180.0							281.6		1218.6	30.6	171.0	14.8			126.0	359.8	

编制：　　　　　　　　审核：

路基防护工程数量表
（路堑边坡防护）

××至××港区疏港公路 第6页 共10页

序号	起讫桩号或中心桩号	工程名称	主要尺寸及说明（必要时绘出断面示意图）	单位	数量	分项工程数量																
						喷播草籽		网格骨架			护面墙	拱形骨架防护				其他防护						
						喷播草籽(m^3)	M7.5浆砌片石镶边及基础(m^3)	M7.5浆砌片石网格骨架(m^3)	M7.5浆砌片石上下镶边(m^3)	喷播草籽(m^2)	M7.5浆砌片石墙身及防滑台(m^3)	M7.5浆砌片石拱形骨架(m^3)	拱内浆砌片石(m^3)	拱内喷草籽(m^2)	C20混凝土预制块(m^3)	M7.5浆砌片石踏步(m^3)	M7.5浆砌片石流水槽(m^3)	M7.5浆砌片石平台(m^3)	C20混凝土平台挡水埂(m^3)	碎落台喷草籽(m^3)	挖基或挖槽土方(m^3)	客土(m^3)
1	2	3	4	5	6	7	8	9	10	11	12	13	14	15	16	17	18	19	20	21	22	23
59	K19+420～K19+450	路堑边坡拱形骨架（内喷草籽）防护	左侧第1阶，坡率1:0.75，平均高度 H=8.4m	m	30.0							46.5		196.7	5.0	28.5	4.6			21.0	61.8	
60	K19+490～K19+556	路堑边坡拱形骨架（内喷草籽）防护	左侧第1阶，坡率1:0.75，平均高度 H=6.9m	m	65.6							88.8		352.6	8.7	62.3	5.7			45.9	113.6	
61	K19+293～K19+350	路堑边坡拱形骨架（内喷草籽）防护	左侧第2阶，坡率1:1，平均高度 H=7.9m	m	57.0							87.8		406.3	9.1	54.2	2.7	25.4	2.9		109.6	
62	K19+255～K19+335	路堑拱形骨架（内砌石）边坡防护	右侧第1阶，坡率1:0.75，平均高度 H=10m	m	80.0							149.7	266.2			76.0	3.7			56.0	461.5	53.2
63	K19+280～K19+330	路堑网格骨架边坡防护	右侧第2阶，坡率1:0.75，平均高度 H=3.8m	m	50.0			29.0	30.0	165.1						47.5	1.6	23.2	2.6		1.8	
64	K12+445～K12+510	路堑网格骨架边坡防护	左侧第1阶，坡率1:0.75，平均高度 H=4.3m	m	65.0			42.7	39.0	242.8						61.8	1.8				2.0	
65	K12+590～K12+630	路堑网格骨架边坡防护	左侧第1阶，坡率1:0.75，平均高度 H=4.3m	m	40.0			26.3	24.0	149.4						38.0	1.8				2.0	
66	K12+780～K12+860	路堑喷草籽边坡防护	左侧第1阶，坡率1:0.75，平均高度 H=2.8m	m	80.0	280.0	48.0									76.0	1.3				1.4	
67	K12+990～K13+020	路堑网格骨架边坡防护	左侧第1阶，坡率1:0.75，平均高度 H=3.5m	m	30.0			16.0	18.0	91.2						28.5	1.5				1.7	

编制： 审核：

路基防护工程数量表

（路堑边坡防护）

××至××港区疏港公路　　　　第7页　共10页

序号	起讫桩号或中心桩号	工程名称	主要尺寸及说明（必要时绘出断面示意图）	单位	数量	分项工程数量																
						喷播草籽		网格骨架			护面墙	拱形骨架防护				其他防护						
						喷播草籽（m^3）	M7.5浆砌片石镶边及基础（m^3）	M7.5浆砌片石网格骨架（m^3）	M7.5浆砌片石上下镶边（m^3）	喷播草籽（m^2）	M7.5浆砌片石墙身及防滑台（m^3）	M7.5浆砌片石拱形骨架（m^3）	拱内浆砌片石（m^3）	拱内喷草籽（m^2）	C20混凝土预制块（m^3）	M7.5浆砌片石踏步（m^3）	M7.5浆砌片石流水槽（m^3）	M7.5浆砌片石平台（m^3）	C20混凝土平台挡水埂（m^3）	碎落台喷草籽（m^3）	挖基或挖槽土方（m^3）	客土（m^3）
1	2	3	4	5	6	7	8	9	10	11	12	13	14	15	16	17	18	19	20	21	22	23
68	K13+330～K13+370	路堑网格骨架边坡防护	左侧第1阶，坡率1:0.75，平均高度 $H=2.5$m	m	40.0			15.3	24.0	86.9						38.0	1.2				1.3	
69	K12+490～K13+515	路堑网格骨架边坡防护	左侧第1阶，坡率1:0.75，平均高度 $H=2.4$m	m	1025.0			375.8	615.0	2137.1						973.8	12.5				13.7	
70	K14+070～K14+410	路堑网格骨架边坡防护	左侧第1阶，坡率1:0.75，平均高度 $H=4.6$m	m	340.0			238.9	204.0	1358.7						323.0	7.5				8.3	
71	K14+190～K15+220	路堑喷草籽边坡防护	左侧第1阶，坡率1:0.75，平均高度 $H=1.1$m	m	1030.0	1416.3	618.0									978.5	7.6				8.4	
72	K15+390～K15+624	路堑网格骨架边坡防护	左侧第1阶，坡率1:0.75，平均高度 $H=4.5$m	m	234.0			160.8	140.4	914.8						222.3	5.6				6.1	
73	K15+670～K15+780	路堑网格骨架边坡防护	左侧第1阶，坡率1:0.75，平均高度 $H=5.8$m	m	110.0			97.5	66.0	554.3						104.5	4.6				5.0	
74	K15+780～K16+090	路堑喷草籽边坡防护	左侧第1阶，坡率1:0.75，平均高度 $H=1.9$m	m	310.0	736.3	186.0									294.5	3.9				4.3	
75	K16+200～K16+390	路堑喷草籽边坡防护	左侧第1阶，坡率1:0.75，平均高度 $H=2.5$m	m	190.0	593.8	114.0									180.5	2.3				2.6	
76	K16+550～K16+710	路堑喷草籽边坡防护	左侧第1阶，坡率1:0.75，平均高度 $H=2.9$m	m	160.0	580.0	96.0									152.0	2.6				2.9	
77	K16+770～K16+885	路堑喷草籽边坡防护	左侧第1阶，坡率1:0.75，平均高度 $H=1.3$m	m	115.0	186.9	69.0									109.3	1.5				1.7	

编制：　　　　审核：

路基防护工程数量表
（路堑边坡防护）

××至××港区疏港公路　　　　第8页　共10页

序号	起讫桩号或中心桩号	工程名称	主要尺寸及说明（必要时绘出断面示意图）	单位	数量	分项工程数量																
						喷播草籽		网格骨架			护面墙	拱形骨架防护				其他防护						
						喷播草籽（m^3）	M7.5浆砌片石镶边及基础（m^3）	M7.5浆砌片石网格骨架（m^3）	M7.5浆砌片石上下镶边（m^3）	喷播草籽（m^2）	M7.5浆砌片石墙身及防滑台（m^3）	M7.5浆砌片石拱形骨架（m^3）	拱内浆砌片石（m^3）	拱内喷草籽（m^2）	C20混凝土预制块（m^3）	M7.5浆砌片石踏步（m^3）	M7.5浆砌片石流水槽（m^3）	M7.5浆砌片石平台（m^3）	C20混凝土平台挡水埂（m^3）	碎落台喷草籽（m^3）	挖基或挖槽土方（m^3）	客土（m^3）
1	2	3	4	5	6	7	8	9	10	11	12	13	14	15	16	17	18	19	20	21	22	23
78	K17+210～K17+335	路堑网格骨架边坡防护	左侧第1阶，坡率1:0.75，平均高度 H=5m	m	125.0			95.5	75.0	543.0						118.8	4.0				4.4	
79	K17+335～K17+420	路堑喷草籽边坡防护	左侧第1阶，坡率1:0.75，平均高度 H=1.9m	m	85.0	201.9	51.0									80.8	1.0				1.1	
80	K17+560～K17+675	路堑喷草籽边坡防护	左侧第1阶，坡率1:0.75，平均高度 H=2.3m	m	115.0	330.6	69.0									109.3	2.2				2.4	
81	K18+120～K18+132	路堑网格骨架边坡防护	左侧第1阶，坡率1:0.75，平均高度 H=5.7m	m	12.0			10.4	7.2	59.4						11.4	2.3				2.5	
82	K18+280～K18+660	路堑网格骨架边坡防护	左侧第1阶，坡率1:0.75，平均高度 H=3.9m	m	380.0			226.4	228.0	1287.5						361.0	6.6				7.2	
83	K18+830～K19+000	路堑网格骨架边坡防护	左侧第1阶，坡率1:0.75，平均高度 H=3.5m	m	170.0			90.9	102.0	516.9						161.5	3.0				3.3	
84	K19+210～K19+250	路堑喷草籽边坡防护	左侧第1阶，坡率1:0.75，平均高度 H=2.5m	m	40.0	125.0	24.0									38.0	1.2				1.3	
85	K19+450～K19+470	路堑网格骨架边坡防护	左侧第1阶，坡率1:0.75，平均高度 H=2.5m	m	20.0			7.6	12.0	43.4						19.0	1.2				1.3	
86	K12+790～K12+850	路堑喷草籽边坡防护	右侧第1阶，坡率1:0.75，平均高度 H=1.1m	m	60.0	82.5	36.0									57.0	0.7				0.8	

编制：　　　　审核：

路基防护工程数量表

（路堑边坡防护）

××至××港区疏港公路

序号	起讫桩号或中心桩号	工程名称	主要尺寸及说明（必要时绘出断面示意图）	单位	数量	分项工程数量																
						喷播草籽		网格骨架			护面墙	拱形骨架防护				其他防护						
						喷播草籽(m^3)	M7.5浆砌片石镶边及基础(m^3)	M7.5浆砌片石网格骨架(m^3)	M7.5浆砌片石上下镶边(m^3)	喷播草籽(m^2)	M7.5浆砌片石墙身及防滑台(m^3)	M7.5浆砌片石拱形骨架(m^3)	拱内浆砌片石(m^3)	拱内喷草籽(m^2)	C20混凝土预制块(m^3)	M7.5浆砌片石踏步(m^3)	M7.5浆砌片石流水槽(m^3)	M7.5浆砌片石平台(m^3)	C20混凝土平台挡水埂(m^3)	碎落台喷草籽(m^3)	挖基或挖槽土方(m^3)	客土(m^3)
1	2	3	4	5	6	7	8	9	10	11	12	13	14	15	16	17	18	19	20	21	22	23
89	K13 +248 ~ K13 +335	路堑喷草籽边坡防护	右侧第 1 阶，坡率 1:0.75，平均高度 H=3.5m	m	87.0	380.6	52.2									82.7	1.5				1.7	
90	K13 +358 ~ K13 +380	路堑网格骨架边坡防护	右侧第 1 阶，坡率 1:0.75，平均高度 H=3.5m	m	22.0			11.8	13.2	66.9						20.9	1.5				1.7	
91	K14 +070 ~ K14 +130	路堑喷草籽边坡防护	右侧第 1 阶，坡率 1:0.75，平均高度 H=1.5m	m	60.0	112.5	36.0									57.0	0.8				0.9	
92	K14 +150 ~ K14 +190	路堑喷草籽边坡防护	右侧第 1 阶，坡率 1:0.75，平均高度 H=2m	m	40.0	100.0	24.0									38.0	1.0				1.1	
93	K15 +430 ~ K15 +490	路堑喷草籽边坡防护	右侧第 1 阶，坡率 1:0.75，平均高度 H=1.4m	m	60.0	105.0	36.0									57.0	0.8				0.9	
94	K15 +690 ~ K15 +770	路堑喷草籽边坡防护	右侧第 1 阶，坡率 1:0.75，平均高度 H=1.6m	m	80.0	160.0	48.0									76.0	0.9				1.0	
95	K16 +570 ~ K16 +625	路堑喷草籽边坡防护	右侧第 1 阶，坡率 1:0.75，平均高度 H=1.7m	m	55.0	116.9	33.0									52.3	0.9				1.0	
96	K17 +260 ~ K17 +325	路堑喷草籽边坡防护	右侧第 1 阶，坡率 1:0.75，平均高度 H=1.5m	m	65.0	121.9	39.0									61.8	0.8				0.9	
97	K17 +910 ~ K18 +090	路堑网格骨架边坡防护	右侧第 1 阶，坡率 1:0.75，平均高度 H=3.9m	m	180.0			107.2	108.0	609.9						171.0	3.3				3.6	

编制： 审核：

路基防护工程数量表
（路堑边坡防护）

××至××港区疏港公路　　　　第10页　共10页

序号	起讫桩号或中心桩号	工程名称	主要尺寸及说明（必要时绘出断面示意图）	单位	数量	分项工程数量																
						喷播草籽		网格骨架			护面墙	拱形骨架防护				其他防护						
						喷播草籽(m^3)	M7.5浆砌片石镶边及基础(m^3)	M7.5浆砌片石网格骨架(m^3)	M7.5浆砌片石上下镶边(m^3)	喷播草籽(m^2)	M7.5浆砌片石墙身及防滑台(m^3)	M7.5浆砌片石拱形骨架(m^3)	拱内浆砌片石(m^3)	拱内喷草籽(m^2)	C20混凝土预制块(m^3)	M7.5浆砌片石踏步(m^3)	M7.5浆砌片石流水槽(m^3)	M7.5浆砌片石平台(m^3)	C20混凝土平台挡水埂(m^3)	碎落台喷草籽(m^3)	挖基或挖槽土方(m^3)	客土(m^3)
1	2	3	4	5	6	7	8	9	10	11	12	13	14	15	16	17	18	19	20	21	22	23
98	K18+310～K18+500	路堑网格骨架边坡防护	右侧第1阶，坡率1:0.75，平均高度$H=3.4$m	m	190.0			98.7	114.0	561.2						180.5	3.0				3.2	
99	K18+840～K18+930	路堑网格骨架边坡防护	右侧第1阶，坡率1:0.75，平均高度$H=2.9$m	m	90.0			39.9	54.0	226.7						85.5	1.3				1.4	
100	K18+950～K19+010	路堑喷草籽边坡防护	右侧第1阶，坡率1:0.75，平均高度$H=1.5$m	m	60.0	112.5	36.0									57.0	0.8				0.9	
101	K19+190～K19+255	路堑喷草籽边坡防护	右侧第1阶，坡率1:0.75，平均高度$H=0.6$m	m	65.0	48.8	39.0									61.8	0.5				0.6	
102	K19+335～K19+430	路堑网格骨架边坡防护	右侧第1阶，坡率1:0.75，平均高度$H=3.5$m	m	95.0			50.8	57.0	288.9						90.3	1.5				1.7	
K10+719.436～K19+555.63段合计：					7931.9	5791.3	1654.2	1968.2	2115.3	11194.0	2242.6	2082.0	1434.7	5032.7	124.5	7535.3	218.5	435.2	49.1	700.8	6882.4	286.9
	总合计：				9881.8	5791.3	1654.2	1968.2	2115.3	11194.0	2242.6	5230.0	2476.1	15568.8	457.9	7766.8	253.3	774.3	73.2	700.8	15171.3	1340.5

编制：　　　　审核：

路基防护工程数量表

（下边坡边坡挂网喷混凝土防护）

××至××港区疏港公路　　　　第1页　共1页

序号	桩　　号	位　　置	坡面高度 H (m)	坡面斜长 (m)	防护总面积 (m²)	ф16mm 挂网锚杆 (kg)	ф8mm 挂网钢筋 (kg)	ф6mm 钢筋 (kg)	ф12mm 钢筋 (kg)	C20 喷射混凝土 (m³)	水泥砂浆 (m³)	ф50mm 塑料排水管 (m)	2.5m 脚手架 (m²)	备　　注
1	K8+990~K9+250	右侧下边坡第1阶	7.8	11.03086579	2868.0	2638.6	7929.5	33.3	570.7	286.8	0.8	361.4	2028.0	边坡坡度1:1.00
2	K9+060~K9+250	右侧下边坡第2阶	8.0	10	1900.0	1748.0	5253.1	22.0	378.1	190.0	0.5	239.4	1520.0	边坡坡度1:0.75
3	K9+420~K9+650	右侧下边坡第1阶	8.8	12.44507935	2862.4	2633.4	7913.9	33.2	569.6	286.2	0.8	360.7	2024.0	边坡坡度1:1.00
4	K9+420~K9+655	右侧下边坡第2阶	8.0	10	2350.0	2162.0	6497.3	27.3	467.7	235.0	0.6	296.1	1880.0	边坡坡度1:0.75
5	K9+420~K9+655	右侧下边坡第3阶	8.0	8.94427191	2101.9	1933.8	5811.3	24.4	418.3	210.2	0.6	264.8	1880.0	边坡坡度1:0.50
6	K9+655~K9+770	右侧下边坡第1阶	8.0	11.3137085	1301.1	1197.0	3597.2	15.1	258.9	130.1	0.3	163.9	920.0	边坡坡度1:1.00
7	K9+655~K9+890	右侧下边坡第2阶	8.0	10	2350.0	2162.0	6497.3	27.3	467.7	235.0	0.6	296.1	1880.0	边坡坡度1:0.75
	合计				15733.4	14474.7	43499.6	182.5	3130.9	1573.3	4.2	1982.4	12132.0	

编制：　　　　复核：

路基防护工程数量表(路堤边坡防护)

××至××港区疏港公路

第1页　共11页

序号	起讫桩号或中心桩号	工程名称	主要尺寸及说明	长度(m)	分项工程数量												备注
					喷草籽		浆砌片石方格网			拱形骨架				其他防护			
					边坡喷草籽(m^2)	M7.5浆砌片石框架(m^3)	M7.5浆砌片石框架(m^3)	M7.5浆砌片石衬格(m^3)	框格植草(m^2)	M7.5砌片石拱形骨架(m^3)	C20混凝土预制块(m^3)	拱内浆砌片石(m^3)	拱内喷草籽(m^2)	预制C25混凝土(m^3)	M7.5浆砌片石流水槽、踏步(m^3)	挖基(m^3)	
1	2	3	4	5	6	7	8	9	10	11	12	13	14	15	16	17	18
1	K8+898~K8+990	下边坡浆砌片石方格网防护	右侧下边坡第1阶,平均高度 $H=6.30$m	92.0			21.8	0.6	7.5					0.03	2.4	0.9	
2	K9+270~K9+298	下边坡浆砌片石方格网防护	右侧下边坡第1阶,平均高度 $H=6.20$m	28.0			7.1	0.6	7.4					0.03	2.3	0.9	
3	K9+306~K9+373	下边坡浆砌片石方格网防护	右侧下边坡第1阶,平均高度 $H=5.80$m	67.0			16.0	0.6	6.9					0.03	2.2	0.8	
4	K9+918~K9+950	下边坡浆砌片石方格网防护	右侧下边坡第1阶,平均高度 $H=2.50$m	32.0			7.6	0.3	2.6					0.01	0.9	0.5	
5	K9+270~K9+298	下边坡浆砌片石方格网防护	右侧下边坡第2阶,平均高度 $H=6.80$m	28.0			7.1	0.7	8.2					0.03	2.6	0.9	
6	K9+302~K9+330	下边坡浆砌片石方格网防护	右侧下边坡第2阶,平均高度 $H=8.00$m	28.0			7.3	0.8	9.7					0.04	3.0	1.0	
7	K9+250~K9+270	下边坡拱形骨架防护(拱内浆砌片石)	右侧下边坡第1阶,平均高度 $H=4.00$m	20.0						28.7		37.2				66	
8	K9+250~K9+270	下边坡拱形骨架防护(拱内浆砌片石)	右侧下边坡第2阶,平均高度 $H=8.00$m	20.0						31.6		15.4				47	

编制:　　　　审核:

路基防护工程数量表(路堤边坡防护)

××至××港区疏港公路 第2页 共11页

序号	起讫桩号或中心桩号	工程名称	主要尺寸及说明	长度(m)	分项工程数量												备注
					喷草籽		浆砌片石方格网			拱形骨架				其他防护			
					边坡喷草籽(m^2)	M7.5浆砌片石框架(m^3)	M7.5浆砌片石框架(m^3)	M7.5浆砌片石衬格(m^3)	框格植草(m^2)	M7.5浆砌片石拱形骨架(m^3)	C20混凝土预制块(m^3)	拱内浆砌片石(m^3)	拱内喷草籽(m^2)	预制C25混凝土(m^3)	M7.5浆砌片石流水槽、踏步(m^3)	挖基(m^3)	
1	2	3	4	5	6	7	8	9	10	11	12	13	14	15	16	17	18
9	K9+330~K9+373	下边坡拱形骨架防护(拱内浆砌片石)	右侧下边坡第2阶,平均高度 $H=7.20m$	43.0						68.0		117.7				186	
10	K9+350~K9+373	下边坡拱形骨架防护(拱内浆砌片石)	右侧下边坡第3阶,平均高度 $H=8.00m$	23.0						36.3		17.7				54	
11	K9+373~K9+420	下边坡拱形骨架防护(拱内浆砌片石)	右侧下边坡第1阶,平均高度 $H=9.40m$	47.0						87.8		164.3				252	
12	K9+373~K9+420	下边坡拱形骨架防护(拱内浆砌片石)	右侧下边坡第2阶,平均高度 $H=8.00m$	47.0						74.2		36.2				110	
13	K9+770~K9+918	下边坡拱形骨架防护(拱内浆砌片石)	右侧下边坡第1阶,平均高度 $H=5.90m$	148.0						202.7		333.4			5.3	540	
14	K9+918~K9+930	下边坡拱形骨架防护(拱内浆砌片石)	右侧下边坡第2阶,平均高度 $H=2.50m$	12.0						10.5		12.5				23	
15	K9+930~K10+000	下边坡拱形骨架防护(拱内浆砌片石)	右侧下边坡第1阶,平均高度 $H=9.90m$	70.0						133.6		255.3			2.7	393	
16	K11+085~K11+230	路堤边坡浆砌片石方格网防护	左侧路堤边坡第1阶,平均高度 $H=3.2m$	145.0			33.7	0.3	3.5					0.0	1.2	0.6	
17	K11+530~K11+830	路堤边坡喷草籽防护	左侧路堤边坡第1阶,平均高度 $H=2.8m$	300.0	1514.3	69.3								14.9	15.6	110.0	

编制: 审核:

路基防护工程数量表(路堤边坡防护)

××至××港区疏港公路　　　　第3页　共11页

序号	起迄桩号或中心桩号	工程名称	主要尺寸及说明	长度(m)	分项工程数量												备注
					喷草籽		浆砌片石方格网			拱形骨架				其他防护			
					边坡喷草籽(m^2)	M7.5浆砌片石框架(m^3)	M7.5浆砌片石框架(m^3)	M7.5浆砌片石衬格(m^3)	框格植草(m^2)	M7.5浆砌片石拱形骨架(m^3)	C20混凝土预制块(m^3)	拱内浆砌片石(m^3)	拱内喷草籽(m^2)	预制C25混凝土(m^3)	M7.5浆砌片石流水槽、踏步(m^3)	挖基(m^3)	
1	2	3	4	5	6	7	8	9	10	11	12	13	14	15	16	17	18
18	K12+188～K12+240	路堤边坡浆砌片石方格网防护	左侧路堤边坡第1阶，平均高度H=6.1m	52.0			12.6	0.6	7.3					0.0	2.3	0.9	
19	K12+240～K12+280	路堤边坡浆砌片石方格网防护	左侧路堤边坡第1阶，平均高度H=8m	40.0			10.0	0.8	9.7					0.0	3.0	1.0	
20	K12+240～K12+280	路堤边坡拱形骨架(内喷草籽)防护	左侧路堤边坡第2阶，平均高度H=3.1m	40.0						29.8	1.9		169.8		4.0	39.0	
21	K12+280～K12+445	路堤边坡浆砌片石方格网防护	左侧路堤边坡第1阶，平均高度H=6.2m	165.0			38.6	0.6	7.4					0.0	2.3	0.9	
22	K12+510～K12+590	路堤边坡喷草籽防护	左侧路堤边坡第1阶，平均高度H=2.9m	80.0	418.2	18.7								4.0	3.9	29.0	
23	K12+630～K12+770	路堤边坡喷草籽防护	左侧路堤边坡第1阶，平均高度H=2.1m	140.0	530.0	32.4								6.9	7.2	51.0	
24	K12+860～K12+990	路堤边坡浆砌片石方格网防护	左侧路堤边坡第1阶，平均高度H=3.5m	130.0			30.2	0.4	3.9					0.0	1.3	0.6	
25	K13+020～K13+230	路堤边坡浆砌片石方格网防护	左侧路堤边坡第1阶，平均高度H=3.4m	210.0			48.6	0.3	3.8					0.0	1.3	0.6	
26	K13+515～K13+790	路堤边坡喷草籽防护	左侧路堤边坡第1阶，平均高度H=1.6m	275.0	793.2	63.4								13.6	10.1	96.0	

编制：　　　　审核：

路基防护工程数量表(路堤边坡防护)

××至××港区疏港公路　　　　第4页　共11页

序号	起迄桩号或中心桩号	工程名称	主要尺寸及说明	长度(m)	分项工程数量												备注
					喷草籽		浆砌片石方格网			拱形骨架				其他防护			
					边坡喷草籽(m²)	M7.5浆砌片石框架(m³)	M7.5浆砌片石框架(m³)	M7.5浆砌片石衬格(m³)	框格植草(m²)	M7.5浆砌片石拱形骨架(m³)	C20混凝土预制块(m³)	拱内浆砌片石(m³)	拱内喷草籽(m²)	预制C25混凝土(m³)	M7.5浆砌片石流水槽、踏步(m³)	挖基(m³)	
1	2	3	4	5	6	7	8	9	10	11	12	13	14	15	16	17	18
27	K13+790~K13+860	路堤边坡浆砌片石方格网防护	左侧路堤边坡第1阶,平均高度 $H=6.7$m	70.0			16.8	0.7	8.0					0.0	2.5	0.9	
28	K13+860~K13+965	路堤边坡喷草籽防护	左侧路堤边坡第1阶,平均高度 $H=2.7$m	105.0	511.1	24.4								5.2	7.7	41.0	
29	K14+000~K14+070	路堤边坡喷草籽防护	左侧路堤边坡第1阶,平均高度 $H=0.9$m	70.0	113.6	16.2								3.5	3.1	25.0	
30	K14+410~K14+590	路堤边坡喷草籽防护	左侧路堤边坡第1阶,平均高度 $H=1.5$m	180.0	486.7	41.5								8.9	6.7	63.0	
31	K14+590~K14+630	路堤边坡浆砌片石方格网防护	左侧路堤边坡第1阶,平均高度 $H=6.9$m	40.0			9.9	0.7	8.3					0.0	2.6	0.9	
32	K14+630~K14+680	路堤边坡喷草籽防护	左侧路堤边坡第1阶,平均高度 $H=1.5$m	50.0	135.2	11.6								2.5	3.3	19.0	
33	K14+850~K15+190	路堤边坡喷草籽防护	左侧路堤边坡第1阶,平均高度 $H=2.5$m	340.0	1532.4	78.4								16.9	15.1	121.0	
34	K15+245~K15+390	路堤边坡喷草籽防护	左侧路堤边坡第1阶,平均高度 $H=1.3$m	145.0	339.8	33.5								7.2	6.5	52.0	
35	K15+624~K15+670	路堤边坡浆砌片石方格网防护	左侧路堤边坡第1阶,平均高度 $H=3.8$m	46.0			11.0	0.4	4.3					0.0	1.4	0.6	

编制：　　　　审核：

路基防护工程数量表(路堤边坡防护)

××至××港区疏港公路　　　　第5页　共11页

序号	起讫桩号或中心桩号	工程名称	主要尺寸及说明	长度(m)	分项工程数量												备注
					喷草籽		浆砌片石方格网			拱形骨架				其他防护			
					边坡喷草籽(m^2)	M7.5浆砌片石框架(m^3)	M7.5浆砌片石框架(m^3)	M7.5浆砌片石衬格(m^3)	框格植草(m^2)	M7.5浆砌片石拱形骨架(m^3)	C20混凝土预制块(m^3)	拱内浆砌片石(m^3)	拱内喷草籽(m^2)	预制C25混凝土(m^3)	M7.5浆砌片石流水槽、踏步(m^3)	挖基(m^3)	
1	2	3	4	5	6	7	8	9	10	11	12	13	14	15	16	17	18
36	K16+090~K16+200	路堤边坡浆砌片石方格网防护	左侧路堤边坡第1阶,平均高度 $H=3.7m$	110.0			25.7	0.4	4.2					0.0	1.4	0.6	
37	K16+390~K16+550	路堤边坡喷草籽防护	左侧路堤边坡第1阶,平均高度 $H=1.7m$	160.0	490.4	36.9								7.9	6.8	57.0	
38	K16+710~K16+770	路堤边坡浆砌片石方格网防护	左侧路堤边坡第1阶,平均高度 $H=4.7m$	60.0			14.3	0.5	5.5					0.0	1.8	0.7	
39	K16+885~K17+100	路堤边坡浆砌片石方格网防护	左侧路堤边坡第1阶,平均高度 $H=3.5m$	215.0			49.8	0.4	3.9					0.0	1.3	0.6	
40	K17+100~K17+210	路堤边坡拱形骨架(内喷草籽)防护	左侧路堤边坡第1阶,平均高度 $H=6.1m$	110.0						107.3	9.2		894.0		10.7	140.0	
41	K17+420~K17+560	路堤边坡喷草籽防护	左侧路堤边坡第1阶,平均高度 $H=1.3m$	140.0	328.1	32.3								6.9	6.5	50.0	
42	K17+675~K17+910	路堤边坡喷草籽防护	左侧路堤边坡第1阶,平均高度 $H=1.5m$	235.0	635.5	54.2								11.7	10.0	83.0	
43	K18+132~K18+180	路堤边坡喷草籽防护	左侧路堤边坡第1阶,平均高度 $H=1.6m$	48.0	138.5	11.2								2.4	3.4	19.0	
44	K18+180~K18+270	路堤边坡喷草籽防护	左侧路堤边坡第1阶,平均高度 $H=2.1m$	90.0	340.7	20.9								4.5	3.6	32.0	

编制：　　　　审核：

路基防护工程数量表(路堤边坡防护)

××至××港区疏港公路

序号	起迄桩号或中心桩号	工程名称	主要尺寸及说明	长度(m)	分项工程数量												备注
					喷草籽		浆砌片石方格网			拱形骨架				其他防护			
					边坡喷草籽(m^2)	M7.5浆砌片石框架(m^3)	M7.5浆砌片石框架(m^3)	M7.5浆砌片石衬格(m^3)	框格植草(m^2)	M7.5浆砌片石拱形骨架(m^3)	C20混凝土预制块(m^3)	拱内浆砌片石(m^3)	拱内喷草籽(m^2)	预制C25混凝土(m^3)	M7.5浆砌片石流水槽、踏步(m^3)	挖基(m^3)	
1	2	3	4	5	6	7	8	9	10	11	12	13	14	15	16	17	18
45	K18+660~K18+830	路堤边坡喷草籽防护	左侧路堤边坡第1阶,平均高度 $H=2.2$m	170.0	674.2	39.3								8.4	7.3	61.0	
46	K19+000~K19+130	路堤边坡喷草籽防护	左侧路堤边坡第1阶,平均高度 $H=1.6$m	130.0	375.0	30.0								6.4	6.7	48.0	
47	K19+130~K19+170	路堤边坡浆砌片石方格网防护	左侧路堤边坡第1阶,平均高度 $H=5.6$m	40.0			9.8	0.6	6.6					0.0	2.1	0.8	
48	K19+170~K19+210	路堤边坡喷草籽防护	左侧路堤边坡第1阶,平均高度 $H=1.7$m	40.0	122.6	9.3								2.0	3.4	16.0	
49	K10+790~K10+930	路堤边坡浆砌片石方格网防护	右侧路堤边坡第1阶,平均高度 $H=6.3$m	140.0			32.8	0.6	7.5					0.0	2.4	0.9	
50	K11+698~K11+875	路堤边坡浆砌片石方格网防护	右侧路堤边坡第1阶,平均高度 $H=3.9$m	177.0			41.1	0.4	4.4					0.0	1.5	0.6	
51	K12+180~K12+210	路堤边坡浆砌片石方格网防护	右侧路堤边坡第1阶,平均高度 $H=6.5$m	30.0			7.6	0.7	7.8					0.0	2.5	0.9	
52	K12+210~K12+450	路堤边坡浆砌片石方格网防护	右侧路堤边坡第1阶,平均高度 $H=8$m	240.0			56.0	0.8	9.7					0.0	3.0	1.0	
53	K12+210~K12+450	路堤边坡拱形骨架(内喷草籽)防护	右侧路堤边坡第2阶,平均高度 $H=4.5$m	240.0						223.0	16.9		1534.3		14.0	279.0	

编制: 审核:

路基防护工程数量表(路堤边坡防护)

××至××港区疏港公路　　　　第7页　共11页

序号	起讫桩号或中心桩号	工程名称	主要尺寸及说明	长度(m)	分项工程数量												备注
					喷草籽		浆砌片石方格网			拱形骨架				其他防护			
					边坡喷草籽(m^2)	M7.5浆砌片石框架(m^3)	M7.5浆砌片石框架(m^3)	M7.5浆砌片石衬格(m^3)	框格植草(m^2)	M7.5浆砌片石拱形骨架(m^3)	C20混凝土预制块(m^3)	拱内浆砌片石(m^3)	拱内喷草籽(m^2)	预制C25混凝土(m^3)	M7.5浆砌片石流水槽、踏步(m^3)	挖基(m^3)	
1	2	3	4	5	6	7	8	9	10	11	12	13	14	15	16	17	18
54	K12+450~K12+465	路堤边坡浆砌片石方格网防护	右侧路堤边坡第1阶，平均高度 H=4m	15.0			3.8	0.4	4.6					0.0	1.5	0.6	
55	K12+484~K12+550	路堤边坡浆砌片石方格网防护	右侧路堤边坡第1阶，平均高度 H=8m	66.0			16.0	0.8	9.7					0.0	3.0	1.0	
56	K12+484~K12+550	路堤边坡拱形骨架(内喷草籽)防护	右侧路堤边坡第2阶，平均高度 H=3.8m	66.0						59.1	4.0		338.1		4.3	74.0	
57	K12+550~K12+575	路堤边坡浆砌片石方格网防护	右侧路堤边坡第1阶，平均高度 H=5.5m	25.0			6.3	0.6	6.5					0.0	2.1	0.8	
58	K12+625~K12+790	路堤边坡浆砌片石方格网防护	右侧路堤边坡第1阶，平均高度 H=5.4m	165.0			38.5	0.6	6.4					0.0	2.0	0.8	
59	K12+850~K12+910	路堤边坡浆砌片石方格网防护	右侧路堤边坡第1阶，平均高度 H=4.5m	60.0			14.3	0.5	5.2					0.0	1.7	0.7	
60	K12+910~K12+930	路堤边坡浆砌片石方格网防护	右侧路堤边坡第1阶，平均高度 H=8m	20.0			5.4	0.8	9.7					0.0	3.0	1.0	
61	K12+910~K12+930	路堤边坡拱形骨架(内喷草籽)防护	右侧路堤边坡第2阶，平均高度 H=3.7m	20.0						17.8	1.2		98.8		4.3	26.0	
62	K12+930~K13+233	路堤边坡浆砌片石方格网防护	右侧路堤边坡第1阶，平均高度 H=4.5m	303.0			70.1	0.5	5.2					0.0	1.7	0.7	

编制：　　　　审核：

路基防护工程数量表(路堤边坡防护)

××至××港区疏港公路 第8页 共11页

序号	起讫桩号或中心桩号	工程名称	主要尺寸及说明	长度(m)	分项工程数量												备注
					喷草籽		浆砌片石方格网			拱形骨架				其他防护			
					边坡喷草籽(m^2)	M7.5浆砌片石框架(m^3)	M7.5浆砌片石框架(m^3)	M7.5浆砌片石衬格(m^3)	框格植草(m^2)	M7.5浆砌片石拱形骨架(m^3)	C20混凝土预制块(m^3)	拱内浆砌片石(m^3)	拱内喷草籽(m^2)	预制C25混凝土(m^3)	M7.5浆砌片石流水槽、踏步(m^3)	挖基(m^3)	
1	2	3	4	5	6	7	8	9	10	11	12	13	14	15	16	17	18
63	K13+335~K13+358	路堤边坡喷草籽防护	右侧路堤边坡第1阶,平均高度 $H=0.8m$	23.0	33.2	5.3								1.1	3.0	10.0	
64	K13+490~K14+070	路堤边坡浆砌片石方格网防护	右侧路堤边坡第2阶,平均高度 $H=3.4m$	580.0			133.7	0.3	3.8					0.0	1.3	0.6	
65	K14+130~K14+150	路堤边坡喷草籽防护	右侧路堤边坡第1阶,平均高度 $H=1.6m$	20.0	57.7	4.7								1.0	3.4	10.0	
66	K14+190~K14+240	路堤边坡喷草籽防护	右侧路堤边坡第1阶,平均高度 $H=3.2m$	50.0	288.4	11.8								2.5	4.1	20.0	
67	K14+320~K14+340	路堤边坡喷草籽防护	右侧路堤边坡第1阶,平均高度 $H=2.7m$	20.0	97.3	4.9								1.0	3.9	11.0	
68	K14+385~K14+590	路堤边坡浆砌片石方格网防护	右侧路堤边坡第1阶,平均高度 $H=4.6m$	205.0			47.6	0.5	5.3					0.0	1.7	0.7	
69	K14+490~K14+630	路堤边坡浆砌片石方格网防护	右侧路堤边坡第1阶,平均高度 $H=8m$	140.0			33.0	0.8	9.7					0.0	3.0	1.0	
70	K14+490~K14+630	路堤边坡喷草籽防护	右侧路堤边坡第1阶,平均高度 $H=2.1m$	140.0	530.0	32.4								6.9	7.2	51.0	
71	K14+630~K15+090	路堤边坡喷草籽防护	右侧路堤边坡第1阶,平均高度 $H=2.4m$	460.0	1990.3	106.0								22.8	18.6	162.0	

编制: 审核:

路基防护工程数量表(路堤边坡防护)

××至××港区疏港公路　　　　第9页　共11页

序号	起讫桩号或中心桩号	工程名称	主要尺寸及说明	长度(m)	分项工程数量												备注
					喷草籽		浆砌片石方格网			拱形骨架				其他防护			
					边坡喷草籽(m^2)	M7.5浆砌片石框架(m^3)	M7.5浆砌片石框架(m^3)	M7.5浆砌片石衬格(m^3)	框格植草(m^2)	M7.5浆砌片石拱形骨架(m^3)	C20混凝土预制块(m^3)	拱内浆砌片石(m^3)	拱内喷草籽(m^2)	预制C25混凝土(m^3)	M7.5浆砌片石流水槽、踏步(m^3)	挖基(m^3)	
1	2	3	4	5	6	7	8	9	10	11	12	13	14	15	16	17	18
72	K15+090~K15+190	路堤边坡浆砌片石方格网防护	右侧路堤边坡第1阶,平均高度$H=6.5m$	100.0			23.7	0.7	7.8					0.0	2.5	0.9	
73	K15+220~K15+430	路堤边坡浆砌片石方格网防护	右侧路堤边坡第1阶,平均高度$H=4.4m$	210.0			48.7	0.4	5.1					0.0	1.7	0.7	
74	K15+490~K15+550	路堤边坡喷草籽防护	右侧路堤边坡第1阶,平均高度$H=1.6m$	60.0	173.1	13.9								3.0	3.4	22.0	
75	K15+590~K15+690	路堤边坡喷草籽防护	右侧路堤边坡第1阶,平均高度$H=2.8m$	100.0	504.8	23.3								5.0	7.8	40.0	
76	K15+770~K16+030	路堤边坡喷草籽防护	右侧路堤边坡第1阶,平均高度$H=1.4m$	260.0	656.2	59.9								12.9	9.9	91.0	
77	K16+030~K16+230	路堤边坡拱形骨架(内喷草籽)防护	右侧路堤边坡第1阶,平均高度$H=5.7m$	200.0						191.6	15.7		1495.7		15.5	245.0	
78	K16+270~K16+570	路堤边坡浆砌片石方格网防护	右侧路堤边坡第1阶,平均高度$H=4.2m$	300.0			69.4	0.4	4.8					0.0	1.6	0.7	
79	K16+625~K16+650	路堤边坡浆砌片石方格网防护	右侧路堤边坡第1阶,平均高度$H=5.5m$	25.0			6.3	0.6	6.5					0.0	2.1	0.8	
80	K16+700~K17+090	路堤边坡浆砌片石方格网防护	右侧路堤边坡第1阶,平均高度$H=4.5m$	390.0			90.2	0.5	5.2					0.0	1.7	0.7	

编制:　　　　审核:

路基防护工程数量表(路堤边坡防护)

××至××港区疏港公路　　　　第 10 页　共 11 页

序号	起讫桩号或中心桩号	工程名称	主要尺寸及说明	长度(m)	分项工程数量												备注
					喷草籽		浆砌片石方格网			拱形骨架				其他防护			
					边坡喷草籽(m^2)	M7.5浆砌片石框架(m^3)	M7.5浆砌片石框架(m^3)	M7.5浆砌片石衬格(m^3)	框格植草(m^2)	M7.5浆砌片石拱形骨架(m^3)	C20混凝土预制块(m^3)	拱内浆砌片石(m^3)	拱内喷草籽(m^2)	预制C25混凝土(m^3)	M7.5浆砌片石流水槽、踏步(m^3)	挖基(m^3)	
1	2	3	4	5	6	7	8	9	10	11	12	13	14	15	16	17	18
81	K17 +090 ~ K17 +210	路堤边坡浆砌片石方格网防护	右侧路堤边坡第 1 阶,平均高度 H=8m	120.0			28.4	0.8	9.7					0.0	3.0	1.0	
82	K17 +090 ~ K17 +210	路堤边坡拱形骨架(内喷草籽)防护	右侧路堤边坡第 2 阶,平均高度 H=2.6m	120.0						86.4	4.8		400.4		7.6	109.0	
83	K17 +325 ~ K17 +910	路堤边坡喷草籽防护	右侧路堤边坡第 1 阶,平均高度 H=2.5m	585.0	2636.6	134.8								29.0	22.6	205.0	
84	K18 +090 ~ K18 +190	路堤边坡浆砌片石方格网防护	右侧路堤边坡第 1 阶,平均高度 H=5m	100.0			23.5	0.5	5.9					0.0	1.9	0.7	
85	K18 +190 ~ K18 +230	路堤边坡浆砌片石方格网防护	右侧路堤边坡第 1 阶,平均高度 H=8m	40.0			10.0	0.8	9.7					0.0	3.0	1.0	
86	K18 +190 ~ K18 +230	路堤边坡拱形骨架(内喷草籽)防护	右侧路堤边坡第 2 阶,平均高度 H=3.2m	40.0						30.0	1.9		177.0		4.1	40.0	
87	K18 +230 ~ K18 +310	路堤边坡浆砌片石方格网防护	右侧路堤边坡第 1 阶,平均高度 H=5.6m	80.0			19.0	0.6	6.6					0.0	2.1	0.8	
88	K18 +500 ~ K18 +840	路堤边坡浆砌片石方格网防护	右侧路堤边坡第 1 阶,平均高度 H=2.8m	340.0			78.5	0.3	3.0					0.0	1.1	0.5	
89	K18 +930 ~ K18 +950	路堤边坡浆砌片石方格网防护	右侧路堤边坡第 1 阶,平均高度 H=4.8m	20.0			5.1	0.5	5.6					0.0	1.8	0.7	

编制:　　　　审核:

路基防护工程数量表(路堤边坡防护)

××至××港区疏港公路　　　　第11页　共11页

序号	起迄桩号或中心桩号	工程名称	主要尺寸及说明	长度(m)	分项工程数量												备注
					喷草籽		浆砌片石方格网			拱形骨架				其他防护			
					边坡喷草籽(m^2)	M7.5浆砌片石框架(m^3)	M7.5浆砌片石框架(m^3)	M7.5浆砌片石衬格(m^3)	框格植草(m^2)	M7.5浆砌片石拱形骨架(m^3)	C20混凝土预制块(m^3)	拱内浆砌片石(m^3)	拱内喷草籽(m^2)	预制C25混凝土(m^3)	M7.5浆砌片石流水槽、踏步(m^3)	挖基(m^3)	
1	2	3	4	5	6	7	8	9	10	11	12	13	14	15	16	17	18
90	K19+010~K19+190	路堤边坡浆砌片石方格网防护	右侧路堤边坡第1阶，平均高度$H=3.6$m	180.0			41.8	0.4	4.0					0.0	1.4	0.6	
91	K19+430~K19+556	路堤边坡浆砌片石方格网防护	右侧路堤边坡第1阶，平均高度$H=6.5$m	125.6			29.6	0.7	7.8					0.0	2.5	0.9	
合计		下边坡浆砌片石方格网防护		275.0	0.0	0.0	66.9	3.6	42.4	0.0	0.0	0.0	0.0	0.2	13.4	5.0	0.0
		下边坡拱形骨架防护(拱内浆砌片石)		430.0	0.0	0.0	0.0	0.0	0.0	673.4	0.0	989.7	0.0	0.0	8.0	1670.5	0.0
		路堤边坡喷草籽防护		4416.0	16447.1	1020.6	0.0	0.0	0.0	0.0	0.0	0.0	0.0	219.0	210.7	1595.0	0.0
		路堤边坡浆砌片石方格网防护		5519.6	0.0	0.0	1291.3	22.0	254.0	0.0	0.0	0.0	0.0	1.0	81.2	31.2	0.0
		路堤边坡拱形骨架(内喷草籽)防护		836.0	0.0	0.0	0.0	0.0	0.0	744.9	55.5	0.0	5108.2	0.0	64.6	952.0	0.0
总计				11476.6	16447.1	1020.6	1358.2	25.6	296.3	1418.3	55.5	989.7	5108.2	220.2	377.9	4253.7	0.0

编制：　　　　审核：

路基防护工程数量表(下边坡护面墙防护)

××至×××港区疏港公路

序号	起止桩号	位置	墙长(m)	工程数量										备注
				墙身	(防滑台)耳墙	平台边沟	无纺土工布	2cm沥青麻絮沉降缝	流水槽	护坡	挖基		台后回填砂砾	
				M7.5浆砌片石(m^3)	M7.5浆砌片石(m^3)	M7.5浆砌片石(m^3)	(m^2)	(m^2)	M7.5浆砌片石(m^3)	M7.5浆砌片石(m^3)	土方(m^3)	石方(m^3)	(m^3)	
1	K9+250~K9+298	右侧下边坡第3阶	48	290.1	17.7		429.1	1.9				307.8		
2	K9+306~K9+350	右侧下边坡第3阶	44	280.0	16.2		393.4	1.9				296.2		
3	K9+350~K9+420	右侧下边坡第4阶	70	454.5	25.8		625.8	1.9				480.3		
4	K9+890~K9+910	右侧下边坡第2阶	20	27.1	7.4		178.8	1.9				34.5		
5	K9+910~K9+930	右侧下边坡第2阶	20	27.1	7.4		178.8	1.9				34.5		
合计			202	1078.9	74.3		1805.88	9.7				1153		

编制： 复核：

路基防护工程数量表

××至××港区疏港公路

序号	起讫桩号或中心桩号	工程名称	主要尺寸及说明	长度(m)	分项工程数量									备注
					每延米工程量(m^3)	M7.5浆砌片石(m^3)	2cm水泥砂浆抹面(m^2)	50cm厚干砌块石(m^3)	30cm厚碎石垫层(m^3)	300kg/m无纺土工布(m^2)	浆砌片石护脚(m^3)	抛石护底(m^3)	M7.5浆砌块石踏步(m^3)	
1	2	3	4	5	6	7	8	9	10	11	12	13	14	15
1	K11+240~K11+370	浆砌片石护肩	左侧(平均 H=2.56m)	130	2.660	345.80	130.00							1.664
2	K13+248~K13+251	浆砌片石护肩	左侧(平均 H=1.5m)	3	1.246	3.74	3.00							
3	K17+485~K17+495	浆砌片石护肩	左侧(平均 H=2.4m)	10	2.500	25.00	10.00							
4	K12+484~K12+530	浆砌片石护脚	右侧	46	1.681	77.3260	23.00							
5	K13+700~K13+730	浆砌片石护脚	右侧	30	0.681	20.4300	15.00							
6	K18+170~K18+195	浆砌片石护脚	右侧	25	1.681	42.0250	12.50							
7	K11+070~K11+698	干砌块石护坡	右侧	628				3968.51	2381.11	7937.02	1313.52	2842.20	18.88	
合计				872	10.45	514.32	193.50	3968.51	2381.11	7937.02	1313.52	2842.20	18.88	

编制： 复核：

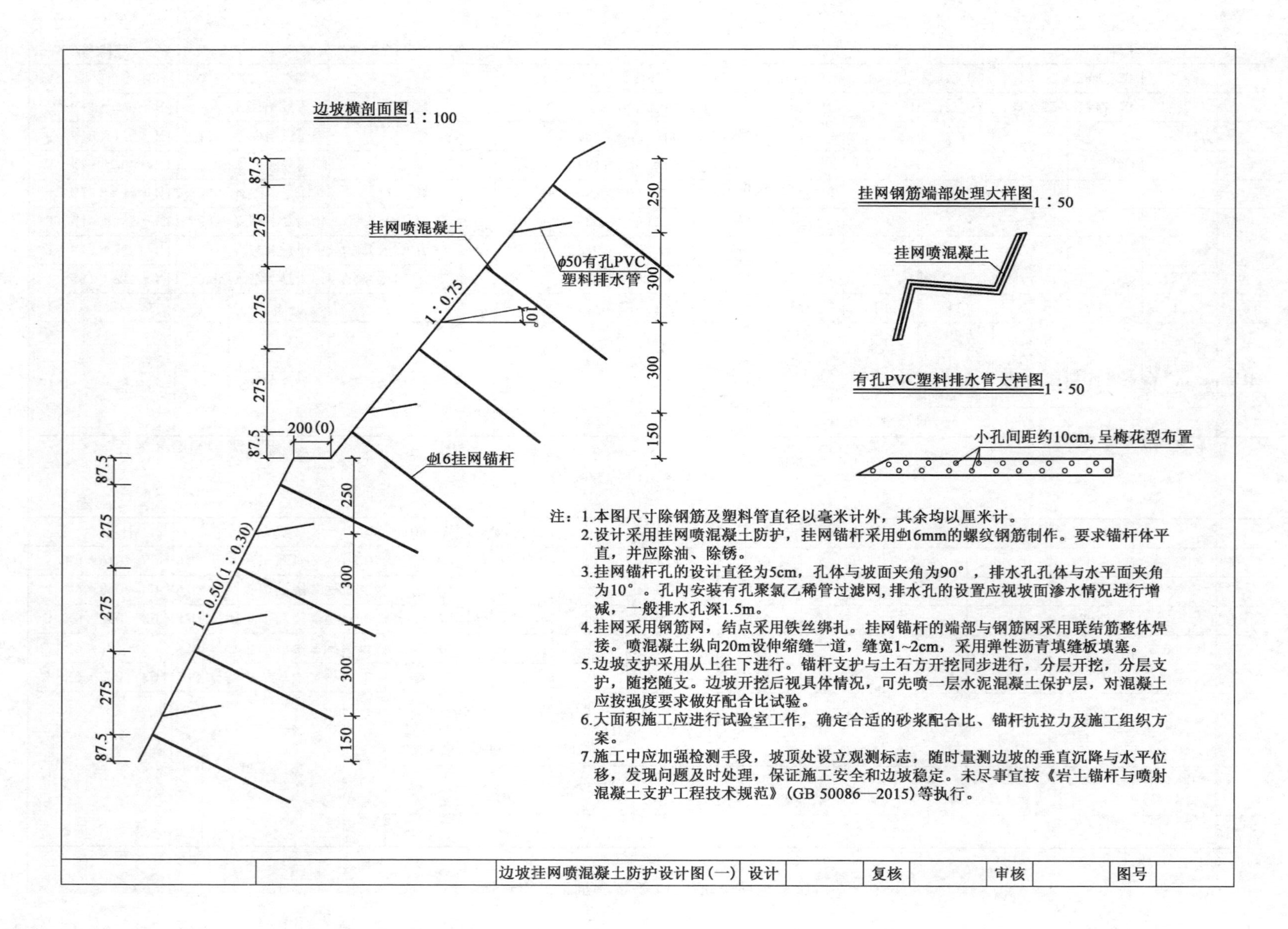

边坡横剖面图 1：100
挂网喷混凝土
ϕ50有孔PVC塑料排水管
1：0.75
10°
ϕ16挂网锚杆
1：0.50(1：0.30)
200(0)
87.5
275
275
275
87.5
250
300
300
150
挂网钢筋端部处理大样图 1：50
挂网喷混凝土
有孔PVC塑料排水管大样图 1：50
小孔间距约10cm，呈梅花型布置
注：1.本图尺寸除钢筋及塑料管直径以毫米计外，其余均以厘米计。
2.设计采用挂网喷混凝土防护，挂网锚杆采用ϕ16mm的螺纹钢筋制作。要求锚杆体平直，并应除油、除锈。
3.挂网锚杆孔的设计直径为5cm，孔体与坡面夹角为90°，排水孔孔体与水平面夹角为10°。孔内安装有孔聚氯乙稀管过滤网，排水孔的设置应视坡面渗水情况进行增减，一般排水孔深1.5m。
4.挂网采用钢筋网，结点采用铁丝绑扎。挂网锚杆的端部与钢筋网采用联结筋整体焊接。喷混凝土纵向20m设伸缩缝一道，缝宽1~2cm，采用弹性沥青填缝板填塞。
5.边坡支护采用从上往下进行。锚杆支护与土石方开挖同步进行，分层开挖，分层支护，随挖随支。边坡开挖后视具体情况，可先喷一层水泥混凝土保护层，对混凝土应按强度要求做好配合比试验。
6.大面积施工应进行试验室工作，确定合适的砂浆配合比、锚杆抗拉力及施工组织方案。
7.施工中应加强检测手段，坡顶处设立观测标志，随时量测边坡的垂直沉降与水平位移，发现问题及时处理，保证施工安全和边坡稳定。未尽事宜按《岩土锚杆与喷射混凝土支护工程技术规范》(GB 50086—2015)等执行。
边坡挂网喷混凝土防护设计图(一)
设计
复核
审核
图号

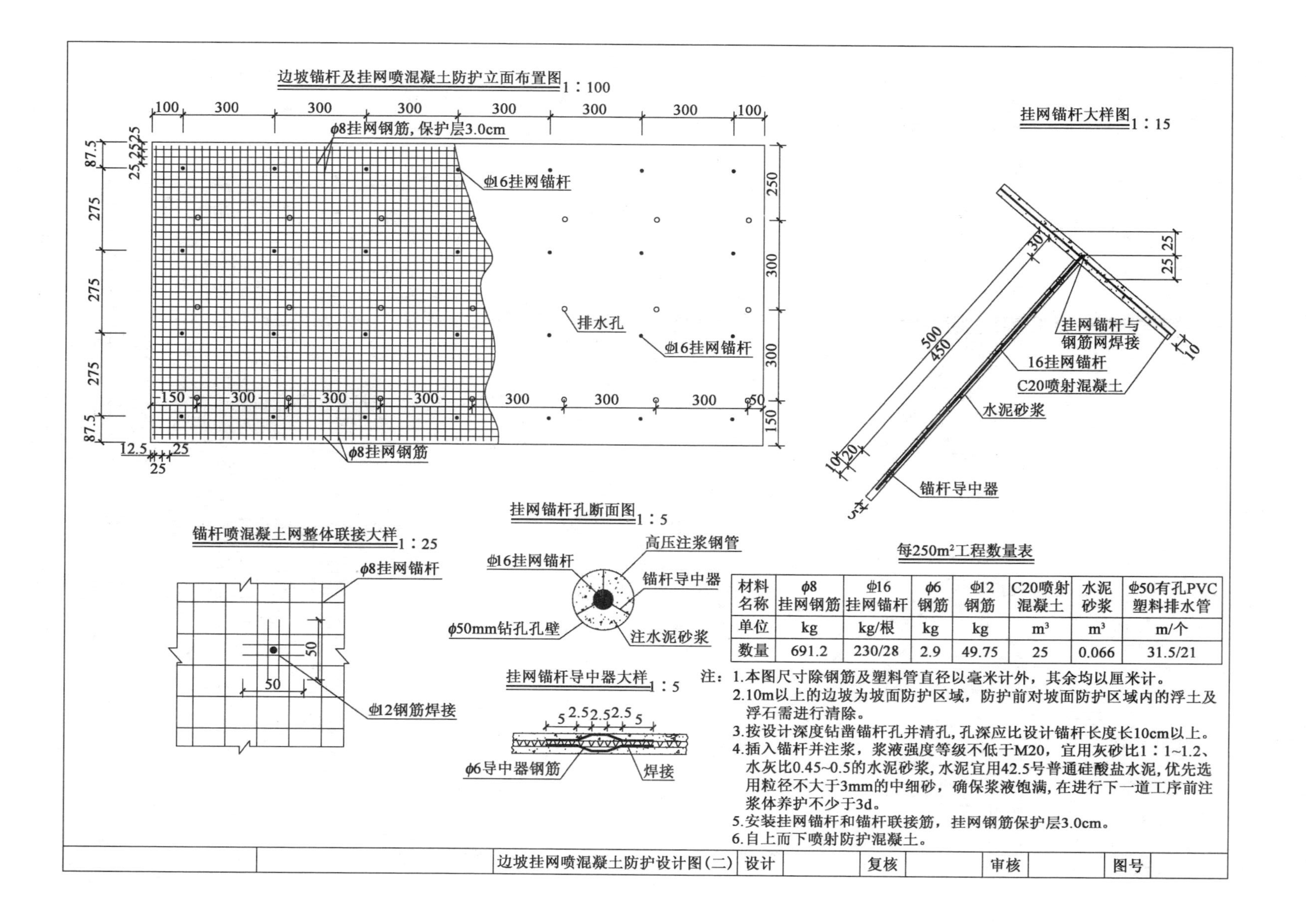

每250m²工程数量表

材料名称	ϕ8挂网钢筋	ϕ16挂网锚杆	ϕ6钢筋	ϕ12钢筋	C20喷射混凝土	水泥砂浆	ϕ50有孔PVC塑料排水管
单位	kg	kg/根	kg	kg	m³	m³	m/个
数量	691.2	230/28	2.9	49.75	25	0.066	31.5/21

注：1.本图尺寸除钢筋及塑料管直径以毫米计外，其余均以厘米计。
2.10m以上的边坡为坡面防护区域，防护前对坡面防护区域内的浮土及浮石需进行清除。
3.按设计深度钻凿锚杆孔并清孔，孔深应比设计锚杆长度长10cm以上。
4.插入锚杆并注浆，浆液强度等级不低于M20，宜用灰砂比1：1~1.2、水灰比0.45~0.5的水泥砂浆，水泥宜用42.5号普通硅酸盐水泥，优先选用粒径不大于3mm的中细砂，确保浆液饱满，在进行下一道工序前注浆体养护不少于3d。
5.安装挂网锚杆和锚杆联接筋，挂网钢筋保护层3.0cm。
6.自上而下喷射防护混凝土。

边坡挂网喷混凝土防护设计图(二)	设计		复核		审核		图号	

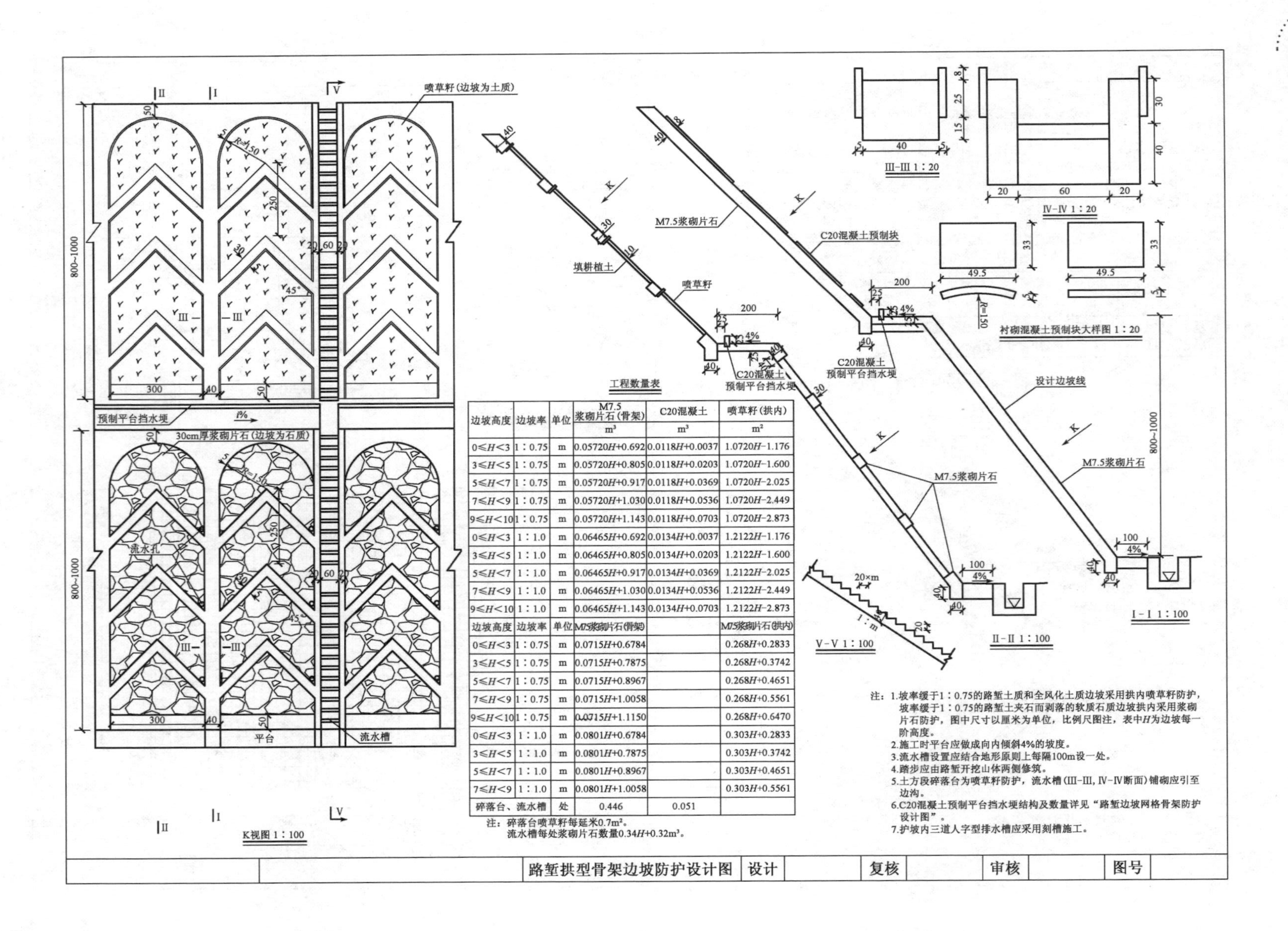

工程数量表

边坡高度	边坡率	单位	M7.5浆砌片石(骨架) m³	C20混凝土 m³	喷草籽(拱内) m²
0≤H<3	1：0.75	m	0.05720H+0.692	0.0118H+0.0037	1.0720H-1.176
3≤H<5	1：0.75	m	0.05720H+0.805	0.0118H+0.0203	1.0720H-1.600
5≤H<7	1：0.75	m	0.05720H+0.917	0.0118H+0.0369	1.0720H-2.025
7≤H<9	1：0.75	m	0.05720H+1.030	0.0118H+0.0536	1.0720H-2.449
9≤H<10	1：0.75	m	0.05720H+1.143	0.0118H+0.0703	1.0720H-2.873
0≤H<3	1：1.0	m	0.06465H+0.692	0.0134H+0.0037	1.2122H-1.176
3≤H<5	1：1.0	m	0.06465H+0.805	0.0134H+0.0203	1.2122H-1.600
5≤H<7	1：1.0	m	0.06465H+0.917	0.0134H+0.0369	1.2122H-2.025
7≤H<9	1：1.0	m	0.06465H+1.030	0.0134H+0.0536	1.2122H-2.449
9≤H<10	1：1.0	m	0.06465H+1.143	0.0134H+0.0703	1.2122H-2.873
边坡高度	边坡率	单位	M7.5浆砌片石(骨架)		M7.5浆砌片石(拱内)
0≤H<3	1：0.75	m	0.0715H+0.6784		0.268H+0.2833
3≤H<5	1：0.75	m	0.0715H+0.7875		0.268H+0.3742
5≤H<7	1：0.75	m	0.0715H+0.8967		0.268H+0.4651
7≤H<9	1：0.75	m	0.0715H+1.0058		0.268H+0.5561
9≤H<10	1：0.75	m	0.0715H+1.1150		0.268H+0.6470
0≤H<3	1：1.0	m	0.0801H+0.6784		0.303H+0.2833
3≤H<5	1：1.0	m	0.0801H+0.7875		0.303H+0.3742
5≤H<7	1：1.0	m	0.0801H+0.8967		0.303H+0.4651
7≤H<9	1：1.0	m	0.0801H+1.0058		0.303H+0.5561
碎落台、流水槽		处	0.446	0.051	

注：碎落台喷草籽每延米0.7m²。
流水槽每处浆砌片石数量0.34H+0.32m³。

注：1.坡率缓于1：0.75的路堑土质和全风化土质边坡采用拱内喷草籽防护，坡率缓于1：0.75的路堑土夹石而剥落的软质石质边坡拱内采用浆砌片石防护，图中尺寸以厘米为单位，比例尺图注，表中H为边坡每一阶高度。
2.施工时平台应做成向内倾斜4%的坡度。
3.流水槽设置应结合地形原则上每隔100m设一处。
4.踏步应由路堑开挖山体两侧修筑。
5.土方段碎落台为喷草籽防护，流水槽(III-III, IV-IV断面)铺砌应引至边沟。
6.C20混凝土预制平台挡水埂结构及数量详见“路堑边坡网格骨架防护设计图”。
7.护坡内三道人字型排水槽应采用刻槽施工。

	路堑拱型骨架边坡防护设计图	设计		复核		审核		图号	

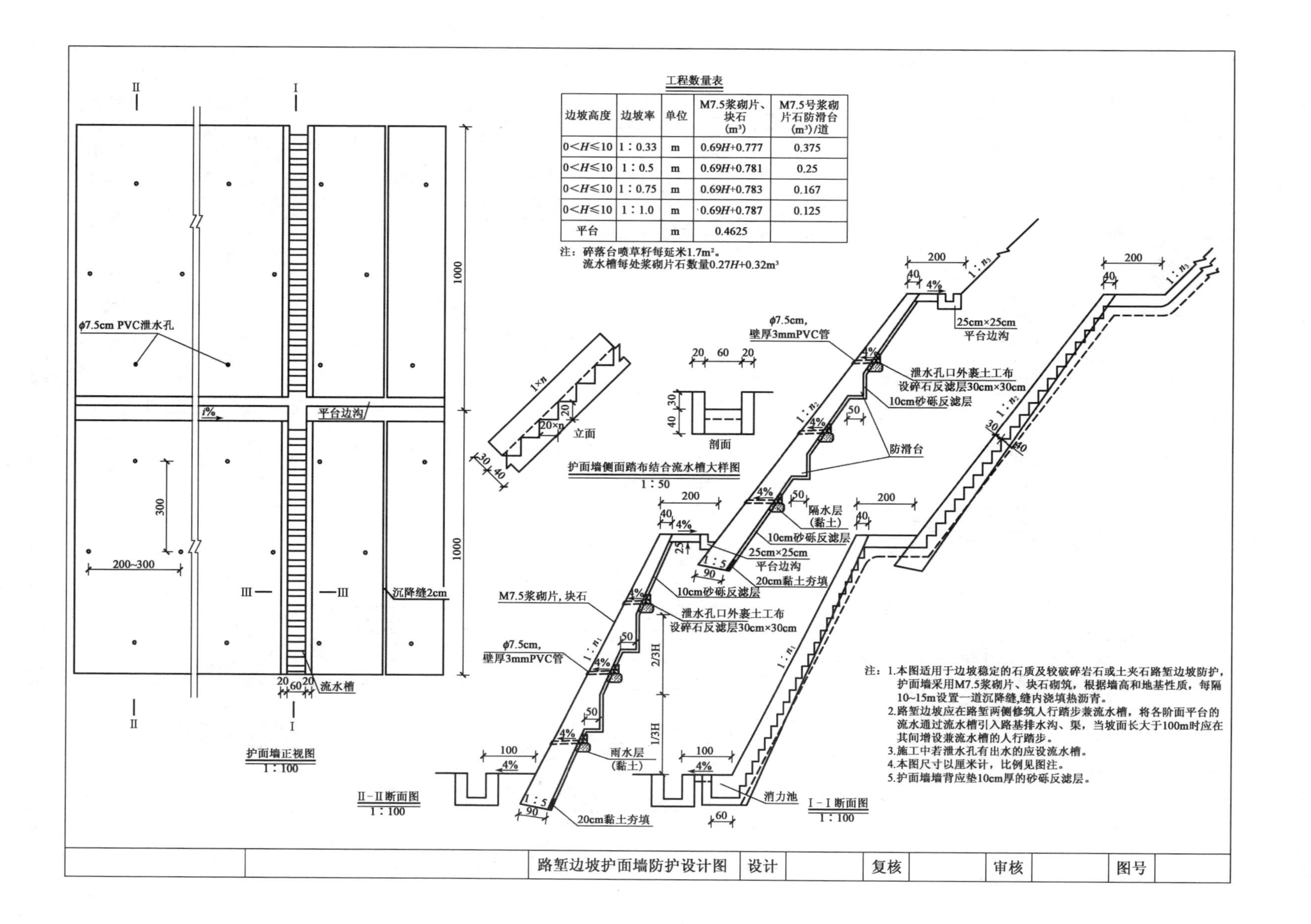

工程数量表

边坡高度	边坡率	单位	M7.5浆砌片、块石 (m³)	M7.5号浆砌片石防滑台 (m³)/道
0<H≤10	1：0.33	m	0.69H+0.777	0.375
0<H≤10	1：0.5	m	0.69H+0.781	0.25
0<H≤10	1：0.75	m	0.69H+0.783	0.167
0<H≤10	1：1.0	m	0.69H+0.787	0.125
平台		m	0.4625	

注：碎落台喷草籽每延米1.7m²。
流水槽每处浆砌片石数量$0.27H+0.32m^3$

注：1.本图适用于边坡稳定的石质及较破碎岩石或土夹石路堑边坡防护，护面墙采用M7.5浆砌片、块石砌筑，根据墙高和地基性质，每隔10~15m设置一道沉降缝，缝内浇填热沥青。
2.路堑边坡应在路堑两侧修筑人行踏步兼流水槽，将各阶面平台的流水通过流水槽引入路基排水沟、渠，当坡面长大于100m时应在其间增设兼流水槽的人行踏步。
3.施工中若泄水孔有出水的应设流水槽。
4.本图尺寸以厘米计，比例见图注。
5.护面墙墙背应垫10cm厚的砂砾反滤层。

路堑边坡护面墙防护设计图	设计		复核		审核		图号	

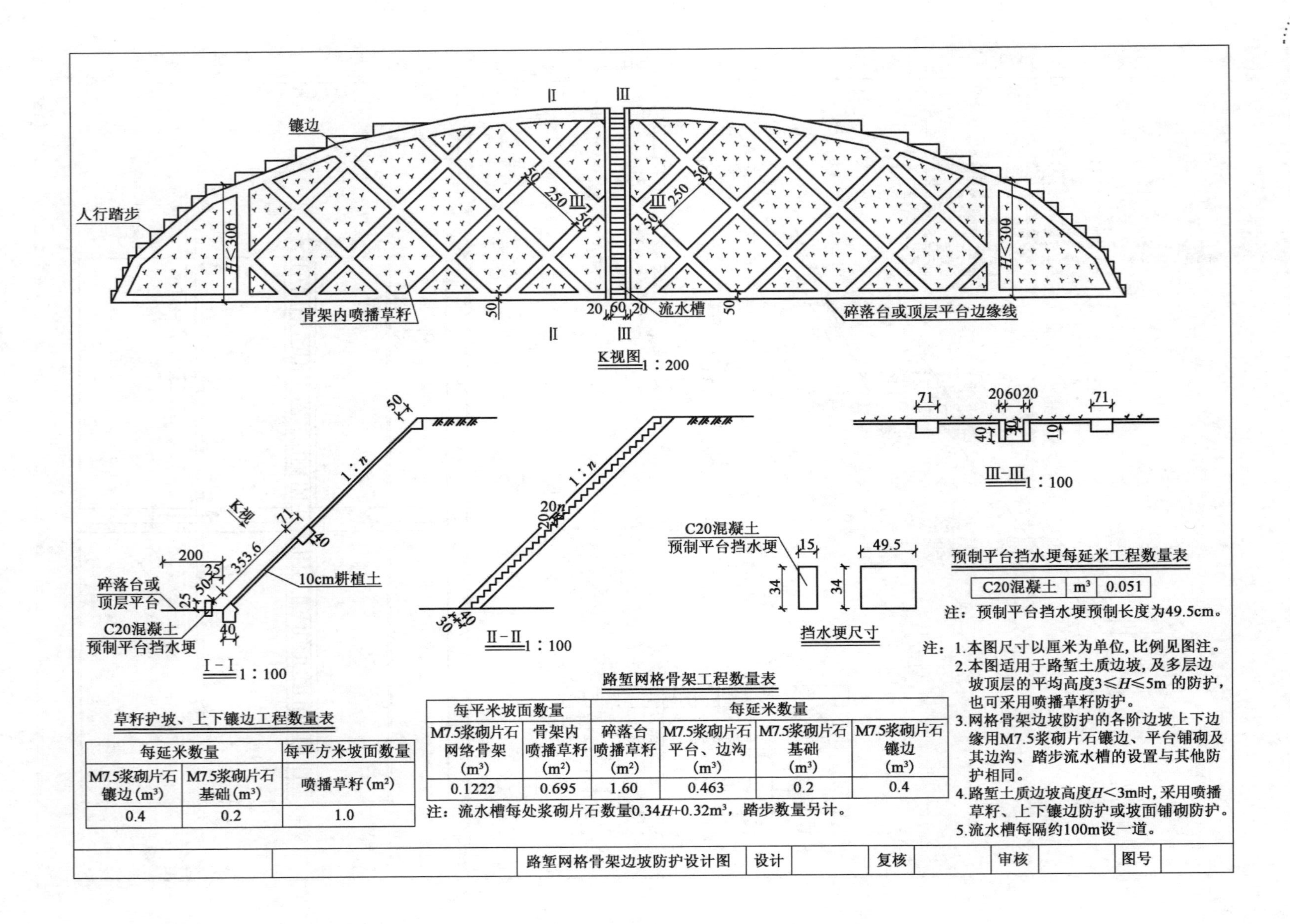

预制平台挡水埂每延米工程数量表

C20混凝土	m^3	0.051

注：预制平台挡水埂预制长度为49.5cm。

注：1.本图尺寸以厘米为单位，比例见图注。
2.本图适用于路堑土质边坡，及多层边坡顶层的平均高度3≤H≤5m 的防护，也可采用喷播草籽防护。
3.网格骨架边坡防护的各阶边坡上下边缘用M7.5浆砌片石镶边、平台铺砌及其边沟、踏步流水槽的设置与其他防护相同。
4.路堑土质边坡高度H<3m时，采用喷播草籽、上下镶边防护或坡面铺砌防护。
5.流水槽每隔约100m设一道。

草籽护坡、上下镶边工程数量表

每延米数量		每平方米坡面数量
M7.5浆砌片石镶边(m^3)	M7.5浆砌片石基础(m^3)	喷播草籽(m^2)
0.4	0.2	1.0

路堑网格骨架工程数量表

每平米坡面数量		每延米数量			
M7.5浆砌片石网络骨架(m^3)	骨架内喷播草籽(m^2)	碎落台喷播草籽(m^2)	M7.5浆砌片石平台、边沟(m^3)	M7.5浆砌片石基础(m^3)	M7.5浆砌片石镶边(m^3)
0.1222	0.695	1.60	0.463	0.2	0.4

注：流水槽每处浆砌片石数量$0.34H+0.32m^3$，踏步数量另计。

		路堑网格骨架边坡防护设计图	设计		复核		审核		图号	

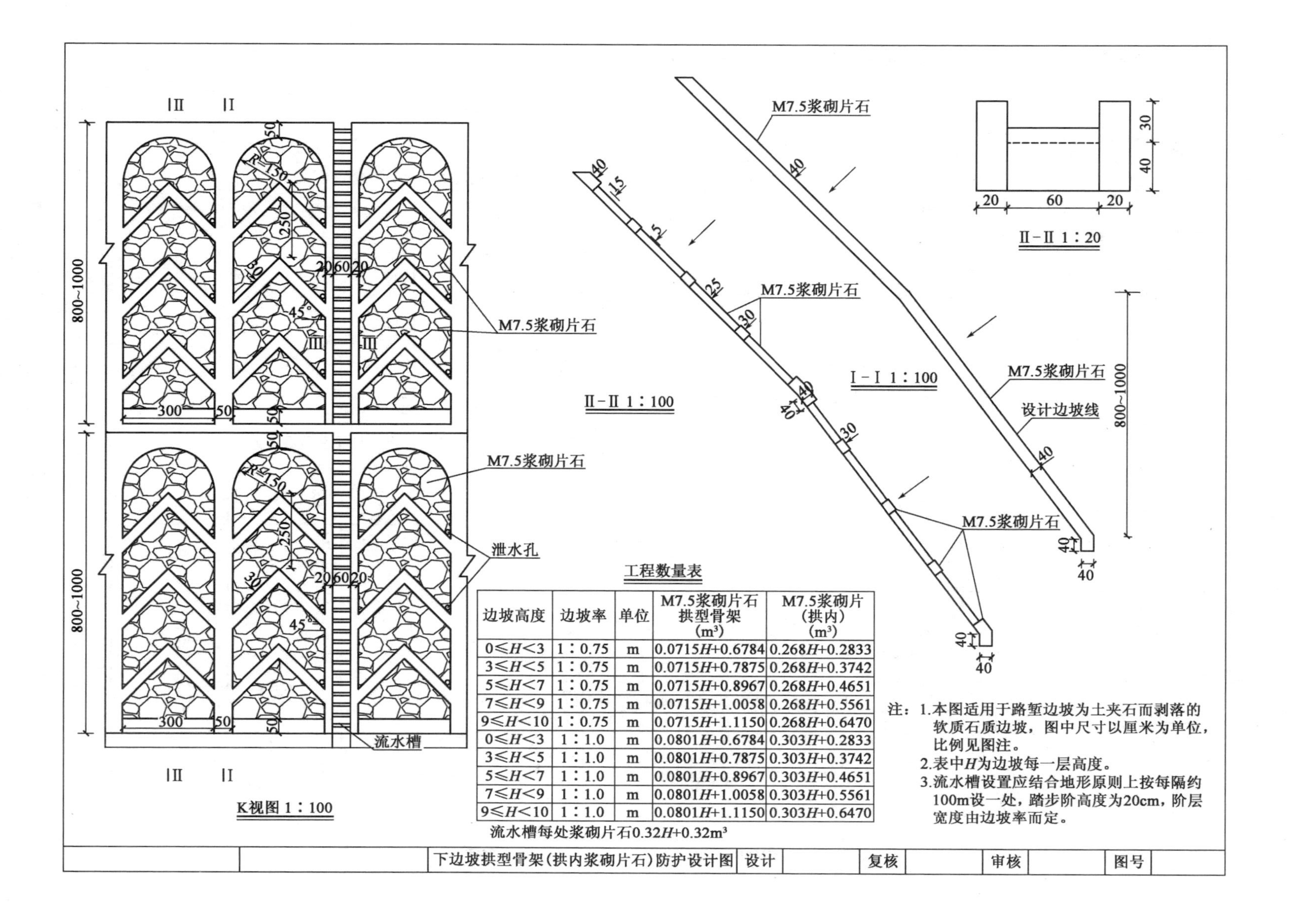

工程数量表

边坡高度	边坡率	单位	M7.5浆砌片石拱型骨架 (m^3)	M7.5浆砌片(拱内) (m^3)
0≤H<3	1∶0.75	m	0.0715H+0.6784	0.268H+0.2833
3≤H<5	1∶0.75	m	0.0715H+0.7875	0.268H+0.3742
5≤H<7	1∶0.75	m	0.0715H+0.8967	0.268H+0.4651
7≤H<9	1∶0.75	m	0.0715H+1.0058	0.268H+0.5561
9≤H<10	1∶0.75	m	0.0715H+1.1150	0.268H+0.6470
0≤H<3	1∶1.0	m	0.0801H+0.6784	0.303H+0.2833
3≤H<5	1∶1.0	m	0.0801H+0.7875	0.303H+0.3742
5≤H<7	1∶1.0	m	0.0801H+0.8967	0.303H+0.4651
7≤H<9	1∶1.0	m	0.0801H+1.0058	0.303H+0.5561
9≤H<10	1∶1.0	m	0.0801H+1.1150	0.303H+0.6470

流水槽每处浆砌片石0.32H+0.32m^3

注：1.本图适用于路堑边坡为土夹石而剥落的软质石质边坡，图中尺寸以厘米为单位，比例见图注。
2.表中H为边坡每一层高度。
3.流水槽设置应结合地形原则上按每隔约100m设一处，踏步阶高度为20cm，阶层宽度由边坡率而定。

	下边坡拱型骨架(拱内浆砌片石)防护设计图	设计		复核		审核		图号	

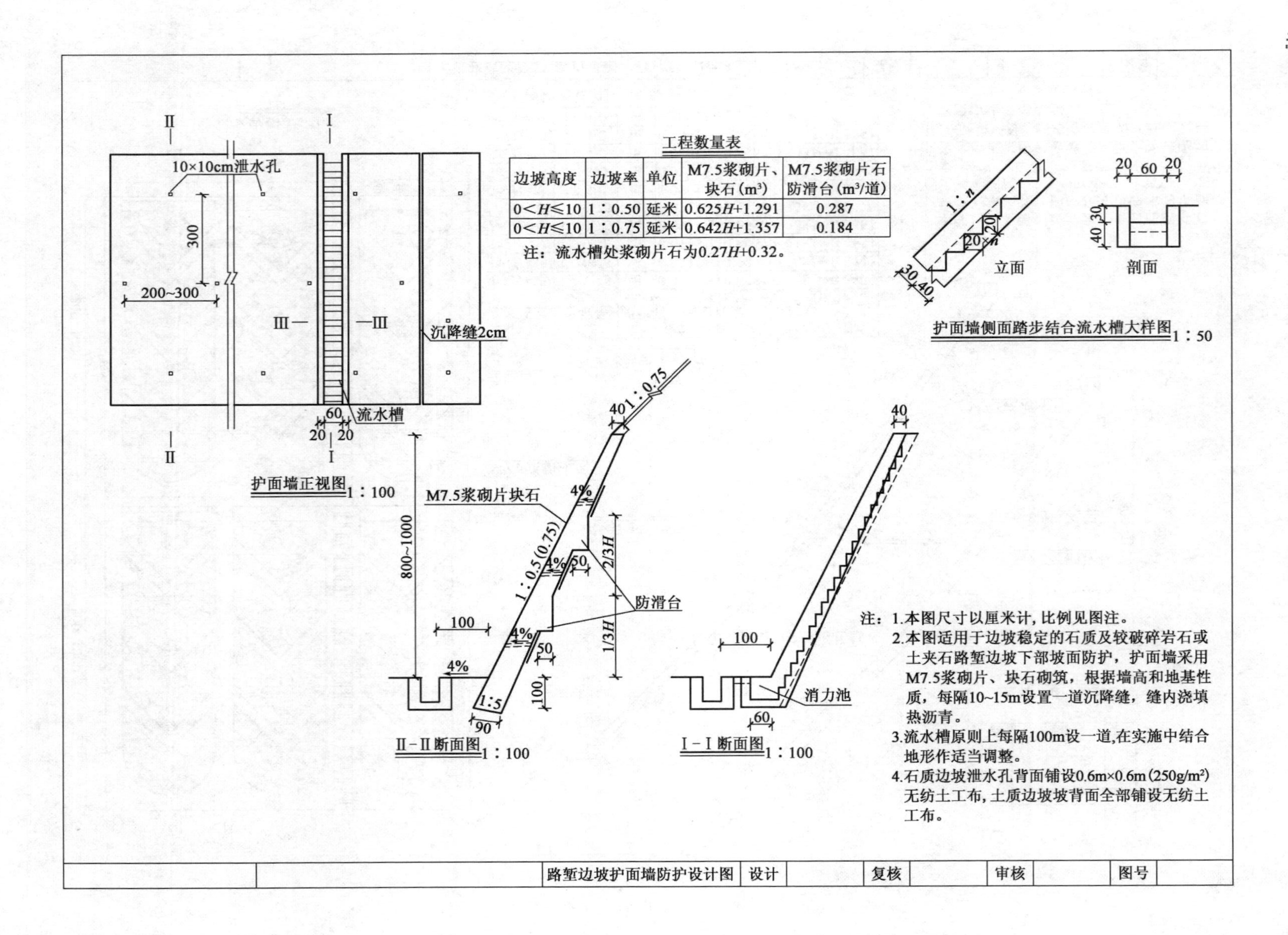

工程数量表

边坡高度	边坡率	单位	M7.5浆砌片、块石(m³)	M7.5浆砌片石防滑台(m³/道)
0＜H≤10	1：0.50	延米	0.625H+1.291	0.287
0＜H≤10	1：0.75	延米	0.642H+1.357	0.184

注：流水槽处浆砌片石为0.27H+0.32。

注：1.本图尺寸以厘米计，比例见图注。

2.本图适用于边坡稳定的石质及较破碎岩石或土夹石路堑边坡下部坡面防护，护面墙采用M7.5浆砌片、块石砌筑，根据墙高和地基性质，每隔10~15m设置一道沉降缝，缝内浇填热沥青。

3.流水槽原则上每隔100m设一道，在实施中结合地形作适当调整。

4.石质边坡泄水孔背面铺设0.6m×0.6m（250g/m²）无纺土工布，土质边坡坡背面全部铺设无纺土工布。

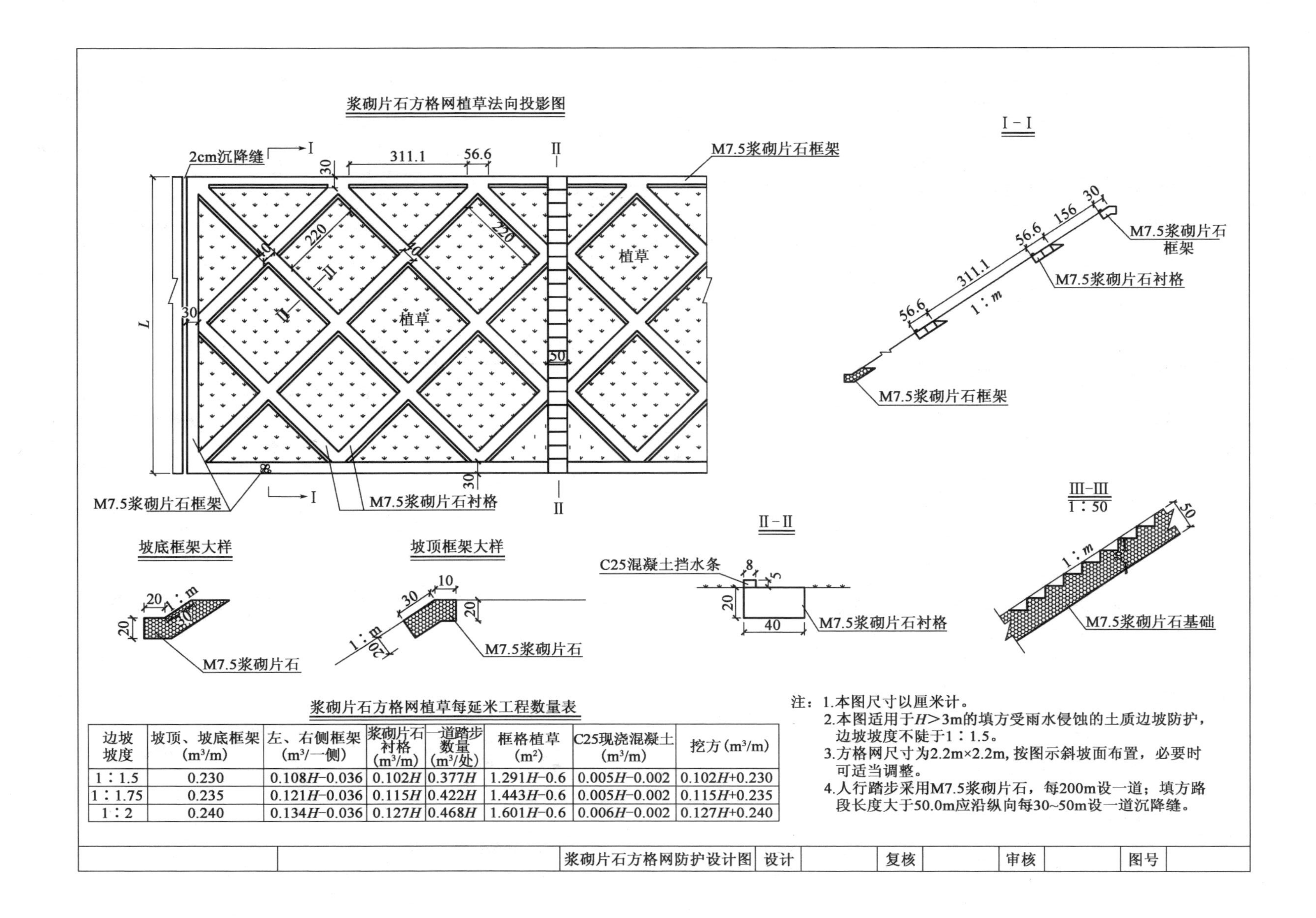

浆砌片石方格网植草每延米工程数量表

边坡坡度	坡顶、坡底框架（m^3/m）	左、右侧框架（m^3/一侧）	浆砌片石衬格（m^3/m）	一道踏步数量（m^3/处）	框格植草（m^2）	C25现浇混凝土（m^3/m）	挖方（m^3/m）
1：1.5	0.230	0.108H−0.036	0.102H	0.377H	1.291H−0.6	0.005H−0.002	0.102H+0.230
1：1.75	0.235	0.121H−0.036	0.115H	0.422H	1.443H−0.6	0.005H−0.002	0.115H+0.235
1：2	0.240	0.134H−0.036	0.127H	0.468H	1.601H−0.6	0.006H−0.002	0.127H+0.240

注：1.本图尺寸以厘米计。
2.本图适用于H>3m的填方受雨水侵蚀的土质边坡防护，边坡坡度不陡于1：1.5。
3.方格网尺寸为2.2m×2.2m，按图示斜坡面布置，必要时可适当调整。
4.人行踏步采用M7.5浆砌片石，每200m设一道；填方路段长度大于50.0m应沿纵向每30~50m设一道沉降缝。

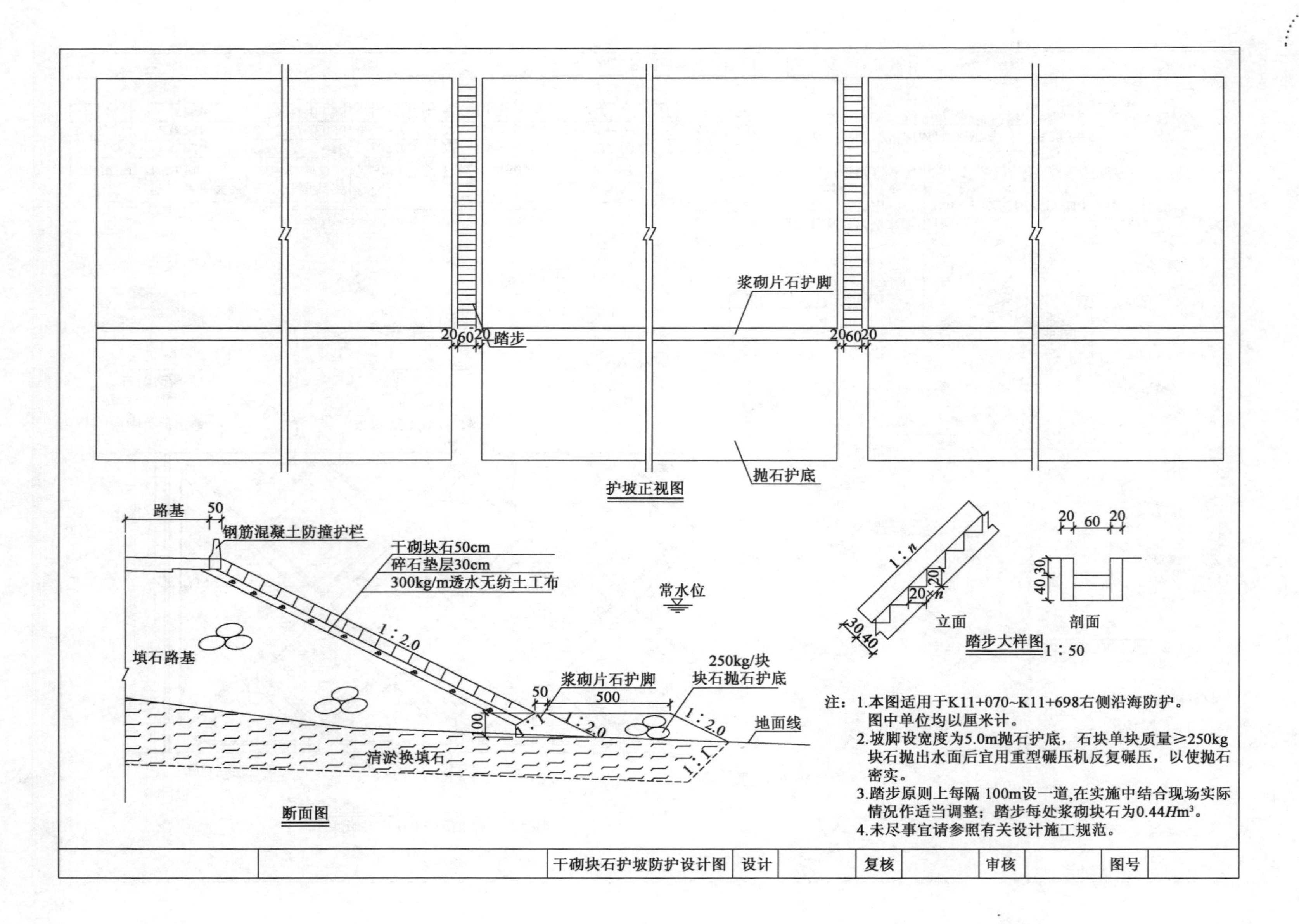

浆砌片石护脚
20 60 20 踏步
20 60 20
抛石护底
护坡正视图
路基
50
钢筋混凝土防撞护栏
干砌块石50cm
碎石垫层30cm
300kg/m透水无纺土工布
常水位
1：2.0
填石路基
250kg/块
块石抛石护底
浆砌片石护脚
50
500
100
1：2.0
1：2.0
地面线
清淤换填石
断面图
1：n
20
20×n
30 40
立面
20 60 20
40 30
剖面
踏步大样图 1：50
注：1.本图适用于K11+070~K11+698右侧沿海防护。
图中单位均以厘米计。
2.坡脚设宽度为5.0m抛石护底，石块单块质量≥250kg
块石抛出水面后宜用重型碾压机反复碾压，以使抛石
密实。
3.踏步原则上每隔 100m设一道,在实施中结合现场实际
情况作适当调整；踏步每处浆砌块石为0.44Hm³。
4.未尽事宜请参照有关设计施工规范。
干砌块石护坡防护设计图
设计
复核
审核
图号

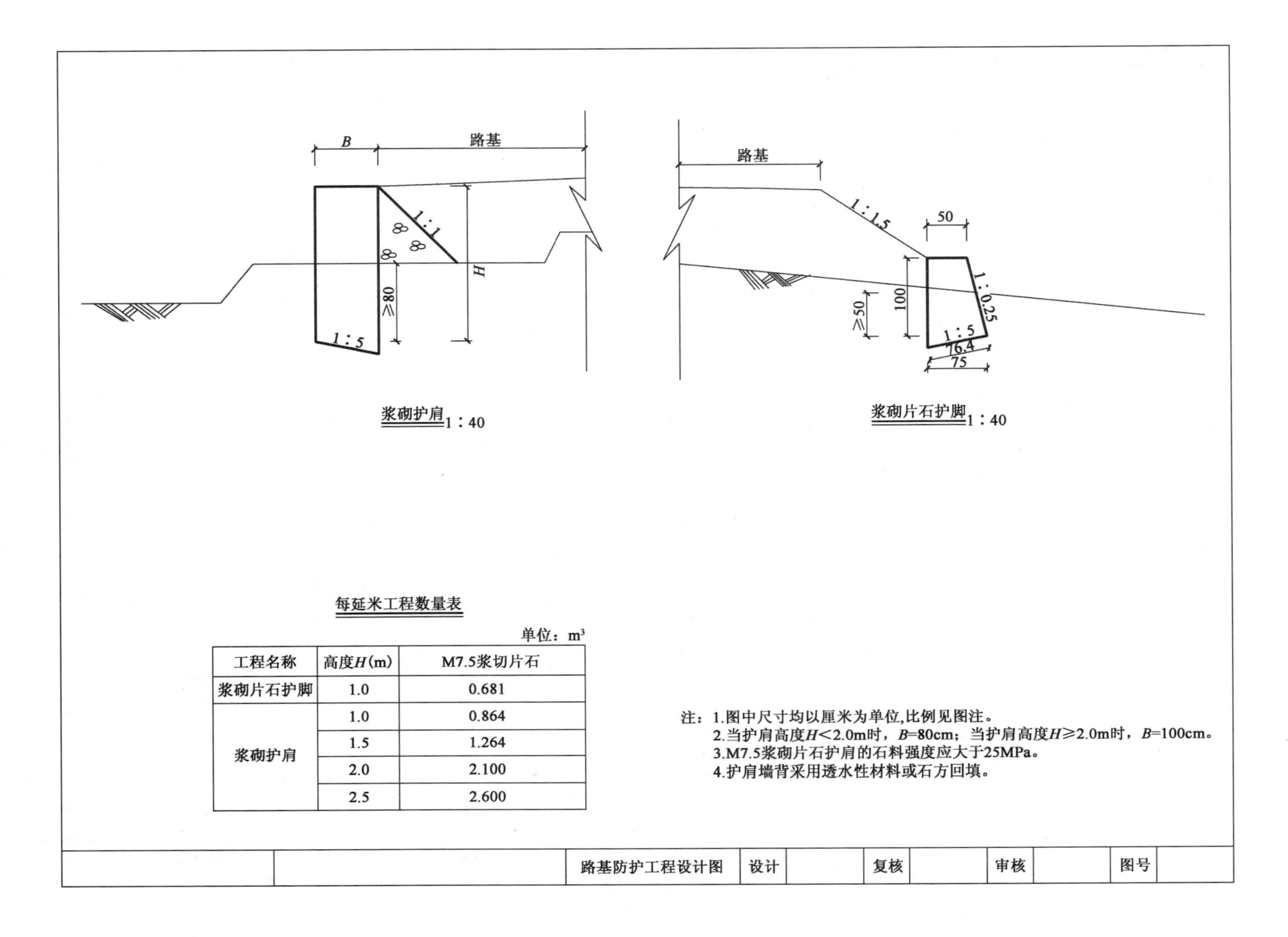

每延米工程数量表

单位：m^3

工程名称	高度H(m)	M7.5浆切片石
浆砌片石护脚	1.0	0.681
浆砌护肩	1.0	0.864
	1.5	1.264
	2.0	2.100
	2.5	2.600

注：1.图中尺寸均以厘米为单位,比例见图注。
2.当护肩高度H<2.0m时，B=80cm；当护肩高度H≥2.0m时，B=100cm。
3.M7.5浆砌片石护肩的石料强度应大于25MPa。
4.护肩墙背采用透水性材料或石方回填。

挡墙工程数量表

××至××港区疏港公路　　　　第1页　共1页

序号	起讫桩号或中心桩号	工程名称	主要尺寸及说明	长度(m)	分项工程数量									备注
					M7.5浆砌片石		2cm水泥砂浆抹面(m^3)	泄水孔(m)	基坑(m^3)	锥坡				
					墙身(m^3)	基础(m^3)				锥心填土(m^3)	浆砌片石(m^3)	砂砾垫层(m^3)	锥基(m^3)	
1	2	3	4	5	6	7	8	9	10	11	12	13	14	
1	K12+465.0~K12+484.0	浆砌片石路肩墙	右侧	21.87	65.04	17.83	19.98	9.34	45.35	22.11	7.13	2.78	8.34	
2	K13+233.0~K13+248.0	浆砌片石路肩墙	右侧	15.00	45.33	15.39	14.63	4.25	53.85	12.37	3.88	1.52	4.37	
3	K16+415.0~K16+505.0	浆砌片石路堤墙	左侧	90.00	917.40	88.90	43.09	115.47	301.29	80.50	15.27	6.47	11.95	
本页合计				126.87	1027.77	122.12	77.70	129.06	400.49	114.98	26.28	10.77	24.66	

编制：　　　　复核：　　　　审核：

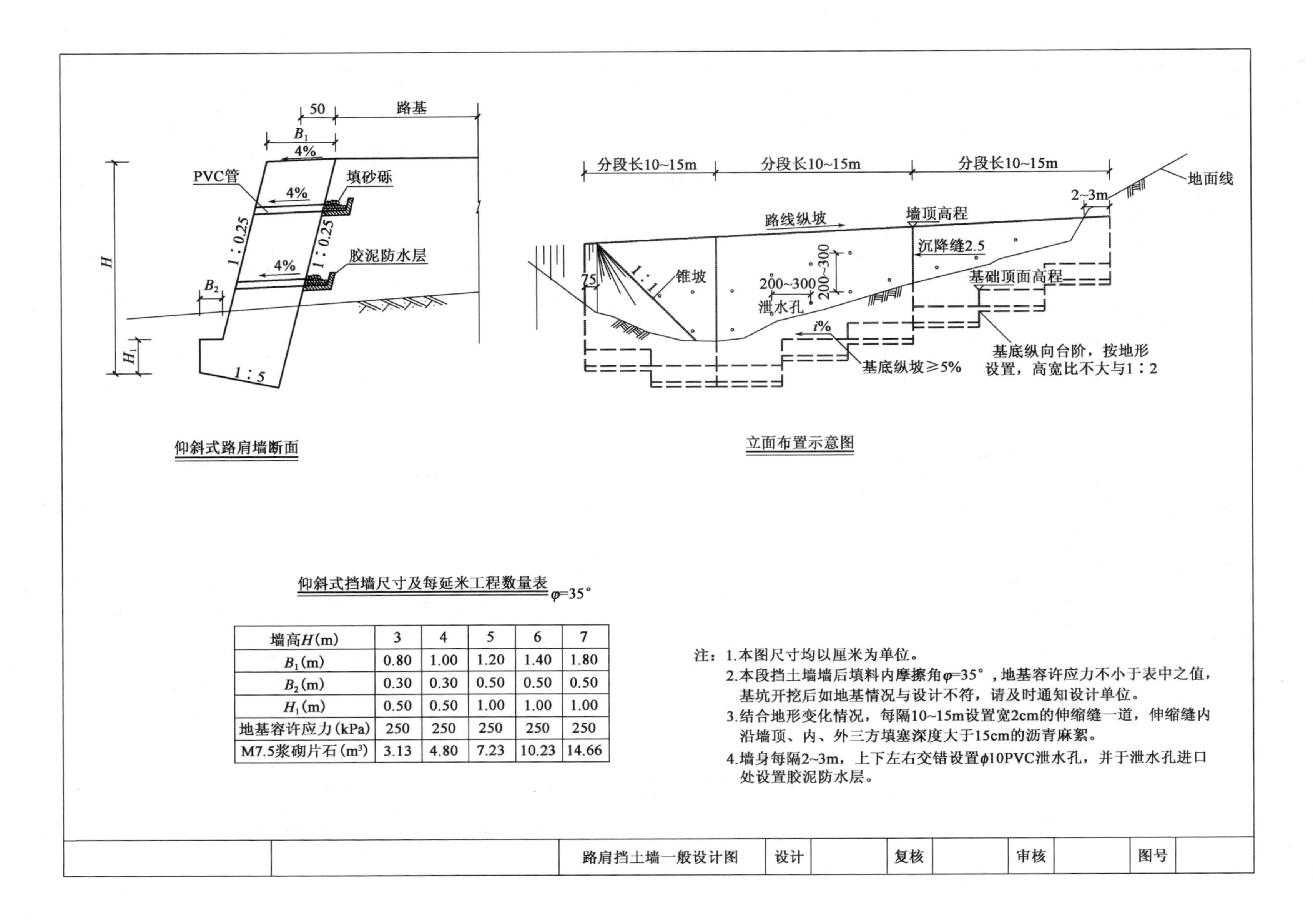

仰斜式路肩墙断面

立面布置示意图

仰斜式挡墙尺寸及每延米工程数量表 $\varphi=35°$

墙高H(m)	3	4	5	6	7
B_1(m)	0.80	1.00	1.20	1.40	1.80
B_2(m)	0.30	0.30	0.50	0.50	0.50
H_1(m)	0.50	0.50	1.00	1.00	1.00
地基容许应力(kPa)	250	250	250	250	250
M7.5浆砌片石(m^3)	3.13	4.80	7.23	10.23	14.66

注：1.本图尺寸均以厘米为单位。

2.本段挡土墙墙后填料内摩擦角$\varphi=35°$，地基容许应力不小于表中之值，基坑开挖后如地基情况与设计不符，请及时通知设计单位。

3.结合地形变化情况，每隔10~15m设置宽2cm的伸缩缝一道，伸缩缝内沿墙顶、内、外三方填塞深度大于15cm的沥青麻絮。

4.墙身每隔2~3m，上下左右交错设置ϕ10PVC泄水孔，并于泄水孔进口处设置胶泥防水层。

		路肩挡土墙一般设计图	设计		复核		审核		图号	

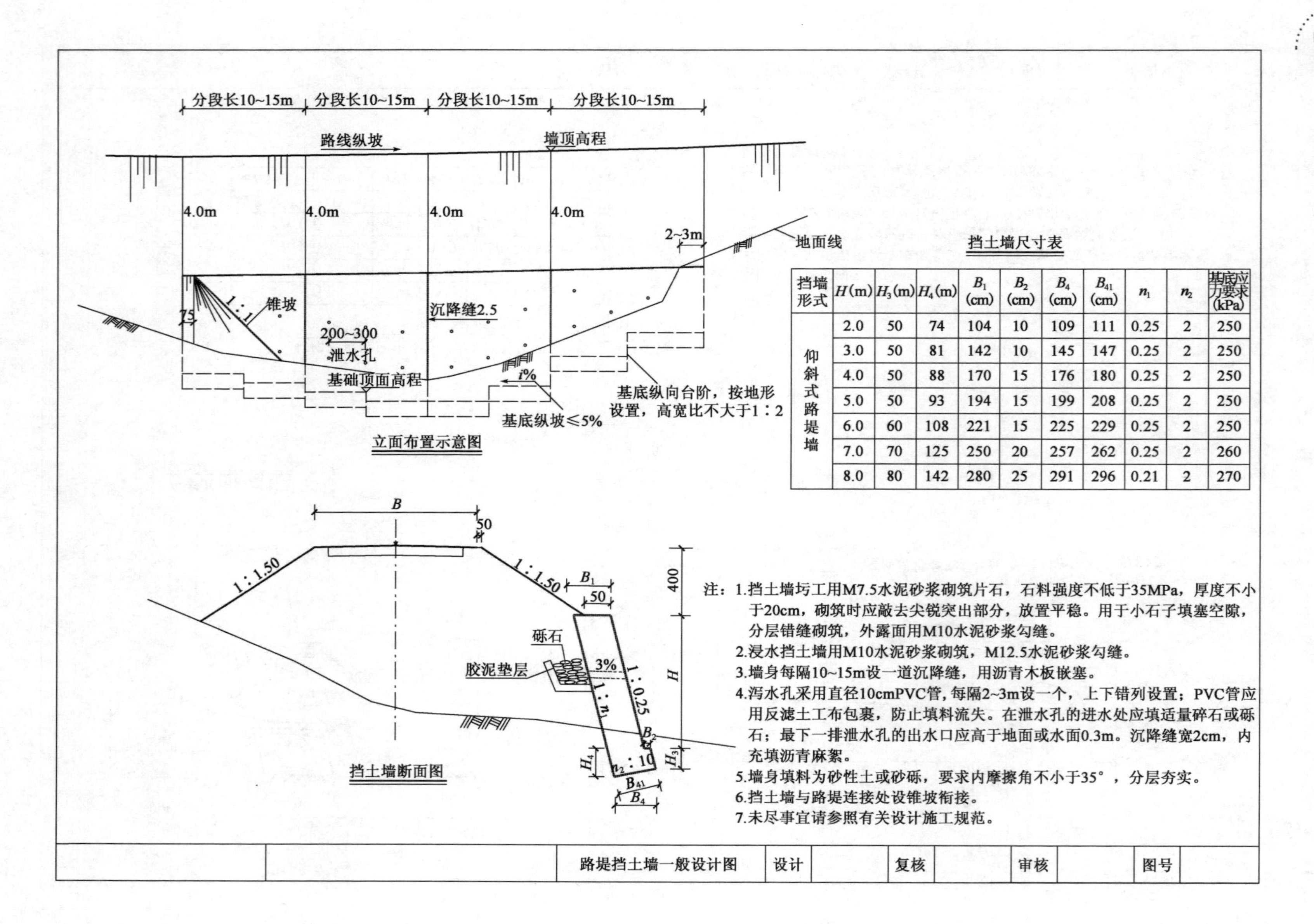

立面布置示意图

挡土墙断面图

挡土墙尺寸表

挡墙形式	H(m)	H_3(m)	H_4(m)	B_1(cm)	B_2(cm)	B_4(cm)	B_{41}(cm)	n_1	n_2	基底应力要求(kPa)
仰斜式路堤墙	2.0	50	74	104	10	109	111	0.25	2	250
	3.0	50	81	142	10	145	147	0.25	2	250
	4.0	50	88	170	15	176	180	0.25	2	250
	5.0	50	93	194	15	199	208	0.25	2	250
	6.0	60	108	221	15	225	229	0.25	2	250
	7.0	70	125	250	20	257	262	0.25	2	260
	8.0	80	142	280	25	291	296	0.21	2	270

注：1.挡土墙圬工用M7.5水泥砂浆砌筑片石，石料强度不低于35MPa，厚度不小于20cm，砌筑时应敲去尖锐突出部分，放置平稳。用于小石子填塞空隙，分层错缝砌筑，外露面用M10水泥砂浆勾缝。
2.浸水挡土墙用M10水泥砂浆砌筑，M12.5水泥砂浆勾缝。
3.墙身每隔10~15m设一道沉降缝，用沥青木板嵌塞。
4.泻水孔采用直径10cmPVC管，每隔2~3m设一个，上下错列设置；PVC管应用反滤土工布包裹，防止填料流失。在泄水孔的进水处应填适量碎石或砾石；最下一排泄水孔的出水口应高于地面或水面0.3m。沉降缝宽2cm，内充填沥青麻絮。
5.墙身填料为砂性土或砂砾，要求内摩擦角不小于35°，分层夯实。
6.挡土墙与路堤连接处设锥坡衔接。
7.未尽事宜请参照有关设计施工规范。

路 面 工 程 数 量 表

××至××港区疏港公路 第1页 共2页

序号	起讫点桩号	铺筑长度(m)	结构类型	主车道(m^2)								硬路肩(m^2)								HPB300/HRB400钢筋(t)		破、运旧混凝土路面(m^3)	路缘石		备注
				24cm厚		18cm厚		15cm厚		10cm厚		24cm厚		18cm厚		15cm厚		10cm厚					C20混凝土(m^3)	M7.5浆砌片石底座(m^3)	
				C35水泥混凝土面层		5%水泥稳定碎石基层		填隙碎石底基层		填隙碎石底基层		C35水泥混凝土面层		5%水泥稳定碎石基层		填隙碎石底基层		填隙碎石底基层							
				宽度(m)	数量(m^2)	宽度(m)	数量(m^2)	宽度(m)	数量(m^2)	宽度(m)	数量(m^2)	宽度(m)	数量(m^2)	宽度(m)	数量(m^2)	宽度(m)	数量(m^2)	宽度(m)	数量(m^2)						
1	K8+897.992~K10+000	1102.008	Ⅰ-57	13.5	14877.1	13.5	14877.1	13.5	14877.1											3.052	9.863				
2	平曲线加宽		Ⅰ-57		101.1		101.1		101.1																
3	K8+897.992~K9+018	120.008																				747.5			
4	K10+000~K10+719.437	719.437	Ⅰ-57	13.5	9712.4	13.5	9712.4	13.5	9712.4																
5	平曲线加宽		Ⅰ-57		34.9		34.9		34.9																
6	K10+719.437~K10+770	50.56	Ⅰ-52	13.5	682.6	13.5	682.6			13.5	682.6									0.06	0.23				
7	K10+770~K10+940	170.00	Ⅰ-57	13.5	2295.0	13.5	2295.0	13.5	2295.0											0.19	0.77				
8	K10+940~K11+060	120.00	Ⅰ-52	13.5	1620.0	13.5	1620.0			13.5	1620.0									0.13	0.55				
9	K11+060~K11+847	787.00	Ⅰ-57	13.5	10624.5	13.5	10624.5	13.5	10624.5											1.85	3.90				
10	K11+847~K11+917	70.00	Ⅰ-57		770.0		770.0		770.0											0.08	0.32				
11	K12+180~K12+250	70.00	Ⅰ-57		770.0		770.0		770.0											0.08	0.32				

编制： 复核：

路 面 工 程 数 量 表

××至××港区疏港公路　　　　　　　　　　第 2 页　共 2 页

序号	起讫点桩号	铺筑长度(m)	结构类型	主车道(m^2)								硬路肩(m^2)								HPB300/HRB400 钢筋(t)		破、运旧混凝土路面(m^3)	路缘石		备注
				24cm厚		18cm厚		15cm厚		10cm厚		24cm厚		18cm厚		15cm厚		10cm厚					C20 混凝土(m^3)	M7.5 浆砌片石底座(m^3)	
				C35 水泥混凝土面层		5%水泥稳定碎石基层		填隙碎石底基层		填隙碎石底基层		C35 水泥混凝土面层		5%水泥稳定碎石基层		填隙碎石底基层		填隙碎石底基层							
				宽度(m)	数量(m^2)	宽度(m)	数量(m^2)	宽度(m)	数量(m^2)	宽度(m)	数量(m^2)	宽度(m)	数量(m^2)	宽度(m)	数量(m^2)	宽度(m)	数量(m^2)	宽度(m)	数量(m^2)						
12	K12+250～K19+260	7011.87	Ⅰ-57	13.5	94660.2	13.5	94660.2	13.5	94660.2											7.85	42.82				已加长链，涵顶钢筋已计
13	K19+260～K19+340	80.00	Ⅰ-52	13.5	1080.0	13.5	1080.0			13.5	1080.0									0.09	0.36				
14	K19+340～K19+555.63	215.63	Ⅰ-57	13.5	2911.0	13.5	2911.0	13.5	2911.0											0.61	1.02				
15	平曲线加宽		Ⅰ-57		443.7		443.7		443.7																
16	K8+897.992～K19+555.63												31152.1		31152.1		30425.4		726.6				1047.14	1308.4	已扣除隧道及护栏地段
合计					140582.5		140582.5		137199.9		3382.6		31152.1		31152.1		30425.4		726.6	13.98	60.15	747.5	1047.1	1308.4	

编制：　　　　　　　　　　复核：

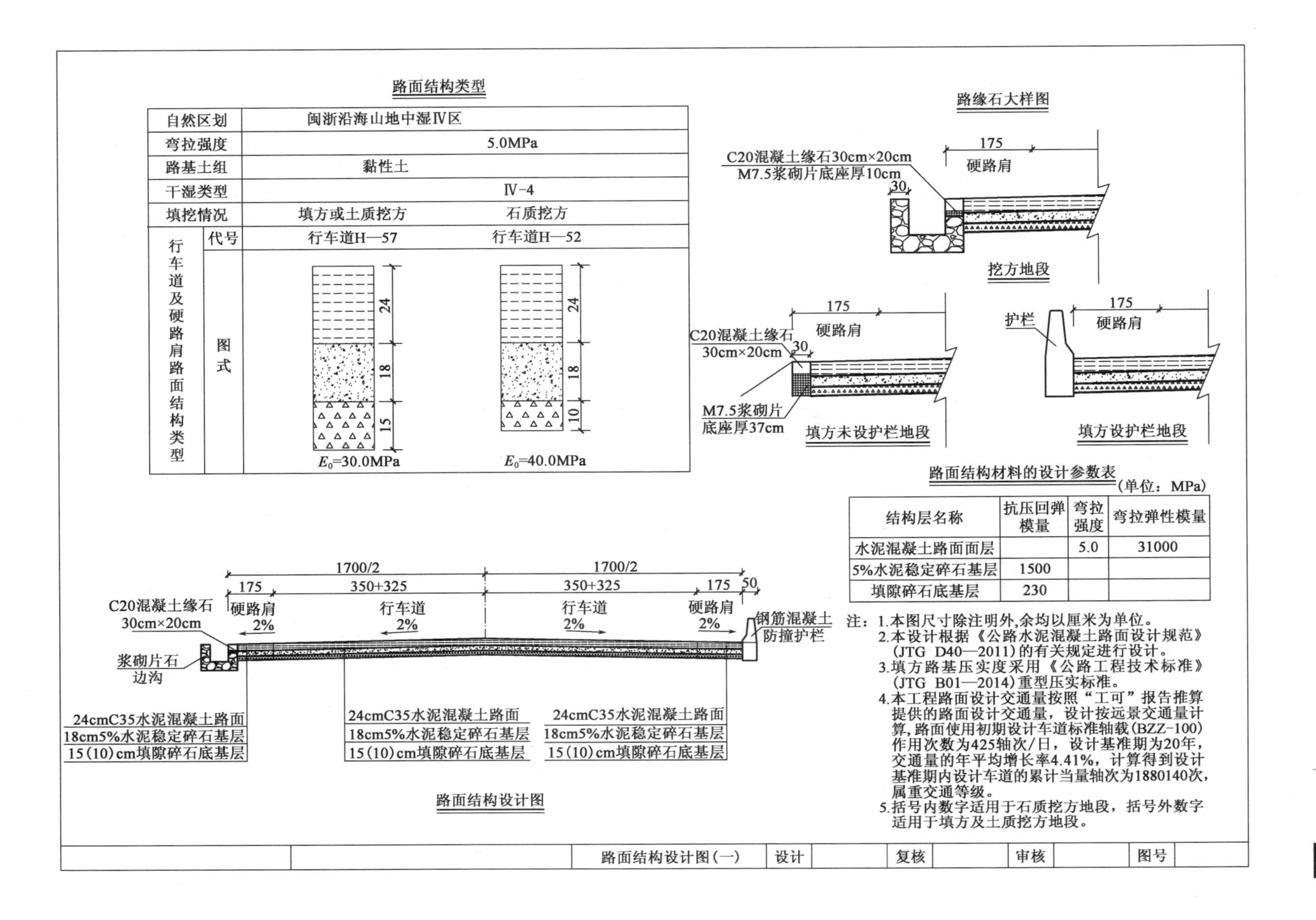

路面结构设计图

路面结构类型

自然区划		闽浙沿海山地中湿Ⅳ区	
弯拉强度		5.0MPa	
路基土组		黏性土	
干湿类型		Ⅳ-4	
填挖情况		填方或土质挖方	石质挖方
行车道及硬路肩路面结构类型	代号	行车道H—57	行车道H—52
	图式	24 / 18 / 15 E_0=30.0MPa	24 / 18 / 10 E_0=40.0MPa

路面结构材料的设计参数表

(单位：MPa)

结构层名称	抗压回弹模量	弯拉强度	弯拉弹性模量
水泥混凝土路面面层		5.0	31000
5%水泥稳定碎石基层	1500		
填隙碎石底基层	230		

注：1.本图尺寸除注明外,余均以厘米为单位。
2.本设计根据《公路水泥混凝土路面设计规范》(JTG D40—2011)的有关规定进行设计。
3.填方路基压实度采用《公路工程技术标准》(JTG B01—2014)重型压实标准。
4.本工程路面设计交通量按照“工可”报告推算提供的路面设计交通量，设计按远景交通量计算,路面使用初期设计车道标准轴载(BZZ-100)作用次数为425轴次/日，设计基准期为20年，交通量的年平均增长率4.41%，计算得到设计基准期内设计车道的累计当量轴次为1880140次，属重交通等级。
5.括号内数字适用于石质挖方地段，括号外数字适用于填方及土质挖方地段。

	路面结构设计图(一)	设计		复核		审核		图号	

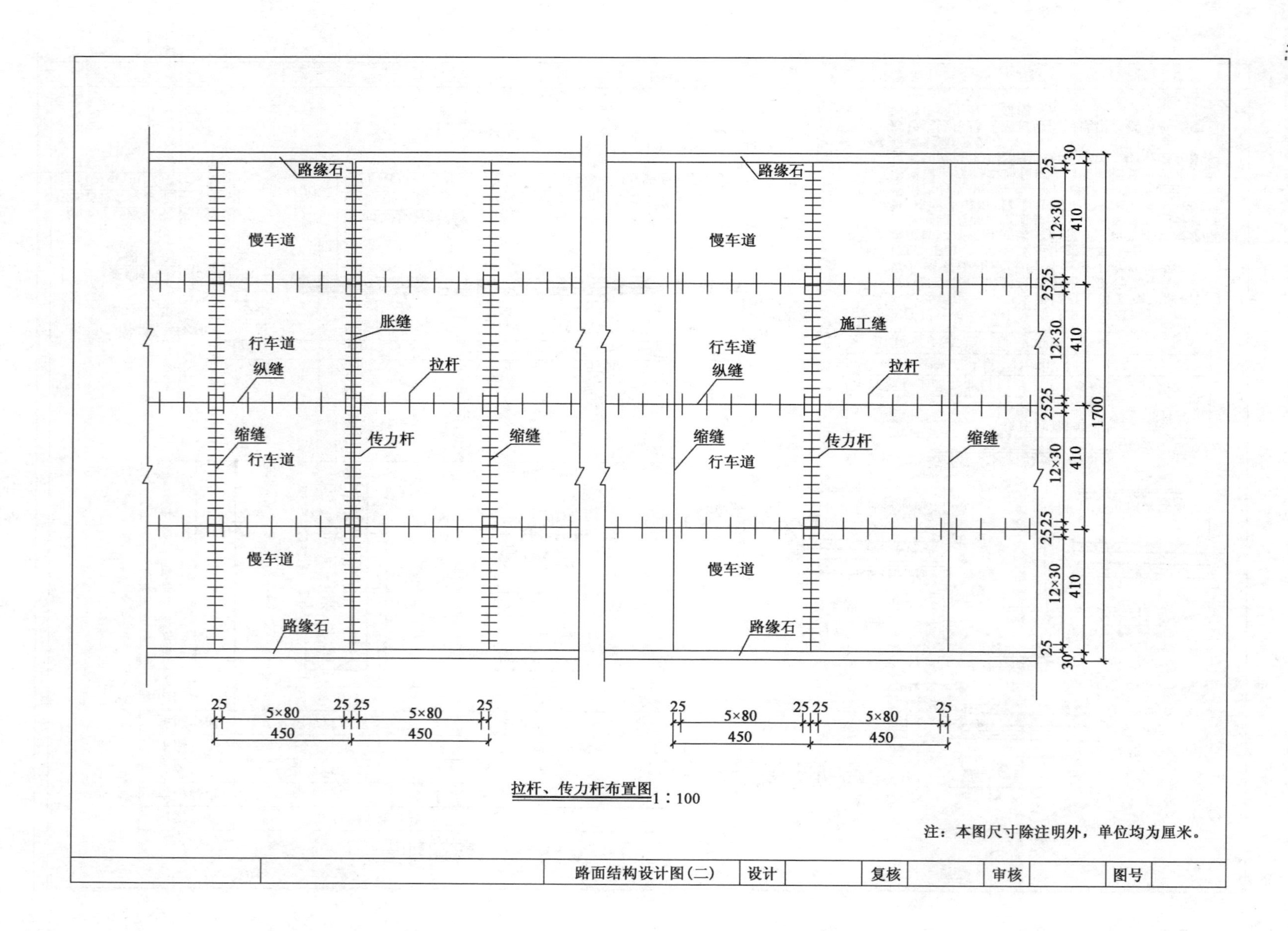
路缘石
慢车道
行车道
纵缝
缩缝
胀缝
施工缝
拉杆
传力杆
12×30
410
2525
1700
25
30
5×80
450
拉杆、传力杆布置图 1：100
注：本图尺寸除注明外，单位均为厘米。
路面结构设计图(二)
设计
复核
审核
图号

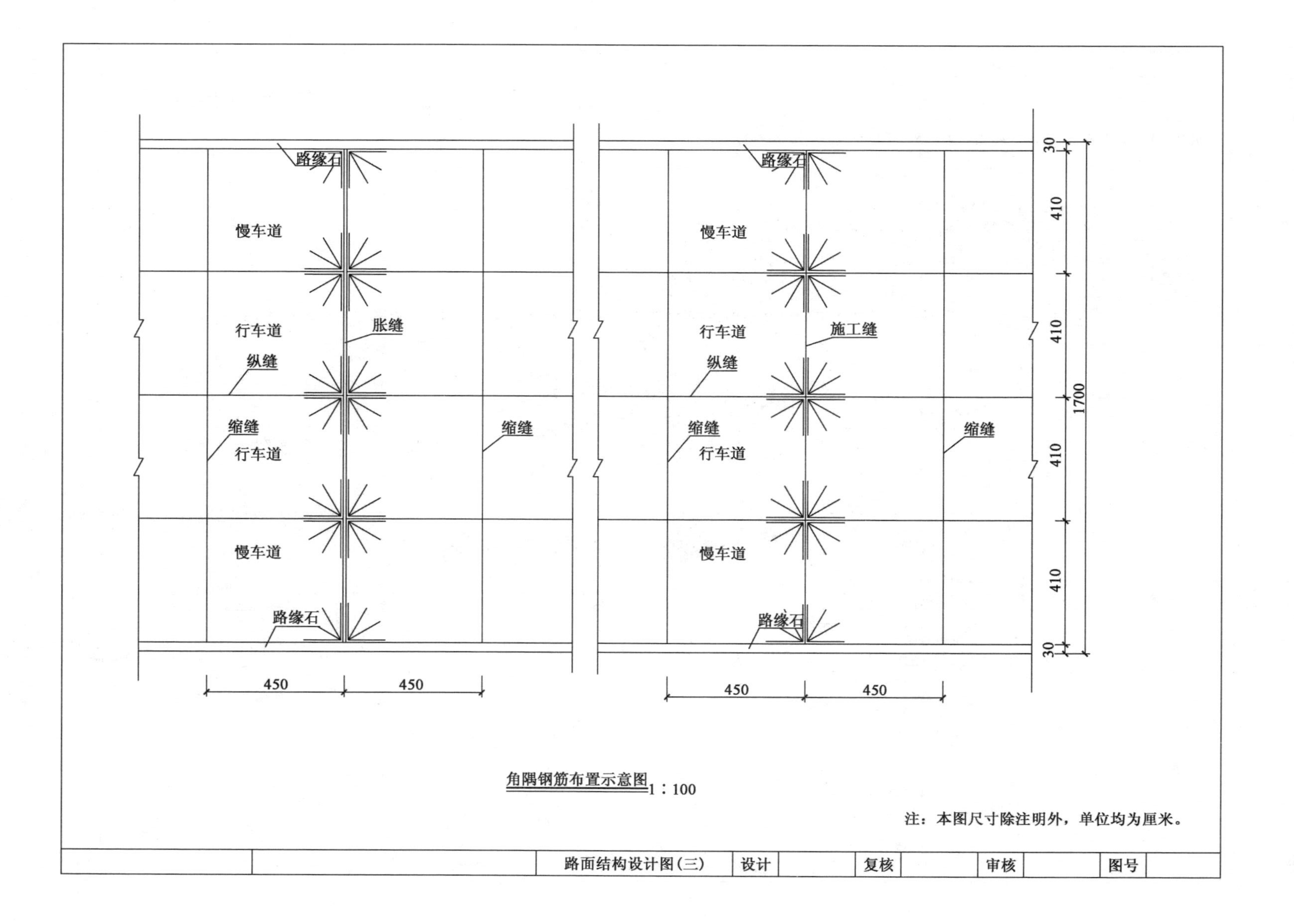
路缘石
慢车道
行车道
胀缝
纵缝
缩缝
行车道
缩缝
慢车道
路缘石
450
450
路缘石
慢车道
行车道
施工缝
纵缝
缩缝
行车道
缩缝
慢车道
路缘石
450
450
30
410
410
410
410
30
1700
角隅钢筋布置示意图 1：100
注：本图尺寸除注明外，单位均为厘米。
路面结构设计图(三)
设计
复核
审核
图号

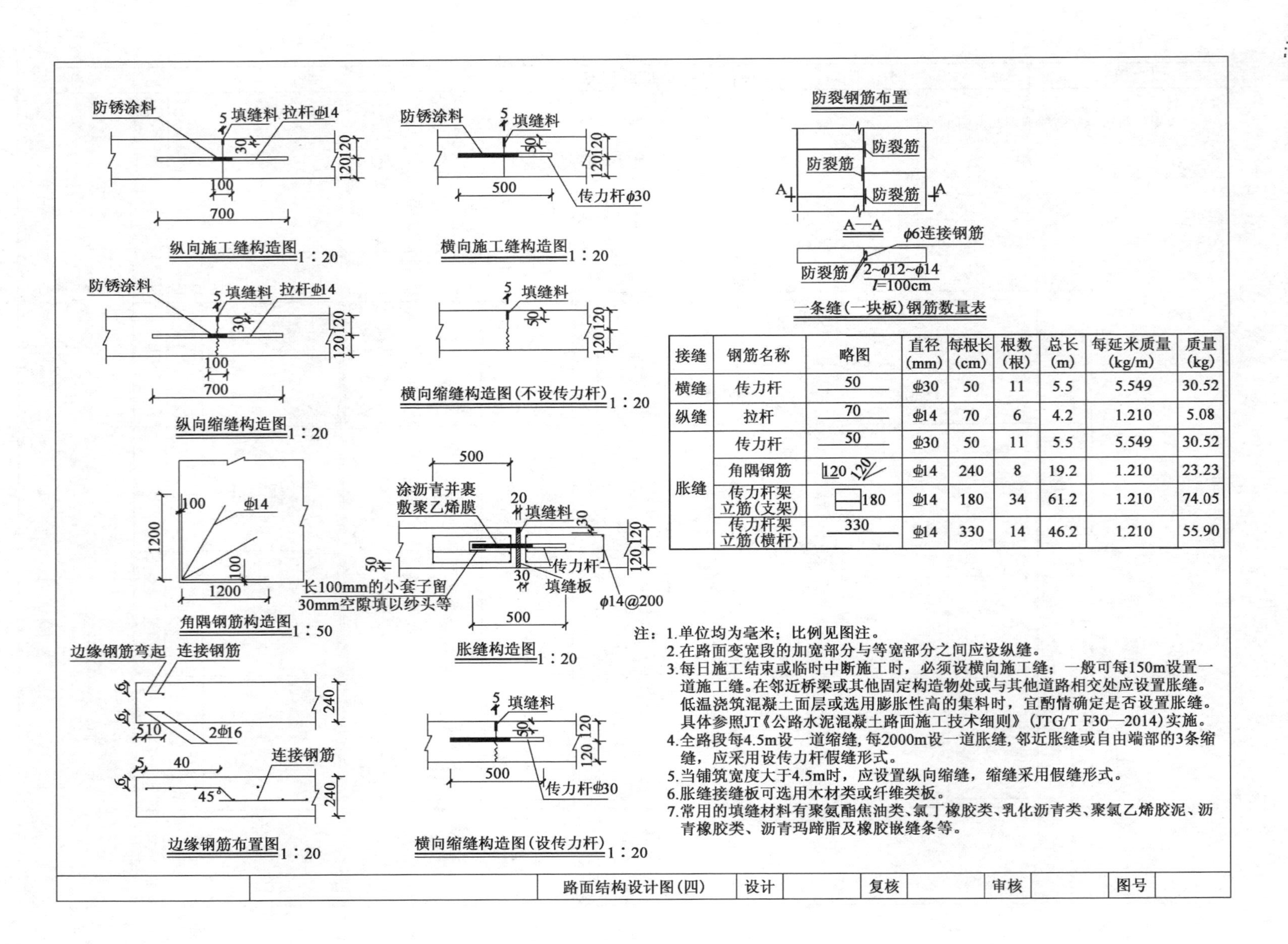

一条缝(一块板)钢筋数量表

接缝	钢筋名称	略图	直径(mm)	每根长(cm)	根数(根)	总长(m)	每延米质量(kg/m)	质量(kg)
横缝	传力杆	50	ϕ30	50	11	5.5	5.549	30.52
纵缝	拉杆	70	ϕ14	70	6	4.2	1.210	5.08
胀缝	传力杆	50	ϕ30	50	11	5.5	5.549	30.52
	角隅钢筋	120 120	ϕ14	240	8	19.2	1.210	23.23
	传力杆架立筋(支架)	180	ϕ14	180	34	61.2	1.210	74.05
	传力杆架立筋(横杆)	330	ϕ14	330	14	46.2	1.210	55.90

注：1.单位均为毫米；比例见图注。
2.在路面变宽段的加宽部分与等宽部分之间应设纵缝。
3.每日施工结束或临时中断施工时，必须设横向施工缝；一般可每150m设置一道施工缝。在邻近桥梁或其他固定构造物处或与其他道路相交处应设置胀缝。低温浇筑混凝土面层或选用膨胀性高的集料时，宜酌情确定是否设置胀缝。具体参照JT《公路水泥混凝土路面施工技术细则》(JTG/T F30—2014)实施。
4.全路段每4.5m设一道缩缝，每2000m设一道胀缝，邻近胀缝或自由端部的3条缩缝，应采用设传力杆假缝形式。
5.当铺筑宽度大于4.5m时，应设置纵向缩缝，缩缝采用假缝形式。
6.胀缝接缝板可选用木材类或纤维类板。
7.常用的填缝材料有聚氨酯焦油类、氯丁橡胶类、乳化沥青类、聚氯乙烯胶泥、沥青橡胶类、沥青玛蹄脂及橡胶嵌缝条等。

	路面结构设计图(四)	设计		复核		审核		图号	

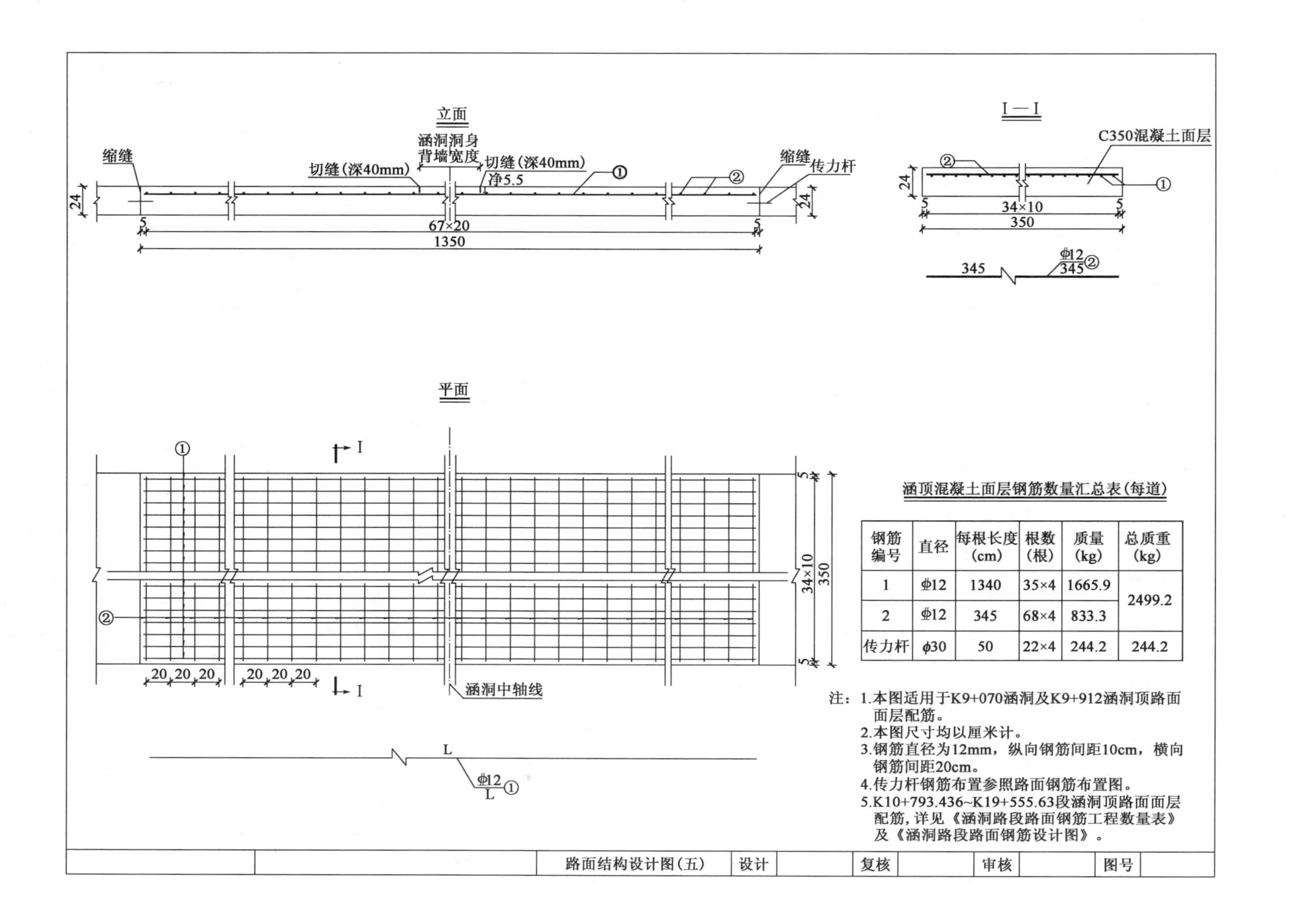

涵顶混凝土面层钢筋数量汇总表(每道)

钢筋编号	直径	每根长度(cm)	根数(根)	质量(kg)	总质重(kg)
1	ϕ12	1340	35×4	1665.9	2499.2
2	ϕ12	345	68×4	833.3	
传力杆	ϕ30	50	22×4	244.2	244.2

注：1.本图适用于K9+070涵洞及K9+912涵洞顶路面面层配筋。
2.本图尺寸均以厘米计。
3.钢筋直径为12mm，纵向钢筋间距10cm，横向钢筋间距20cm。
4.传力杆钢筋布置参照路面钢筋布置图。
5.K10+793.436~K19+555.63段涵洞顶路面面层配筋，详见《涵洞路段路面钢筋工程数量表》及《涵洞路段路面钢筋设计图》。

路基排水工程数量表(截水沟)

××至××港区疏港公路

第1页 共1页

序号	起讫桩号或中心桩号	工程名称	主要尺寸及说明必要时绘出断面示意图	单位	数量	分项工程数量						备注
						M7.5浆砌片石截水沟(m^3)	干砌片石(m^3)	挖基土方(m^3)	M7.5浆砌片石急流槽(m^3)	砂砾垫层(m^3)	M7.5浆砌片石护脚(m^3)	
1	2	3	4	5	6	7	8	9	10	11	12	13
1	K8+980~K9+275	截水沟	左侧	m	367	279.2		705.4				K8+980处与原截水沟相接
2	K9+375~K9+780	截水沟	左侧	m	518	393.8		994.8				K9+780处流入天然土沟
3	K9+930~K10+000	截水沟	左侧	m	56	42.6		107.7				
4	K10+000~K10+303	截水沟	左侧	m	372	282.6		713.9				
5	K10+580~K10+719.436	截水沟	左侧	m	158	120.4		304.1				
6	K10+719.436~K10+810	截水沟	左侧	m	100	75.7		191.3				
7	K10+870~K11+080	截水沟	左侧	m	231	175.6		443.5				
8	K11+840~K11+917	截水沟	左侧	m	85	64.4		162.6				
9	K13+235~K13+510	截水沟	左侧	m	303	229.9		580.8				
10	K19+180~K19+470	截水沟	左侧	m	319	242.4		612.5				
11	K19+500~K19+555.63	截水沟	左侧	m	61	46.5		117.5				
	合计			m	2570	1953	0	4934				

编制： 复核：

路基排水工程数量表(急流槽)(部分)

××至××港区疏港公路　　　　第3页　共3页

序号	起讫桩号或中心桩号	工程名称	位置	长度(m)	分项工程及数量								备注
					M7.5浆砌片石				挖基土方(m^3)	挖基石方(m^3)	砂砾垫层(m^3)	沥青麻絮沉降缝(m^2)	
					槽身(m^3)	防滑平台(m^3)	进水部分(m^3)	消力及出水部分(m^3)					
49	K16+088~K16+100	急流槽	左侧	12.0	18.4				44.5		7.1	3.5	
	…												
70	K19+160~K19+180	急流槽	左侧	20.0	28.4				66.9		10.8	5.8	
	本页小计			404.5	580.7	0.0	0.0	0.0	1372.5	0.0	220.8	118.5	
	合计			1219.6	1511.2	13.5	1.9	9.1	3552.4	38.3	540.5	284.1	

编制：　　　　复核：

路基排水工程数量表(路堑边沟)(部分)

××至××港区疏港公路　　　　第3页　共3页

序号	起讫桩号或中心桩号	工程名称	主要尺寸及说明必要时绘出断面示意图	单位	数量	分项工程数量									备注
						M7.5浆砌片石边沟(m^3)	挖基土方(m^3)	挖基石方(m^3)	M7.5浆砌片石急流槽(m^3)	无纺土工布(m^3)	浆砌片石护脚(m^3)	钢筋(kg)	C30混凝土盖板(m^3)	现浇C30混凝土(m^3)	
1	2	3	4	5	6	7	8	9	10	11	12	13	14	15	16
53	K16+657~K16+670	路堑边沟	右侧	m	13.00	8.2	21.1	5.3							
54	K16+820~K16+840	路堑边沟	右侧	m	20.00	12.6	32.5	8.1							
55	K17+260~K17+321	路堑边沟	右侧	m	61.00	38.4	99.1	24.8							
56	K17+730~K17+750	路堑边沟	右侧	m	20.00	12.6	32.5	8.1							
57	K17+920~K18+080	路堑边沟	右侧	m	160.00	100.8	259.8	65.0							
58	K18+320~K18+480	路堑边沟	右侧	m	160.00	100.8	259.8	65.0							
59	K18+540~K18+560	路堑边沟	右侧	m	20.00	12.6	32.5	8.1							
60	K18+860~K19+000	路堑边沟	右侧	m	140.00	88.2	227.4	56.8							
61	K19+200.734~K19+440	路堑边沟	右侧	m	239.27	150.7	291.4	194.3							
	本页小计				833.3	525.0	1256.1	435.4							
	总计				7913.1	5164.9	9906.5	6512.6				3172.1	51.6	17.0	

编制：　　　　复核：

路基排水工程数量表(路堤排水沟)(部分)

××至×××港区疏港公路　　　　第2页　共2页

序号	起讫桩号或中心桩号	工程名称	主要尺寸及说明必要时绘出断面示意图	单位	数量	分项工程数量							备注
						M7.5浆砌片石排水沟(m^3)	开挖土方(m^3)	开挖石方(m^3)	无纺土工布(m^2)	M7.5浆砌片石急流槽(m^3)	砂砾垫层(m^3)	浆砌片石护脚(m^3)	
1	2	3	4	5	6	7	8	9	10	11	12	13	14
27	K16+100~K16+185.45	路堤排水沟	左侧	m	85.5	54.9	132.4						
28	K16+401.792~K16+540	路堤排水沟	左侧	m	138.2	88.7	214.2						
29	K16+632~K16+638	路堤排水沟	左侧	m	6.0	3.9	9.3						
30	K16+719~K16+760	路堤排水沟	左侧	m	41.0	26.3	63.6						
31	K16+900~K17+200	路堤排水沟	左侧	m	300.0	192.6	465.0						
32	K17+420~K17+505	路堤排水沟	左侧	m	85.0	54.6	131.8						
33	K17+690~K17+720	路堤排水沟	左侧	m	30.0	19.3	46.5						
34	K17+860~K17+900	路堤排水沟	左侧	m	40.0	25.7	62.0						
35	K18+140~K18+260	路堤排水沟	左侧	m	120.0	77.0	186.0						
36	K18+696.125~K18+820	路堤排水沟	左侧	m	123.9	79.5	192.0						
37	K19+120~K19+160	路堤排水沟	左侧	m	40.0	25.7	62.0						
	本页小计				1009.5	648.1	1564.8	0.0					
	总计				4268.7	2741.2	5978.0	300.9					

编制：　　　　复核：

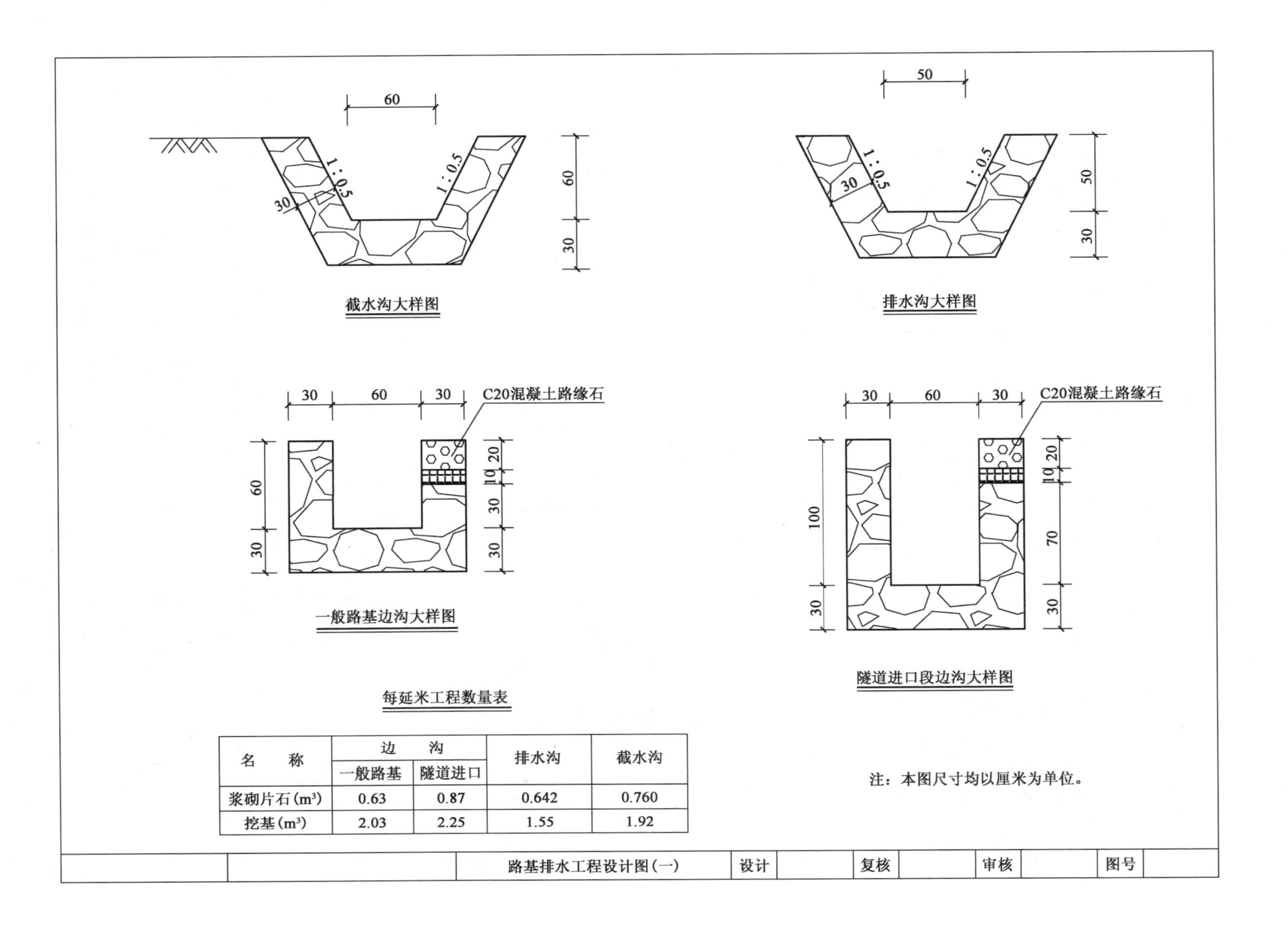

每延米工程数量表

名称	边沟		排水沟	截水沟
	一般路基	隧道进口		
浆砌片石(m^3)	0.63	0.87	0.642	0.760
挖基(m^3)	2.03	2.25	1.55	1.92

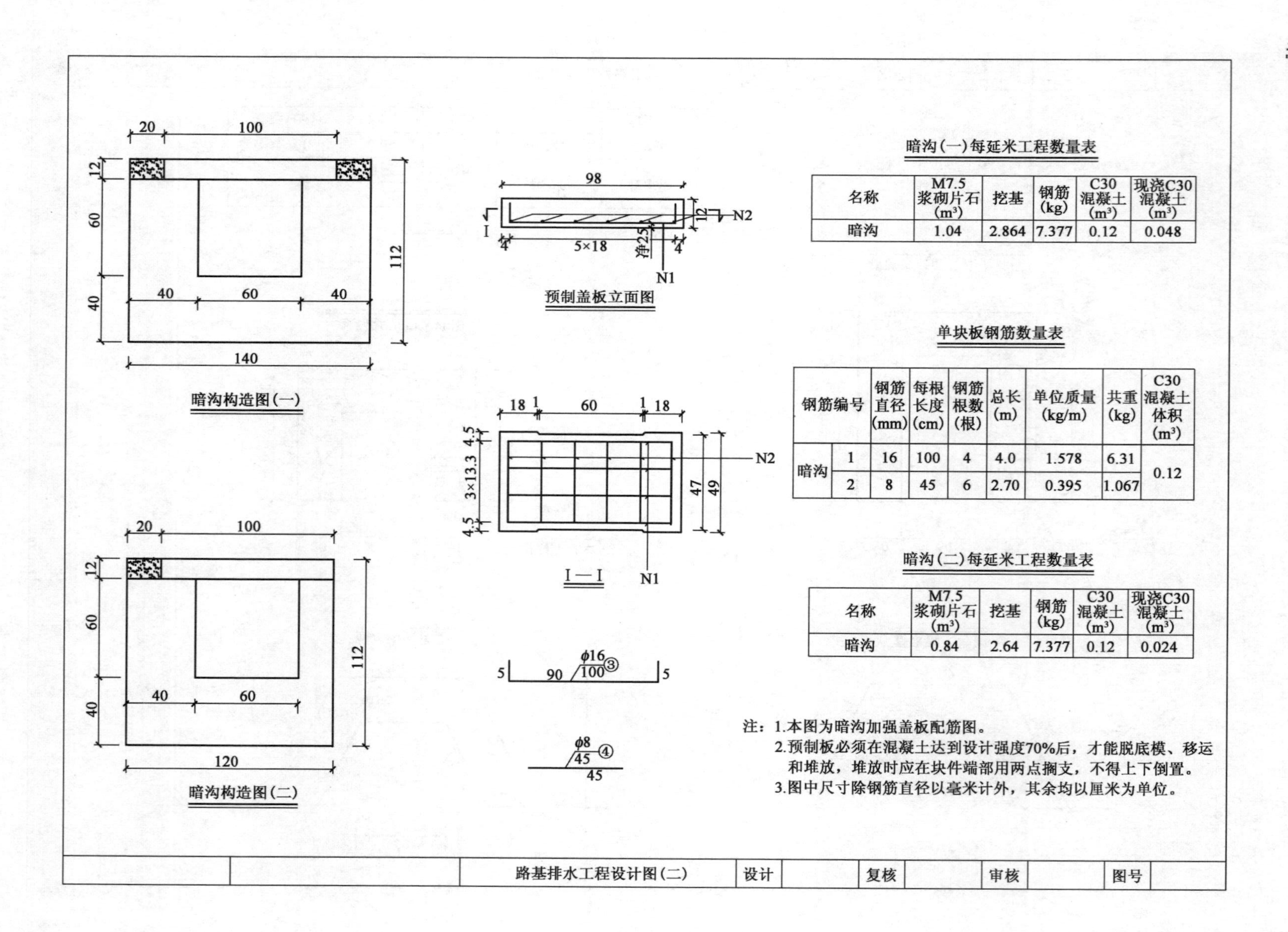

暗沟(一)每延米工程数量表

名称	M7.5浆砌片石(m^3)	挖基	钢筋(kg)	C30混凝土(m^3)	现浇C30混凝土(m^3)
暗沟	1.04	2.864	7.377	0.12	0.048

单块板钢筋数量表

钢筋编号		钢筋直径(mm)	每根长度(cm)	钢筋根数(根)	总长(m)	单位质量(kg/m)	共重(kg)	C30混凝土体积(m^3)
暗沟	1	16	100	4	4.0	1.578	6.31	0.12
	2	8	45	6	2.70	0.395	1.067	

暗沟(二)每延米工程数量表

名称	M7.5浆砌片石(m^3)	挖基	钢筋(kg)	C30混凝土(m^3)	现浇C30混凝土(m^3)
暗沟	0.84	2.64	7.377	0.12	0.024

注：1.本图为暗沟加强盖板配筋图。

2.预制板必须在混凝土达到设计强度70%后，才能脱底模、移运和堆放，堆放时应在块件端部用两点搁支，不得上下倒置。

3.图中尺寸除钢筋直径以毫米计外，其余均以厘米为单位。

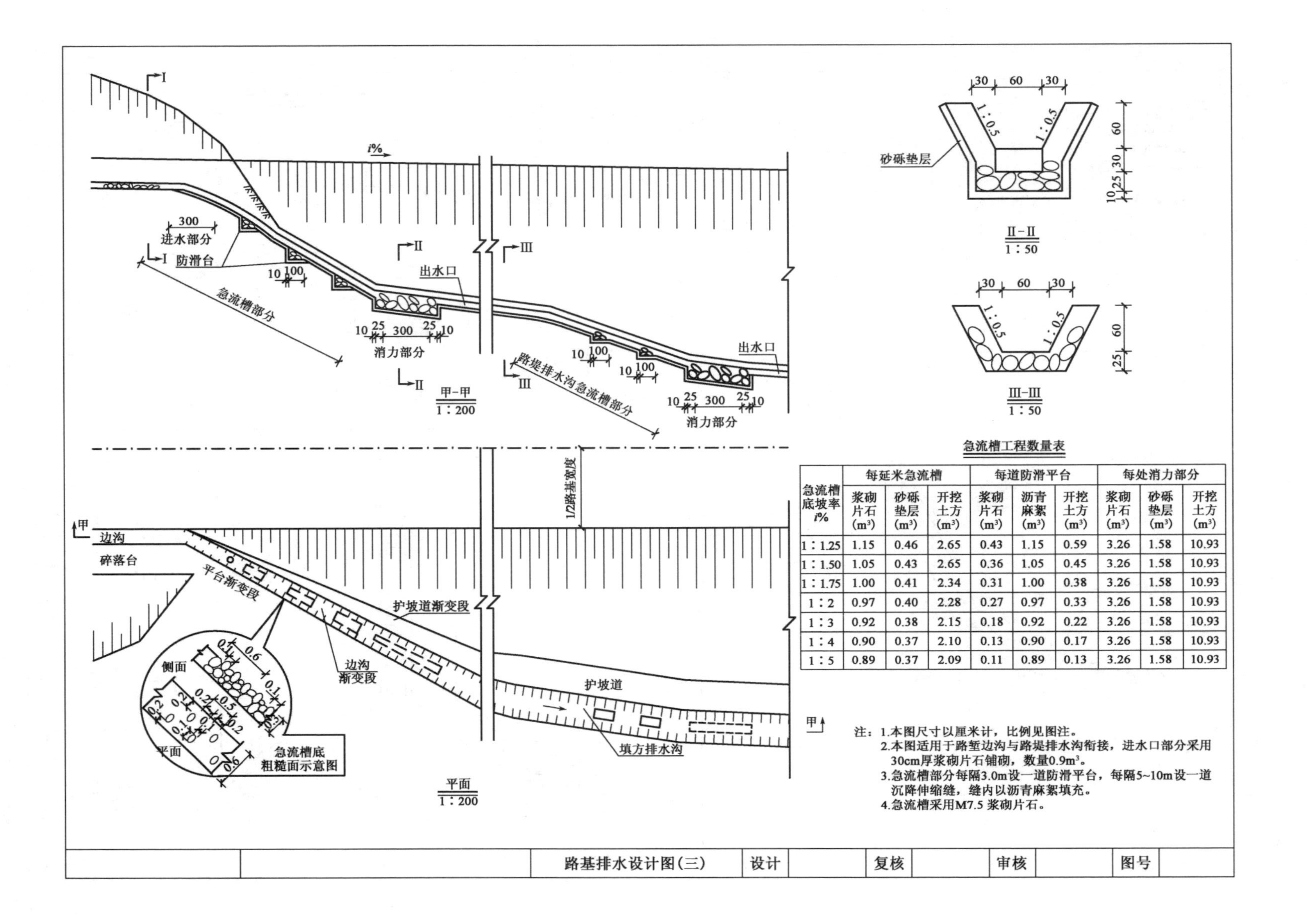

急流槽工程数量表

急流槽底坡率 i%	每延米急流槽			每道防滑平台			每处消力部分		
	浆砌片石 (m³)	砂砾垫层 (m³)	开挖土方 (m³)	浆砌片石 (m³)	沥青麻絮 (m³)	开挖土方 (m³)	浆砌片石 (m³)	砂砾垫层 (m³)	开挖土方 (m³)
1：1.25	1.15	0.46	2.65	0.43	1.15	0.59	3.26	1.58	10.93
1：1.50	1.05	0.43	2.65	0.36	1.05	0.45	3.26	1.58	10.93
1：1.75	1.00	0.41	2.34	0.31	1.00	0.38	3.26	1.58	10.93
1：2	0.97	0.40	2.28	0.27	0.97	0.33	3.26	1.58	10.93
1：3	0.92	0.38	2.15	0.18	0.92	0.22	3.26	1.58	10.93
1：4	0.90	0.37	2.10	0.13	0.90	0.17	3.26	1.58	10.93
1：5	0.89	0.37	2.09	0.11	0.89	0.13	3.26	1.58	10.93

注：1.本图尺寸以厘米计，比例见图注。
2.本图适用于路堑边沟与路堤排水沟衔接，进水口部分采用30cm厚浆砌片石铺砌，数量0.9m³。
3.急流槽部分每隔3.0m设一道防滑平台，每隔5~10m设一道沉降伸缩缝，缝内以沥青麻絮填充。
4.急流槽采用M7.5 浆砌片石。

路基排水设计图(三)	设计	复核	审核	图号

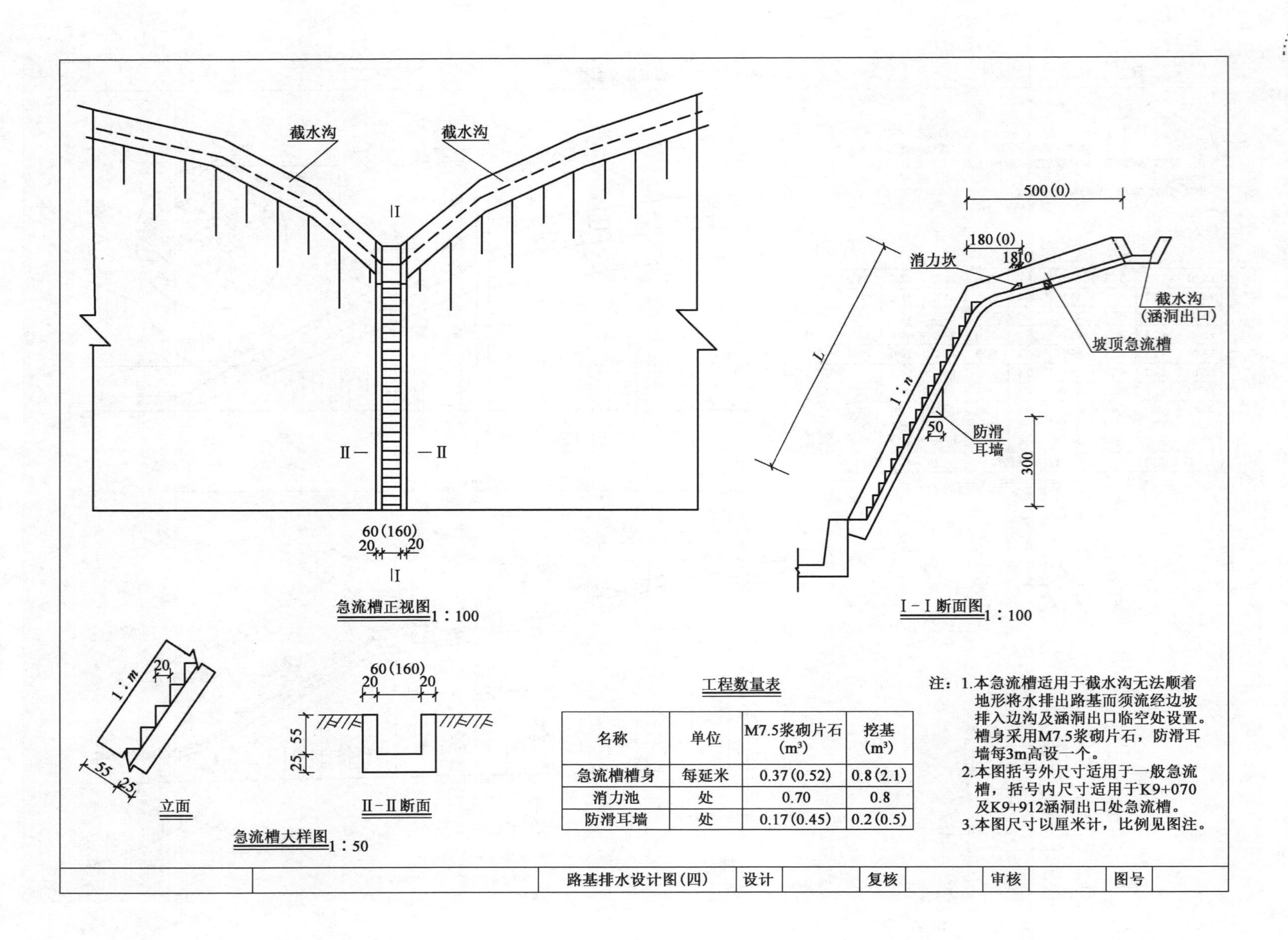

工程数量表

名称	单位	M7.5浆砌片石 (m³)	挖基 (m³)
急流槽槽身	每延米	0.37(0.52)	0.8(2.1)
消力池	处	0.70	0.8
防滑耳墙	处	0.17(0.45)	0.2(0.5)

注：1.本急流槽适用于截水沟无法顺着地形将水排出路基而须流经边坡排入边沟及涵洞出口临空处设置。槽身采用M7.5浆砌片石，防滑耳墙每3m高设一个。

2.本图括号外尺寸适用于一般急流槽，括号内尺寸适用于K9+070及K9+912涵洞出口处急流槽。

3.本图尺寸以厘米计，比例见图注。

路基整修工程数量表

××至×××港区疏港公路　　　　第1页　共1页

序号	起讫桩号或中心桩号	工程名称	单　位	长度（km）	工程项目及数量			备　注
					整修路拱（m^2）	整修边坡(km)		
1	K8 +897.992 ~ K10 +000.0	整修路基	km	1.102	18734	0.588		
2	K10 +000.0 ~ K10 +719.437	整修路基	km	0.719	12230	0.407		
3	K10 +719.437 ~ K19 +555.63	整修路基	km	8.836	145324	7.630		
	合计			10.66	176289	8.625		

编制：　　　　复核：

填挖交界处路基处理工程数量表

××至××港区疏港公路　　　　第2页　共2页

序号	起讫桩号或中心桩号	处理形式	纵向处理长度（m）	横向平均处理宽度(m)	0.6m×0.8m盲沟(m)	开挖土方数量（m^3）	填土数量（m^3）	回填碾压（m^3）	备　注
1	2	3	4	5	6	7	8	9	13
20	K16 +060 ~ K16 +080	开挖后分层填筑碾压	20	14.0	26.0	154.0	163.2	280.0	
	…								
34	K19 +160 ~ K19 +180	开挖后分层填筑碾压	17	14.0	22.1	130.9	138.8	238.0	
	本页小计		342.00		444.60	2602.05	2758.17	4731.00	
	合计		872.00		1130.20	6579.87	6978.05	11963.40	

编制：　　　　复核：

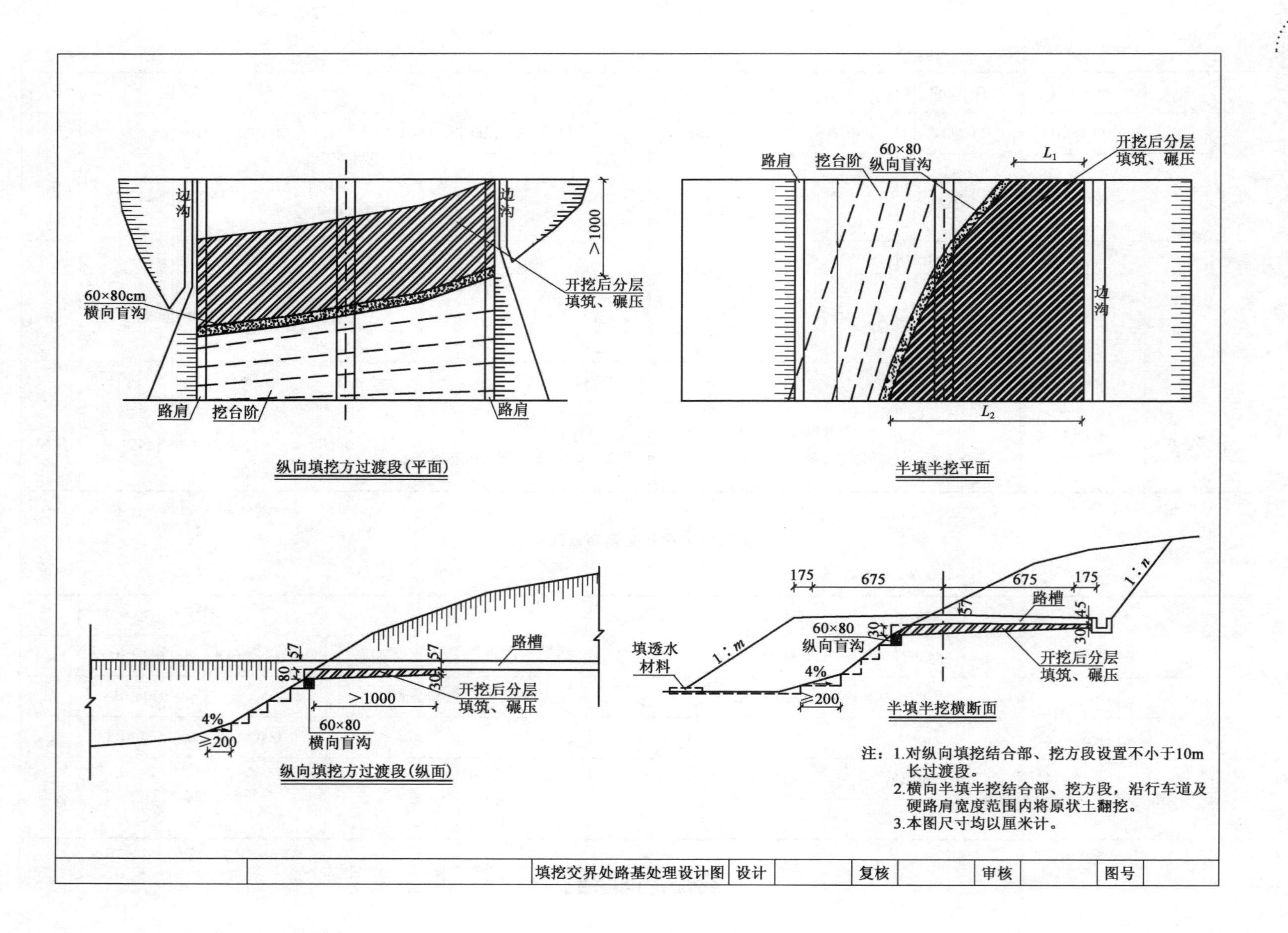

边沟
边沟
≥1000
60×80cm 横向盲沟
开挖后分层填筑、碾压
路肩
挖台阶
路肩
纵向填挖方过渡段(平面)
路肩
挖台阶
60×80 纵向盲沟
L_1
开挖后分层填筑、碾压
边沟
L_2
半填半挖平面
57
57
路槽
80
30
>1000
开挖后分层填筑、碾压
4%
≥200
60×80 横向盲沟
纵向填挖方过渡段(纵面)
175
675
675
175
1∶n
57
路槽
45
60×80 纵向盲沟
30
30
填透水材料
1∶m
4%
≥200
开挖后分层填筑、碾压
半填半挖横断面
注：1.对纵向填挖结合部、挖方段设置不小于10m长过渡段。
2.横向半填半挖结合部、挖方段，沿行车道及硬路肩宽度范围内将原状土翻挖。
3.本图尺寸均以厘米计。
填挖交界处路基处理设计图
设计
复核
审核
图号

挖土质台阶表

××至××港区疏港公路　　　　第1页　共1页

序号	起讫桩号	长度(m)	面积(m^2)	序号	起讫桩号	长度(m)	面积(m^2)	序号	起讫桩号	长度(m)	面积(m^2)
1	2	3	4	1	2	3	4	1	2	3	4
1	K9 +315 ~ K9 +345	30	255								
2	K9 +365 ~ K9 +375	10	16								
K8 +897.992 ~ K10 +000 段小计		40	275								
3	K10 +560 ~ K10 +613	53	381.6								
K10 +000 ~ K10 +719.436 段小计		53	381.6								
4	K10 +880 ~ K10 +920	40	206.67								
	…										
36	K19 +030 ~ K19 +050	20	100.00								
	合计		9998.73								

编制：　　　　复核：

零填及挖方路基碾压工程数量表

××至××港区疏港公路　　　　第1页　共1页

序号	起讫桩号或中心桩号	工程名称	主要尺寸及说明	单位	数量	工程数量							备注
						零填及挖方路基碾压(m^2)							
1	2	3	4	5	6	7	8	9	10	11	12	13	14
1	K8 +940 ~ K9 +260	零填及挖方碾压	平均宽 $B=17.0$	m	320	5440							
	…												
29	K19 +201 ~ K19 +440	零填及挖方碾压	平均宽 $B=17.0$	m	239	4068							
	合计：					3151	53572						

编制：　　　　复核：

第四篇
CHAPTER FOUR

桥梁、涵洞

内厝板中桥设计文件目录

序号	工程项目	图号	页数	页号	备注
1	桥梁工程数量表		2	72	
2	内厝板中桥总体布置图		1	74	
3	内厝板中桥坐标表及空心板平面布置图		1	75	
4	内厝板中桥桥面及支座垫石顶面高程表		1	76	
5	内厝板中桥空心板中板一般构造图(斜交角 15°)		1	77	
6	内厝板中桥空心板悬臂边板一般构造图(悬臂 25cm,斜交角 15°)		1	78	
7	内厝板中桥空心板悬臂边板一般构造图(悬臂 35cm,斜交角 15°)		1	79	
8	内厝板中桥空心板中板普通钢筋构造图(斜交角 15°)		1	80	
9	内厝板中桥空心板悬臂边板普通钢筋构造图(悬臂 25cm,斜交角 15°)		1	81	
10	内厝板中桥空心板悬臂边板普通钢筋构造图(悬臂 35cm,斜交角 15°)		1	82	
11	内厝板中桥 $L=16$m 空心板锚端钢筋、定位钢筋及铰缝钢筋布置图		1	83	
12	内厝板中桥预应力钢束构造布置图		1	84	
13	内厝板中桥 $L=16$m 预应力空心板锚具构造图		1	85	
14	内厝板中桥桥面铺装钢筋构造图(一)		1	86	
15	内厝板中桥桥面铺装钢筋构造图(二)		1	87	
16	内厝板中桥桥面连续钢筋构造图		1	88	
17	内厝板中桥四氟式橡胶支座安装图		1	89	
18	内厝板中桥 CQF-MZL-40 型伸缩缝构造图		1	90	

续上表

桥 梁 工 程 数 量 表

（为节省篇幅、工程数量表进行了缩减）

××至××港区疏港公路　　　　第1页　共2页

序号	中心桩号	河名或桥名	右偏角（°）	孔数—跨径（孔—m）	桥梁全长（m）	结构类型	采用图纸编号	上部构造		下部构造			河床地质情况	水文地质情况		备注
								桥面宽度（m）	防撞护栏宽度（m）	形式				设计流量（m^3/s）	设计流速（m^3/s）	
										桥台	桥墩	基础				
1	2	3	4	5	6	7	8	9	10	11	12	13	14	15	16	17
	K15+091.5	内厝板中桥	75°	3×16	53.4	后张法预应力混凝土空心板		8.35	2×0.5	柱式/肋式桥台	柱式桥墩	桩基础				

序号	工程数量																	备注
	挖基坑土方（干处）（m^3）	挖基坑冲填石（湿处）（m^3）	工作平台（m^2）	钢护筒		冲击钻机冲孔									桩径120cm灌注桩			
						孔径1.2m孔深20m以内				孔径1.3m孔深20m以内								
				干处（kg）	湿处（kg）	冲填石（m）	卵石（m）	碎块状强风化凝灰岩（m）	中风化凝灰岩（m）	填土（m）	冲填石（m）	卵石（m）	碎块状强风化凝灰岩（m）	中风化凝灰岩（m）	C25混凝土（m^3）	HPB300（kg）	HRB400（kg）	
18	19	20	21	22	23	24	25	26	27	28	29	30	31	32	33	34	35	36
	34	27.3				25.24	6.4	4.8	23.96	4.33	8.14	17.24	18.12	58.37	68.3	1078.1	5526.8	

序号	工程数量																	备注
	桩径130cm灌注桩			桥台承台		桥台盖梁			桥台防震挡块			桥台耳、背墙		桥台支座垫石		桥台防震锚栓		
	C25混凝土（m^3）	HPB300（kg）	HRB400（kg）	C25混凝土（m^3）	HRB400（kg）	C30混凝土（m^3）	HPB300（kg）	HRB400（kg）	C30混凝土（m^3）	HPB300（kg）	HRB400（kg）	C30混凝土（m^3）	HRB400（kg）	C30混凝土（m^3）	HRB300（kg）	C40混凝土（m^3）	HRB300（kg）	
37	38	39	40	41	42	43	44	45	46	47	48	49	50	51	52	53	54	55
	141	1836.4	11638.1	90.36	6123	40.70	1549	3170	0.44	34.8	177	18.52	2151.4	1.71	685.3	0.054	10.4	

序号	工程数量																	备注
	桥台防震锚栓			桥台肋板		桥墩支座垫石			桥墩防震锚栓			桥面排水		桥墩盖梁				
	HRB400（kg）	锌铁皮（m^2）	钢管（kg）	C30混凝土（m^3）	HPB300（kg）	HRB400（kg）	C30混凝土（m^3）	HPB300（kg）	C40混凝土（m^3）	HPB300（kg）	HRB400（kg）	ϕ10PVC泄水管（m/个）	C30混凝土（m^3）	HPB300（kg）	HRB400			
56	57	58	59	60	61	62	63	64	65	66	67	70	71	72	73			74
	27.7	1.78	7.92	49.4	863.0	3070.1	2.34	879.7	0.106	20.9	55.5	13.3/22	38.1	1411.4	3771.2			

编制：　　　　复核：

桥梁工程数量表

××至××港区疏港公路 第2页 共2页

序号	工程数量																	备注
	桥墩墩柱			桥墩系梁			桥墩防震挡块			空心板						封锚封端		
	C30混凝土(m^3)	HPB300(kg)	HRB400(kg)	C30混凝土(m^3)	HPB300(kg)	HRB400(kg)	C30混凝土(m^3)	HPB300(kg)	HRB400(kg)	预制C40混凝土(m^3)	HPB300钢筋(kg)	HRB400钢筋(kg)	Φj15.2钢绞线(kg)	Φ55mm波纹管(m)	15-5型锚具(套)	C40混凝土(m^3)	HRB400钢筋(kg)	
75	76	77	78	79	80	81	82	83	84	85	86	87	88	89	90	91	92	93
	38.2	605.2	4189.4	13.68	330	1381.8	0.6	37.4	214.6	196.8	4301	30512	7761.6	1308.9	168	6.78	671	

序号	工程数量																	备注
	铰缝		伸缩缝			桥面铺装		桥面连续		桥台搭板			橡胶支座					
	C40混凝土(m^3)	HRB400(kg)	C50钢纤维混凝土(m^3)	GQF-MZL-40(kg/m)	HRB400(kg)	C40防水混凝土(m^3)	HPB300(kg)	C40防水混凝土(m^3)	HRB400(kg)	C30混凝土(m^3)	HPB300(kg)	HRB400(kg)	$GJZF_4$ Φ200×44(dm^3)	GJZΦ200×42(dm^3)	A3钢板(kg)	不锈钢板(kg)	HRB400(kg)	
94	95	96	97	98	99	100	101	102	103	104	105	106	107	108	109	110	111	112
	13	1634.4	1.59	1548.8/19.36	573.2	56.71	5674.4	6.48	1620	28.18	174.9	3972.8	38.7	73.89	1154	94.3	188.3	

序号	工程数量																	备注
	防撞护栏			护坡及锥坡														
	C30混凝土(m^3)	HPB300钢筋(kg)	HRB400钢筋(kg)	M7.5浆砌石护坡(m^3)	M7.5浆砌块石锥基(m^3)	M7.5浆砌片石锥坡(m^3)	M7.5浆砌块石坡脚及挡墙(m^3)	开挖冲填石(m^3)	砂砾垫层(m^3)	锥坡填方(m^3)								
113	114	115	116	117	118	119	120	121	122	123	124	125	126	127	128	129	130	131
	30.8	1580.6	4207.9	98.3	121.3	82.1	100.2	434.7	59.4	1452.7								

序号	工程数量																	备注
132	133	134	135	136	137	138	139	140	141	142	143	144	145	146	147	148	149	150

编制： 复核：

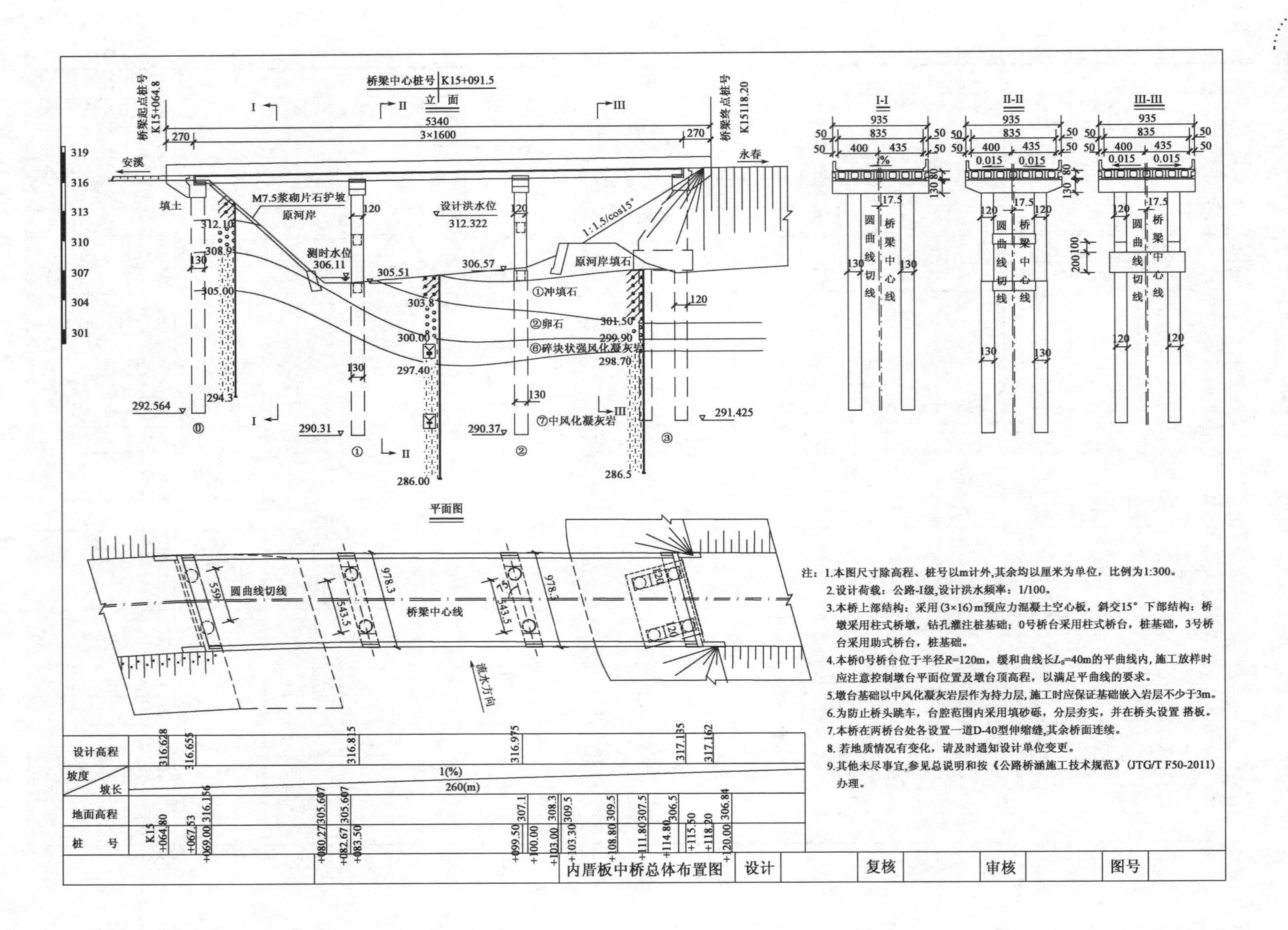
桥梁中心桩号 K15+091.5
立 面
桥梁起点桩号 K15+064.8
桥梁终点桩号 K15118.20
5340
3×1600
安溪
永春
填土
M7.5浆砌片石护坡
原河岸
设计洪水位
312.322
测时水位
306.11
原河岸填石
1:1.5/cos15°
①冲填石
②卵石
⑥碎块状强风化凝灰岩
⑦中风化凝灰岩
平面图
圆曲线切线
桥梁中心线
流水方向
I-I
II-II
III-III
注：1.本图尺寸除高程、桩号以m计外,其余均以厘米为单位，比例为1:300。
2.设计荷载：公路-I级,设计洪水频率：1/100。
3.本桥上部结构：采用(3×16)m预应力混凝土空心板，斜交15° 下部结构：桥墩采用柱式桥墩，钻孔灌注桩基础；0号桥台采用柱式桥台，桩基础，3号桥台采用助式桥台，桩基础。
4.本桥0号桥台位于半径R=120m，缓和曲线长Ls=40m的平曲线内,施工放样时应注意控制墩台平面位置及墩台顶高程，以满足平曲线的要求。
5.墩台基础以中风化凝灰岩层作为持力层,施工时应保证基础嵌入岩层不少于3m。
6.为防止桥头跳车，台腔范围内采用填砂砾，分层夯实，并在桥头设置 搭板。
7.本桥在两桥台处各设置一道D-40型伸缩缝,其余桥面连续。
8. 若地质情况有变化，请及时通知设计单位变更。
9.其他未尽事宜,参见总说明和按《公路桥涵施工技术规范》(JTG/T F50-2011)办理。
设计高程
坡度
坡长
地面高程
桩号
1(%)
260(m)
内厝板中桥总体布置图
设计
复核
审核
图号

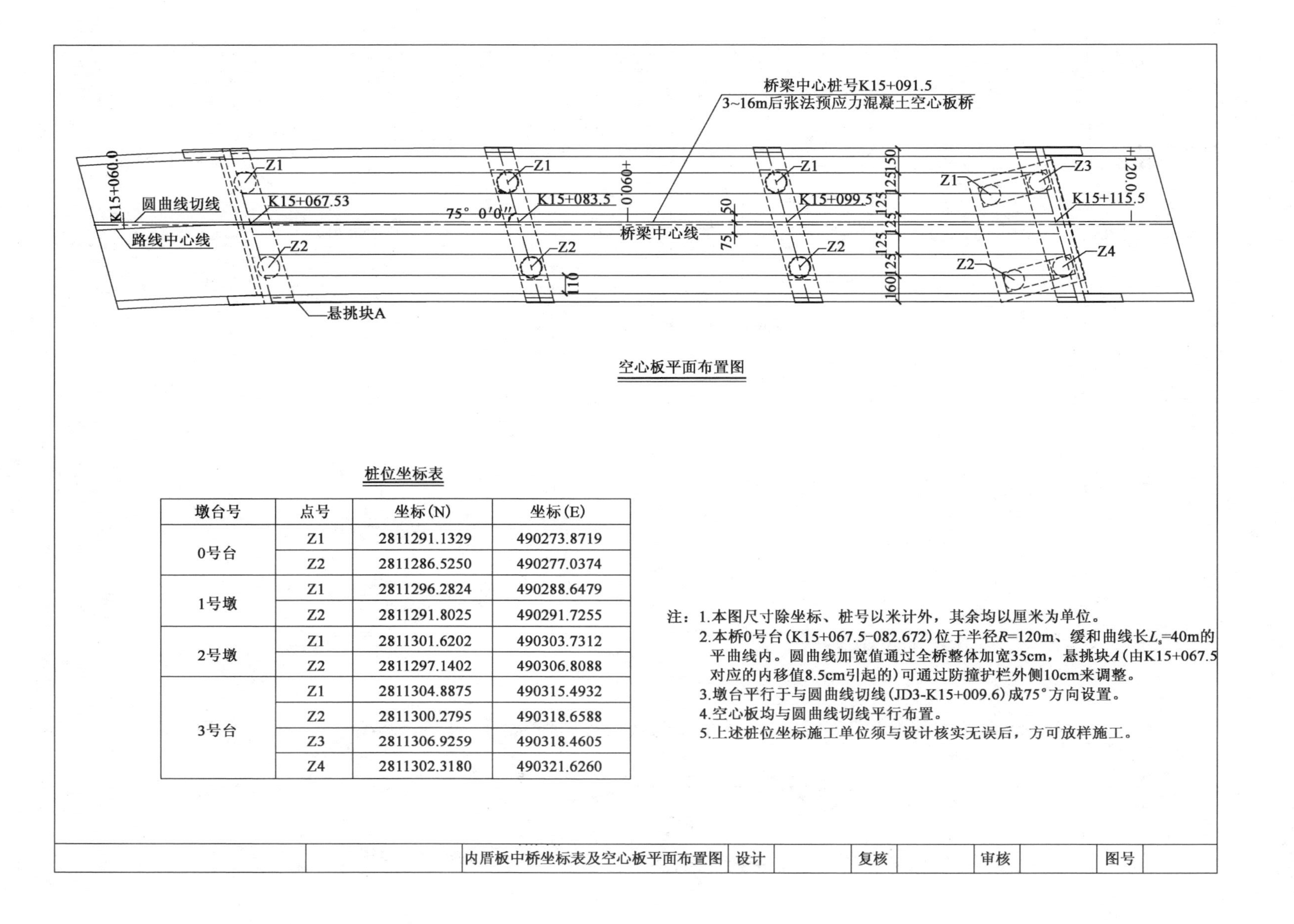

空心板平面布置图

桩位坐标表

墩台号	点号	坐标(N)	坐标(E)
0号台	Z1	2811291.1329	490273.8719
	Z2	2811286.5250	490277.0374
1号墩	Z1	2811296.2824	490288.6479
	Z2	2811291.8025	490291.7255
2号墩	Z1	2811301.6202	490303.7312
	Z2	2811297.1402	490306.8088
3号台	Z1	2811304.8875	490315.4932
	Z2	2811300.2795	490318.6588
	Z3	2811306.9259	490318.4605
	Z4	2811302.3180	490321.6260

注：1.本图尺寸除坐标、桩号以米计外，其余均以厘米为单位。
2.本桥0号台(K15+067.5–082.672)位于半径R=120m、缓和曲线长L_s=40m的平曲线内。圆曲线加宽值通过全桥整体加宽35cm，悬挑块A(由K15+067.5对应的内移值8.5cm引起的)可通过防撞护栏外侧10cm来调整。
3.墩台平行于与圆曲线切线(JD3-K15+009.6)成75°方向设置。
4.空心板均与圆曲线切线平行布置。
5.上述桩位坐标施工单位须与设计核实无误后，方可放样施工。

		内厝板中桥坐标表及空心板平面布置图	设计		复核		审核		图号	

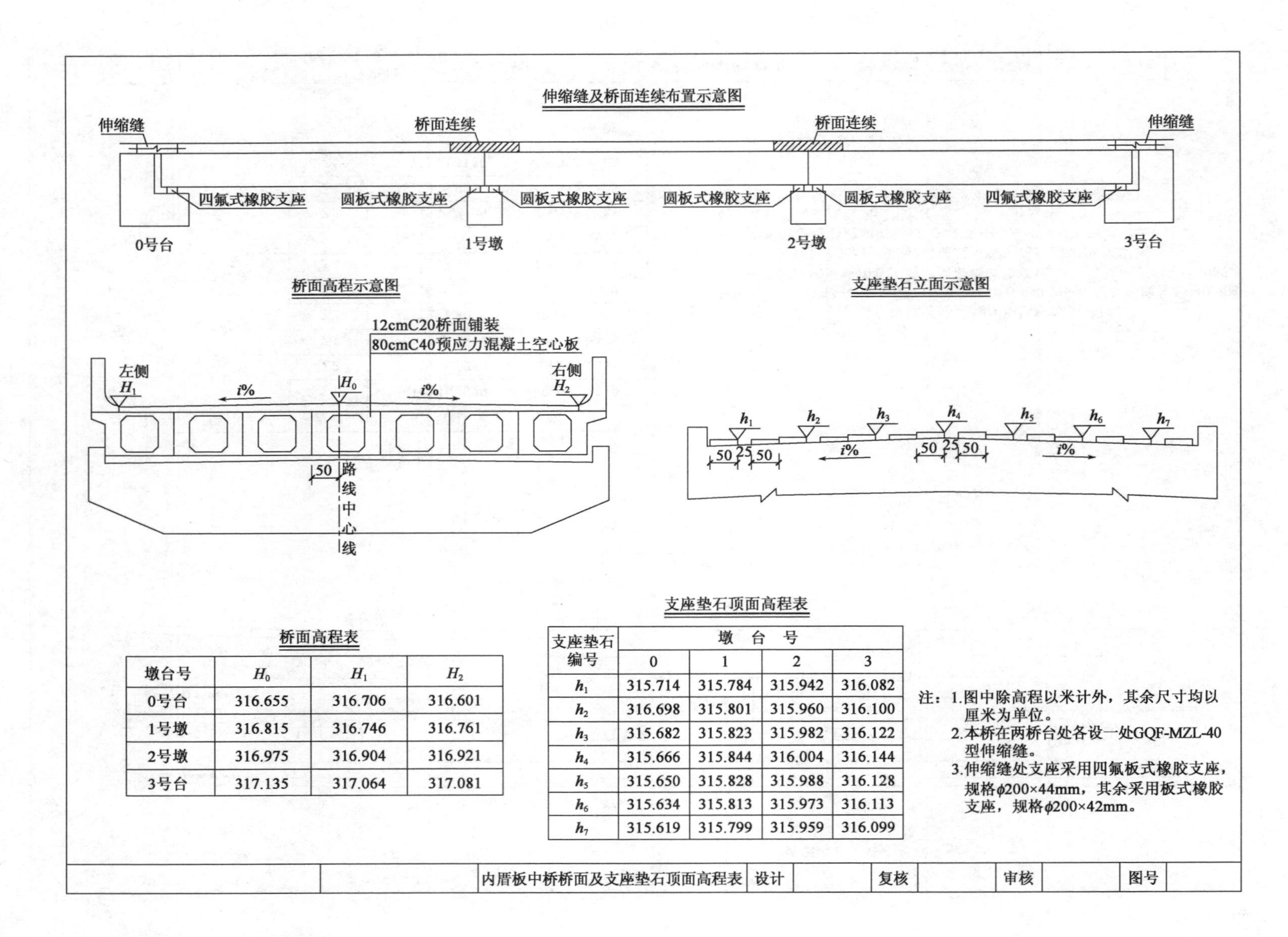

桥面高程表

墩台号	H_0	H_1	H_2
0号台	316.655	316.706	316.601
1号墩	316.815	316.746	316.761
2号墩	316.975	316.904	316.921
3号台	317.135	317.064	317.081

支座垫石顶面高程表

支座垫石编号	墩台号			
	0	1	2	3
h_1	315.714	315.784	315.942	316.082
h_2	316.698	315.801	315.960	316.100
h_3	315.682	315.823	315.982	316.122
h_4	315.666	315.844	316.004	316.144
h_5	315.650	315.828	315.988	316.128
h_6	315.634	315.813	315.973	316.113
h_7	315.619	315.799	315.959	316.099

注：1.图中除高程以米计外，其余尺寸均以厘米为单位。
2.本桥在两桥台处各设一处GQF-MZL-40型伸缩缝。
3.伸缩缝处支座采用四氟板式橡胶支座，规格$\phi 200\times44$mm，其余采用板式橡胶支座，规格$\phi 200\times42$mm。

	内厝板中桥桥面及支座垫石顶面高程表	设计		复核		审核		图号	

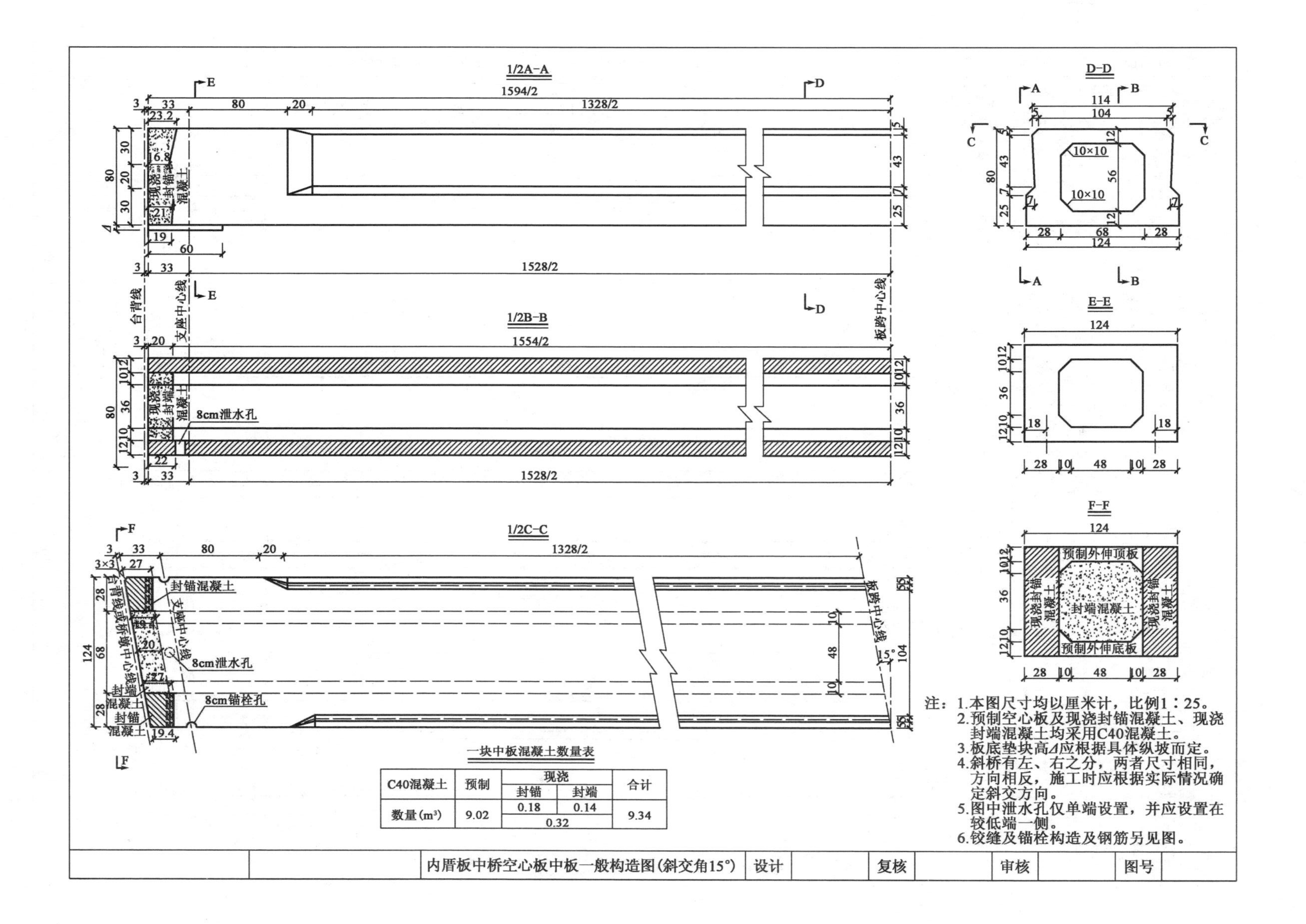

一块中板混凝土数量表

C40混凝土	预制	现浇		合计
		封锚	封端	
数量 (m³)	9.02	0.18	0.14	9.34
		0.32		

注：1.本图尺寸均以厘米计，比例1∶25。
2.预制空心板及现浇封锚混凝土、现浇封端混凝土均采用C40混凝土。
3.板底垫块高Δ应根据具体纵坡而定。
4.斜桥有左、右之分，两者尺寸相同，方向相反，施工时应根据实际情况确定斜交方向。
5.图中泄水孔仅单端设置，并应设置在较低端一侧。
6.铰缝及锚栓构造及钢筋另见图。

内盾板中桥空心板中板一般构造图(斜交角15°)	设计		复核		审核		图号	

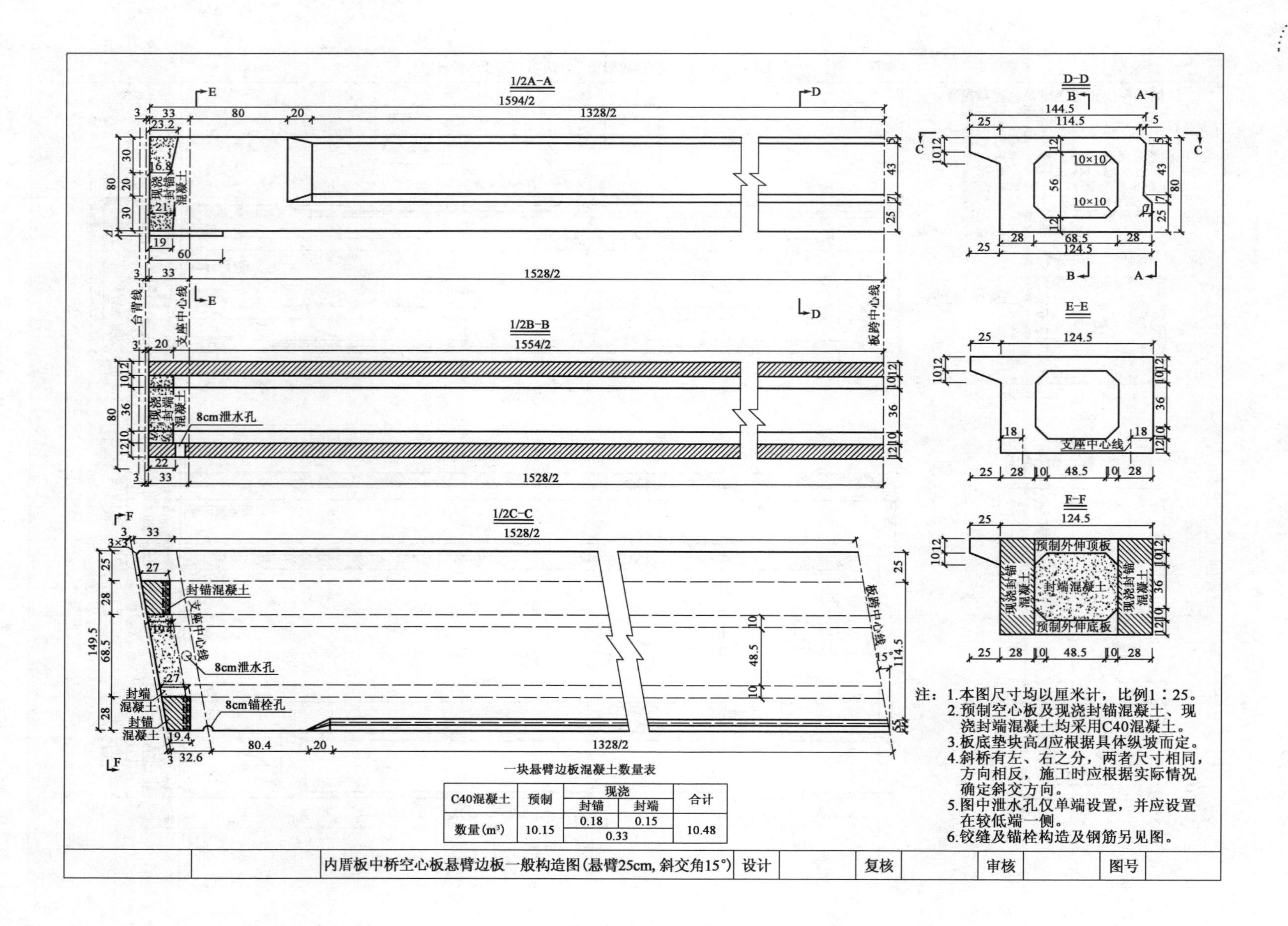

一块悬臂边板混凝土数量表

C40混凝土	预制	现浇		合计
		封锚	封端	
数量(m³)	10.15	0.18	0.15	10.48
		0.33		

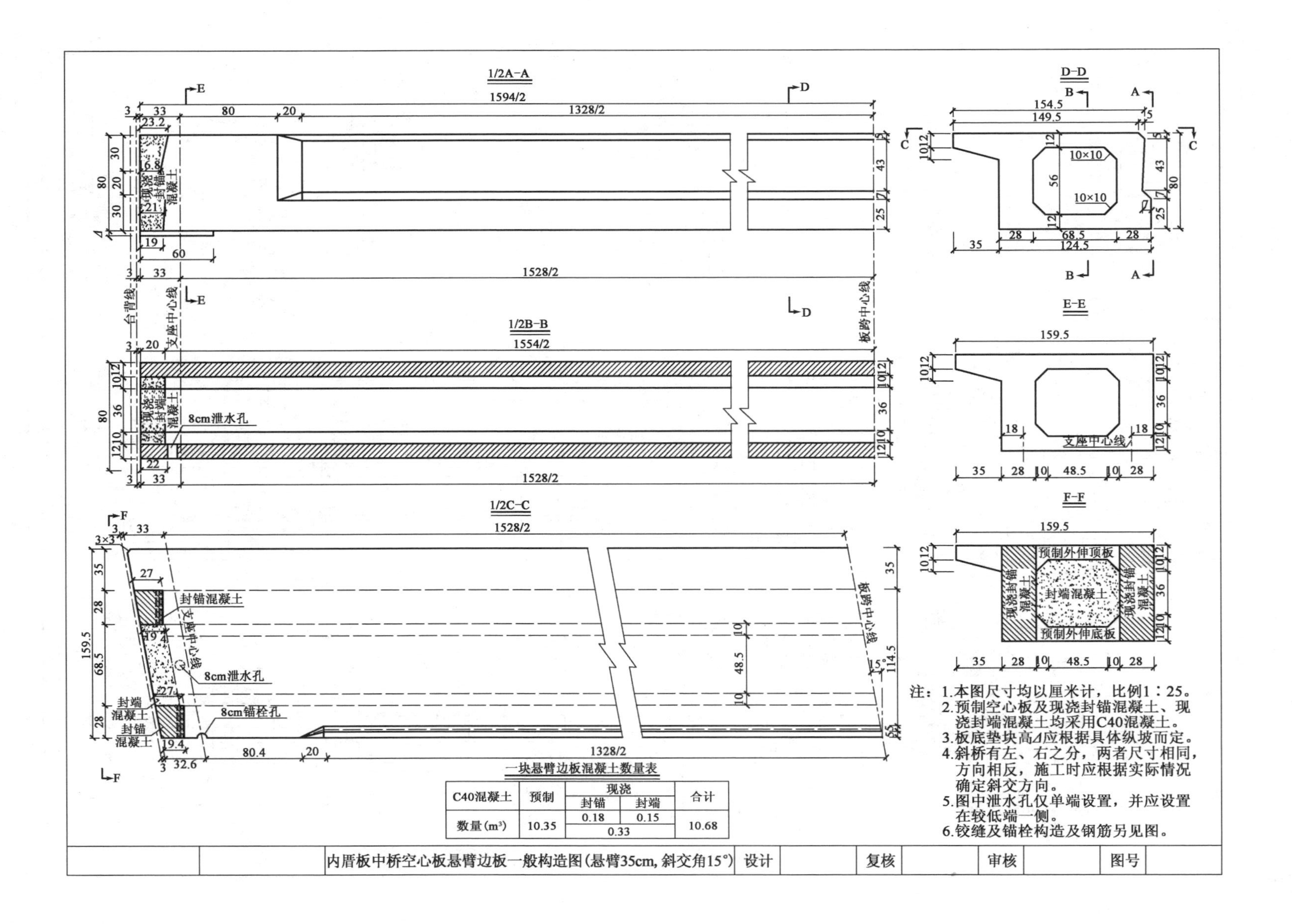

一块悬臂边板混凝土数量表

C40混凝土	预制	现浇		合计
		封锚	封端	
数量(m³)	10.35	0.18	0.15	10.68
		0.33		

注：1.本图尺寸均以厘米计，比例1：25。
2.预制空心板及现浇封锚混凝土、现浇封端混凝土均采用C40混凝土。
3.板底垫块高Δ应根据具体纵坡而定。
4.斜桥有左、右之分，两者尺寸相同，方向相反，施工时应根据实际情况确定斜交方向。
5.图中泄水孔仅单端设置，并应设置在较低端一侧。
6.铰缝及锚栓构造及钢筋另见图。

内厝板中桥空心板悬臂边板一般构造图(悬臂35cm, 斜交角15°)	设计		复核		审核		图号	

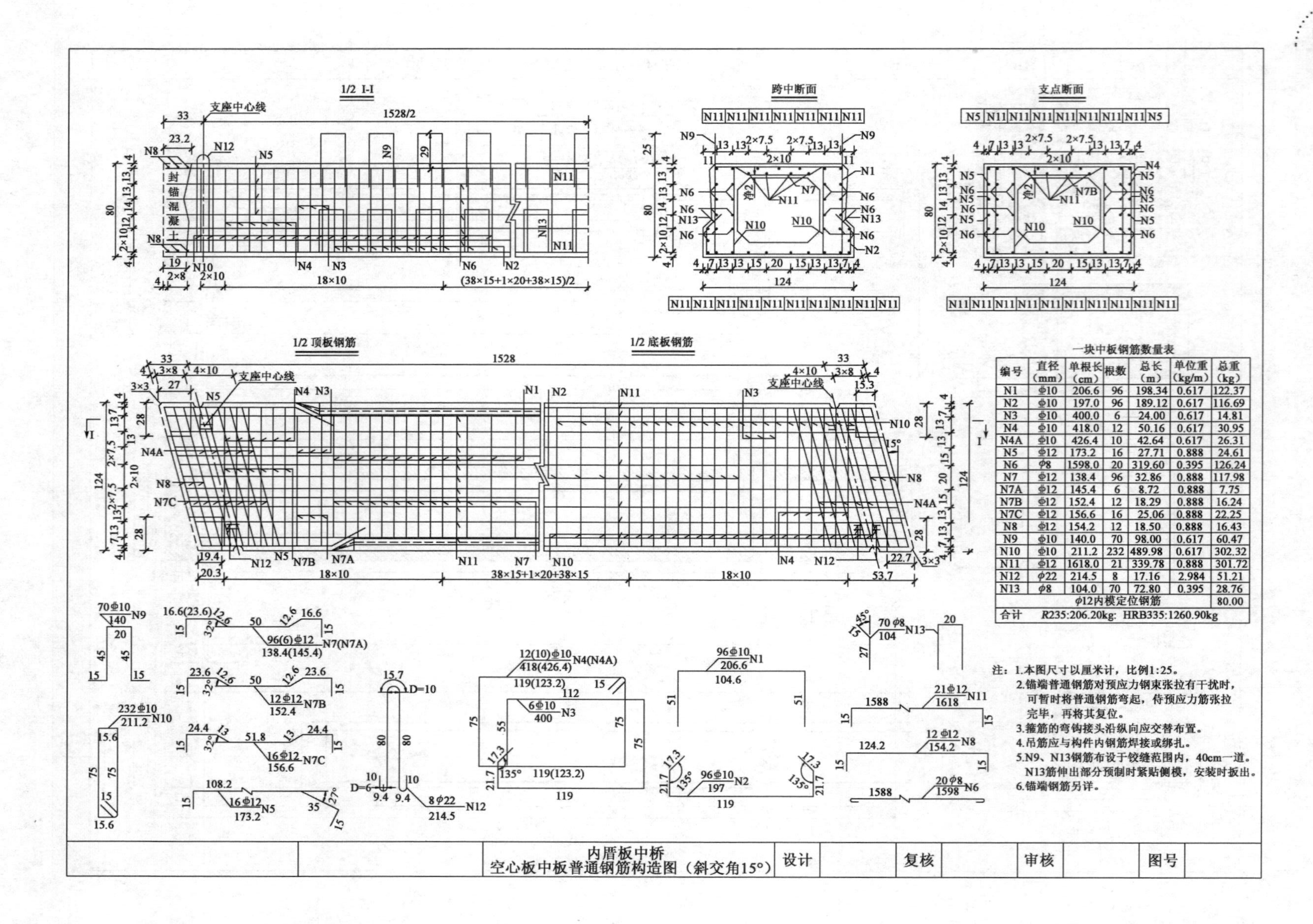

一块中板钢筋数量表

编号	直径(mm)	单根长(cm)	根数	总长(m)	单位重(kg/m)	总重(kg)
N1	ϕ10	206.6	96	198.34	0.617	122.37
N2	ϕ10	197.0	96	189.12	0.617	116.69
N3	ϕ10	400.0	6	24.00	0.617	14.81
N4	ϕ10	418.0	12	50.16	0.617	30.95
N4A	ϕ10	426.4	10	42.64	0.617	26.31
N5	ϕ12	173.2	16	27.71	0.888	24.61
N6	ϕ8	1598.0	20	319.60	0.395	126.24
N7	ϕ12	138.4	96	32.86	0.888	117.98
N7A	ϕ12	145.4	6	8.72	0.888	7.75
N7B	ϕ12	152.4	12	18.29	0.888	16.24
N7C	ϕ12	156.6	16	25.06	0.888	22.25
N8	ϕ12	154.2	12	18.50	0.888	16.43
N9	ϕ10	140.0	70	98.00	0.617	60.47
N10	ϕ10	211.2	232	489.98	0.617	302.32
N11	ϕ12	1618.0	21	339.78	0.888	301.72
N12	ϕ22	214.5	8	17.16	2.984	51.21
N13	ϕ8	104.0	70	72.80	0.395	28.76
	ϕ12内模定位钢筋					80.00
合计	R235:206.20kg; HRB335:1260.90kg					

注：1.本图尺寸以厘米计，比例1:25。
2.锚端普通钢筋对预应力钢束张拉有干扰时，可暂时将普通钢筋弯起，待预应力筋张拉完毕，再将其复位。
3.箍筋的弯钩接头沿纵向应交替布置。
4.吊筋应与构件内钢筋焊接或绑扎。
5.N9、N13钢筋布设于铰缝范围内，40cm一道。N13筋伸出部分预制时紧贴侧模，安装时扳出。
6.锚端钢筋另详。

内厝板中桥 空心板中板普通钢筋构造图（斜交角15°）	设计		复核		审核		图号	

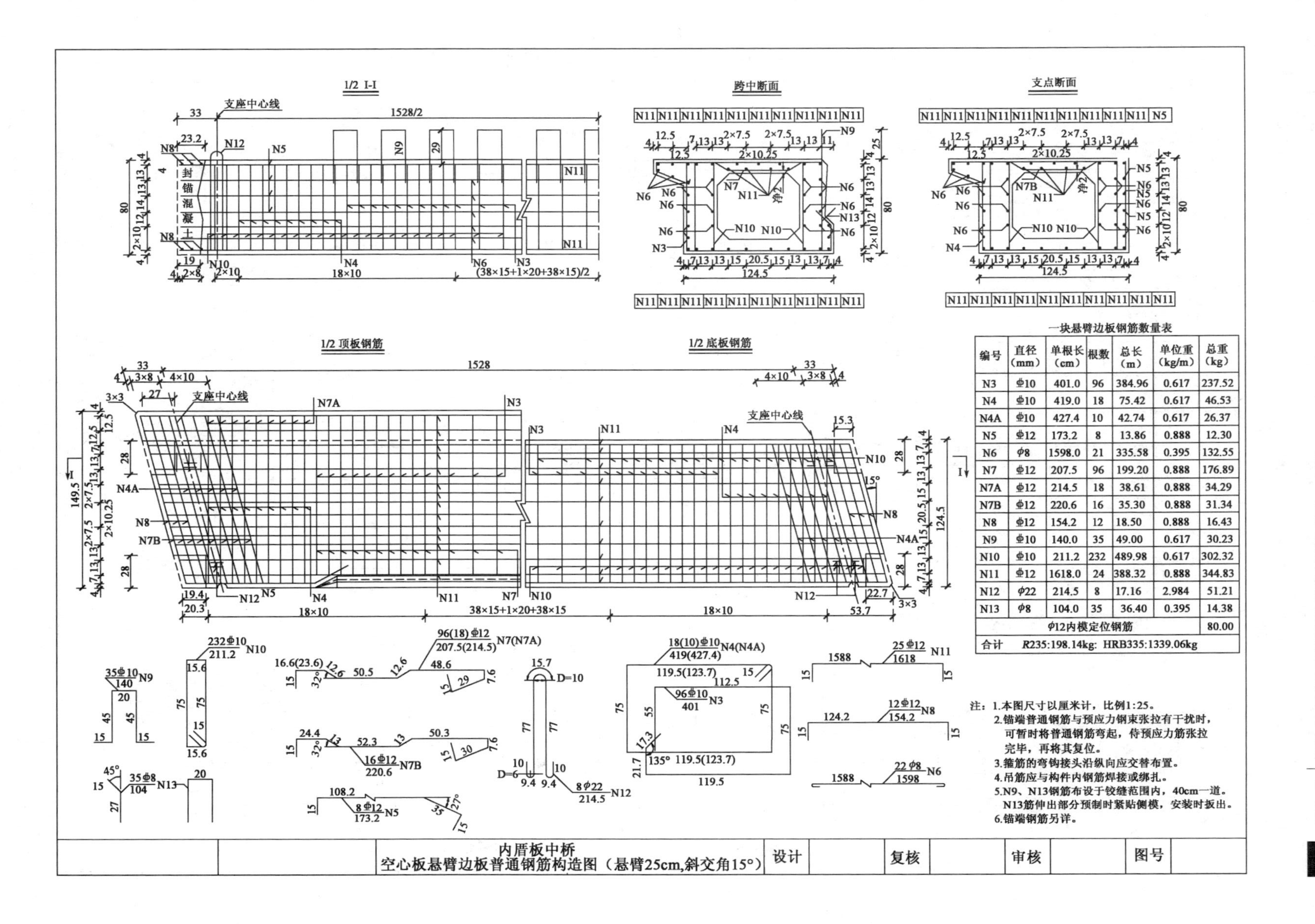

一块悬臂边板钢筋数量表

编号	直径（mm）	单根长（cm）	根数	总长（m）	单位重（kg/m）	总重（kg）
N3	⌀10	401.0	96	384.96	0.617	237.52
N4	⌀10	419.0	18	75.42	0.617	46.53
N4A	⌀10	427.4	10	42.74	0.617	26.37
N5	⌀12	173.2	8	13.86	0.888	12.30
N6	φ8	1598.0	21	335.58	0.395	132.55
N7	⌀12	207.5	96	199.20	0.888	176.89
N7A	⌀12	214.5	18	38.61	0.888	34.29
N7B	⌀12	220.6	16	35.30	0.888	31.34
N8	⌀12	154.2	12	18.50	0.888	16.43
N9	⌀10	140.0	35	49.00	0.617	30.23
N10	⌀10	211.2	232	489.98	0.617	302.32
N11	⌀12	1618.0	24	388.32	0.888	344.83
N12	φ22	214.5	8	17.16	2.984	51.21
N13	φ8	104.0	35	36.40	0.395	14.38
φ12内模定位钢筋						80.00
合计	R235:198.14kg；HRB335:1339.06kg					

注：1.本图尺寸以厘米计，比例1:25。
2.锚端普通钢筋与预应力钢束张拉有干扰时，可暂时将普通钢筋弯起，待预应力筋张拉完毕，再将其复位。
3.箍筋的弯钩接头沿纵向应交替布置。
4.吊筋应与构件内钢筋焊接或绑扎。
5.N9、N13钢筋布设于铰缝范围内，40cm一道。N13筋伸出部分预制时紧贴侧模，安装时扳出。
6.锚端钢筋另详。

内厝板中桥
空心板悬臂边板普通钢筋构造图（悬臂25cm,斜交角15°）

设计 | 复核 | 审核 | 图号

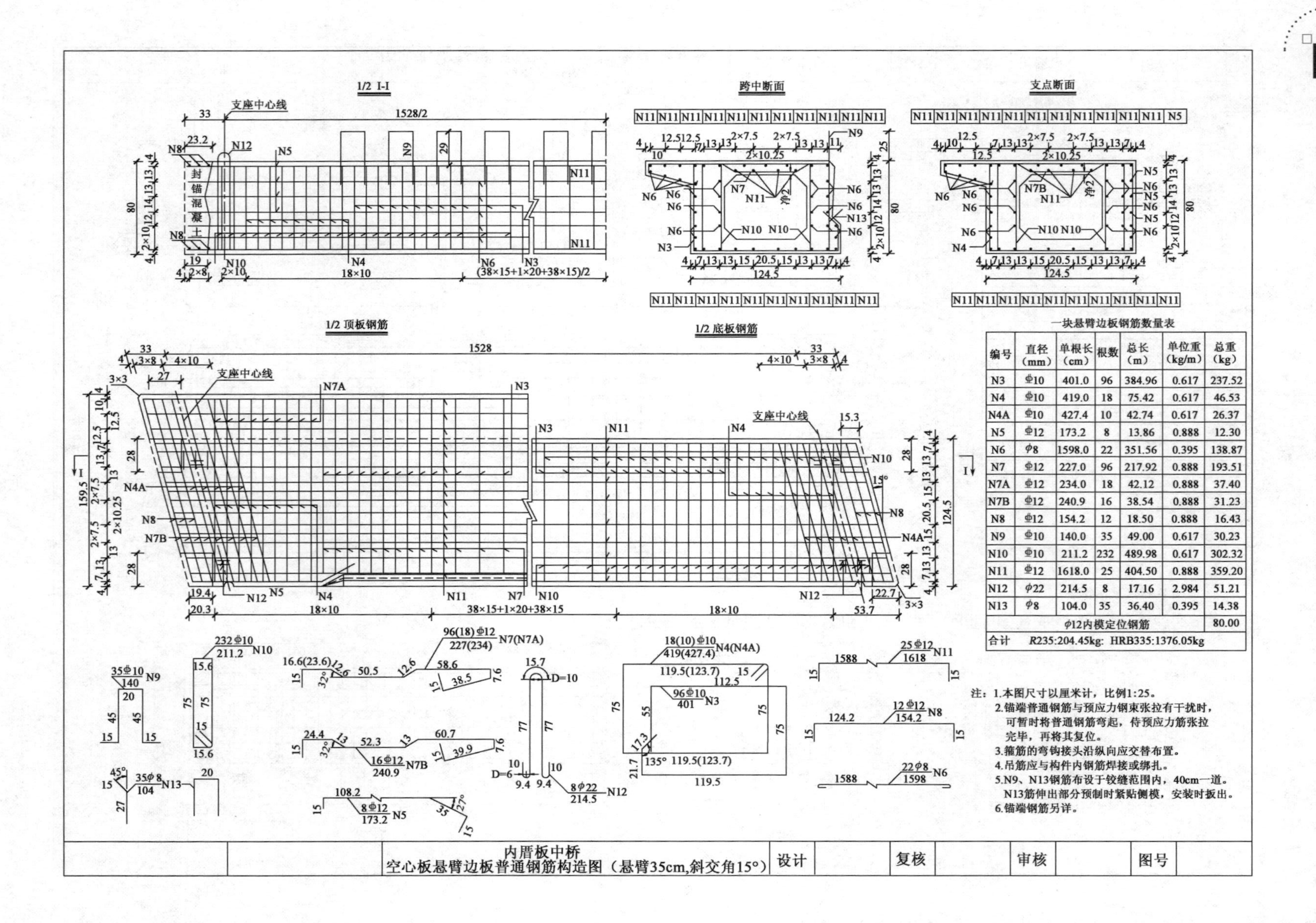

一块悬臂边板钢筋数量表

编号	直径（mm）	单根长（cm）	根数	总长（m）	单位重（kg/m）	总重（kg）
N3	⌀10	401.0	96	384.96	0.617	237.52
N4	⌀10	419.0	18	75.42	0.617	46.53
N4A	⌀10	427.4	10	42.74	0.617	26.37
N5	⌀12	173.2	8	13.86	0.888	12.30
N6	φ8	1598.0	22	351.56	0.395	138.87
N7	⌀12	227.0	96	217.92	0.888	193.51
N7A	⌀12	234.0	18	42.12	0.888	37.40
N7B	⌀12	240.9	16	38.54	0.888	31.23
N8	⌀12	154.2	12	18.50	0.888	16.43
N9	⌀10	140.0	35	49.00	0.617	30.23
N10	⌀10	211.2	232	489.98	0.617	302.32
N11	⌀12	1618.0	25	404.50	0.888	359.20
N12	φ22	214.5	8	17.16	2.984	51.21
N13	φ8	104.0	35	36.40	0.395	14.38
	φ12内模定位钢筋					80.00
合计	R235:204.45kg; HRB335:1376.05kg					

注：1.本图尺寸以厘米计，比例1:25。
2.锚端普通钢筋与预应力钢束张拉有干扰时，可暂时将普通钢筋弯起，待预应力筋张拉完毕，再将其复位。
3.箍筋的弯钩接头沿纵向应交替布置。
4.吊筋应与构件内钢筋焊接或绑扎。
5.N9、N13钢筋布设于铰缝范围内，40cm一道。N13筋伸出部分预制时紧贴侧模，安装时扳出。
6.锚端钢筋另详。

内厝板中桥 空心板悬臂边板普通钢筋构造图（悬臂35cm,斜交角15°）	设计		复核		审核		图号	

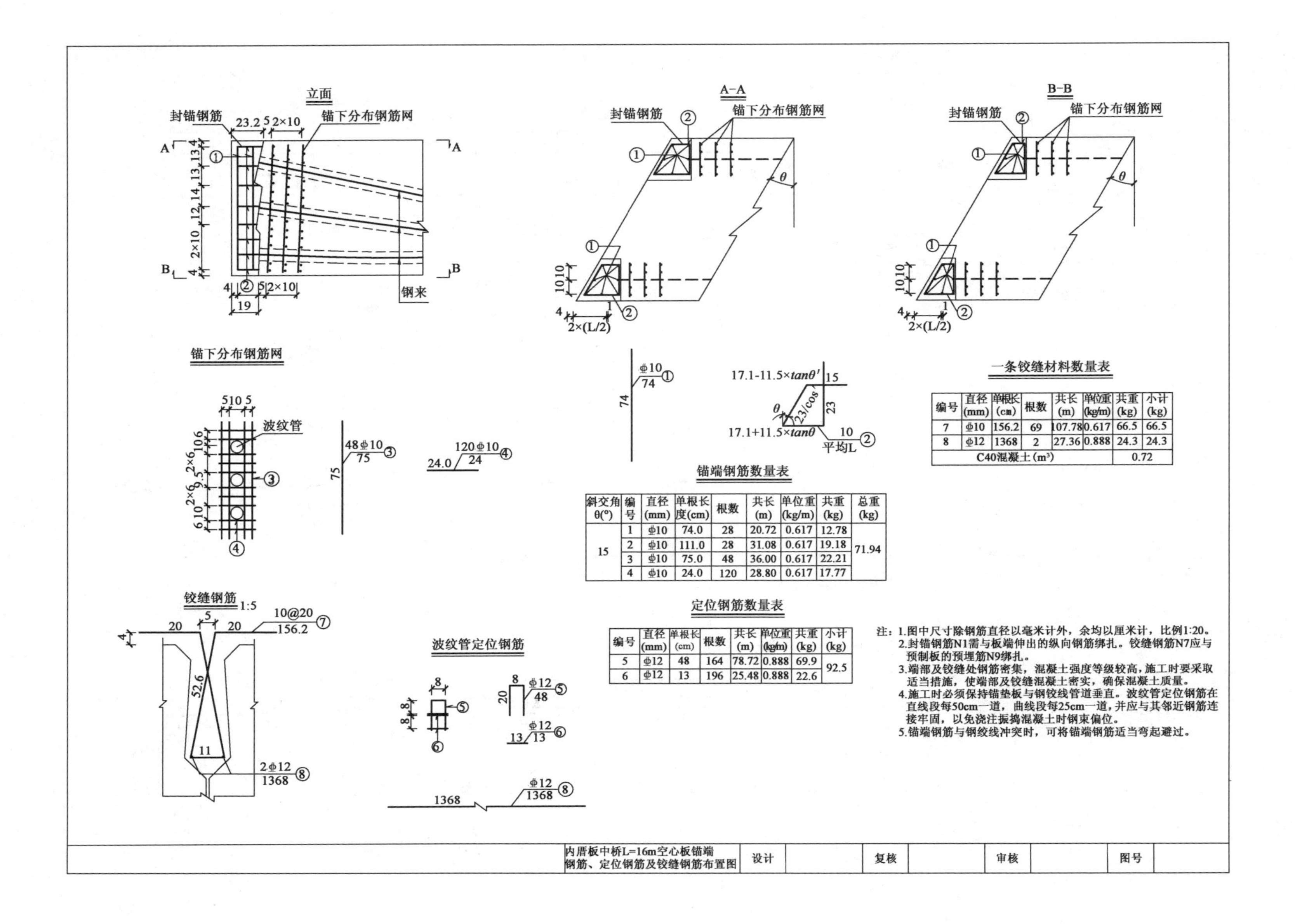

锚端钢筋数量表

斜交角θ(°)	编号	直径(mm)	单根长度(cm)	根数	共长(m)	单位重(kg/m)	共重(kg)	总重(kg)
15	1	ϕ10	74.0	28	20.72	0.617	12.78	71.94
	2	ϕ10	111.0	28	31.08	0.617	19.18	
	3	ϕ10	75.0	48	36.00	0.617	22.21	
	4	ϕ10	24.0	120	28.80	0.617	17.77	

一条铰缝材料数量表

编号	直径(mm)	单根长(cm)	根数	共长(m)	单位重(kg/m)	共重(kg)	小计(kg)
7	ϕ10	156.2	69	107.78	0.617	66.5	66.5
8	ϕ12	1368	2	27.36	0.888	24.3	24.3
C40混凝土（m³）						0.72	

定位钢筋数量表

编号	直径(mm)	单根长(cm)	根数	共长(m)	单位重(kg/m)	共重(kg)	小计(kg)
5	ϕ12	48	164	78.72	0.888	69.9	92.5
6	ϕ12	13	196	25.48	0.888	22.6	

注：1.图中尺寸除钢筋直径以毫米计外，余均以厘米计，比例1:20。
2.封锚钢筋N1需与板端伸出的纵向钢筋绑扎。铰缝钢筋N7应与预制板的预埋筋N9绑扎。
3.端部及铰缝处钢筋密集，混凝土强度等级较高，施工时要采取适当措施，使端部及铰缝混凝土密实，确保混凝土质量。
4.施工时必须保持锚垫板与钢铰线管道垂直。波纹管定位钢筋在直线段每50cm一道，曲线段每25cm一道，并应与其邻近钢筋连接牢固，以免浇注振捣混凝土时钢束偏位。
5.锚端钢筋与钢绞线冲突时，可将锚端钢筋适当弯起避过。

内厝板中桥L=16m空心板锚端钢筋、定位钢筋及铰缝钢筋布置图	设计		复核		审核		图号	

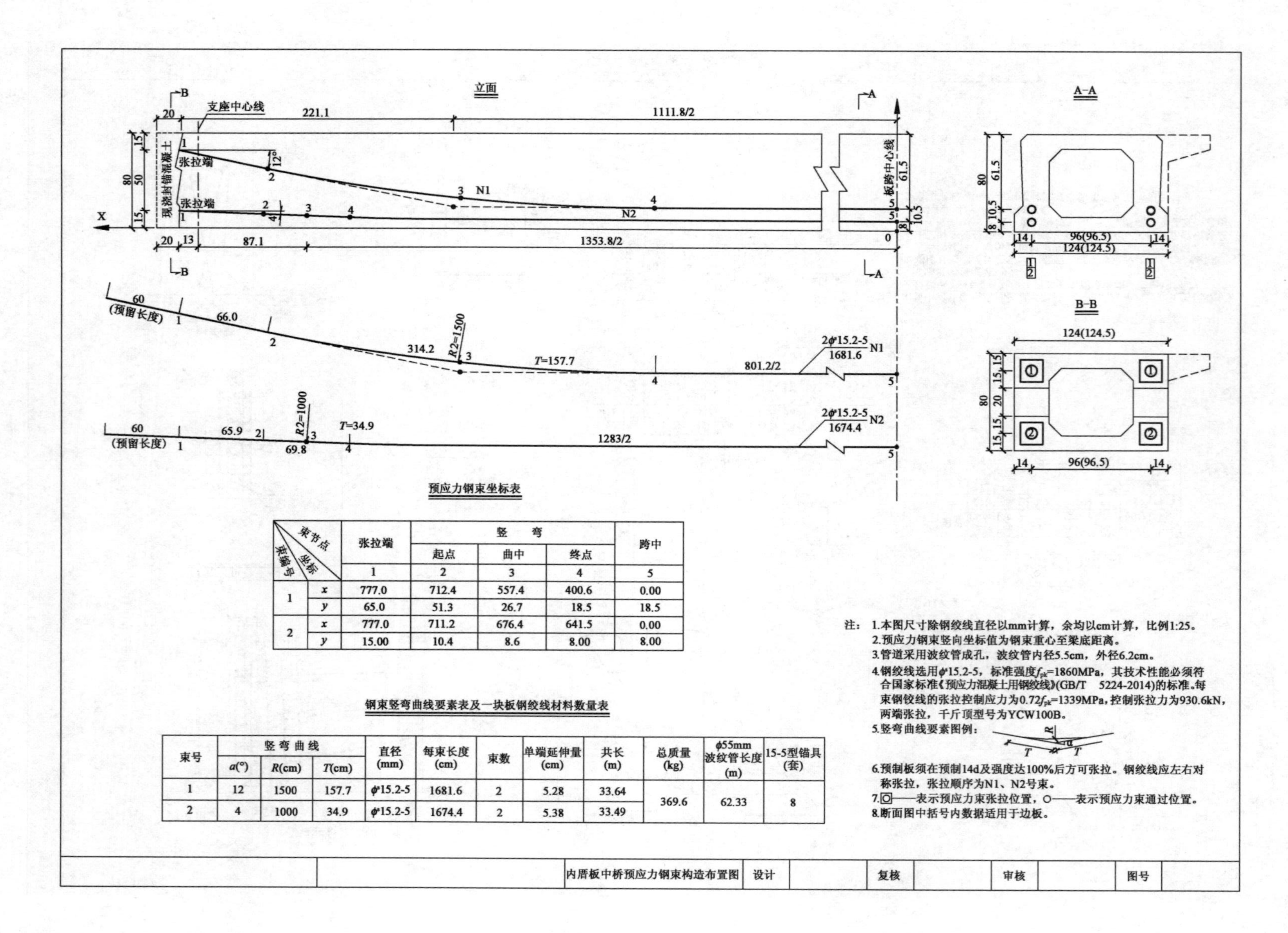

预应力钢束坐标表

束编号	坐标 \ 束节点	张拉端 1	竖弯 起点 2	竖弯 曲中 3	竖弯 终点 4	跨中 5
1	x	777.0	712.4	557.4	400.6	0.00
	y	65.0	51.3	26.7	18.5	18.5
2	x	777.0	711.2	676.4	641.5	0.00
	y	15.00	10.4	8.6	8.00	8.00

钢束竖弯曲线要素表及一块板钢绞线材料数量表

束号	竖弯曲线 a(°)	竖弯曲线 R(cm)	竖弯曲线 T(cm)	直径 (mm)	每束长度 (cm)	束数	单端延伸量 (cm)	共长 (m)	总质量 (kg)	φ55mm 波纹管长度 (m)	15-5型锚具 (套)
1	12	1500	157.7	φ15.2-5	1681.6	2	5.28	33.64	369.6	62.33	8
2	4	1000	34.9	φ15.2-5	1674.4	2	5.38	33.49			

注：1.本图尺寸除钢绞线直径以mm计算，余均以cm计算，比例1:25。
2.预应力钢束竖向坐标值为钢束重心至梁底距离。
3.管道采用波纹管成孔，波纹管内径5.5cm，外径6.2cm。
4.钢绞线选用φ15.2-5，标准强度f_{pk}=1860MPa，其技术性能必须符合国家标准《预应力混凝土用钢绞线》(GB/T 5224-2014)的标准。每束钢铰线的张拉控制应力为$0.72f_{pk}$=1339MPa，控制张拉力为930.6kN，两端张拉，千斤顶型号为YCW100B。
5.竖弯曲线要素图例：
6.预制板须在预制14d及强度达100%后方可张拉。钢绞线应左右对称张拉，张拉顺序为N1、N2号束。
7.◎——表示预应力束张拉位置，○——表示预应力束通过位置。
8.断面图中括号内数据适用于边板。

内厝板中桥预应力钢束构造布置图	设计		复核		审核		图号	

OVM15锚具构造

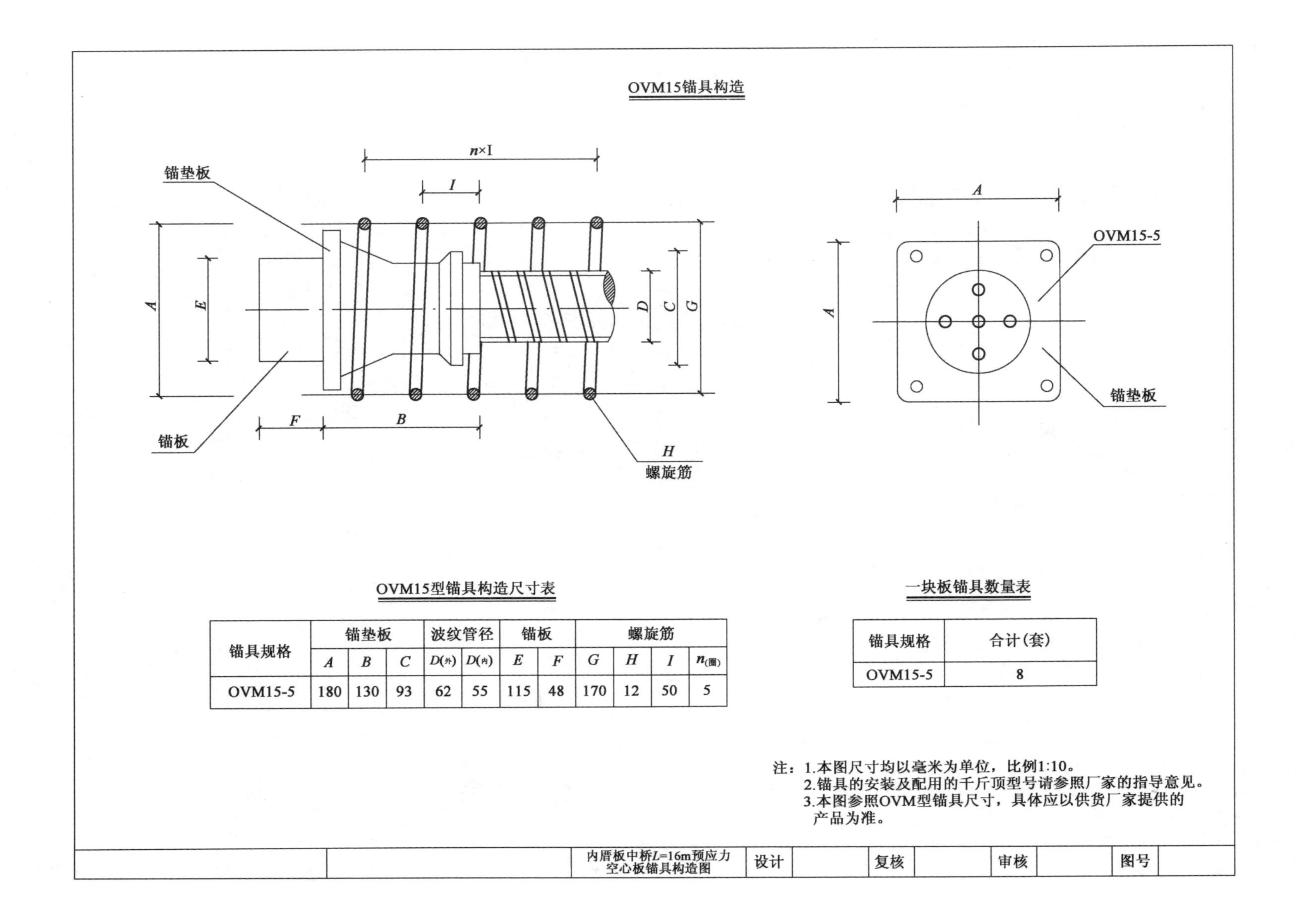

OVM15型锚具构造尺寸表

锚具规格	锚垫板			波纹管径		锚板		螺旋筋			
	A	B	C	$D_{(外)}$	$D_{(内)}$	E	F	G	H	I	$n_{(圈)}$
OVM15-5	180	130	93	62	55	115	48	170	12	50	5

一块板锚具数量表

锚具规格	合计(套)
OVM15-5	8

注：1.本图尺寸均以毫米为单位，比例1:10。
2.锚具的安装及配用的千斤顶型号请参照厂家的指导意见。
3.本图参照OVM型锚具尺寸，具体应以供货厂家提供的产品为准。

内厝板中桥L=16m预应力空心板锚具构造图	设计		复核		审核		图号	

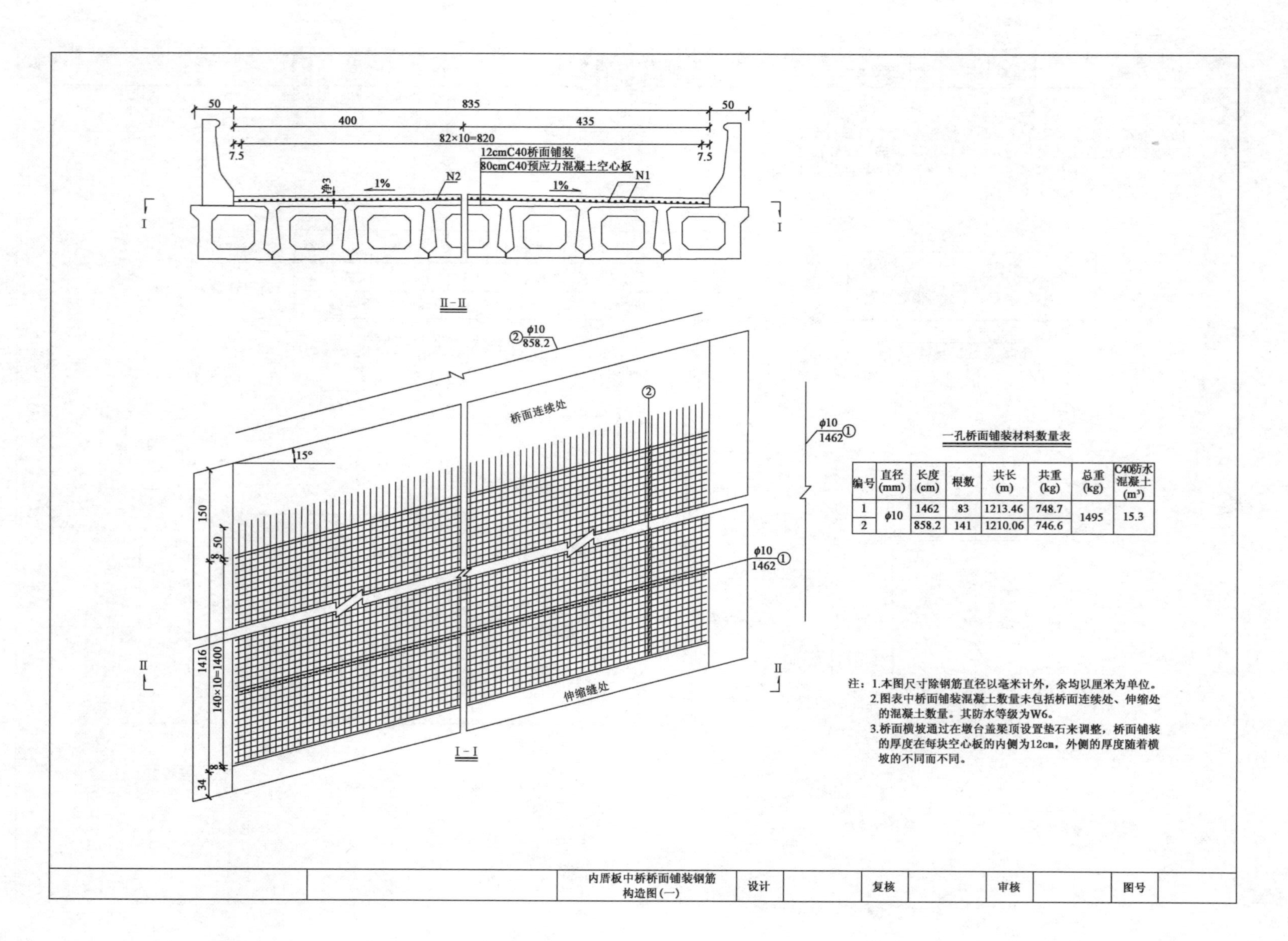

一孔桥面铺装材料数量表

编号	直径(mm)	长度(cm)	根数	共长(m)	共重(kg)	总重(kg)	C40防水混凝土(m^3)
1	φ10	1462	83	1213.46	748.7	1495	15.3
2		858.2	141	1210.06	746.6		

注：1.本图尺寸除钢筋直径以毫米计外，余均以厘米为单位。
2.图表中桥面铺装混凝土数量未包括桥面连续处、伸缩处的混凝土数量。其防水等级为W6。
3.桥面横坡通过在墩台盖梁顶设置垫石来调整，桥面铺装的厚度在每块空心板的内侧为12cm，外侧的厚度随着横坡的不同而不同。

内盾板中桥桥面铺装钢筋构造图(一)	设计		复核		审核		图号	

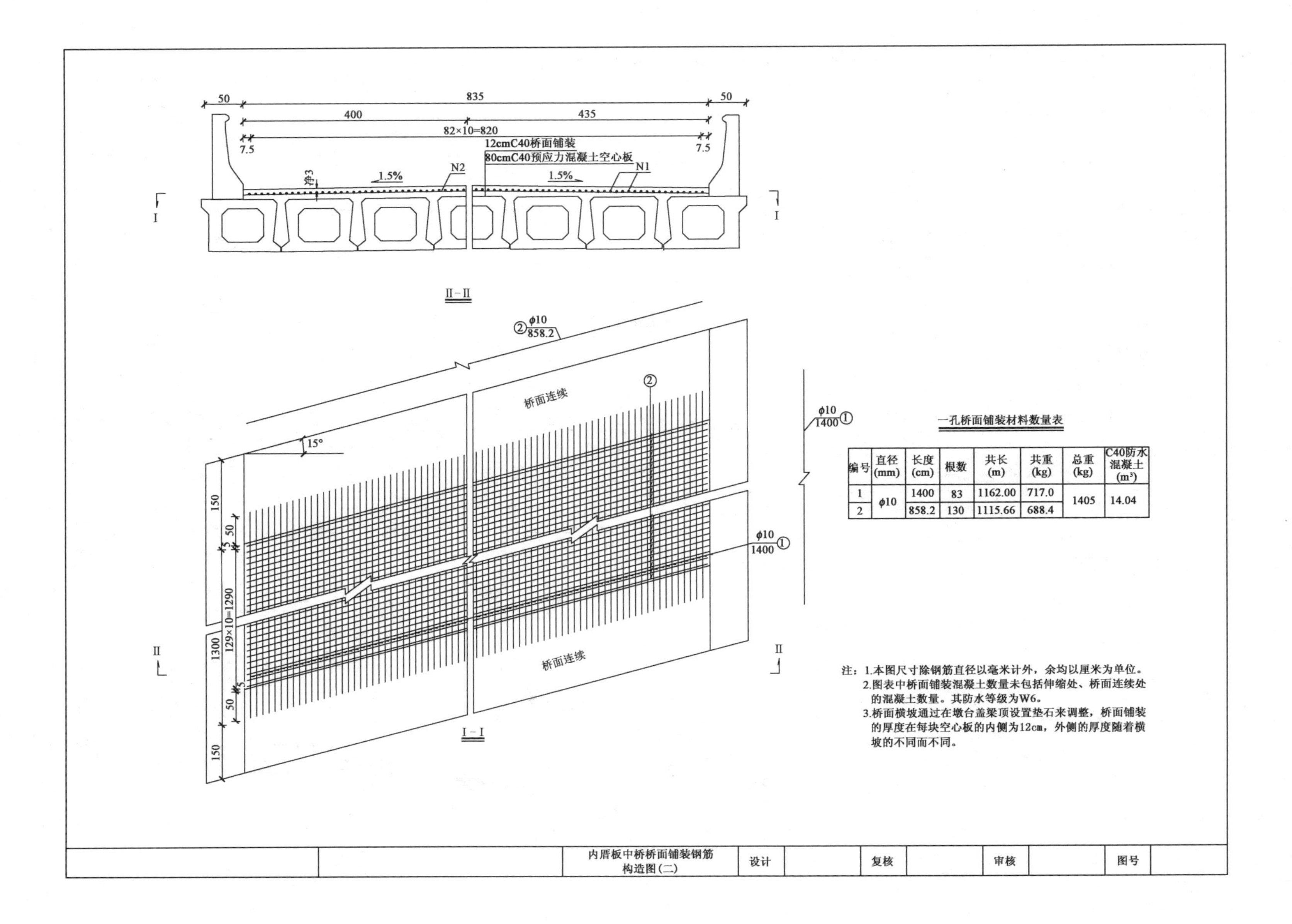

一孔桥面铺装材料数量表

编号	直径(mm)	长度(cm)	根数	共长(m)	共重(kg)	总重(kg)	C40防水混凝土(m³)
1	φ10	1400	83	1162.00	717.0	1405	14.04
2		858.2	130	1115.66	688.4		

注：1.本图尺寸除钢筋直径以毫米计外，余均以厘米为单位。
2.图表中桥面铺装混凝土数量未包括伸缩处、桥面连续处的混凝土数量。其防水等级为W6。
3.桥面横坡通过在墩台盖梁顶设置垫石来调整，桥面铺装的厚度在每块空心板的内侧为12cm，外侧的厚度随着横坡的不同而不同。

	内盾板中桥桥面铺装钢筋构造图(二)	设计		复核		审核		图号	

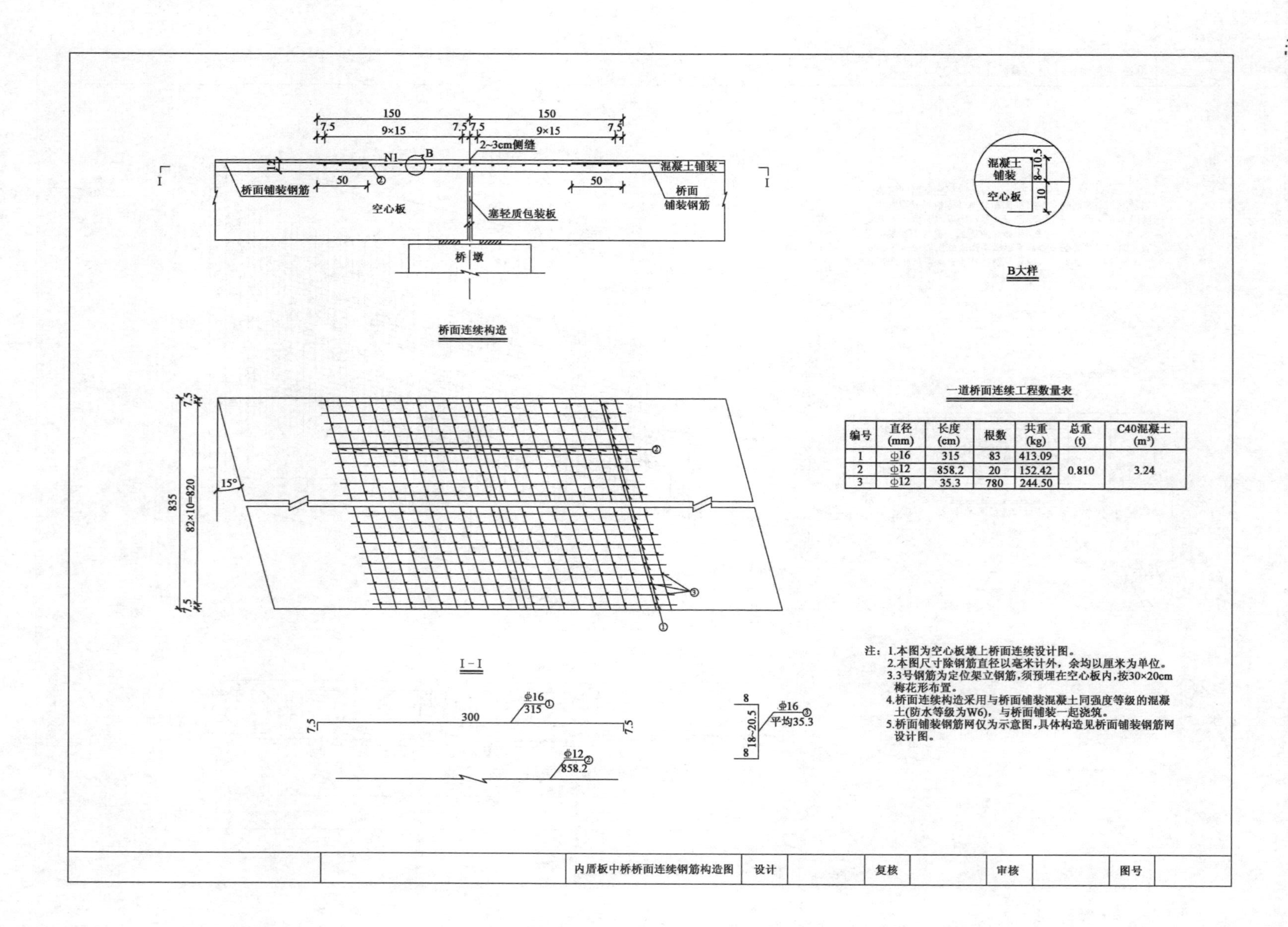

一道桥面连续工程数量表

编号	直径 (mm)	长度 (cm)	根数	共重 (kg)	总重 (t)	C40混凝土 (m^3)
1	ϕ16	315	83	413.09	0.810	3.24
2	ϕ12	858.2	20	152.42		
3	ϕ12	35.3	780	244.50		

注：1.本图为空心板墩上桥面连续设计图。
2.本图尺寸除钢筋直径以毫米计外，余均以厘米为单位。
3.3号钢筋为定位架立钢筋，须预埋在空心板内，按30×20cm梅花形布置。
4.桥面连续构造采用与桥面铺装混凝土同强度等级的混凝土(防水等级为W6)，与桥面铺装一起浇筑。
5.桥面铺装钢筋网仅为示意图，具体构造见桥面铺装钢筋网设计图。

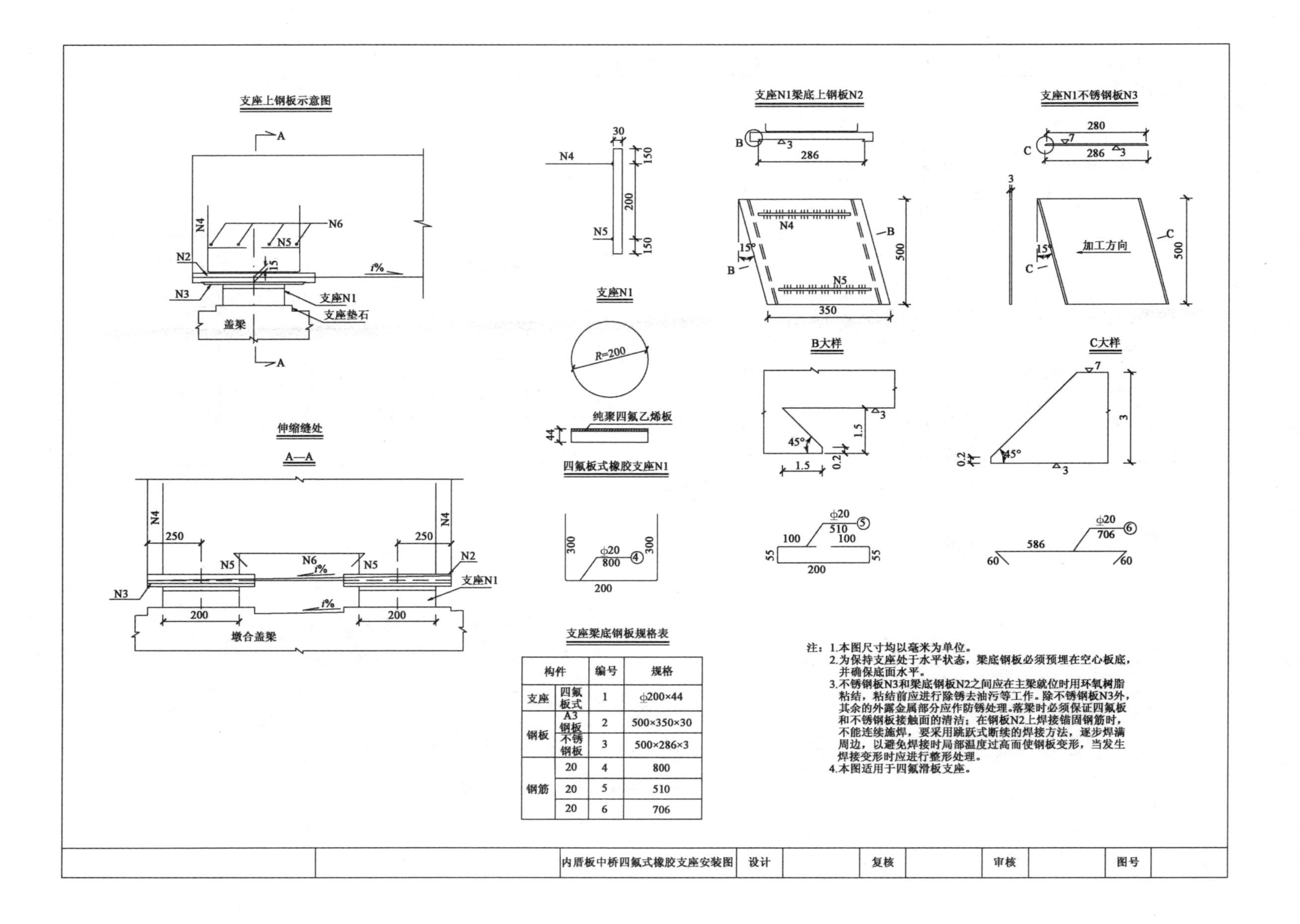

支座梁底钢板规格表

构件		编号	规格
支座	四氟板式	1	ф200×44
钢板	A3钢板	2	500×350×30
	不锈钢板	3	500×286×3
钢筋	20	4	800
	20	5	510
	20	6	706

注：1.本图尺寸均以毫米为单位。
2.为保持支座处于水平状态，梁底钢板必须预埋在空心板底，并确保底面水平。
3.不锈钢板N3和梁底钢板N2之间应在主梁就位时用环氧树脂粘结，粘结前应进行除锈去油污等工作。除不锈钢板N3外，其余的外露金属部分应作防锈处理。落梁时必须保证四氟板和不锈钢板接触面的清洁；在钢板N2上焊接锚固钢筋时，不能连续施焊，要采用跳跃式断续的焊接方法，逐步焊满周边，以避免焊接时局部温度过高而使钢板变形，当发生焊接变形时应进行整形处理。
4.本图适用于四氟滑板支座。

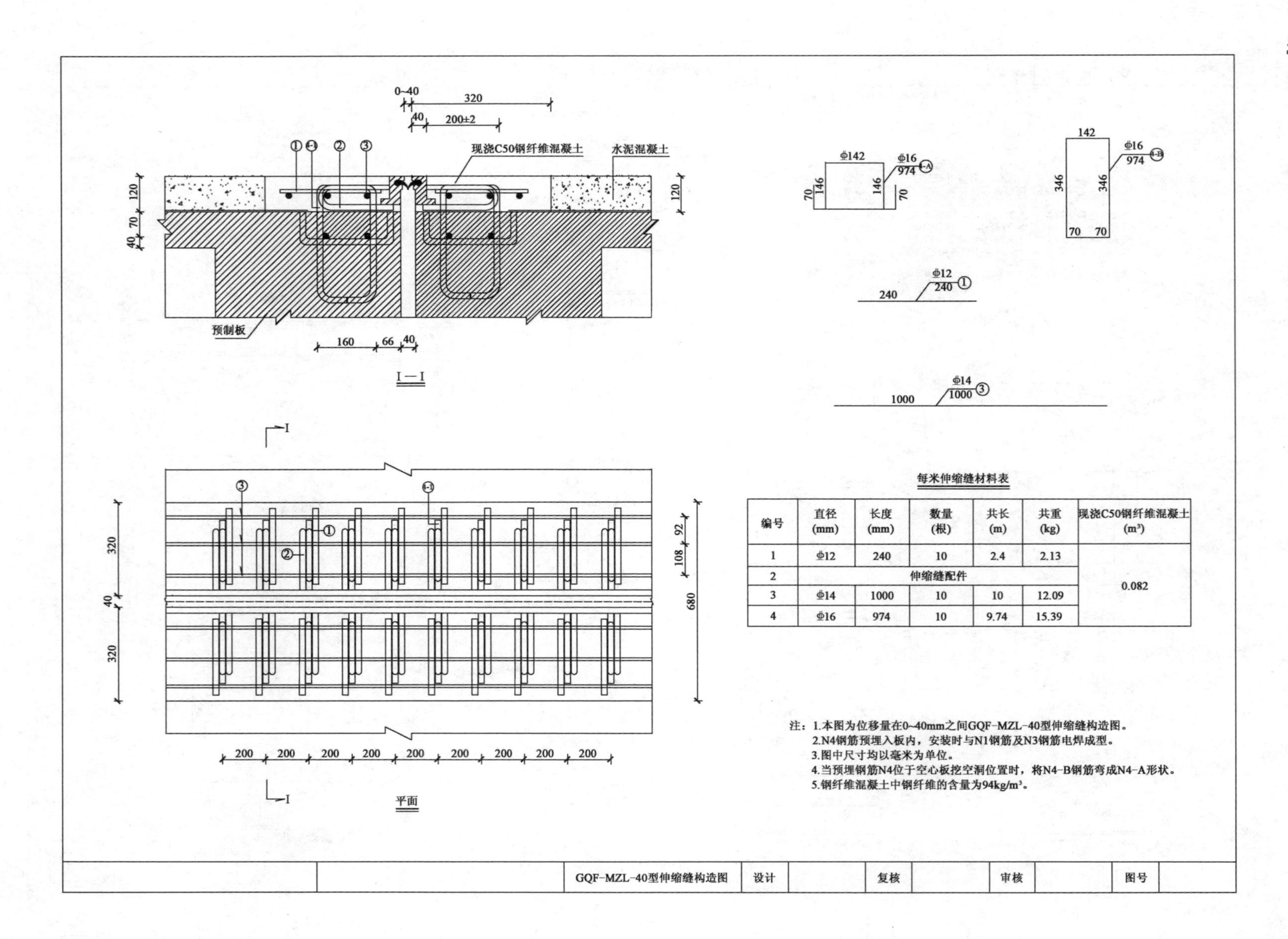

每米伸缩缝材料表

编号	直径 (mm)	长度 (mm)	数量 (根)	共长 (m)	共重 (kg)	现浇C50钢纤维混凝土 (m^3)
1	ϕ12	240	10	2.4	2.13	0.082
2	伸缩缝配件					
3	ϕ14	1000	10	10	12.09	
4	ϕ16	974	10	9.74	15.39	

注：1.本图为位移量在0~40mm之间GQF-MZL-40型伸缩缝构造图。
2.N4钢筋预埋入板内，安装时与N1钢筋及N3钢筋电焊成型。
3.图中尺寸均以毫米为单位。
4.当预埋钢筋N4位于空心板挖空洞位置时，将N4-B钢筋弯成N4-A形状。
5.钢纤维混凝土中钢纤维的含量为94kg/m^3。

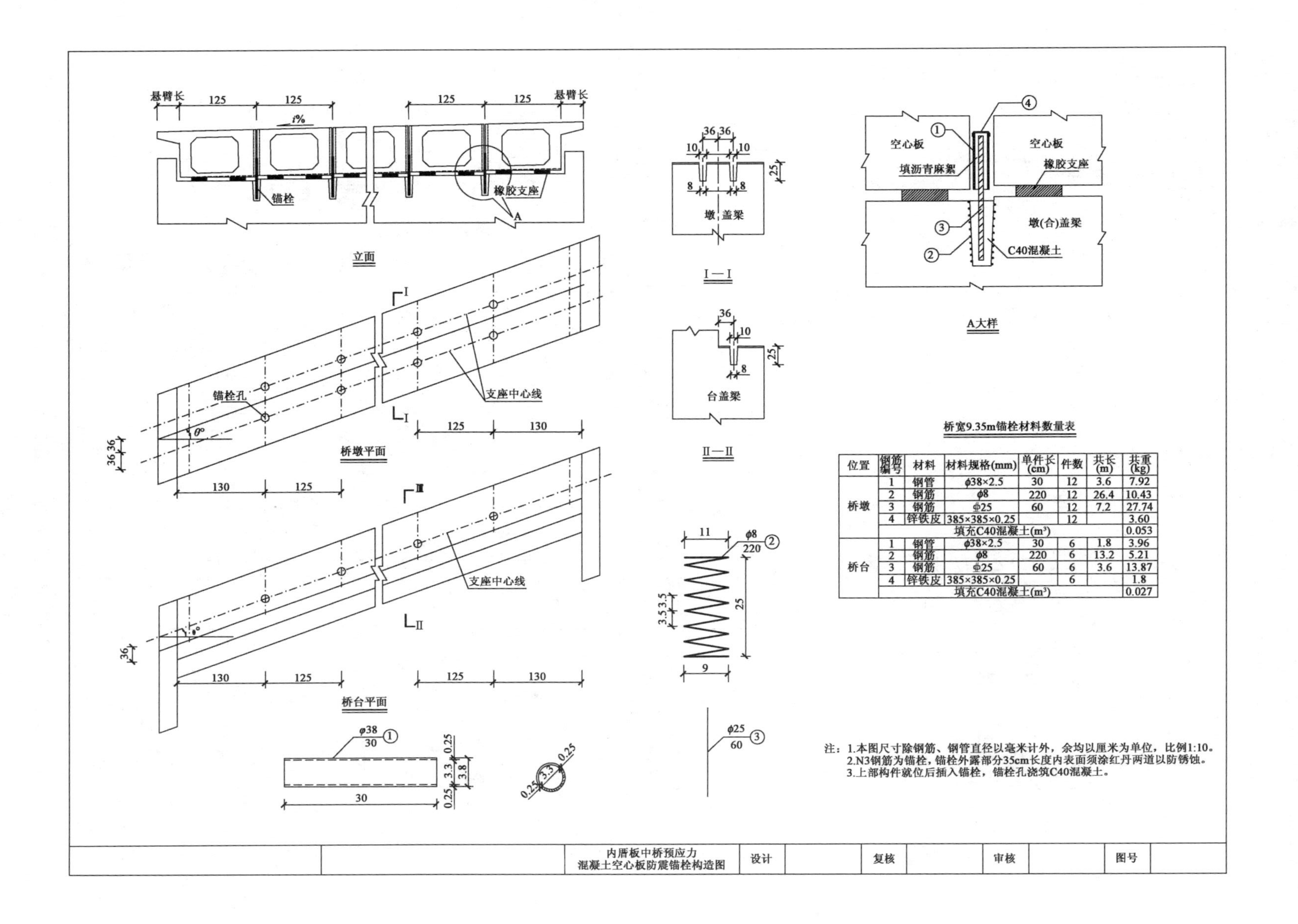

桥宽9.35m锚栓材料数量表

位置	钢筋编号	材料	材料规格(mm)	单件长(cm)	件数	共长(m)	共重(kg)
桥墩	1	钢管	φ38×2.5	30	12	3.6	7.92
	2	钢筋	φ8	220	12	26.4	10.43
	3	钢筋	φ25	60	12	7.2	27.74
	4	锌铁皮	385×385×0.25		12		3.60
	填充C40混凝土(m³)						0.053
桥台	1	钢管	φ38×2.5	30	6	1.8	3.96
	2	钢筋	φ8	220	6	13.2	5.21
	3	钢筋	φ25	60	6	3.6	13.87
	4	锌铁皮	385×385×0.25		6		1.8
	填充C40混凝土(m³)						0.027

注：1.本图尺寸除钢筋、钢管直径以毫米计外，余均以厘米为单位，比例1:10。
2.N3钢筋为锚栓，锚栓外露部分35cm长度内表面须涂红丹两道以防锈蚀。
3.上部构件就位后插入锚栓，锚栓孔浇筑C40混凝土。

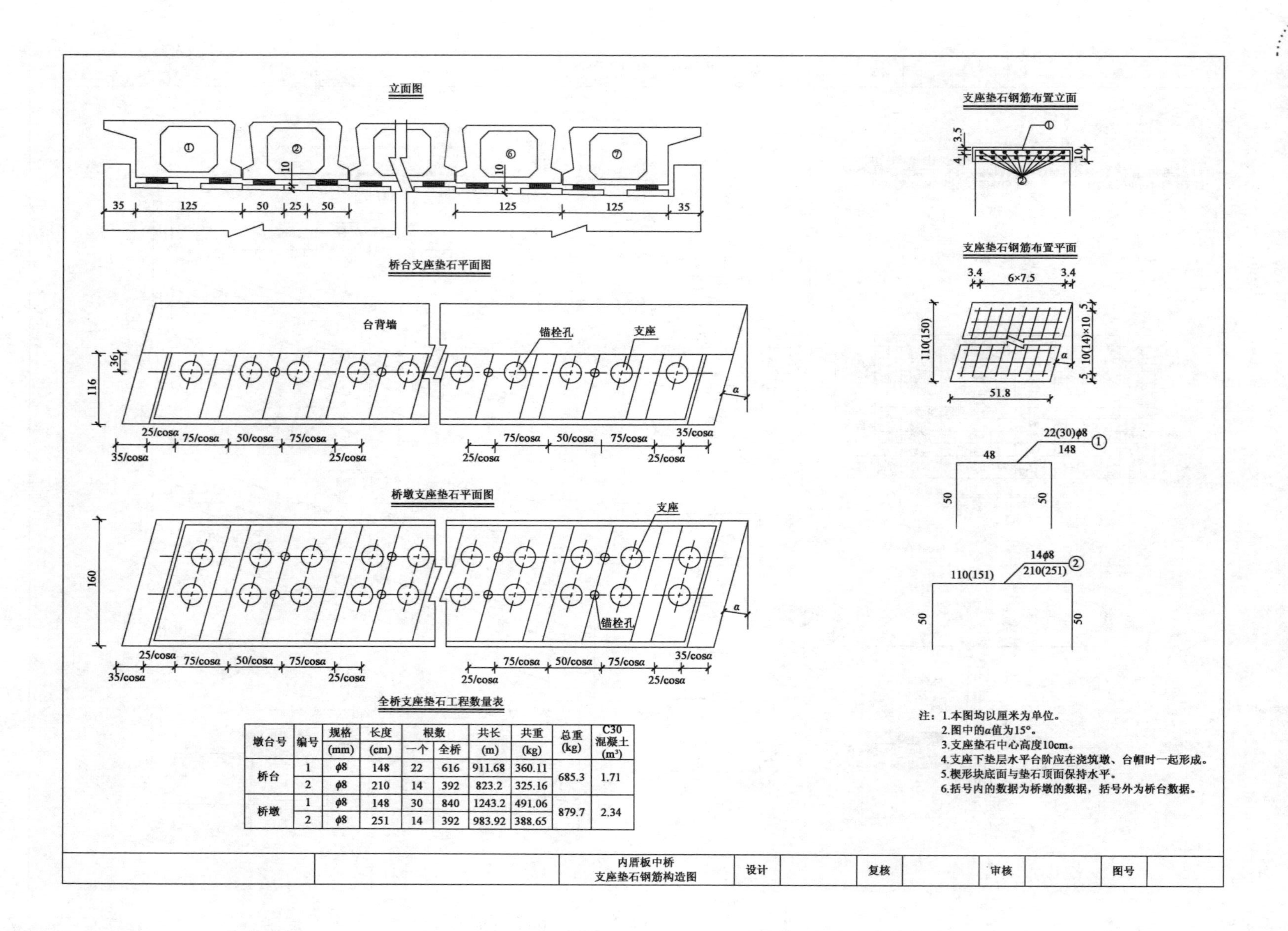

全桥支座垫石工程数量表

墩台号	编号	规格 (mm)	长度 (cm)	根数 一个	根数 全桥	共长 (m)	共重 (kg)	总重 (kg)	C30混凝土 (m^3)
桥台	1	φ8	148	22	616	911.68	360.11	685.3	1.71
	2	φ8	210	14	392	823.2	325.16		
桥墩	1	φ8	148	30	840	1243.2	491.06	879.7	2.34
	2	φ8	251	14	392	983.92	388.65		

注：1.本图均以厘米为单位。
2.图中的α值为15°。
3.支座垫石中心高度10cm。
4.支座下垫层水平台阶应在浇筑墩、台帽时一起形成。
5.楔形块底面与垫石顶面保持水平。
6.括号内的数据为桥墩的数据，括号外为桥台数据。

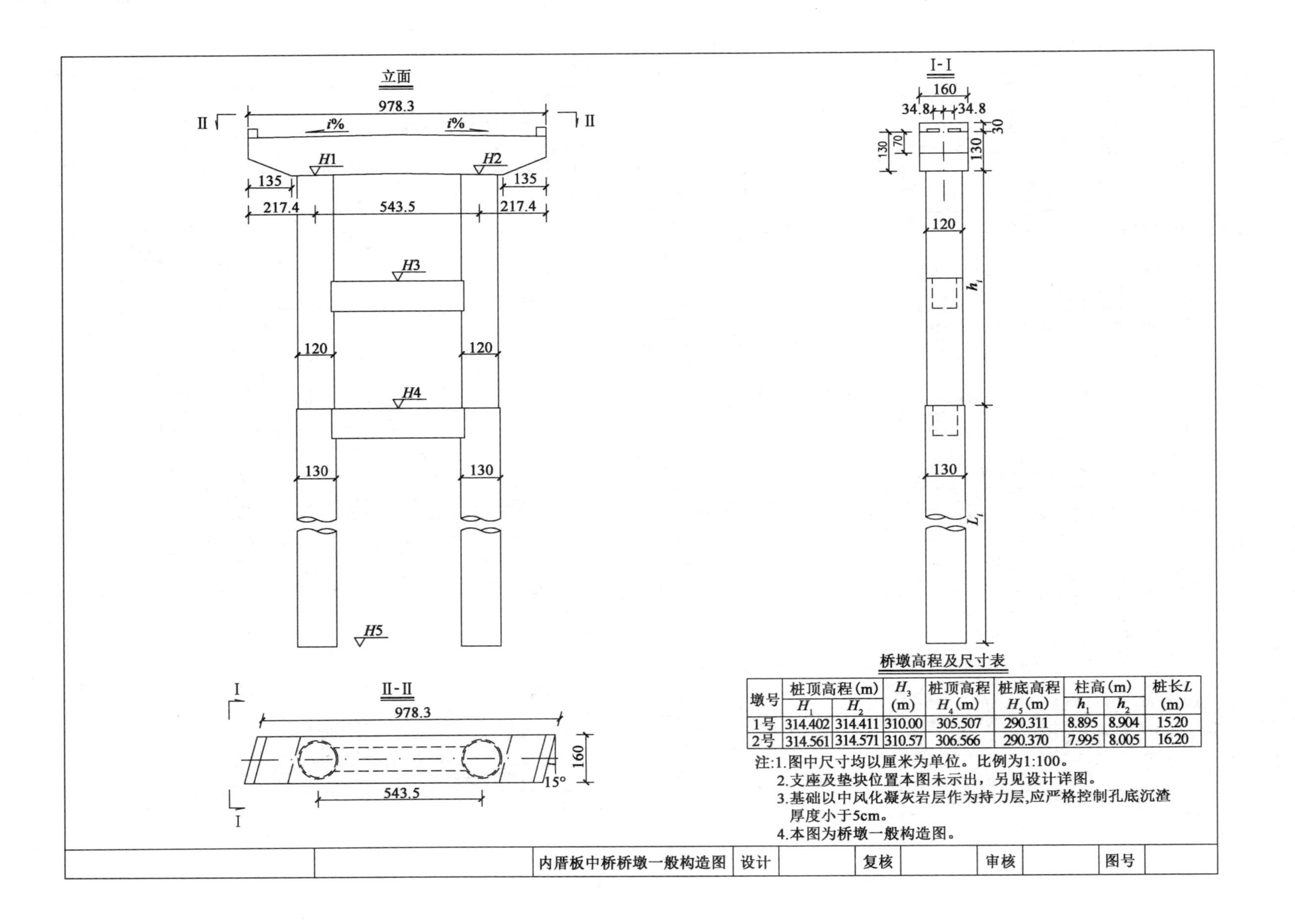

桥墩高程及尺寸表

墩号	桩顶高程(m)		H_3 (m)	桩顶高程 H_4(m)	桩底高程 H_5(m)	柱高(m)		桩长L (m)
	H_1	H_2				h_1	h_2	
1号	314.402	314.411	310.00	305.507	290.311	8.895	8.904	15.20
2号	314.561	314.571	310.57	306.566	290.370	7.995	8.005	16.20

注:1.图中尺寸均以厘米为单位。比例为1:100。

2.支座及垫块位置本图未示出，另见设计详图。

3.基础以中风化凝灰岩层作为持力层,应严格控制孔底沉渣厚度小于5cm。

4.本图为桥墩一般构造图。

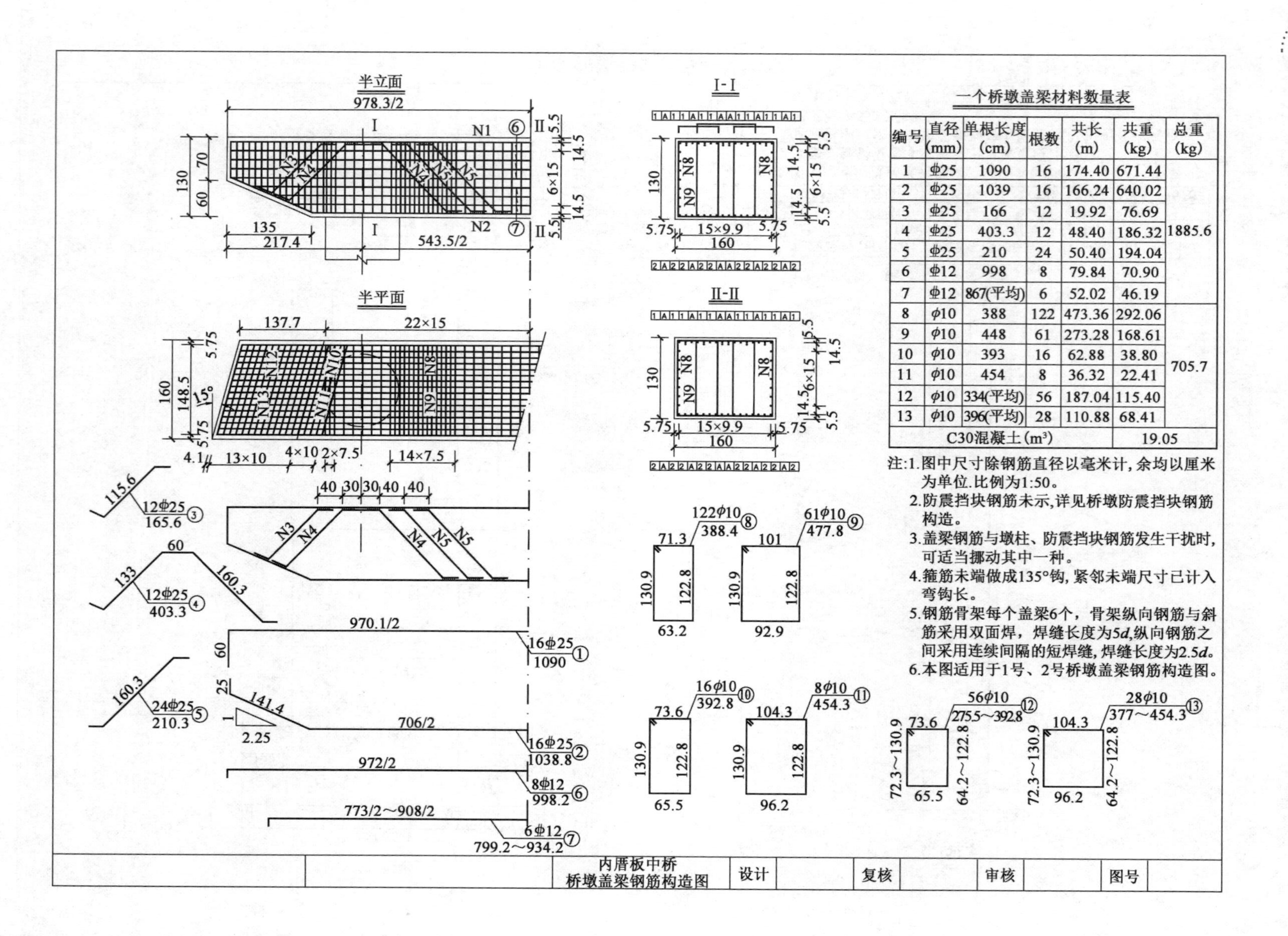

一个桥墩盖梁材料数量表

编号	直径(mm)	单根长度(cm)	根数	共长(m)	共重(kg)	总重(kg)
1	ф25	1090	16	174.40	671.44	1885.6
2	ф25	1039	16	166.24	640.02	
3	ф25	166	12	19.92	76.69	
4	ф25	403.3	12	48.40	186.32	
5	ф25	210	24	50.40	194.04	
6	ф12	998	8	79.84	70.90	
7	ф12	867(平均)	6	52.02	46.19	
8	φ10	388	122	473.36	292.06	705.7
9	φ10	448	61	273.28	168.61	
10	φ10	393	16	62.88	38.80	
11	φ10	454	8	36.32	22.41	
12	φ10	334(平均)	56	187.04	115.40	
13	φ10	396(平均)	28	110.88	68.41	
C30混凝土(m³)					19.05	

注:1.图中尺寸除钢筋直径以毫米计,余均以厘米为单位.比例为1:50。

2.防震挡块钢筋未示,详见桥墩防震挡块钢筋构造。

3.盖梁钢筋与墩柱、防震挡块钢筋发生干扰时,可适当挪动其中一种。

4.箍筋末端做成135°钩,紧邻末端尺寸已计入弯钩长。

5.钢筋骨架每个盖梁6个,骨架纵向钢筋与斜筋采用双面焊,焊缝长度为5d,纵向钢筋之间采用连续间隔的短焊缝,焊缝长度为2.5d。

6.本图适用于1号、2号桥墩盖梁钢筋构造图。

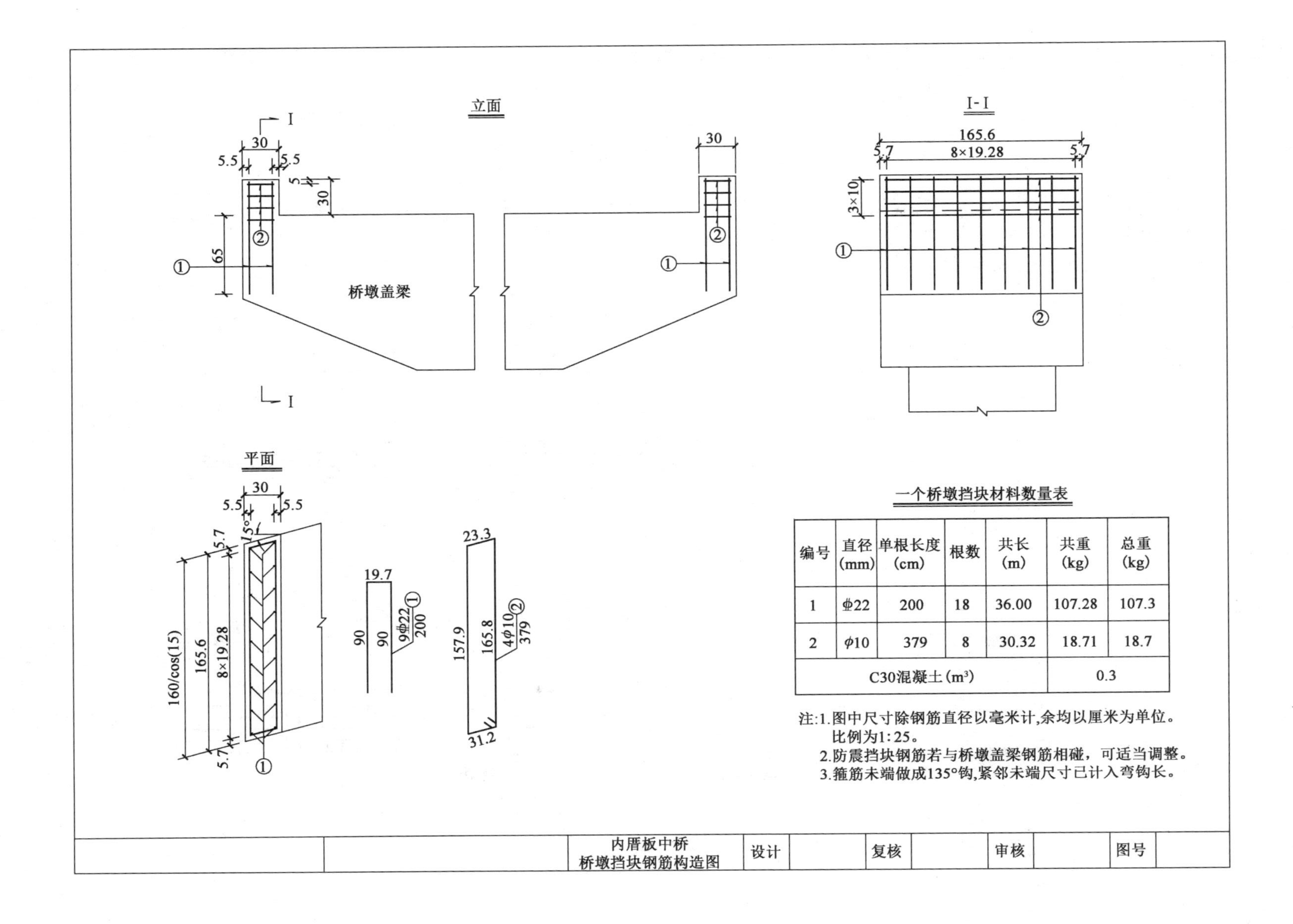

一个桥墩挡块材料数量表

编号	直径(mm)	单根长度(cm)	根数	共长(m)	共重(kg)	总重(kg)
1	ϕ22	200	18	36.00	107.28	107.3
2	ϕ10	379	8	30.32	18.71	18.7
C30混凝土(m³)					0.3	

注:1.图中尺寸除钢筋直径以毫米计,余均以厘米为单位。比例为1:25。
2.防震挡块钢筋若与桥墩盖梁钢筋相碰，可适当调整。
3.箍筋末端做成135°钩,紧邻末端尺寸已计入弯钩长。

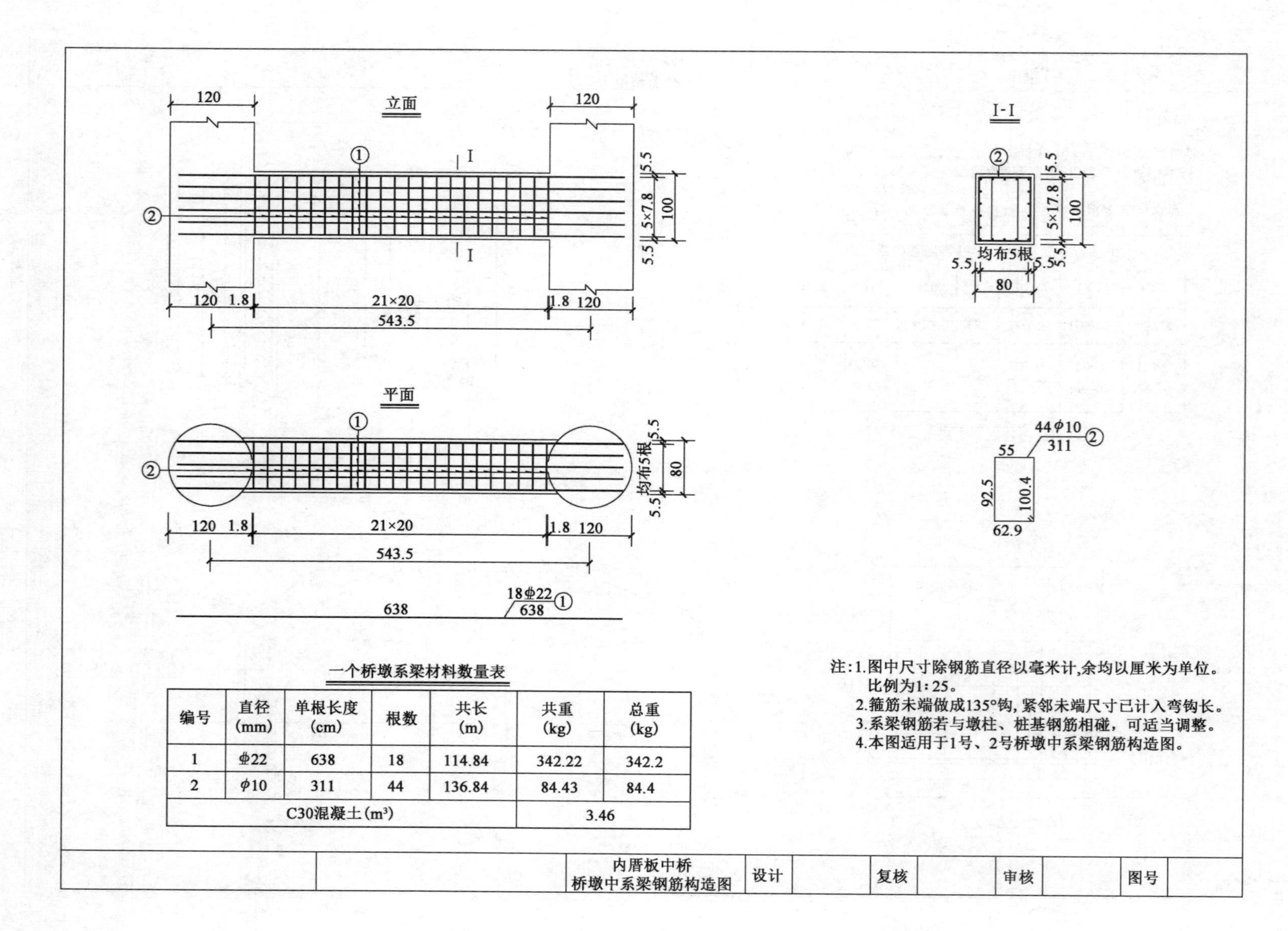

一个桥墩系梁材料数量表

编号	直径 (mm)	单根长度 (cm)	根数	共长 (m)	共重 (kg)	总重 (kg)
1	ф22	638	18	114.84	342.22	342.2
2	φ10	311	44	136.84	84.43	84.4
C30混凝土(m³)					3.46	

注:1.图中尺寸除钢筋直径以毫米计,余均以厘米为单位。比例为1:25。
2.箍筋末端做成135°钩,紧邻末端尺寸已计入弯钩长。
3.系梁钢筋若与墩柱、桩基钢筋相碰,可适当调整。
4.本图适用于1号、2号桥墩中系梁钢筋构造图。

	内厝板中桥 桥墩中系梁钢筋构造图	设计		复核		审核		图号	

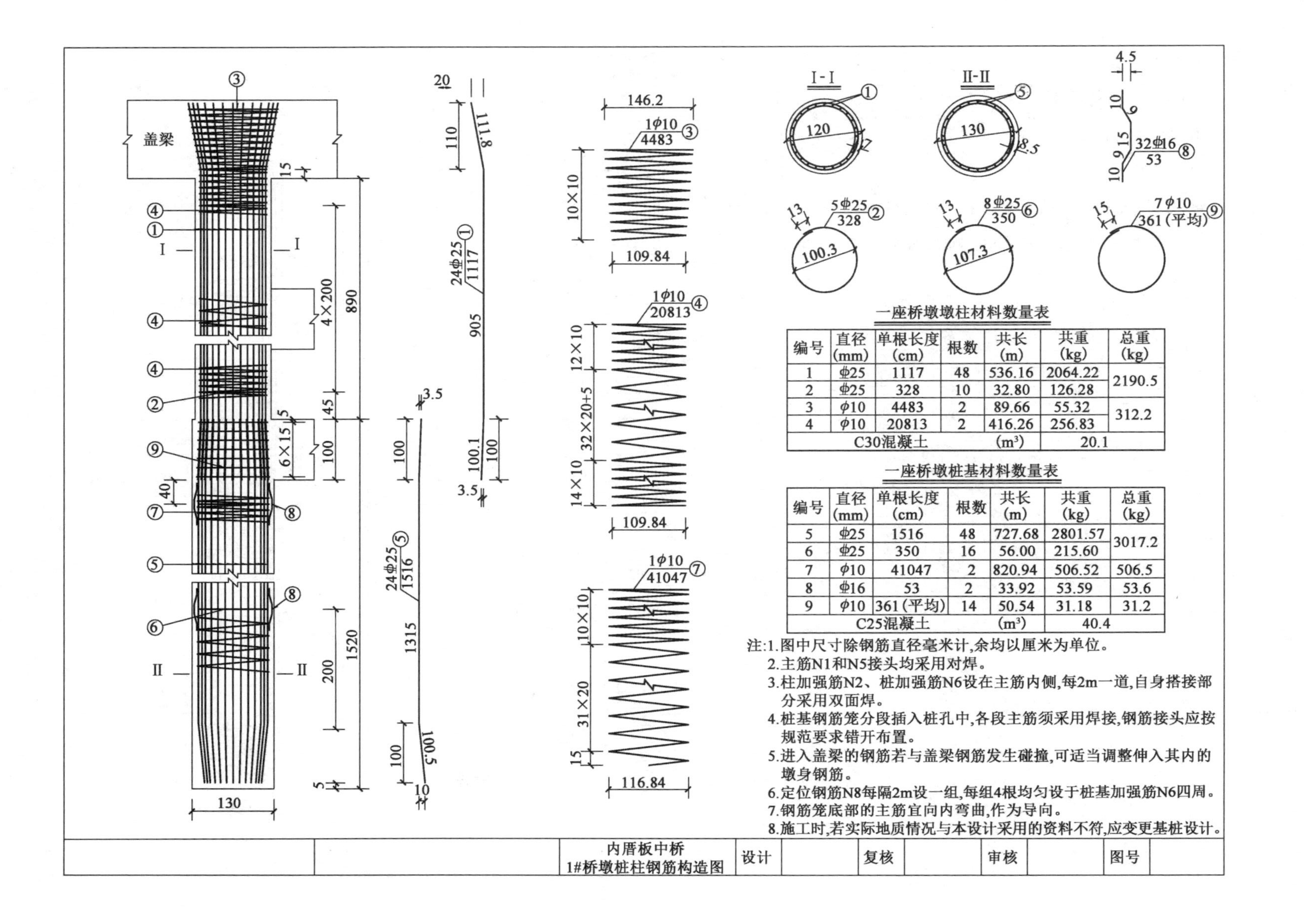

一座桥墩墩柱材料数量表

编号	直径(mm)	单根长度(cm)	根数	共长(m)	共重(kg)	总重(kg)
1	Φ25	1117	48	536.16	2064.22	2190.5
2	Φ25	328	10	32.80	126.28	
3	φ10	4483	2	89.66	55.32	312.2
4	φ10	20813	2	416.26	256.83	
C30混凝土				(m³)	20.1	

一座桥墩桩基材料数量表

编号	直径(mm)	单根长度(cm)	根数	共长(m)	共重(kg)	总重(kg)
5	Φ25	1516	48	727.68	2801.57	3017.2
6	Φ25	350	16	56.00	215.60	
7	φ10	41047	2	820.94	506.52	506.5
8	Φ16	53	2	33.92	53.59	53.6
9	φ10	361(平均)	14	50.54	31.18	31.2
C25混凝土				(m³)	40.4	

注:1.图中尺寸除钢筋直径毫米计,余均以厘米为单位。
2.主筋N1和N5接头均采用对焊。
3.柱加强筋N2、桩加强筋N6设在主筋内侧,每2m一道,自身搭接部分采用双面焊。
4.桩基钢筋笼分段插入桩孔中,各段主筋须采用焊接,钢筋接头应按规范要求错开布置。
5.进入盖梁的钢筋若与盖梁钢筋发生碰撞,可适当调整伸入其内的墩身钢筋。
6.定位钢筋N8每隔2m设一组,每组4根均匀设于桩基加强筋N6四周。
7.钢筋笼底部的主筋宜向内弯曲,作为导向。
8.施工时,若实际地质情况与本设计采用的资料不符,应变更基桩设计。

内厝板中桥 1#桥墩桩柱钢筋构造图	设计		复核		审核		图号	

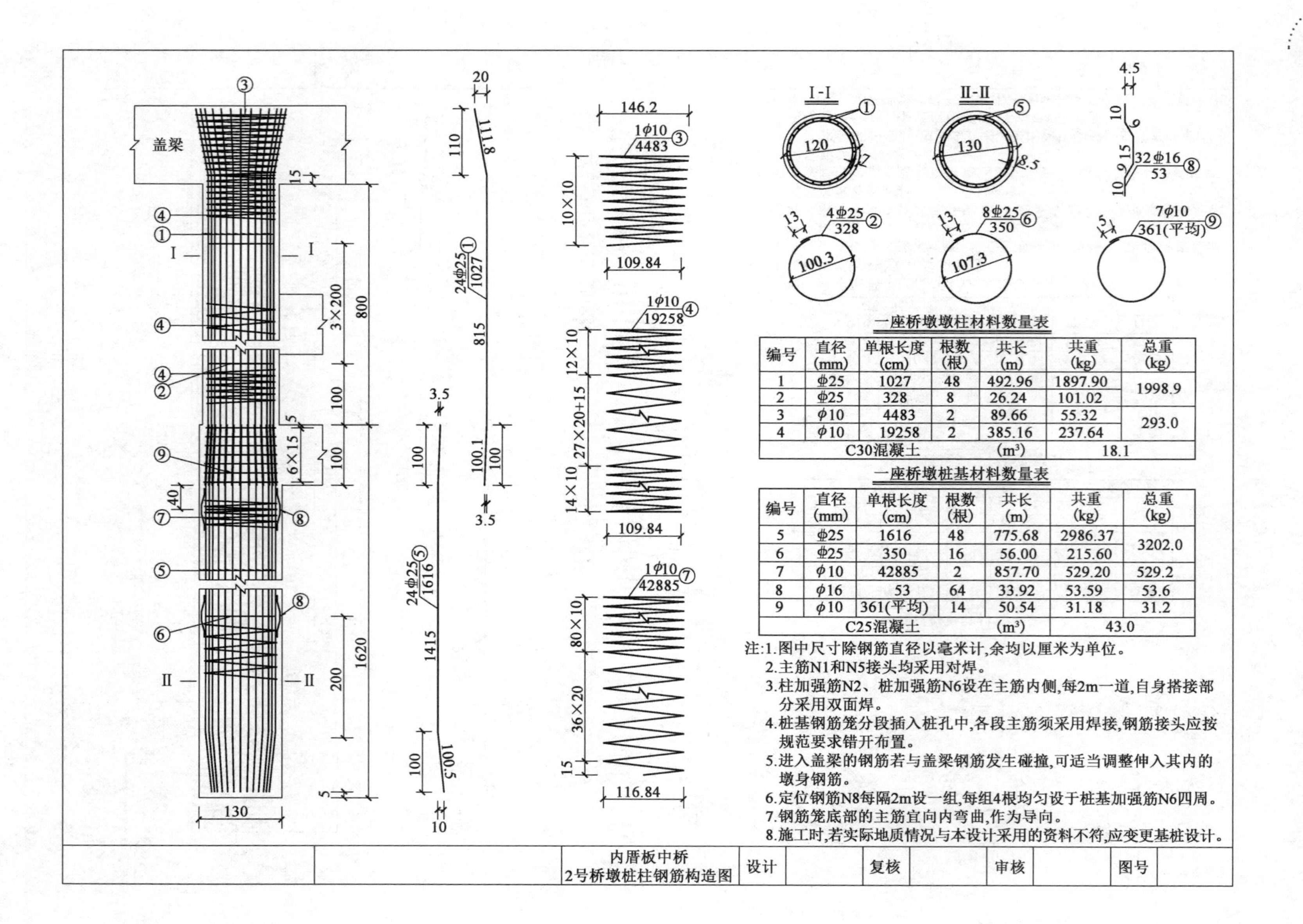

一座桥墩墩柱材料数量表

编号	直径(mm)	单根长度(cm)	根数(根)	共长(m)	共重(kg)	总重(kg)
1	Φ25	1027	48	492.96	1897.90	1998.9
2	Φ25	328	8	26.24	101.02	
3	φ10	4483	2	89.66	55.32	293.0
4	φ10	19258	2	385.16	237.64	
C30混凝土				(m³)		18.1

一座桥墩桩基材料数量表

编号	直径(mm)	单根长度(cm)	根数(根)	共长(m)	共重(kg)	总重(kg)
5	Φ25	1616	48	775.68	2986.37	3202.0
6	Φ25	350	16	56.00	215.60	
7	φ10	42885	2	857.70	529.20	529.2
8	φ16	53	64	33.92	53.59	53.6
9	φ10	361(平均)	14	50.54	31.18	31.2
C25混凝土				(m³)		43.0

注:1.图中尺寸除钢筋直径以毫米计,余均以厘米为单位。
2.主筋N1和N5接头均采用对焊。
3.柱加强筋N2、桩加强筋N6设在主筋内侧,每2m一道,自身搭接部分采用双面焊。
4.桩基钢筋笼分段插入桩孔中,各段主筋须采用焊接,钢筋接头应按规范要求错开布置。
5.进入盖梁的钢筋若与盖梁钢筋发生碰撞,可适当调整伸入其内的墩身钢筋。
6.定位钢筋N8每隔2m设一组,每组4根均匀设于桩基加强筋N6四周。
7.钢筋笼底部的主筋宜向内弯曲,作为导向。
8.施工时,若实际地质情况与本设计采用的资料不符,应变更基桩设计。

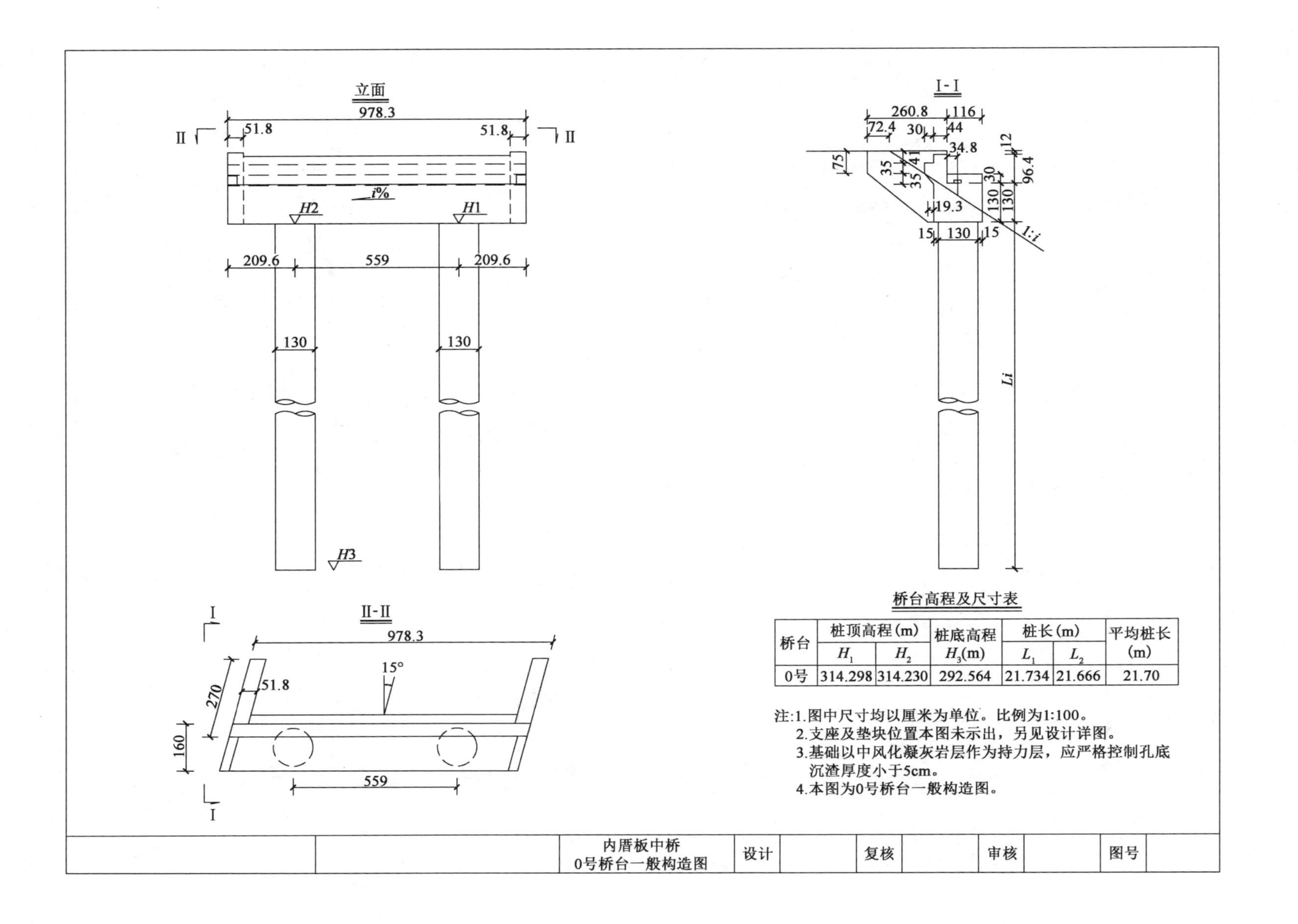

桥台高程及尺寸表

桥台	桩顶高程(m)		桩底高程	桩长(m)		平均桩长(m)
	H_1	H_2	H_3(m)	L_1	L_2	
0号	314.298	314.230	292.564	21.734	21.666	21.70

注:1.图中尺寸均以厘米为单位。比例为1:100。
2.支座及垫块位置本图未示出，另见详图。
3.基础以中风化凝灰岩层作为持力层，应严格控制孔底沉渣厚度小于5cm。
4.本图为0号桥台一般构造图。

		内厝板中桥 0号桥台一般构造图	设计		复核		审核		图号	

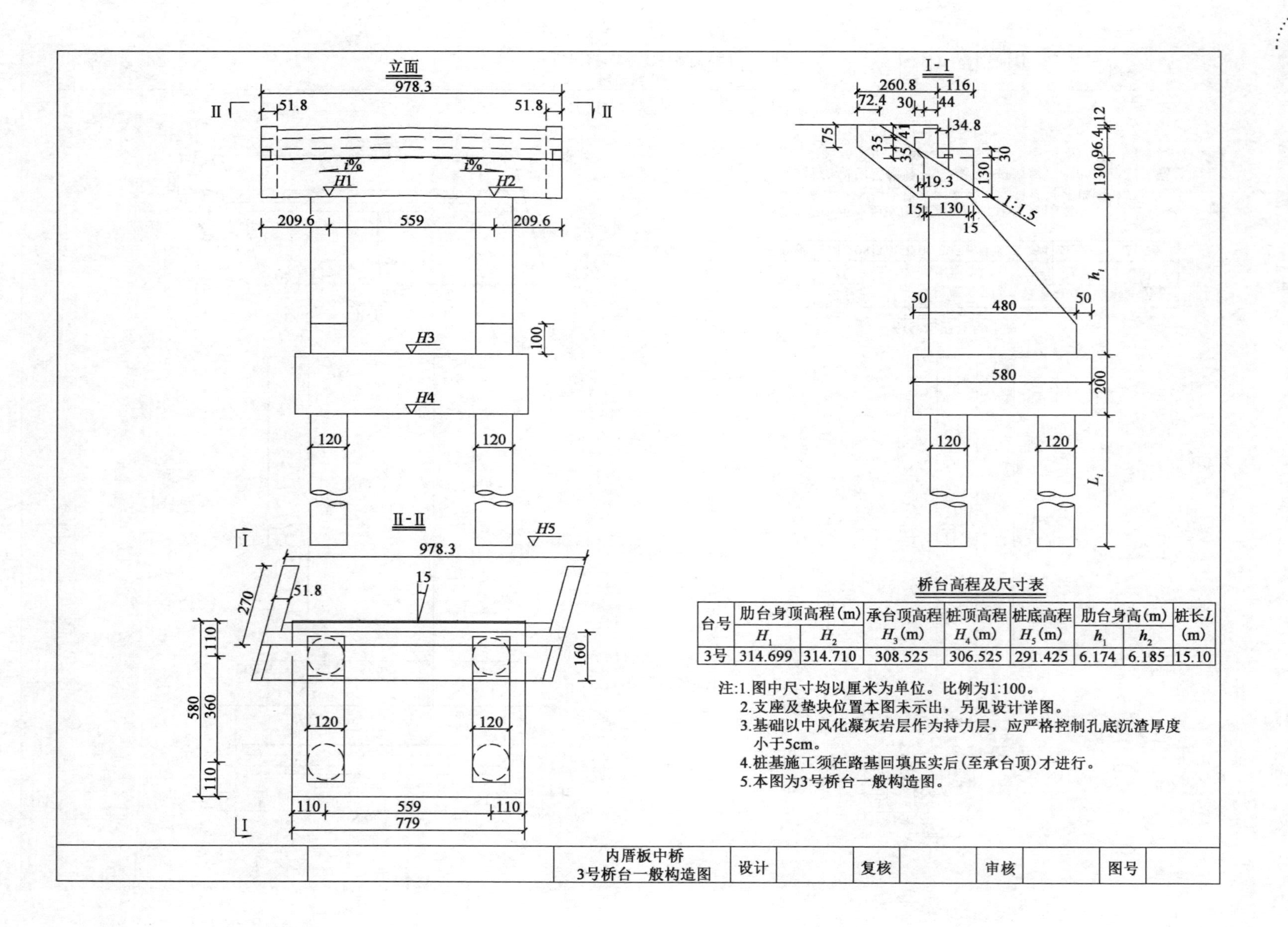

桥台高程及尺寸表

台号	肋台身顶高程(m)		承台顶高程	桩顶高程	桩底高程	肋台身高(m)		桩长L
	H_1	H_2	H_3(m)	H_4(m)	H_5(m)	h_1	h_2	(m)
3号	314.699	314.710	308.525	306.525	291.425	6.174	6.185	15.10

注:1.图中尺寸均以厘米为单位。比例为1:100。
2.支座及垫块位置本图未示出，另见设计详图。
3.基础以中风化凝灰岩层作为持力层，应严格控制孔底沉渣厚度小于5cm。
4.桩基施工须在路基回填压实后(至承台顶)才进行。
5.本图为3号桥台一般构造图。

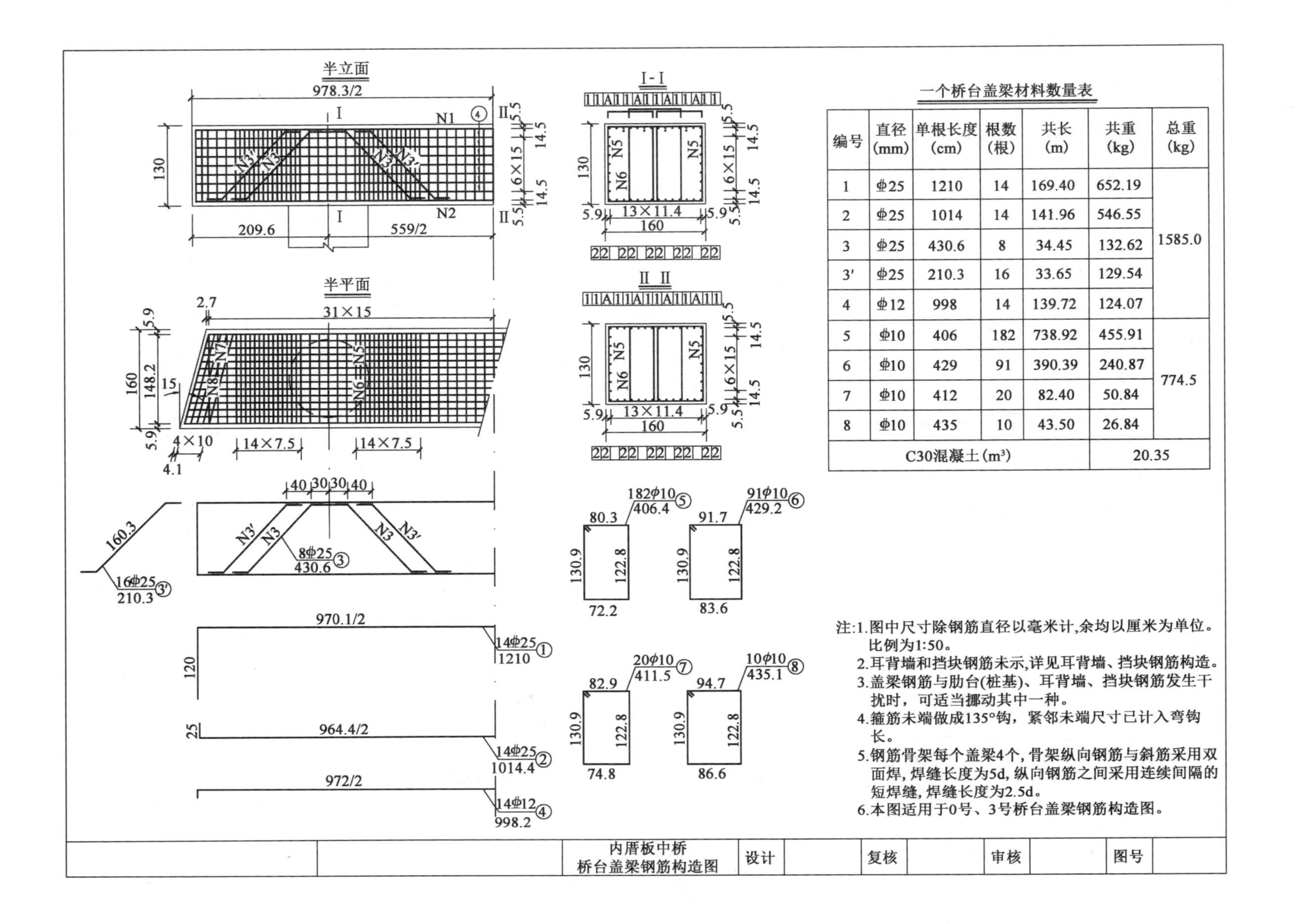

一个桥台盖梁材料数量表

编号	直径(mm)	单根长度(cm)	根数(根)	共长(m)	共重(kg)	总重(kg)
1	ф25	1210	14	169.40	652.19	1585.0
2	ф25	1014	14	141.96	546.55	
3	ф25	430.6	8	34.45	132.62	
3′	ф25	210.3	16	33.65	129.54	
4	ф12	998	14	139.72	124.07	
5	ф10	406	182	738.92	455.91	774.5
6	ф10	429	91	390.39	240.87	
7	ф10	412	20	82.40	50.84	
8	ф10	435	10	43.50	26.84	
C30混凝土(m³)					20.35	

注:1.图中尺寸除钢筋直径以毫米计,余均以厘米为单位。比例为1:50。
2.耳背墙和挡块钢筋未示,详见耳背墙、挡块钢筋构造。
3.盖梁钢筋与肋台(桩基)、耳背墙、挡块钢筋发生干扰时，可适当挪动其中一种。
4.箍筋末端做成135°钩，紧邻末端尺寸已计入弯钩长。
5.钢筋骨架每个盖梁4个,骨架纵向钢筋与斜筋采用双面焊,焊缝长度为5d,纵向钢筋之间采用连续间隔的短焊缝,焊缝长度为2.5d。
6.本图适用于0号、3号桥台盖梁钢筋构造图。

内厝板中桥 桥台盖梁钢筋构造图	设计		复核		审核		图号	

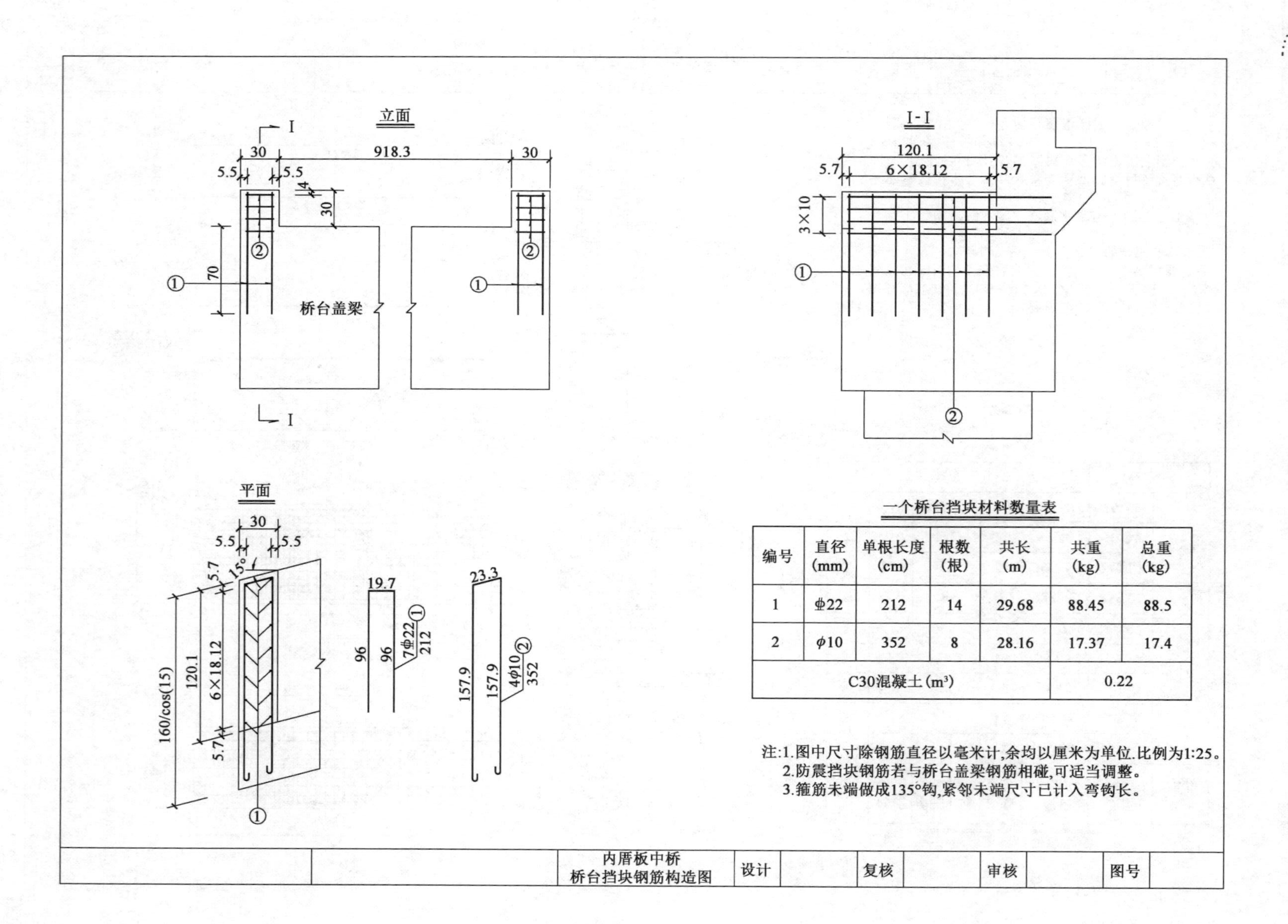

一个桥台挡块材料数量表

编号	直径(mm)	单根长度(cm)	根数(根)	共长(m)	共重(kg)	总重(kg)
1	Φ22	212	14	29.68	88.45	88.5
2	φ10	352	8	28.16	17.37	17.4
C30混凝土(m³)					0.22	

注:1.图中尺寸除钢筋直径以毫米计,余均以厘米为单位.比例为1:25。
2.防震挡块钢筋若与桥台盖梁钢筋相碰,可适当调整。
3.箍筋未端做成135°钩,紧邻未端尺寸已计入弯钩长。

		内厝板中桥 桥台挡块钢筋构造图	设计		复核		审核		图号	

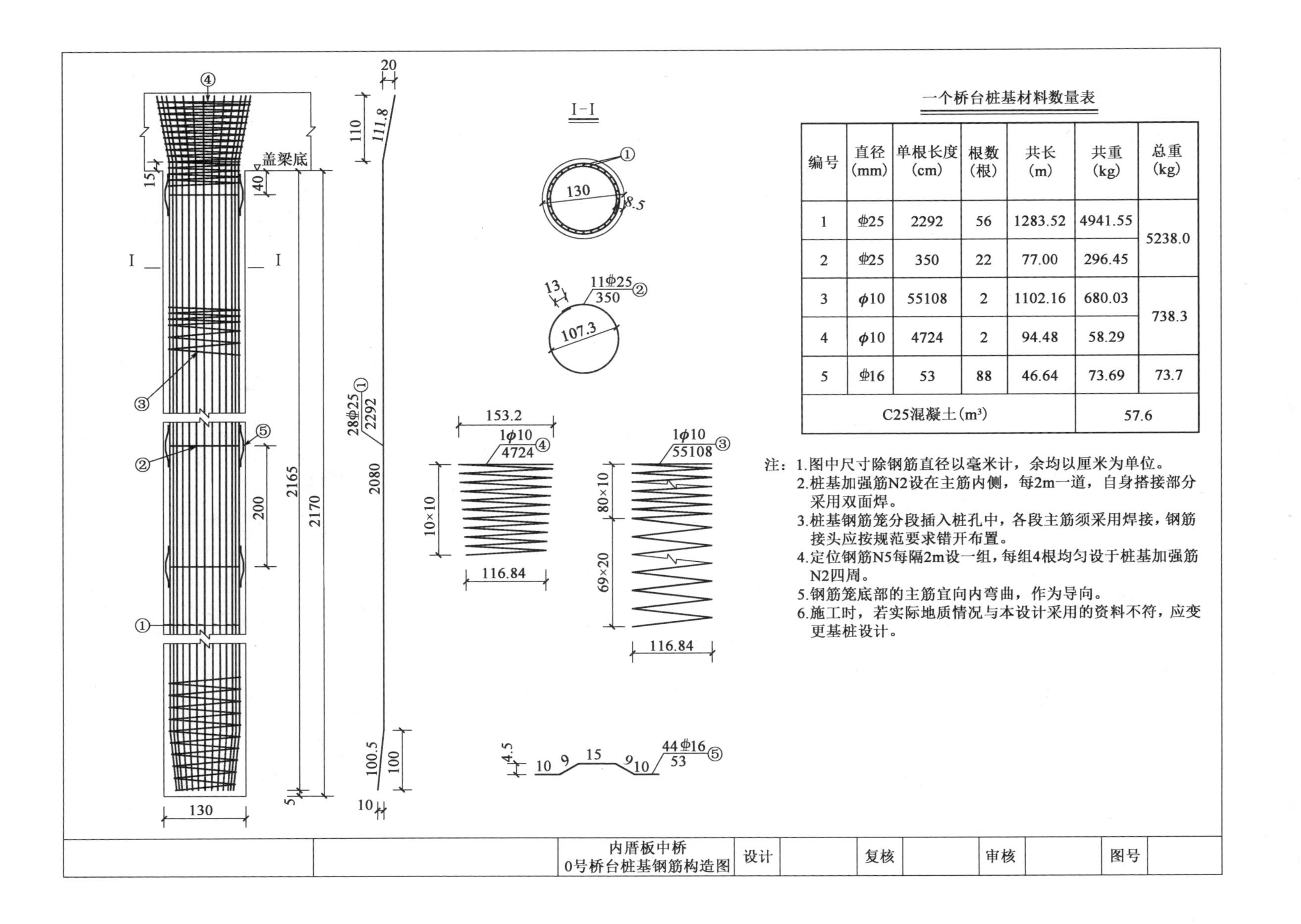

一个桥台桩基材料数量表

编号	直径(mm)	单根长度(cm)	根数(根)	共长(m)	共重(kg)	总重(kg)
1	Φ25	2292	56	1283.52	4941.55	5238.0
2	Φ25	350	22	77.00	296.45	
3	φ10	55108	2	1102.16	680.03	738.3
4	φ10	4724	2	94.48	58.29	
5	Φ16	53	88	46.64	73.69	73.7
C25混凝土(m^3)					57.6	

注：1.图中尺寸除钢筋直径以毫米计，余均以厘米为单位。
2.桩基加强筋N2设在主筋内侧，每2m一道，自身搭接部分采用双面焊。
3.桩基钢筋笼分段插入桩孔中，各段主筋须采用焊接，钢筋接头应按规范要求错开布置。
4.定位钢筋N5每隔2m设一组，每组4根均匀设于桩基加强筋N2四周。
5.钢筋笼底部的主筋宜向内弯曲，作为导向。
6.施工时，若实际地质情况与本设计采用的资料不符，应变更基桩设计。

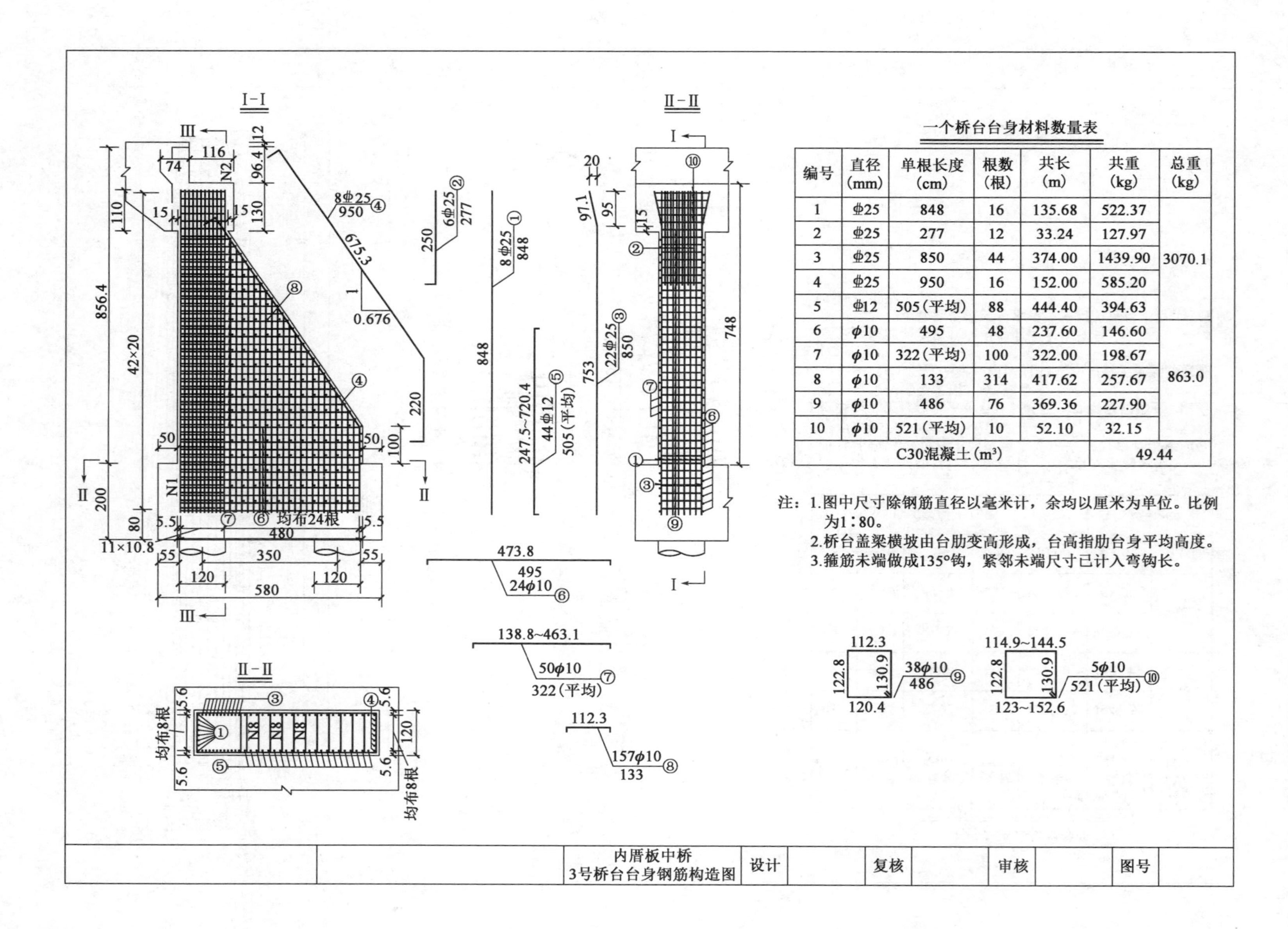

一个桥台台身材料数量表

编号	直径(mm)	单根长度(cm)	根数(根)	共长(m)	共重(kg)	总重(kg)
1	Φ25	848	16	135.68	522.37	3070.1
2	Φ25	277	12	33.24	127.97	
3	Φ25	850	44	374.00	1439.90	
4	Φ25	950	16	152.00	585.20	
5	Φ12	505(平均)	88	444.40	394.63	
6	φ10	495	48	237.60	146.60	863.0
7	φ10	322(平均)	100	322.00	198.67	
8	φ10	133	314	417.62	257.67	
9	φ10	486	76	369.36	227.90	
10	φ10	521(平均)	10	52.10	32.15	
C30混凝土(m³)					49.44	

注：1.图中尺寸除钢筋直径以毫米计，余均以厘米为单位。比例为1∶80。

2.桥台盖梁横坡由台肋变高形成，台高指肋台身平均高度。

3.箍筋末端做成135°钩，紧邻末端尺寸已计入弯钩长。

		内厝板中桥 3号桥台台身钢筋构造图	设计		复核		审核		图号	

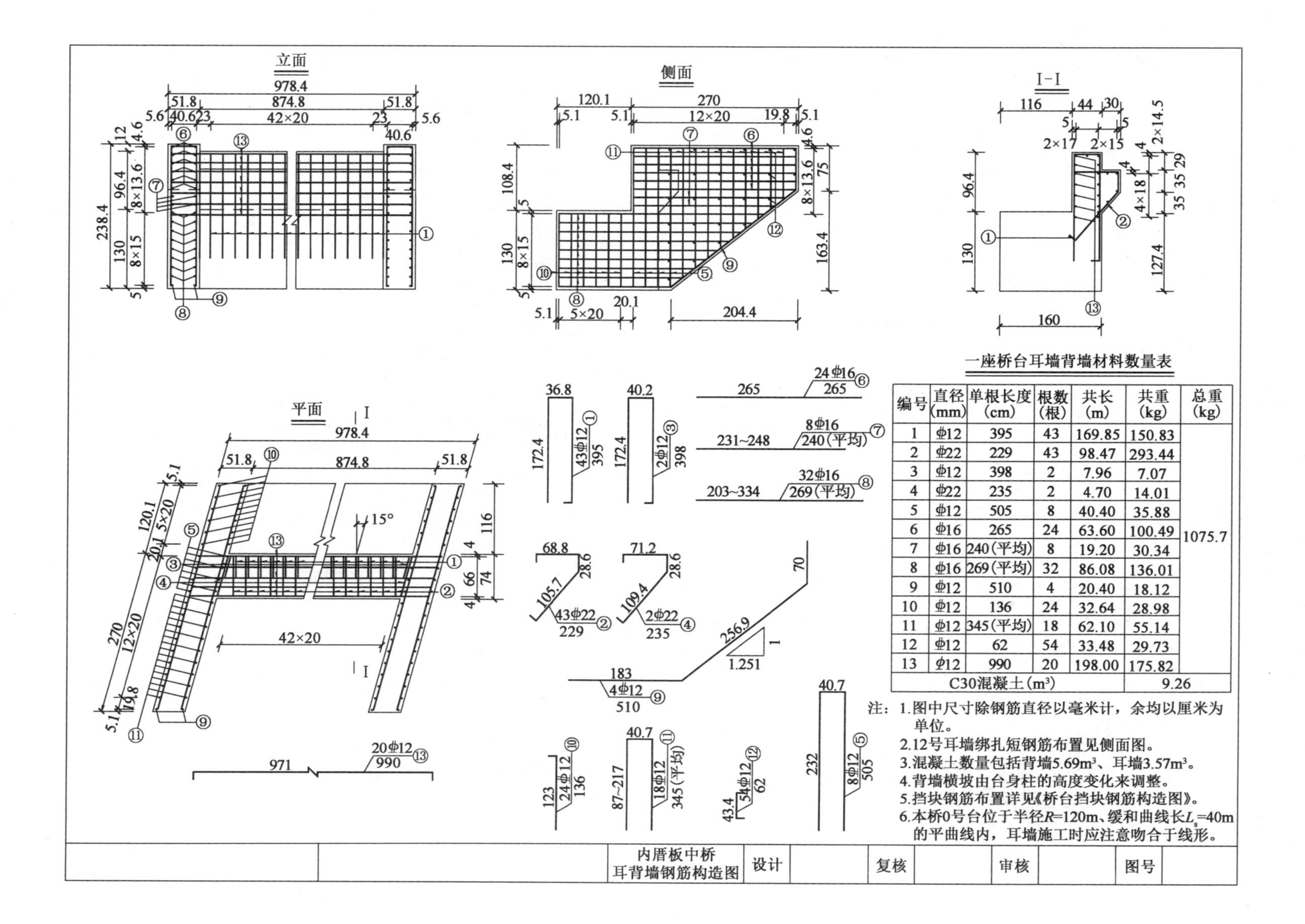

一座桥台耳墙背墙材料数量表

编号	直径(mm)	单根长度(cm)	根数(根)	共长(m)	共重(kg)	总重(kg)
1	ϕ12	395	43	169.85	150.83	1075.7
2	ϕ22	229	43	98.47	293.44	
3	ϕ12	398	2	7.96	7.07	
4	ϕ22	235	2	4.70	14.01	
5	ϕ12	505	8	40.40	35.88	
6	ϕ16	265	24	63.60	100.49	
7	ϕ16	240(平均)	8	19.20	30.34	
8	ϕ16	269(平均)	32	86.08	136.01	
9	ϕ12	510	4	20.40	18.12	
10	ϕ12	136	24	32.64	28.98	
11	ϕ12	345(平均)	18	62.10	55.14	
12	ϕ12	62	54	33.48	29.73	
13	ϕ12	990	20	198.00	175.82	
C30混凝土(m³)					9.26	

注：1.图中尺寸除钢筋直径以毫米计，余均以厘米为单位。
2.12号耳墙绑扎短钢筋布置见侧面图。
3.混凝土数量包括背墙5.69m³、耳墙3.57m³。
4.背墙横坡由台身柱的高度变化来调整。
5.挡块钢筋布置详见《桥台挡块钢筋构造图》。
6.本桥0号台位于半径R=120m、缓和曲线长L_s=40m的平曲线内，耳墙施工时应注意吻合于线形。

		内厝板中桥 耳背墙钢筋构造图	设计		复核		审核		图号	

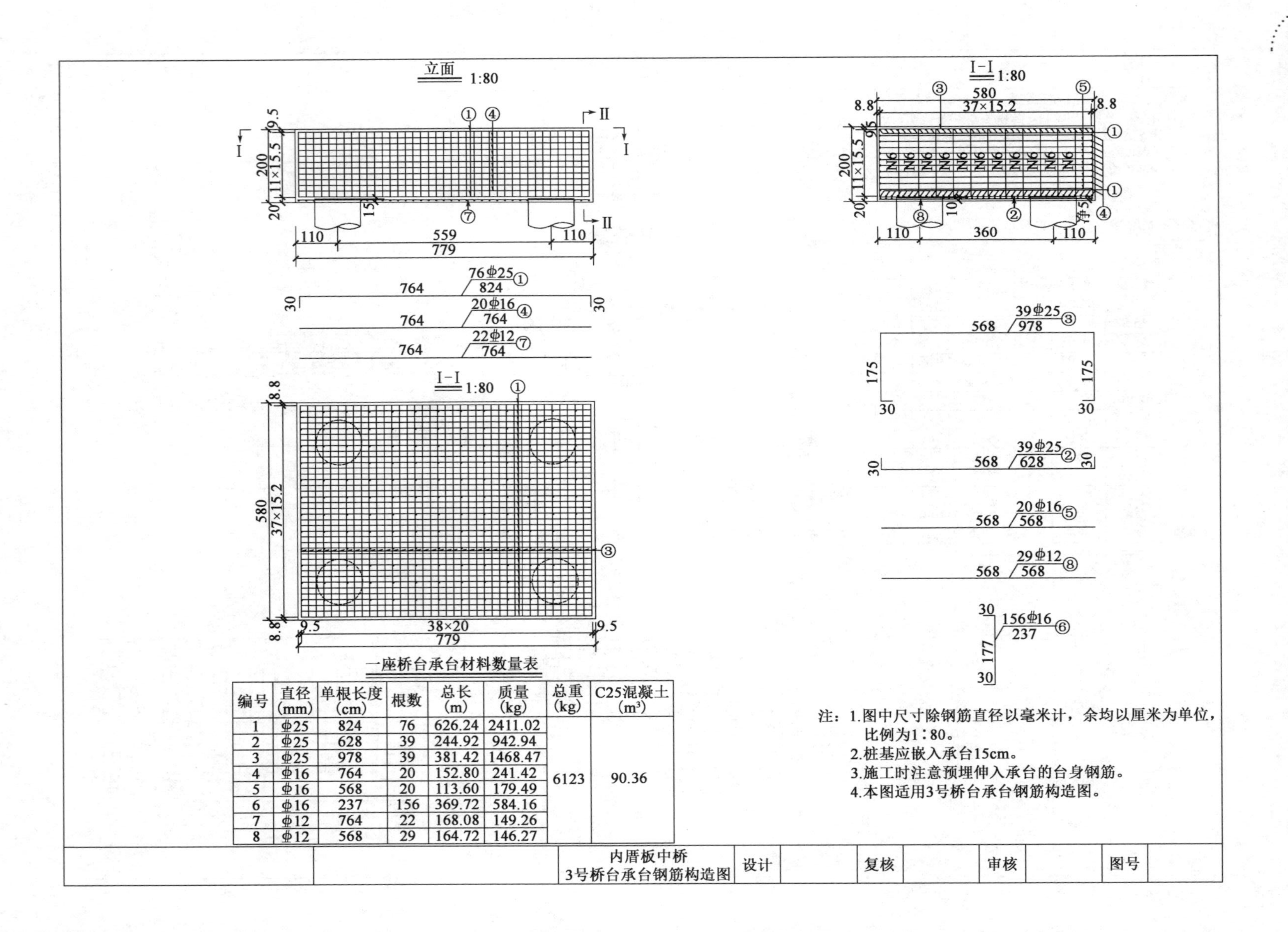

一座桥台承台材料数量表

编号	直径(mm)	单根长度(cm)	根数	总长(m)	质量(kg)	总重(kg)	C25混凝土(m^3)
1	Φ25	824	76	626.24	2411.02	6123	90.36
2	Φ25	628	39	244.92	942.94		
3	Φ25	978	39	381.42	1468.47		
4	Φ16	764	20	152.80	241.42		
5	Φ16	568	20	113.60	179.49		
6	Φ16	237	156	369.72	584.16		
7	Φ12	764	22	168.08	149.26		
8	Φ12	568	29	164.72	146.27		

注：1.图中尺寸除钢筋直径以毫米计，余均以厘米为单位，比例为1∶80。
2.桩基应嵌入承台15cm。
3.施工时注意预埋伸入承台的台身钢筋。
4.本图适用3号桥台承台钢筋构造图。

内厝板中桥 3号桥台承台钢筋构造图	设计		复核		审核		图号	

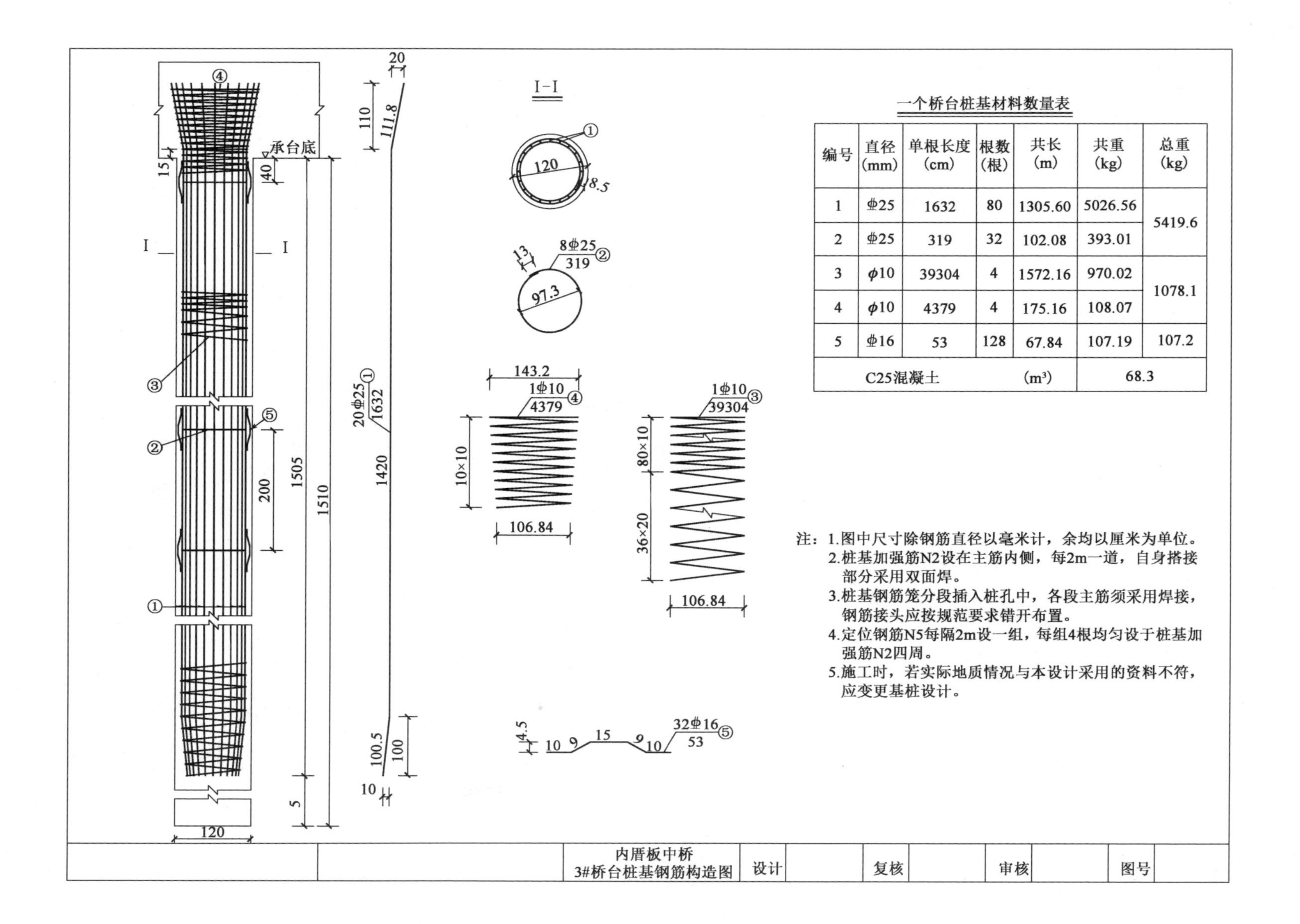

一个桥台桩基材料数量表

编号	直径(mm)	单根长度(cm)	根数(根)	共长(m)	共重(kg)	总重(kg)
1	Φ25	1632	80	1305.60	5026.56	5419.6
2	Φ25	319	32	102.08	393.01	
3	φ10	39304	4	1572.16	970.02	1078.1
4	φ10	4379	4	175.16	108.07	
5	Φ16	53	128	67.84	107.19	107.2
C25混凝土				(m³)	68.3	

注：1.图中尺寸除钢筋直径以毫米计，余均以厘米为单位。
2.桩基加强筋N2设在主筋内侧，每2m一道，自身搭接部分采用双面焊。
3.桩基钢筋笼分段插入桩孔中，各段主筋须采用焊接，钢筋接头应按规范要求错开布置。
4.定位钢筋N5每隔2m设一组，每组4根均匀设于桩基加强筋N2四周。
5.施工时，若实际地质情况与本设计采用的资料不符，应变更基桩设计。

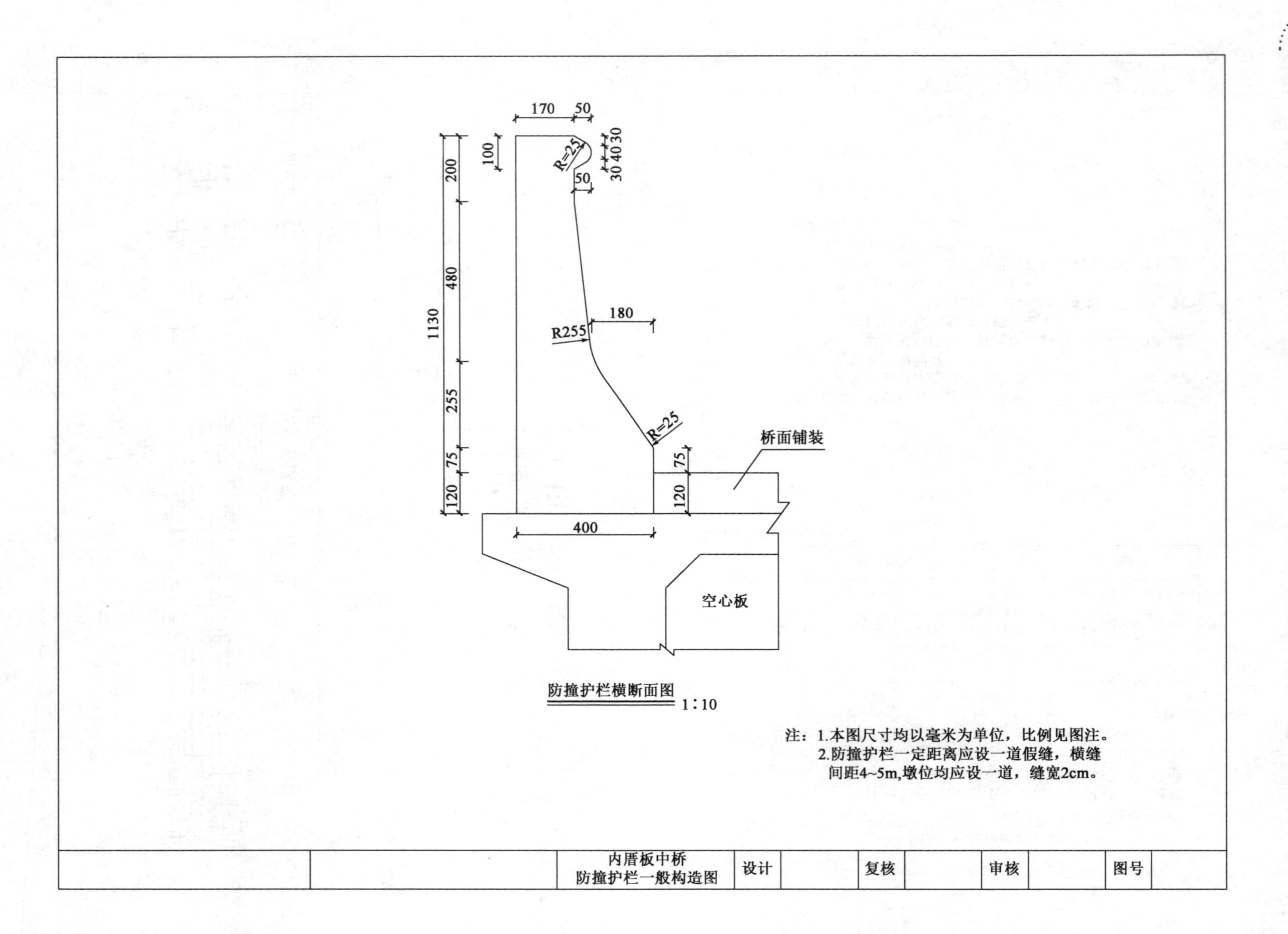

170
50
R=25
30 40 30
50
100
200
480
1130
R255
180
255
R=25
75
120
桥面铺装
75
120
400
空心板
防撞护栏横断面图 1∶10
注：1.本图尺寸均以毫米为单位，比例见图注。
2.防撞护栏一定距离应设一道假缝，横缝间距4~5m,墩位均应设一道，缝宽2cm。
内盾板中桥
防撞护栏一般构造图
设计
复核
审核
图号

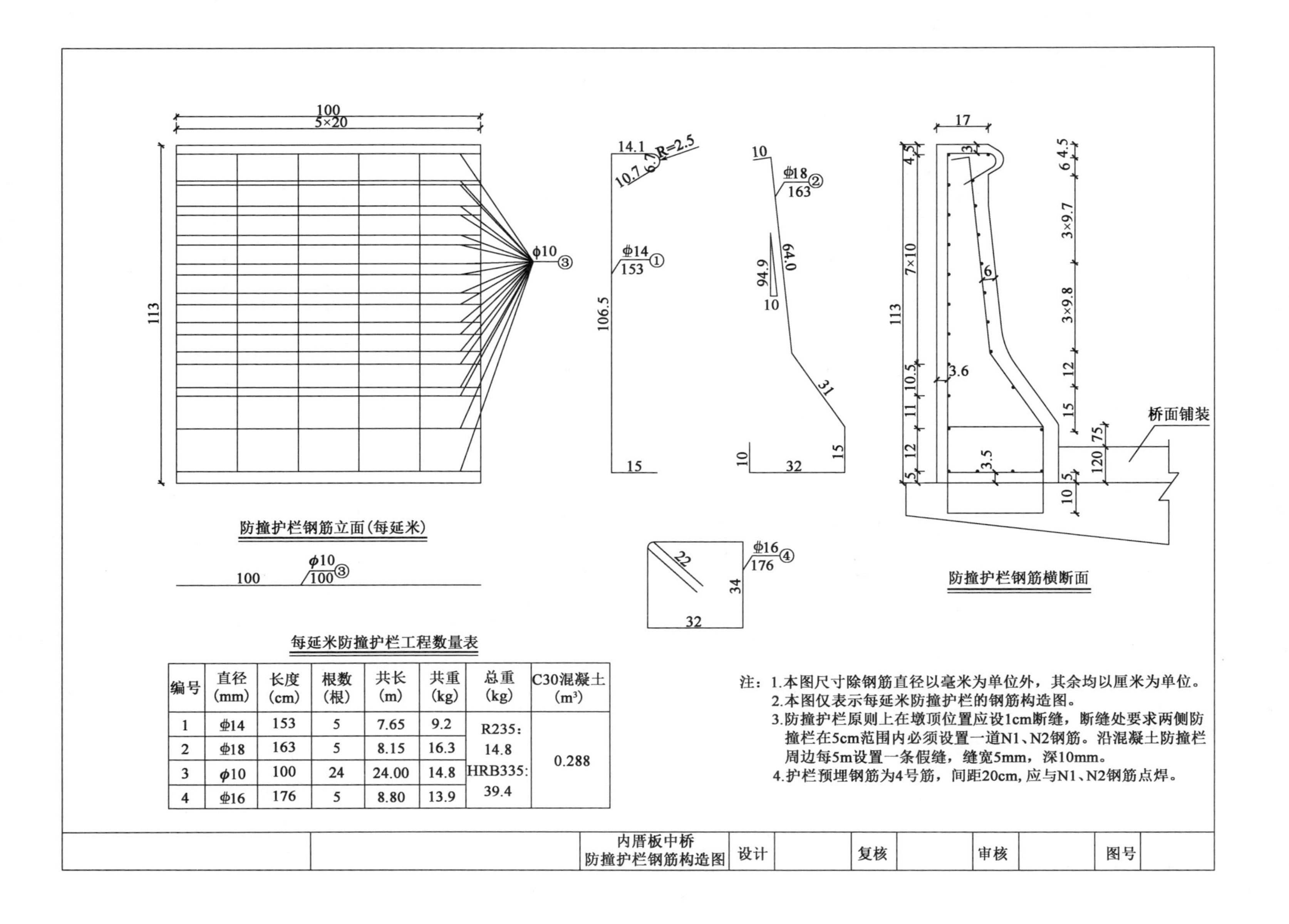

每延米防撞护栏工程数量表

编号	直径(mm)	长度(cm)	根数(根)	共长(m)	共重(kg)	总重(kg)	C30混凝土(m^3)
1	ϕ14	153	5	7.65	9.2	R235:14.8	0.288
2	ϕ18	163	5	8.15	16.3		
3	ϕ10	100	24	24.00	14.8	HRB335:39.4	
4	ϕ16	176	5	8.80	13.9		

注：1.本图尺寸除钢筋直径以毫米为单位外，其余均以厘米为单位。
2.本图仅表示每延米防撞护栏的钢筋构造图。
3.防撞护栏原则上在墩顶位置应设1cm断缝，断缝处要求两侧防撞栏在5cm范围内必须设置一道N1、N2钢筋。沿混凝土防撞栏周边每5m设置一条假缝，缝宽5mm，深10mm。
4.护栏预埋钢筋为4号筋，间距20cm，应与N1、N2钢筋点焊。

	内厝板中桥 防撞护栏钢筋构造图	设计		复核		审核		图号	

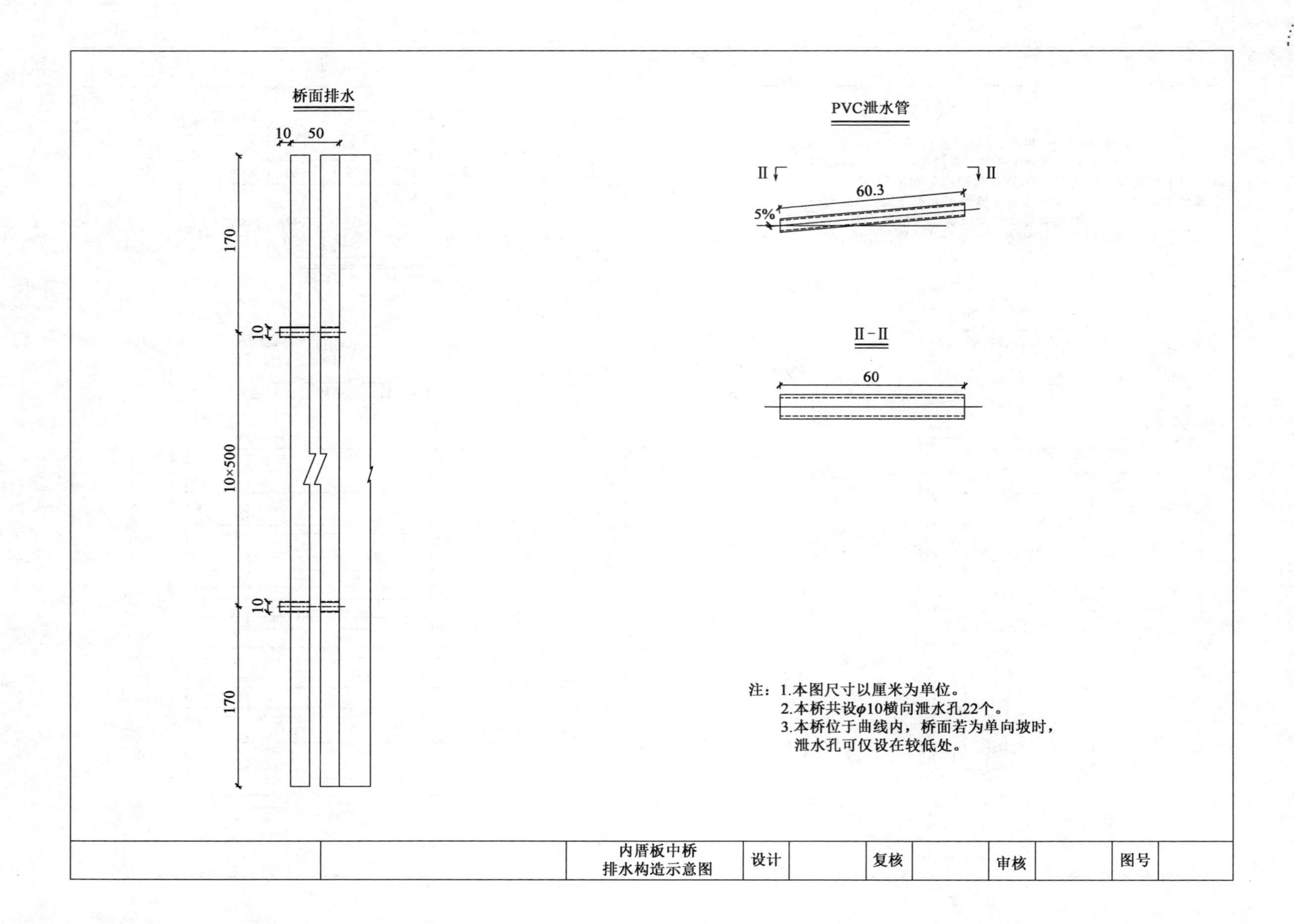

桥面排水
10
50
170
10
10×500
10
170
PVC泄水管
II
II
60.3
5%
II-II
60
注：1.本图尺寸以厘米为单位。
2.本桥共设φ10横向泄水孔22个。
3.本桥位于曲线内，桥面若为单向坡时，泄水孔可仅设在较低处。
内厝板中桥
排水构造示意图
设计
复核
审核
图号

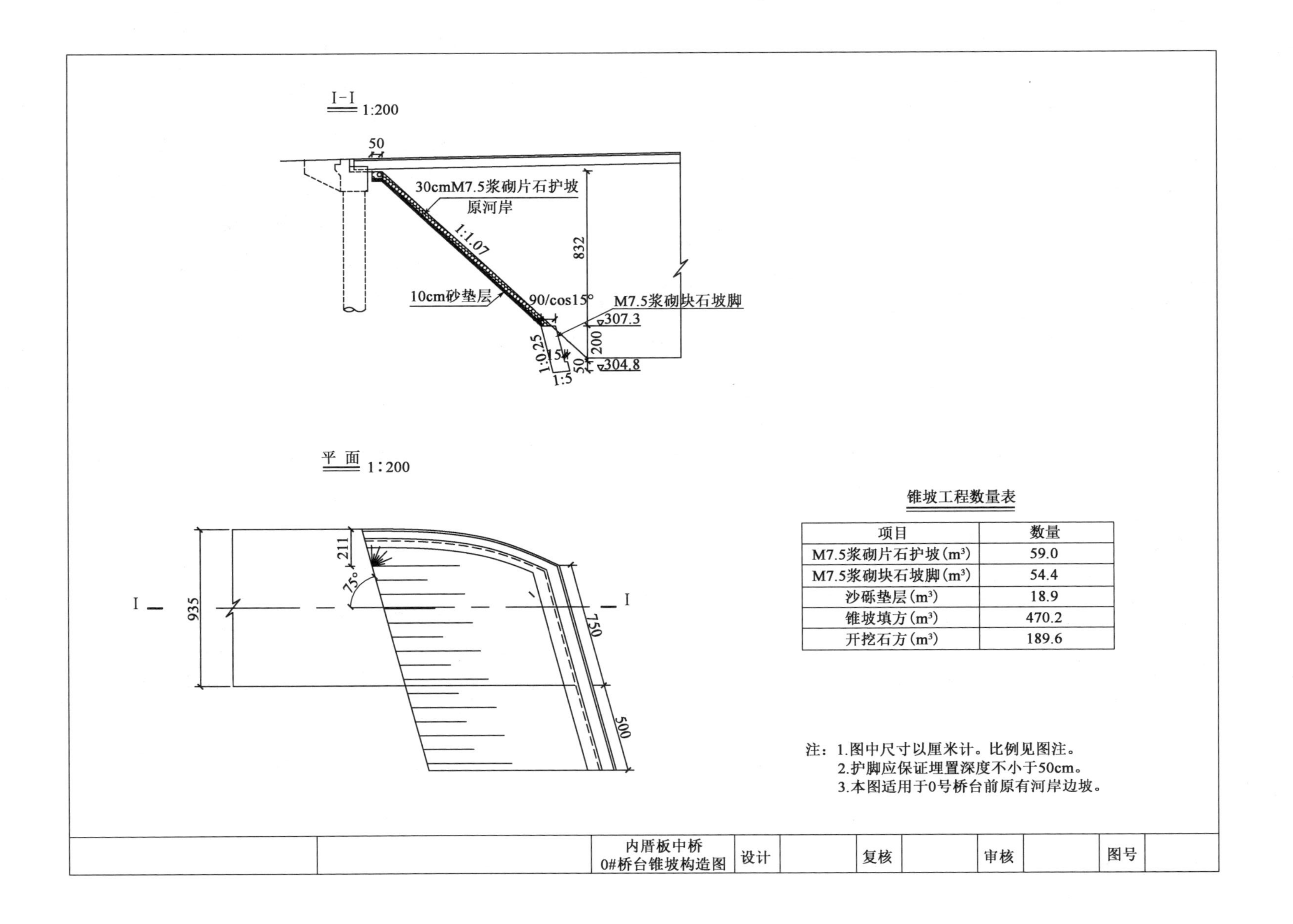

锥坡工程数量表

项目	数量
M7.5浆砌片石护坡(m^3)	59.0
M7.5浆砌块石坡脚(m^3)	54.4
沙砾垫层(m^3)	18.9
锥坡填方(m^3)	470.2
开挖石方(m^3)	189.6

注：1.图中尺寸以厘米计。比例见图注。
2.护脚应保证埋置深度不小于50cm。
3.本图适用于0号桥台前原有河岸边坡。

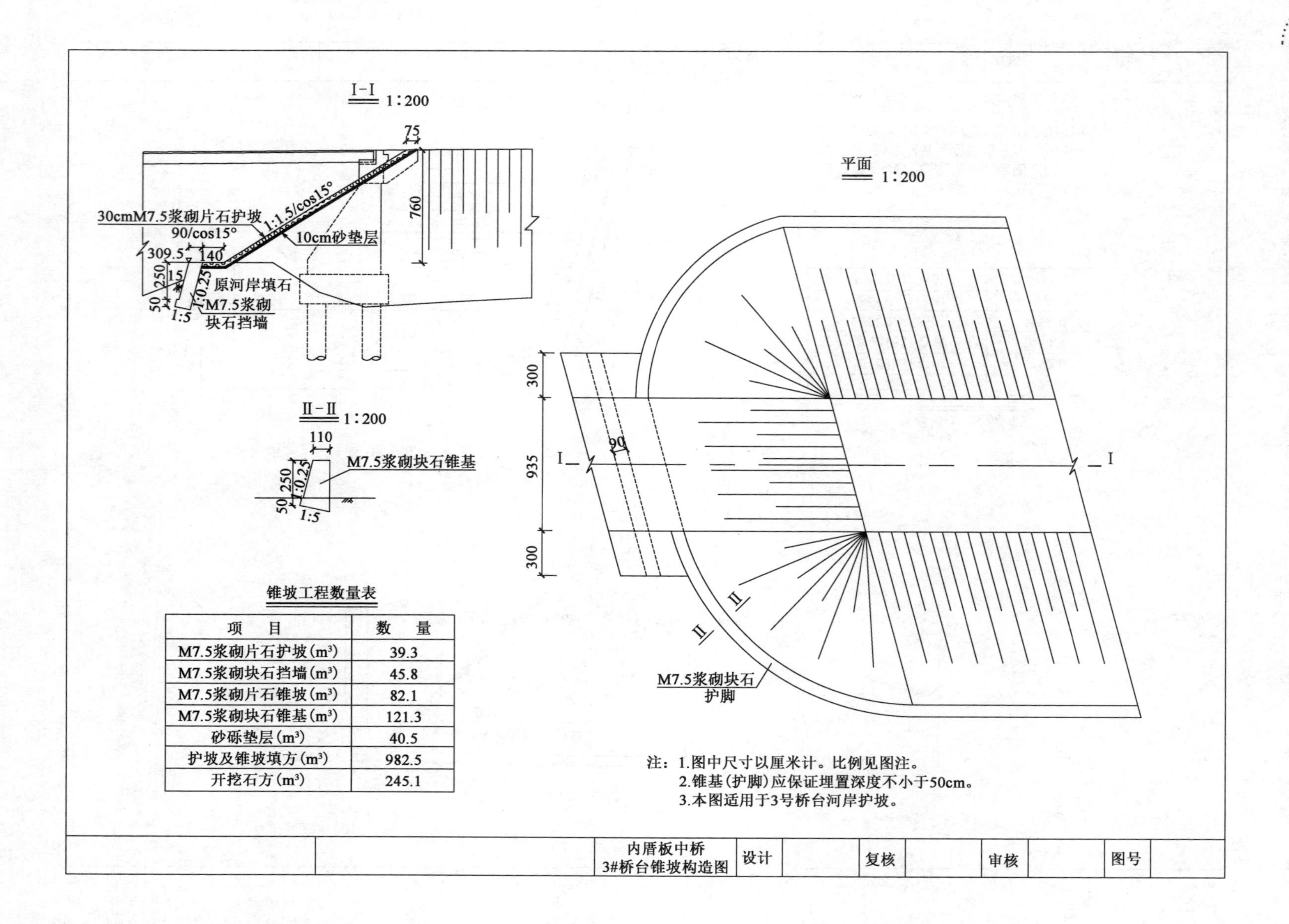

锥坡工程数量表

项　目	数　量
M7.5浆砌片石护坡(m^3)	39.3
M7.5浆砌块石挡墙(m^3)	45.8
M7.5浆砌片石锥坡(m^3)	82.1
M7.5浆砌块石锥基(m^3)	121.3
砂砾垫层(m^3)	40.5
护坡及锥坡填方(m^3)	982.5
开挖石方(m^3)	245.1

注：1.图中尺寸以厘米计。比例见图注。
2.锥基(护脚)应保证埋置深度不小于50cm。
3.本图适用于3号桥台河岸护坡。

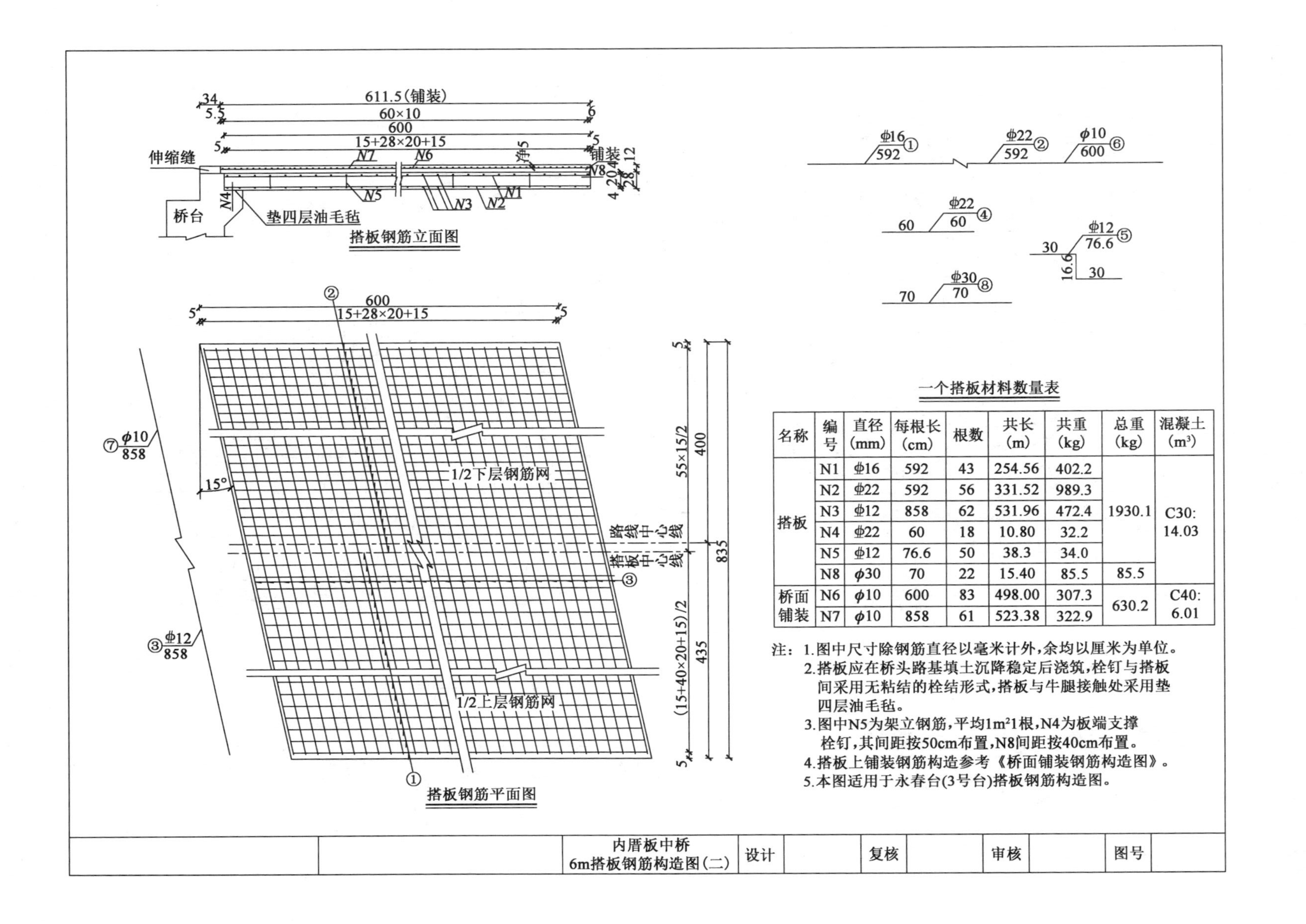

一个搭板材料数量表

名称	编号	直径(mm)	每根长(cm)	根数	共长(m)	共重(kg)	总重(kg)	混凝土(m^3)
搭板	N1	Φ16	592	43	254.56	402.2	1930.1	C30:14.03
	N2	Φ22	592	56	331.52	989.3		
	N3	Φ12	858	62	531.96	472.4		
	N4	Φ22	60	18	10.80	32.2		
	N5	Φ12	76.6	50	38.3	34.0		
	N8	φ30	70	22	15.40	85.5	85.5	
桥面铺装	N6	φ10	600	83	498.00	307.3	630.2	C40:6.01
	N7	φ10	858	61	523.38	322.9		

注：1.图中尺寸除钢筋直径以毫米计外，余均以厘米为单位。

2.搭板应在桥头路基填土沉降稳定后浇筑，栓钉与搭板间采用无粘结的栓结形式，搭板与牛腿接触处采用垫四层油毛毡。

3.图中N5为架立钢筋，平均$1m^2$1根，N4为板端支撑栓钉，其间距按50cm布置，N8间距按40cm布置。

4.搭板上铺装钢筋构造参考《桥面铺装钢筋构造图》。

5.本图适用于永春台(3号台)搭板钢筋构造图。

		内厝板中桥 6m搭板钢筋构造图(二)	设计		复核		审核		图号	

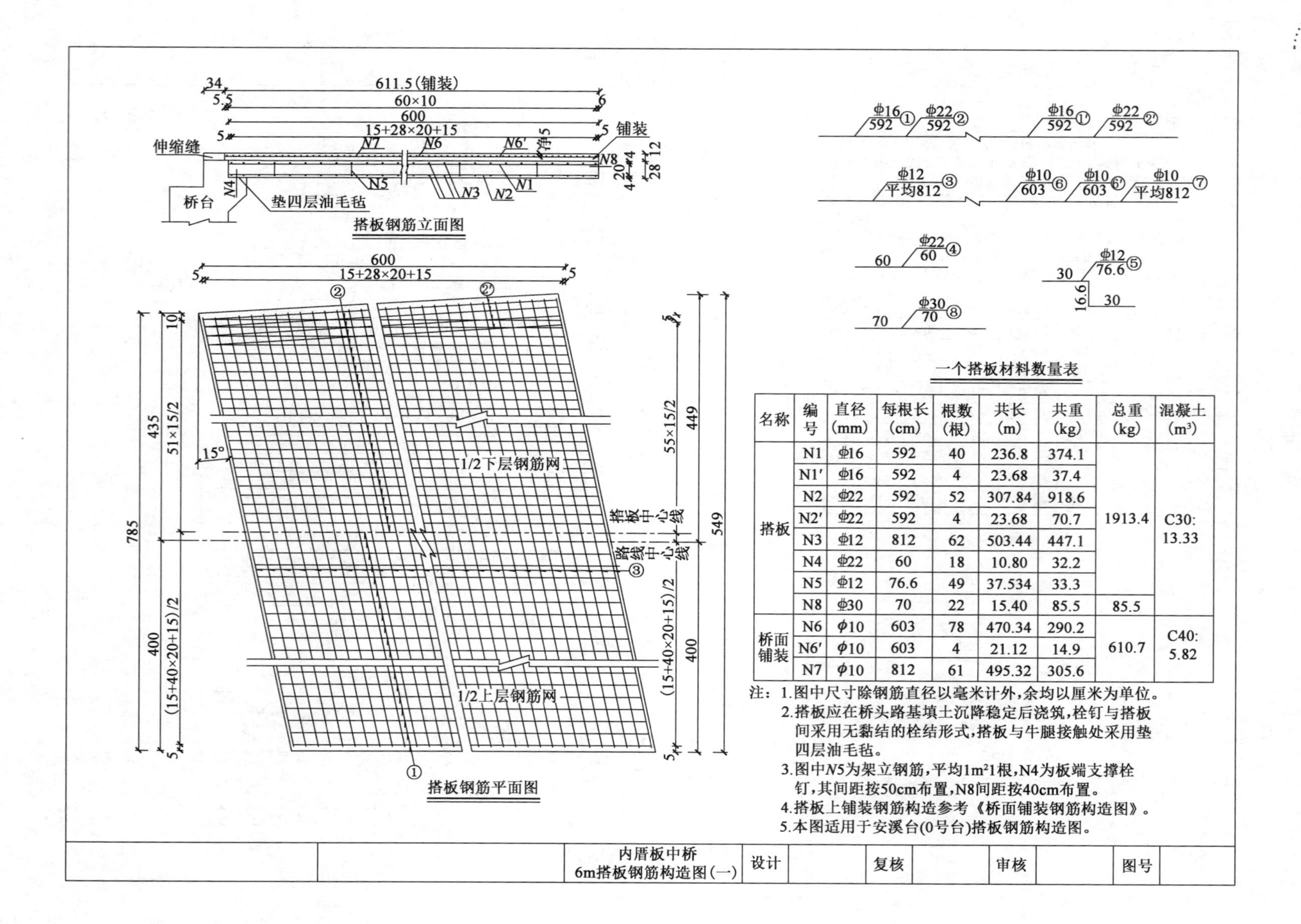

一个搭板材料数量表

名称	编号	直径(mm)	每根长(cm)	根数(根)	共长(m)	共重(kg)	总重(kg)	混凝土(m^3)
搭板	N1	⌀16	592	40	236.8	374.1	1913.4	C30: 13.33
	N1′	⌀16	592	4	23.68	37.4		
	N2	⌀22	592	52	307.84	918.6		
	N2′	⌀22	592	4	23.68	70.7		
	N3	⌀12	812	62	503.44	447.1		
	N4	⌀22	60	18	10.80	32.2		
	N5	⌀12	76.6	49	37.534	33.3		
	N8	⌀30	70	22	15.40	85.5	85.5	
桥面铺装	N6	φ10	603	78	470.34	290.2	610.7	C40: 5.82
	N6′	φ10	603	4	21.12	14.9		
	N7	φ10	812	61	495.32	305.6		

注：1.图中尺寸除钢筋直径以毫米计外，余均以厘米为单位。

2.搭板应在桥头路基填土沉降稳定后浇筑，栓钉与搭板间采用无黏结的栓结形式，搭板与牛腿接触处采用垫四层油毛毡。

3.图中N5为架立钢筋，平均1m²1根，N4为板端支撑栓钉，其间距按50cm布置，N8间距按40cm布置。

4.搭板上铺装钢筋构造参考《桥面铺装钢筋构造图》。

5.本图适用于安溪台(0号台)搭板钢筋构造图。

	内厝板中桥 6m搭板钢筋构造图(一)	设计		复核		审核		图号	

钢筋混凝土盖板涵工程数量表汇总

××至××港区疏港公路　　　　第1页　共4页

序号	中心桩号	与路中线交角(°)	孔数跨径(孔-m)	涵长(m)	洞口型式		主要工程数量															
							挖基		基础	预制盖板			现浇盖板			台身		台基		台帽		
					进口	出口	干处土方(m^3)	石方(m^3)	干砌片石(m^3)	C30混凝土(m^3)	钢筋 HPB300(t)	钢筋 HRB400(t)	C30混凝土(m^3)	钢筋 HPB300(t)	钢筋 HRB400(t)	M7.5浆砌块石(m^3)	M7.5浆砌片石矮墙(m^3)	M7.5浆砌片石(m^3)	C15混凝土(m^3)	C25混凝土(m^3)	钢筋 HPB300(t)	钢筋 HRB400(t)
1	2	3	4	6	7	8	10	11	12	13	14	15	16	17	18	19	20	21	22	23	24	25
1	K9+070	90	1~1.5×1.5	18.75	窨井	八字墙		352.07		6.50	0.263	0.650				33.75	0.32	22.50		12.15		
2	K9+912	90	1~1.5×1.5	20.25	窨井	八字墙	179.96	77.13		7.02	0.285	0.709				36.45	0.18	24.30		13.12		
3	K10+346	95	1~2.0×2.0	25.25	八字墙	八字墙	96.01			13.78	0.463	1.564				48.48		74.74		17.17		
4	K10+550	75	1~1.5×1.5	25.75	八字墙	八字墙	150.39			8.92	0.357	0.939	0.89	0.021	0.111	33.99		65.92		16.69		
5	K10+850	90	1~1.5×1.5	28.0	跌水井	八字墙	102.00			8.59	0.385	1.13				50.40		33.60		17.30		
6	K11+110	90	1~1.5×1.5	26.0	八字墙	八字墙	87.00			7.98	0.358	1.05				46.80		31.20		16.07		
7	K11+371	90	1~1.5×1.5	25.0	跌水井	八字墙	60.00		55.00	7.76	0.344	1.009				45.00		30.00		15.45		
8	K11+767	90	1~2.5×2	28.0	八字墙	八字墙	106.00			19.19	0.617	2.235				78.40		43.68		21.84		
9	K12+270	90	1~1.5×1.5	48.0	八字墙	八字墙	180.00			30.41	0.76	2.599				86.40			111.36	35.04	0.576	0.676
10	K12+408	90	1~2.5×2	47.0	八字墙	八字墙	87.80		16.70	71.43	1.286	5.223				112.80	10.50		146.64	39.57		
11	K12+532	90	1~2.5×2	32.0	八字墙	八字墙	21.00		535.0	29.56	0.754	2.947				76.80	6.00		107.52	222.91		
12	K12+660	90	1~1.5×1.5	27.0	八字墙	八字墙	77.00		11.50	12.03	0.371	1.09				48.60	4.38	32.40		15.36		
13	K12+887	90	1~1.5×1.5	25.0	八字墙	八字墙	21.00			7.67	0.344	1.009				45.00		30.00		15.45		
14	K13+130	130	1~3.5×3.5	28.0	八字墙	八字墙	291.00			32.32	0.779	3.508	3.23	0.037	0.186	176.40		57.12		30.02	0.495	0.394
15	K13+353	90	1~1.5×1.5	20.0	跌水井	八字墙	313.00			6.14	0.275	0.612				36.00		24.00		12.36		
16	K13+558	60	1~3×3	26.0	跌水井	八字墙	218.00			26.24	0.663	2.578	2.62	0.068	0.558	124.80		43.68		24.54		
17	K13+835	75	1~3×3	24.0	跌水井	八字墙	17.00		119.00	24.22	0.663	2.578	2.42	0.068	0.558	115.20		40.32		22.66		
18	K14+040	90	1~2×2	23.0	跌水井	八字墙	389.00			11.41	0.412	0.997				55.20		33.12		14.86		
19	K14+628	110	1~4×4	48.0	八字墙	八字墙	143.38			114.57	2.016	10.521	11.46	0.11	0.206	384.00	12.16		268.80	69.02	0.824	0.676
20	K15+142	100	1~4×4	38.0	八字墙	八字墙	98.82			90.70	1.626	7.773	9.07	0.067	0.087	304.00	4.86		212.80	54.64	0.640	0.535
21	K15+645	135	1~4×4	77.0	八字墙	八字墙	356.00		35.70	225.48	3.302	17.36	22.55	0.098	0.38	525.60	14.59		408.80	120.16	1.567	1.029

钢筋混凝土盖板涵工程数量表汇总

××至××港区疏港公路

第2页　共4页

序号	主要工程数量																					设计流量（m^3/s）
	支撑梁				帽石	洞口						M7.5浆砌片石洞口、洞底铺砌（m^3）	M7.5浆砌片石急流槽（m^3）	M7.5浆砌片石隔水墙（m^3）	砂砾垫层（m^3）	砂浆抹面（m^2）	沥青麻絮沉降缝（m^2）	油毛毡（m^2）	草袋围堰高1m（m^3）	现浇支架（m^2）	M7.5浆砌片石挡墙（m^2）	
	C25混凝土（m^3）	钢筋		M7.5浆砌块石（m^3）	M10粗料石（m^3）	M7.5浆砌片石实体翼墙（m^3）	M7.5浆砌片石翼墙基础（m^3）	M7.5浆砌片石实体端墙（m^3）	M7.5浆砌片石端墙基础（m^3）	M7.5浆砌片石排水沟（m^3）	M7.5浆砌片石跌井（m^3）											
		HPB300（t）	HRB400（t）																			
1	26	27	28	29	30	31	32	33	34	35	36	37	38	39	40	41	42	43	44	45	46	47
1	2.43	0.067	0.145		0.18	2.28	2.16				9.37	9.95			4.00	7.00	6.00	18.75				4.340
2	2.68	0.074	0.159		0.20	2.28	2.16				8.58	10.67			3.24	7.00	6.00	20.25				4.340
3					0.44	13.23	9.58					19.41		2.53		8.50	7.20	25.25	10.00			8.770
4					0.38	7.00	6.32					9.25		1.94	75.47	8.00	6.00	25.75		2.80		4.340
5				3.36	0.41	3.91	3.54	2.48	0.78		5.52	19.19		0.90			24.36	28.00				4.069
6				2.95	0.40	8.89	7.97					21.41		1.95			22.62	26.00				4.069
7				2.73	0.23	5.32	4.73	4.87	0.75		5.52	18.73	20.78	2.50			21.75	25.00				4.069
8	5.60	0.145	0.293		0.49	14.08	10.11					55.02		2.72			24.36	28.00				10.440
9					0.40	10.75	8.97					16.06		2.10			41.76	48.00				4.069
10					0.53	20.05	12.98					14.08		3.14			40.89	47.00				10.440
11					0.49	16.57	11.53					11.09	104.13	4.61			27.84	32.00			107.00	10.440
12				3.12	0.35	8.06	7.12					30.81		1.80			23.49	27.00				4.690
13				2.88	0.35	7.55	6.83					28.70		1.75			21.75	25.00				4.690
14	6.16	0.174	0.308		0.81	45.76	21.41					86.33		4.56			24.36	28.00		7.00		35.298
15				2.27	0.17	3.63	3.30	4.28	0.75		12.70	21.76		0.70			17.40	20.00				4.690
16	5.28	0.147	0.269		0.75	16.14	8.51	2.11	2.00		20.47	54.34		1.64			22.62	26.00		6.00		23.016
17	5.28	0.147	0.269		0.59	29.67	15.50					50.69		4.14			20.88	24.00		6.00		23.016
18	3.52	0.100	0.191		0.52	7.09	5.16	1.17	0.98		9.56	40.88		1.26			20.01	23.00				8.352
19					0.85	73.10	27.54					50.50		6.50			41.76	48.00		12.00		50.835
20					0.75	81.14	30.45					73.21		5.96			33.06	38.00		12.00		50.835
21					1.12	99.83	36.93					83.29		6.88	616.0		66.99	77.00		12.00		50.835

钢筋混凝土盖板涵工程数量表汇总

××至××港区疏港公路

第3页 共4页

序号	中心桩号	与路中线交角(°)	孔数跨径(孔-m)	涵长(m)	洞口型式		主要工程数量															
					进口	出口	挖基		基础	预制盖板			现浇盖板			台身		台基		台帽		
							干处土方(m^3)	石方(m^3)	干砌片石(m^3)	C30混凝土(m^3)	钢筋 HPB300(t)	钢筋 HRB400(t)	C30混凝土(m^3)	钢筋 HPB300(t)	钢筋 HRB400(t)	M7.5浆砌块石(m^3)	M7.5浆砌片石矮墙(m^3)	M7.5浆砌片石(m^3)	C15混凝土(m^3)	C25混凝土(m^3)	钢筋 HPB300(t)	钢筋 HRB400(t)
1	2	3	4	6	7	8	10	11	12	13	14	15	16	17	18	19	20	21	22	23	24	25
22	K16+032	65	1~3×3	42.0	八字墙	八字墙	138.70			59.93	1.215	5.085	5.99	0.028	0.075	226.80	7.78		181.44	51.58		
23	K16+147	135	1~3×3	57.0	八字墙	八字墙	15.00		40.00	81.33	1.609	7.556	8.13	0.034	0.178	307.80	9.73		246.24	70.00		
24	K16+471.79	90	1~1.5×1.5	32.8	跌水井	挡土墙	187.40			15.07	0.464	1.367				61.20	4.38		84.32	22.44		
25	K16+632	75	1~3×3	28.0	八字墙	八字墙	12.00		486.90	32.16	0.766	2.972	3.22	0.04	0.065	134.40			112.00	27.66		
26	K16+745	110	1~2.5×2	23.0	八字墙	八字墙	92.00		26.00	15.76	0.491	1.551	1.58	0.028	0.058	55.20		22.08		15.18		
27	K17+134	90	1~2.5×2	35.0	八字墙	八字墙	91.00		51.00	38.59	0.865	3.638				84.00		50.40		26.53		
28	K17+514	90	1~2.5×2	20.0	跌水井	八字墙	88.30		113.00	13.71	0.662	1.924				48.00		19.20		13.20		
29	K17+700	90	1~3×3	36.0	八字墙	八字墙	58.35		8.47	51.36	1.069	4.325				172.80	7.46		144.00	38.74		
30	K17+880	90	1~2×2	24.0	跌水井	八字墙	353.00		9.00	11.90	0.43	1.341				57.60		28.80		15.50		
31	K18+135	55	1~2×2	39.0	八字墙	八字墙	120.50			25.15	0.71	2.485	2.52	0.013	0.061	93.60	6.49		106.08	26.83		
32	K18+519	90	1~2×2	17.0	跌水井	一字墙	780.00			8.43	0.32	0.771				40.80		20.40		10.89		
33	K18+784	90	1~3×3	20.0	八字墙	八字墙	268.00			20.18	0.541	1.888				96.00		33.60		18.80		
34	K18+935	70	1~3×3	22.0	跌水井	八字墙	305.00			22.20	0.572	2.126	2.22	0.031	0.067	105.60		36.96		20.77		
35	K19+149	90	1~3×3	33.0	跌水井	八字墙	207.70		6.7	49.79	0.98	4.163				102.96			121.44	23.10		
36	K19+470	90	1~2.5×2	21.0	跌水井	八字墙	501.00			14.39	0.463	1.677				58.80		32.76		16.38		
合计				1109.8			6212.31	429.20	1513.97	1221.87	27.48	110.95	75.90	0.64	2.59	4109.63	88.83	830.78	2251.44	1203.98	4.10	3.31

钢筋混凝土盖板涵工程数量表汇总

××至××港区疏港公路　　　　　　　　　　　　　　　　　　　　　　　第4页　共4页

序号	主要工程数量																					设计流量(m^3/s)
	支撑梁				帽石	洞口																
	C25混凝土(m^3)	钢筋		M7.5浆砌块石(m^3)	M10粗料石(m^3)	M7.5浆砌片石实体翼墙(m^3)	M7.5浆砌片石翼墙基础(m^3)	M7.5浆砌片石实体端墙(m^3)	M7.5浆砌片石端墙基础(m^3)	M7.5浆砌片石排水沟(m^3)	M7.5浆砌片石跌井(m^3)	M7.5浆砌片石洞口、洞底铺砌(m^3)	M7.5浆砌片石急流槽(m^3)	M7.5浆砌片石隔水墙(m^3)	砂砾垫层(m^3)	砂浆抹面(m^2)	沥青麻絮沉降缝(m^2)	油毛毡(m^2)	草袋围堰高1m(m^3)	现浇支架(m^2)	M7.5浆砌片石挡墙(m^2)	
		HPB300(t)	HRB400(t)																			
1	26	27	28	29	30	31	32	33	34	35	36	37	38	39	40	41	42	43	44	45	46	47
22					0.72	39.23	18.78					29.76		5.22			36.54	42.00		6.00		23.016
23					0.89	46.86	22.68					27.58		4.80			49.59	57.00		6.00		23.016
24					0.24			0.81	1.58		5.52	3.50					28.49	32.75				4.069
25					0.59	30.52	15.78					56.90		5.54			24.36	28.00		6.00		23.016
26	4.40	0.114	0.230		0.53	12.61	9.12					48.52		3.08			20.01	23.00		6.00		10.440
27	6.80	0.176	0.355		0.49	17.48	11.92					59.34		2.89			30.45	35.00				10.440
28	3.60	0.093	0.188		0.59	7.36	5.28	1.85	1.90		13.32	37.23		1.40			17.40	20.00				10.440
29					0.60	44.08	20.94					40.89	26.18	4.18			31.32	36.00				23.016
30	3.84	0.109	0.208		0.52	7.09	5.16	1.17	0.98			34.62		1.26			20.88	24.00				8.352
31					0.54	17.50	11.84					8.80		2.32			33.93	39.00		4.00		8.352
32	2.76	0.082	0.156					11.18	1.89	13.95	9.56	18.02					14.79	17.00				8.352
33	4.20	0.120	0.220		0.56	32.62	16.97					61.28		3.86			17.40	20.00				23.016
34	3.84	0.134	0.245		0.79	14.86	7.77	3.07	1.46		20.40	56.34		2.22			19.14	22.00		6.00		23.016
35					0.74	21.04	10.02	5.47	2.62		20.90	11.78		2.01			28.71	33.00				23.016
36	4.26	0.114	0.23		0.25	7.13	5.12	0.92	0.96		20.83	37.80		1.37			18.27	21.00				1.440
	64.65	1.80	3.47	17.31	18.46	774.71	404.18	39.38	16.65	13.95	162.25	1257.73	151.09	97.73	698.71	30.50	912.38	1109.75	10.00	91.80	107.00	

编制：　　　　　　　　　　　　　　　　　　　　　　　　　　　　　　　复核：

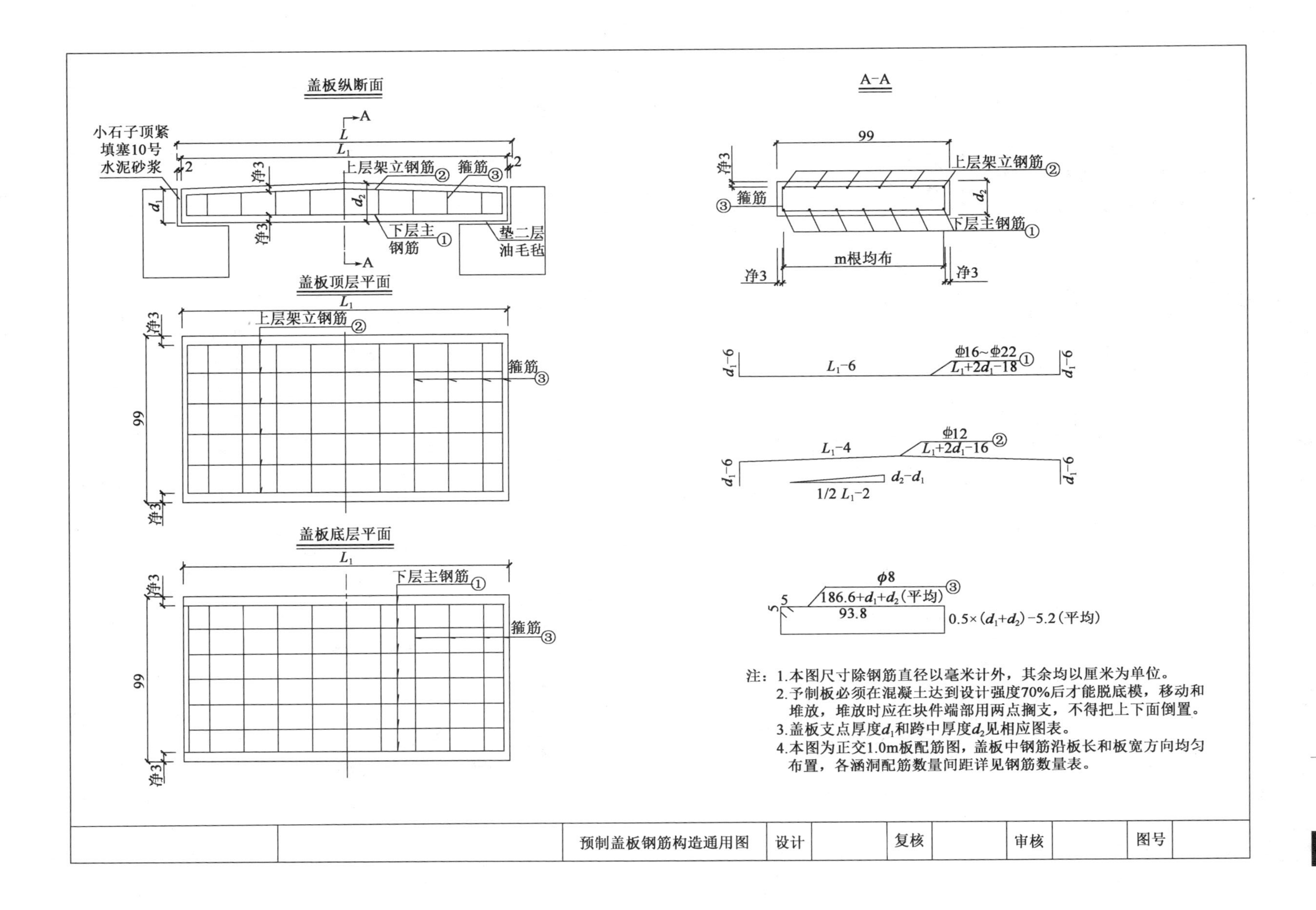

注：1.本图尺寸除钢筋直径以毫米计外，其余均以厘米为单位。

2.予制板必须在混凝土达到设计强度70%后才能脱底模，移动和堆放，堆放时应在块件端部用两点搁支，不得把上下面倒置。

3.盖板支点厚度d_1和跨中厚度d_2见相应图表。

4.本图为正交1.0m板配筋图，盖板中钢筋沿板长和板宽方向均匀布置，各涵洞配筋数量间距详见钢筋数量表。

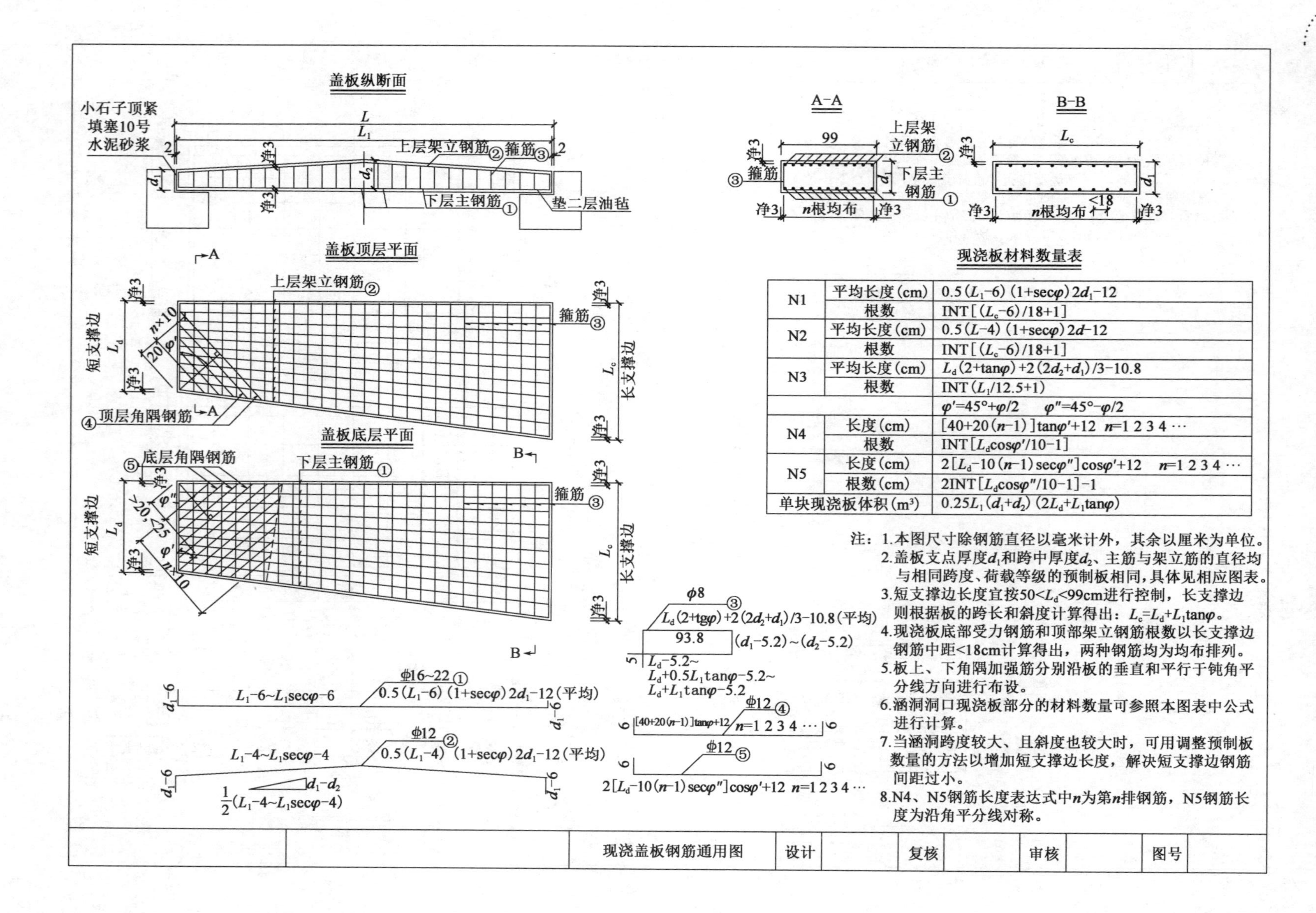

现浇板材料数量表

N1	平均长度(cm)	$0.5(L_1-6)(1+\sec\varphi)2d_1-12$
	根数	$INT[(L_c-6)/18+1]$
N2	平均长度(cm)	$0.5(L-4)(1+\sec\varphi)2d-12$
	根数	$INT[(L_c-6)/18+1]$
N3	平均长度(cm)	$L_d(2+\tan\varphi)+2(2d_2+d_1)/3-10.8$
	根数	$INT(L_1/12.5+1)$
		$\varphi'=45°+\varphi/2$ $\varphi''=45°-\varphi/2$
N4	长度(cm)	$[40+20(n-1)]\tan\varphi'+12$ $n=1\ 2\ 3\ 4\cdots$
	根数	$INT[L_d\cos\varphi'/10-1]$
N5	长度(cm)	$2[L_d-10(n-1)\sec\varphi'']\cos\varphi'+12$ $n=1\ 2\ 3\ 4\cdots$
	根数(cm)	$2INT[L_d\cos\varphi''/10-1]-1$
单块现浇板体积(m^3)		$0.25L_1(d_1+d_2)(2L_d+L_1\tan\varphi)$

注：1.本图尺寸除钢筋直径以毫米计外，其余以厘米为单位。
2.盖板支点厚度d_1和跨中厚度d_2、主筋与架立筋的直径均与相同跨度、荷载等级的预制板相同，具体见相应图表。
3.短支撑边长度宜按$50<L_d<99$cm进行控制，长支撑边则根据板的跨长和斜度计算得出：$L_c=L_d+L_1\tan\varphi$。
4.现浇板底部受力钢筋和顶部架立钢筋根数以长支撑边钢筋中距<18cm计算得出，两种钢筋均为均布排列。
5.板上、下角隅加强筋分别沿板的垂直和平行于钝角平分线方向进行布设。
6.涵洞洞口现浇板部分的材料数量可参照本图表中公式进行计算。
7.当涵洞跨度较大、且斜度也较大时，可用调整预制板数量的方法以增加短支撑边长度，解决短支撑边钢筋间距过小。
8.N4、N5钢筋长度表达式中n为第n排钢筋，N5钢筋长度为沿角平分线对称。

支撑梁纵断面图

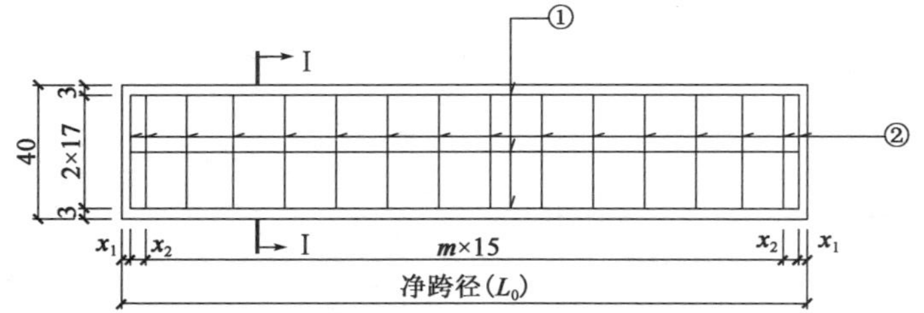

支撑梁平面图(正交)

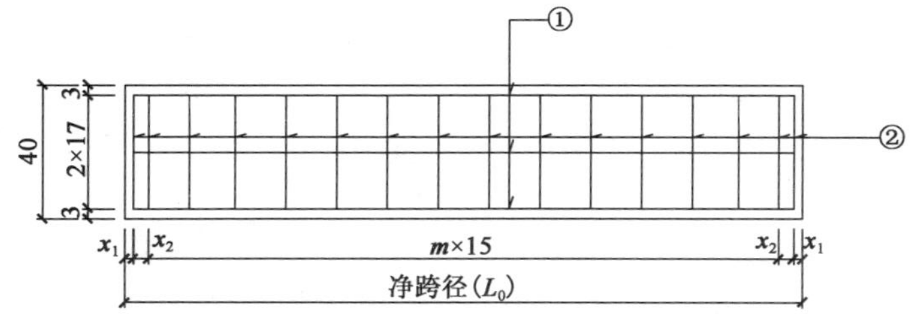

I-I

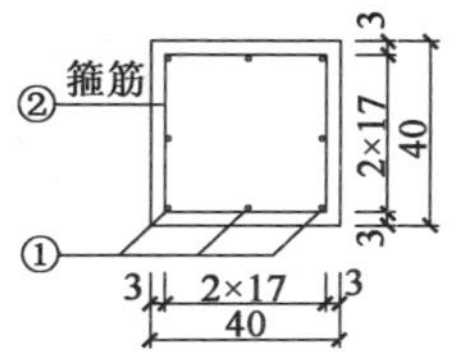

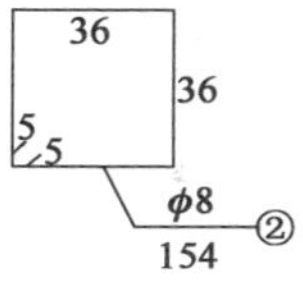

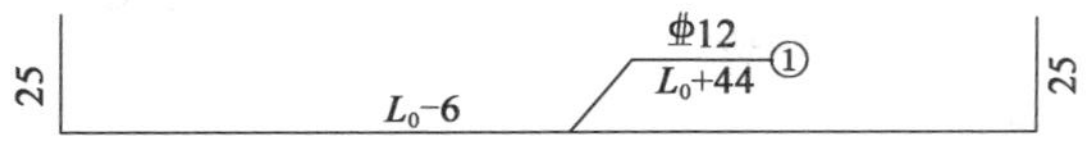

净跨径 L_0(cm)	x_1	x_2	m
200	5	5	12
250	0	5	16
300	2	5.5	19
350	5	5	23

单根钢筋混凝土支撑梁工程数量表

净跨径 L_0(cm)	编号	直径(mm)	长度(cm)	根数(根)	共长(m)	共重(kg)
160	1	ф12	204	8	16.32	14.49
	2	ϕ8	154	11	16.94	6.69
200	1	ф12	244	8	19.52	17.34
	2	ϕ8	154	15	23.10	9.12
250	1	ф12	294	8	23.52	20.9
	2	ϕ8	154	17	26.18	10.34
300	1	ф12	344	8	27.52	24.45
	2	ϕ8	154	22	33.88	13.38
350	1	ф12	394	8	31.52	28.0
	2	ϕ8	154	26	40.04	15.81

注：本图尺寸除钢筋直径以毫米计外，其余均以厘米为单位。

		钢筋混凝土支撑梁钢筋通用图	设计		复核		审核	图号

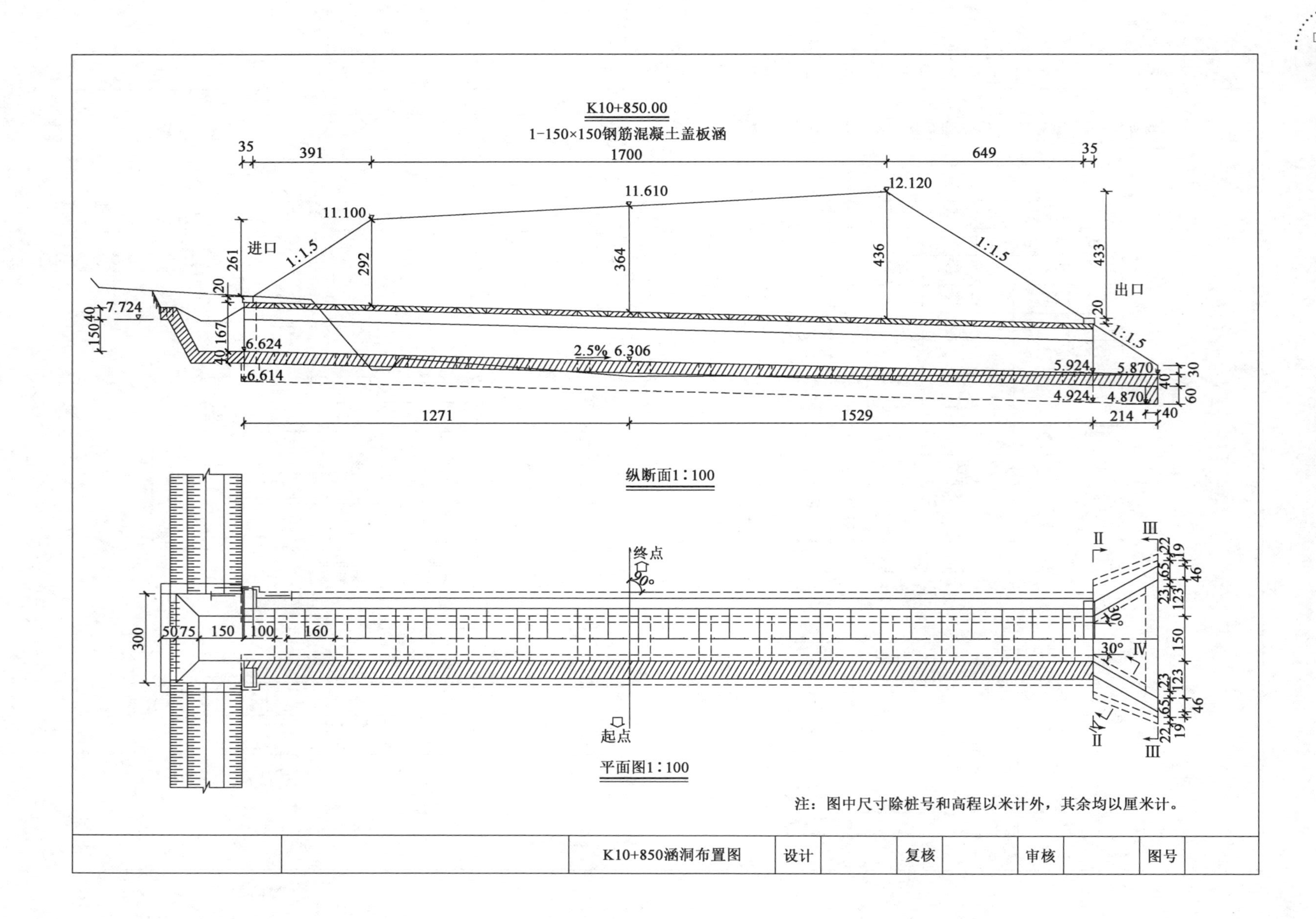
K10+850.00
1-150×150钢筋混凝土盖板涵
35
391
1700
649
35
11.100
11.610
12.120
进口
1:1.5
261
292
364
436
433
出口
20
7.724
150
40
167
6.624
2.5% 6.306
6.614
5.924
5.870
4.924
4.870
30
60
1271
1529
214
纵断面1:100
终点
90°
起点
300
50
75
150
100
160
30°
Ⅱ
Ⅲ
Ⅳ
22
65
23
123
19
46
平面图1:100
注：图中尺寸除桩号和高程以米计外，其余均以厘米计。
K10+850涵洞布置图
设计
复核
审核
图号

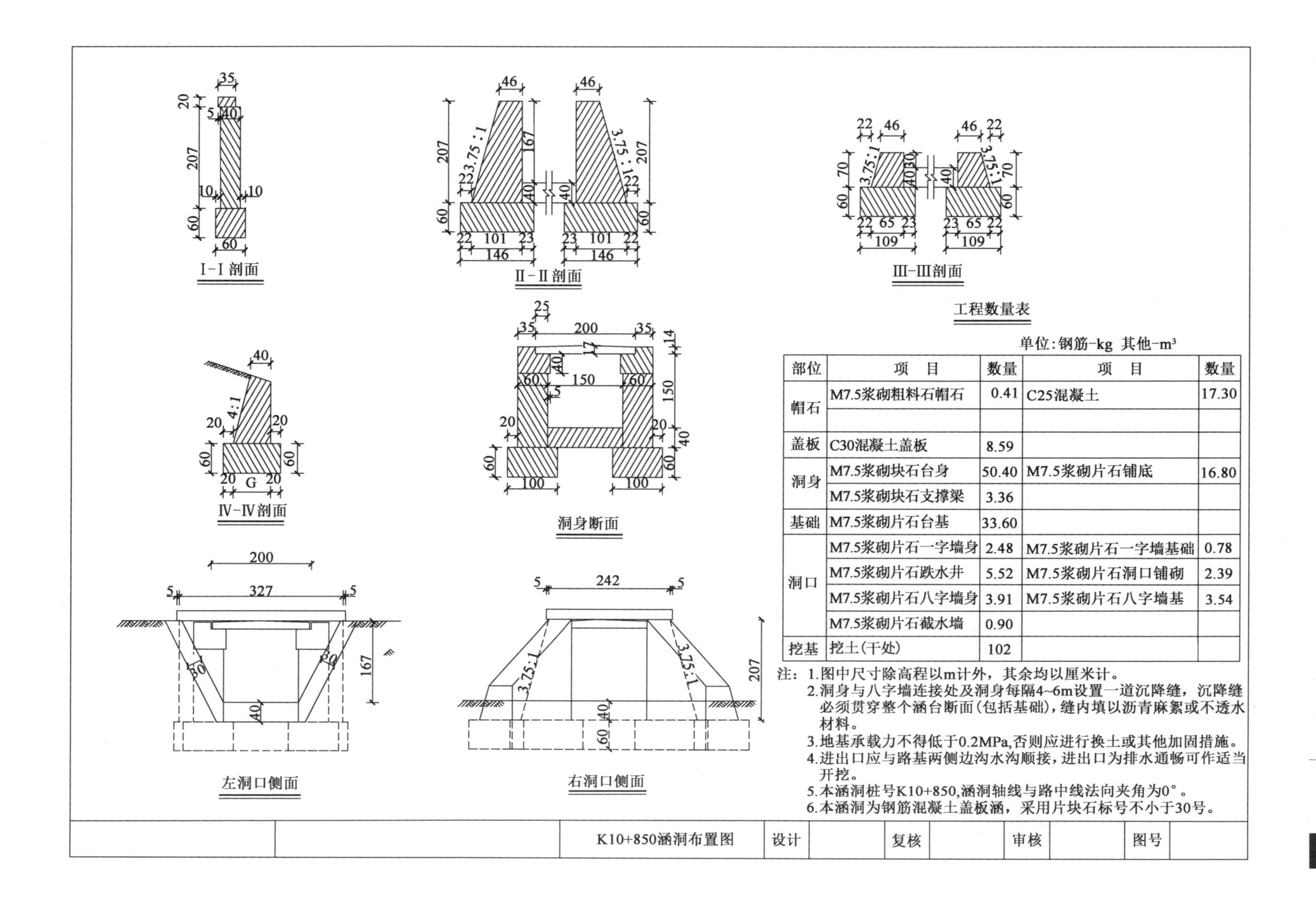

工程数量表

单位：钢筋-kg 其他-m³

部位	项目	数量	项目	数量
帽石	M7.5浆砌粗料石帽石	0.41	C25混凝土	17.30
盖板	C30混凝土盖板	8.59		
洞身	M7.5浆砌块石台身	50.40	M7.5浆砌片石铺底	16.80
	M7.5浆砌块石支撑梁	3.36		
基础	M7.5浆砌片石台基	33.60		
洞口	M7.5浆砌片石一字墙身	2.48	M7.5浆砌片石一字墙基础	0.78
	M7.5浆砌片石跌水井	5.52	M7.5浆砌片石洞口铺砌	2.39
	M7.5浆砌片石八字墙身	3.91	M7.5浆砌片石八字墙基	3.54
	M7.5浆砌片石截水墙	0.90		
挖基	挖土(干处)	102		

注：1.图中尺寸除高程以m计外，其余均以厘米计。
2.洞身与八字墙连接处及洞身每隔4~6m设置一道沉降缝，沉降缝必须贯穿整个涵台断面(包括基础)，缝内填以沥青麻絮或不透水材料。
3.地基承载力不得低于0.2MPa,否则应进行换土或其他加固措施。
4.进出口应与路基两侧边沟水沟顺接，进出口为排水通畅可作适当开挖。
5.本涵洞桩号K10+850,涵洞轴线与路中线法向夹角为0°。
6.本涵洞为钢筋混凝土盖板涵，采用片块石标号不小于30号。

第五篇
CHAPTER FIVE

隧　　道

龟屿隧道设计说明

1. 初步设计审查意见执行情况

（略）

2. 隧道设计

1）隧道设计依据

（1）《公路工程技术标准》（JTG B01—2014）；

（2）《公路路线设计规范》（JTG D20—2017）；

（3）《公路隧道设计规范　第一册　土建工程》（JTG 3370.1—2018）；

（4）《公路隧道设计规范　第二册　交通工程与附属设施》（JTG D70/2—2014）；

（5）《公路隧道施工技术规范》（JTG F60—2009）；

（6）《公路水泥混凝土路面设计规范》（JTG D40—2011）；

（7）《岩土锚杆与喷射混凝土支护技术规范》（GB 50086—2015）；

（8）《公路隧道照明设计细则》（JTG/T D70/2-01—2014）；

（9）《公路隧道交通工程设计规范》（JTG/T D71—2004）

（10）《公路勘测规范》（JTG C10—2007）。

2）本合同段隧道设置情况

本路段设有隧道 1 座，即 × × 隧道，位于龟屿西北约 400m 处。隧道起止桩号为：K11 + 917 ~ K12 + 180，隧道长度为 263m，属短隧道。

3）工程地质和水文地质

（略）

4）主要技术标准

（1）道路等级、设计行车速度与行车道宽度。

①道路等级：二级公路。

注：为便于阅读，本章内容部分为竖排，在实际工程图纸中多为横排。

②设计行车速度:60km/h。

③行车道宽度:2×3.5m。

(2)建筑限界。隧道建筑限界:行车道宽为2×3.5m,左、右侧侧向宽度均为0.5m,净高5m,两侧人行道宽度均为1m。

(3)道路设计荷载:BZZ-100。

5)土建工程设计说明

(1)隧道平纵断面

平面:××隧道位于圆曲线内,超高横坡度为3%。进口桩号K11+917,设计高程11.158m;出口桩号K12+180,设计高程15.681m;隧道全长263m。隧道进口采用削竹式洞门,出口采用端墙式洞门。

纵断面:隧道纵坡形式为单向坡。路线纵坡为1.72%。

具体资料详见路基设计表、隧道平纵面设计及其他有关图纸。

(2)隧道内净空

隧道建筑限界尺寸根据部颁《公路工程技术标准》(JTG B01—2014)及《公路隧道设计规范 第三册 交通工程附属设施》(JTG D70—2014)确定。隧道内净空除满足建筑限界要求外,还考虑了照明、消防及排水等附属设施所需空间,并结合衬砌结构的受力要求而拟定。

详见隧道建筑限界及净空断面图。

(3)隧道结构设计

①结构形式及支护参数:

本隧道结构按新奥法原理进行设计,采用复合衬砌,以锚杆、湿喷混凝土等为初期支护,并辅以钢拱架、注浆锚杆等支护措施,充分调动和发挥围岩的自承能力,在监控量测信息的指导下施作初期支护和二次模筑衬砌。

复合式衬砌的稳定分析,根据隧道埋置深度、围岩类别、结构跨度、受力条件,施工因素等,参照有关规范及国内外类似工程经验,综合考虑各种影响因素确定各类型复合支护的参数,并进行了安全验算。

②支护参数见下表:

各类衬砌支护参数

衬砌类型	支护参数									二次衬砌25号混凝土(cm)		辅助施工措施
	C20湿喷混凝土(cm)	锚杆					钢架支撑					
		类型	部位	直径(mm)	长度(m)	间距(m)	部位	规格	间距(m)	拱墙	仰拱	
Z0										60		
Z5-1	◇26	中空锚杆	拱墙	25	3.5	1.0×1.0	拱墙仰	工字钢	0.7	45	40	大管棚
Z4-1	◇20	砂浆锚杆	拱墙	22	3.0	1.0×1.0	拱墙	25(4)钢格栅	0.4/0.8	40	40	中空锚杆
Z4	◇18	砂浆锚杆	拱墙	22	3.0	1.0×1.0	拱墙	25(4)钢格栅	0.8	35		
Z3	◇10	砂浆锚杆	拱	22	2.5	1.2×1.2				30		
Z2	◇8									30		

注:1.初期支护喷射混凝土均采用湿喷法喷射,严禁采用干喷法喷射。

2.代表普通混凝土加挂网(钢筋网钢筋直径为8mm,间距20×20cm)。

3.本隧道设计考虑预留变形量数值为:Ⅴ级围岩10cm,Ⅳ级围岩5cm,Ⅲ级围岩3cm、Ⅱ级不计,施工中应根据实际情况进行调整。

(4)洞门结构

根据具体洞口的地形、地质条件,结合工程施工安全、环境保护要求及洞口相关工程、美观等考虑,隧道进口采用削竹式洞门,出口采用端墙式洞门,以尽量降低工程造价及兼顾减少边坡开挖和自然环境的破坏。

(5)隧道路面设计

路面采用24cm厚的C35水泥混凝土面层,15cm厚C15素混凝土调平层。

(6)防排水设计

①隧道防排水要达到如下标准:

a.洞内无渗漏水;

b.安装孔眼不渗水;

c.洞内路面不冒水、不积水。

以排、防、截、堵结合,因地制宜、综合治理为原则,达到排水畅通、防水可靠,经济合理,施工方便的目的。

②防水措施

a.二次模注衬砌采用防水混凝土,其抗渗等级不低于S6;

b.在隧道初期支护和二次衬砌之间铺设EVA防水板+无纺土工布;

c.沉降缝处采用中埋式橡胶止水带防水,施工缝处采用BW-S120缓膨型橡胶止水条防水。

③排水措施

在隧道环向铺设塑料盲沟将水引入边墙两侧ϕ10cm双壁打孔波纹管或透水软管集水,然后通过ϕ10cm PVC横向排水管将水引入两侧排水管排出洞外,路面水通过左侧路边的路缘(通缝式)排水沟排出洞外,与洞外的天沟、边沟、排水沟及截水沟形成完整的排水系统。受路线纵坡的影响,隧道出口段设置洞口拦水沟拦截路表流水。

(7)建筑材料

①初期支护

a.喷射混凝土:破碎围岩,浅埋段及地下水丰富地段初喷采用C20早强混凝土,其余采用C20普通混凝土;

b.锚杆:除洞口加强段及软弱围岩地段采用中空注浆锚杆外,余均采用16锰Φ22螺纹钢筋,全长砂浆锚固或药剂锚固,为达到更好的锚固效果,普通砂浆锚杆应设置垫板及螺栓;中空锚杆注浆浆液为水泥浆(水灰比=0.5:1~1),中空锚杆单根母体抗拉断力应不小于180kN;普通砂浆锚杆单根母体抗拉断力应不小于150kN。锚杆锚固抗拔力:Ⅴ级围岩不小于80kN;Ⅳ级以上围岩不小于100kN;

c.钢筋网:HPB300钢筋,直径8mm,间距20×20cm;

d.钢拱架:I20b工字钢支撑、Φ25钢筋格栅拱架;

e.超前支护:Φ108大管棚、Φ25中空注浆锚杆;

②二次模筑衬砌

a.拱部、边墙:C25防水混凝土;

b. 仰拱:C25 普通硅酸盐水泥混凝土;

c. 仰拱回填:C15 片石混凝土;

d. 超挖回填:洞身拱部、边墙、仰拱超挖部分均应采用 C25 混凝土回填。

③边沟沟身及盖板

a. 边沟沟身:C25 混凝土;

b. 边沟盖板:C25 混凝土盖板。

④防水层。防水层为 EVA 防水板 + 无纺土工布,EVA 板厚 1.2mm(不包括无纺土工布)。无纺土工布重为 300kg/m^2。

⑤路面。路面为 C35 混凝土。

3. 隧道附属设施设计

(略)

4. 隧道施工中的技术、结构、材料及设备等方面的设计说明

(1)隧道采用复合式衬砌,按新奥法原理组织施工。

(2)在洞口段、软弱围岩或断层破碎带等地质不良地段采用超前大管棚、超前锚杆等施工技术。

(3)在洞口段或软弱围岩段采用中空注浆锚杆,相对于传统锚杆,具有安装方便,注浆饱满,耐久性好,并可加以一定吨位的预应力等特点,提高锚固强度。

(4)隧道纵向排水管采用双壁波纹带孔排水管(HDPE 或 U-PVC),具有质量轻,承受能力强,弯曲性能优良,便于施工等优点。

(5)设计要求喷射混凝土均采用湿喷技术,据已有施工经验,湿喷混凝土回弹率大幅度降低,边墙回弹率可控制在 15% 以内,拱部回弹率可控制在 20% 以内,一次喷层厚度较干喷法大为提高,边墙可达 10 ~ 15cm,拱部可达 7 ~ 10cm。同时机旁基本无粉尘,改善了劳动条件(可选用 TK-961 型湿喷机);并且可较好地控制喷射混凝土的质量。因此,采用湿喷混凝土技术,可显著提高初期支护质量,降低回弹量,提高生产效率,又利于职工健康。

5. 施工注意事项

(1)严格按新奥法原理组织施工,加强监控量测工作,用量测信息指导施工,及时反馈信息以修正设计和采取应急措施。现场监控量测是新奥法施工的重要组成部分,量测信息不仅是施工管理的主要依据,而且是施工中修正支护参数的主要依据。

选定必测项目:地质和支护状况观察、周边位移、拱顶下沉、锚杆抗拔力及地表下沉。

量测数据应及时整理分析,及时预报变位状况,以修改设计,制定增强措施,防止坍塌。

(2)隧道施工量测应保证精度。施工时应根据隧道各主要控制点的坐标计算隧道的长度和方向,并据此实地放线。为保证隧道底部按图纸所示的纵坡开挖并满足衬砌的正确放样,洞内每隔 50m 应设置一个水准点。

(3)施工开挖必须采用光面爆破或预裂爆破技术。在Ⅴ级围岩中需爆破时,应采用微震光面爆破技术,尽可能地减少超挖及减轻对围岩的扰动和破坏。隧道洞身不允许存在欠挖现象。施工前,应做好各级围岩特别是Ⅱ、Ⅲ级围岩的光爆技术设计(Ⅴ级围岩应尽可能地采用

无爆破施工),合理选用爆破参数,并根据围岩的变化适时调整爆破参数,以确保开挖断面有良好的光爆效果。

(4)施工初期应做好洞口范围的排水。成洞时应选择有利的施工方法,防止滑坡及坍塌。

(5)施工中应及时核对围岩级别,如发现与设计不符时应及时提出,以便修改设计。

(6)施工中遇到地下水应逐段取样化验,了解有否侵蚀性,以便及早采取防腐蚀措施。

(7)成洞面采用喷射混凝土、锚杆群及挂网加固稳定,进出口结合施工辅助措施成洞。仰拱应采用跳槽开挖,开挖后应及时施作,尽快形成闭合环。

(8)复合式衬砌施工应认真执行新奥法原则,对于Ⅴ级围岩,二次衬砌要求与掌子面的滞后距离不大于20m,时间小于1个月,Ⅳ级围岩滞后距离不大于40m,时间小于2个月,Ⅲ、Ⅱ级围岩段要求在围岩变形基本稳定后施作。当围岩变形过大,初期支护力不足时,除应及时增强初期支护外,亦可修改二次衬砌设计参数后提前施作模筑混凝土。在施作带仰拱的二次衬砌时,应先浇筑仰拱,再浇筑洞身墙拱二衬混凝土。

(9)隧道开挖可参照《开挖支护顺序图》进行施工:Ⅴ级围岩地段采用侧壁导坑法施工,中壁墙的拆除一定要等围岩变形稳定后才能进行;在Ⅳ级围岩地段采用半断面正台阶法施工,台阶长度根据施工条件而定,一般控制在5m;Ⅲ、Ⅱ级围岩地段采用先超前中导坑后全断面施工。施工单位也可根据自身施工条件选择有效的施工方法,不论开挖采用何种方式,二次衬砌均应全断面施作。

(10)爆破后应及时施作初喷混凝土,封闭围岩外露面,初喷厚度不得小于2cm,并紧跟掌子面,初喷与爆破时间间隔不得大于8h,对Ⅴ、Ⅳ级围岩在爆破后应立即进行初喷混凝土并安设钢拱架,紧接着将混凝土喷至设计的初支厚度,Ⅲ、Ⅱ级围岩初喷后也应尽快喷至设计的初支厚度。钢拱架与围岩之间的间隙应及时用契形块顶紧(契形块环向间距不大于0.8m)。

(11)所有喷射混凝土均应采用湿喷技术,不得采用干喷,以确保喷射混凝土的质量。

(12)锚杆与垫板应保持垂直,并与喷射混凝土充分接触,螺母务必拧紧。

(13)隧道营运期间的照明、消防等设施的预留洞室及预埋件,施工中应按的有关图纸的要求做好预留、预埋工作。

(14)防火涂料涂刷范围为检修道(或人行道)顶面高2.5m以上拱顶部分,涂刷厚度1.5cm。水泥漆涂刷范围为检修道(或人行道)顶面高2.5m以下边墙部分。

(15)各级围岩段一次开挖长度不宜大于钢拱架或锚杆纵向间距的1.5倍。

(16)为了保证φ10cm纵向排水管的安装空间,开挖断面采用与二衬断面不同的断面形式,施工放样时应特别注意。

××隧道工程数量表

××至××港区疏港公路　　　　第1页　共1页

隧道名称	洞门工程																		
					洞门墙								坡面三维植被网防护					拱形骨架防护	
	开挖硬土（m^3）	开挖软石（m^3）	开挖次坚石（m^3）	开挖坚石（m^3）	砂砾垫层（m^3）	300g/m^2无纺土工布（m^2）	C15片石混凝土基础（m^3）	M10浆砌粗料石（m^3）	M10浆砌块石（m^3）	M10浆砌块石基础（m^3）	2cm沥青麻絮沉降缝（m^2）	M7.5浆砌片石急流槽（m^3）	三维植被网（m^2）	90g/m^2无纺布（m^2）	喷播草籽（m^2）	HRB300钢筋（kg）	回填耕植土（m^3）	M7.5浆砌片石（m^3）	C20混凝土挡水预制块（m^3）
××隧道	48	1619	1955	2907	49.2	246	374.4	95.2	456.5	41.4	35.8	6.6	890	890	890	427	62	24.2	2.1

洞门工程						明洞工程													
拱形骨架防护						成洞面及明洞临时支护													明洞侧墙
喷播草籽（m^2）	M7.5浆砌料石护脚（m^3）	M7.5浆砌块石护脚（m^3）	M7.6浆砌块石铺砌（m^3）	M7.5浆砌片石天沟（m^3）	EVA防水板（m^3）	C20喷射混凝土（m^3）	φ22加固锚杆（kg）	HRB300钢筋网（kg）	截水沟开挖硬土（m^3）	M7.5浆砌片石截水沟（m^3）	C25拱墙防水混凝土（m^3）	C25模筑普通混凝土仰拱（m^3）	衬砌HRB400钢筋（kg）	C15片石混凝土仰拱回填（m^3）	M7.5浆砌片石（m^3）	C15片石混凝土回填（m^3）	洞顶回填土（m^3）	胶泥防渗层（m^3）	HRB300钢筋（kg）
76	2.8	2.8	5.4	60	107	72.5	3854	4733	513	238.9	315.0	132.4	44528	158.8	309	71.8	1524	103	247

明洞工程		洞身工程																	
明洞侧墙																			
HRB400钢筋（kg）	C25侧墙混凝土（m^3）	开挖Ⅱ级围岩（m^3）	开挖Ⅲ级围岩（m^3）	开挖Ⅳ级围岩（m^3）	开挖Ⅴ级围岩（m^3）	C25喷射混凝土（m^3）	C20喷射混凝土（m^3）	HRB300钢筋网（kg）	φ25中空注浆锚杆（m）	φ22砂浆锚杆（kg）	垫板及螺母（套）	I20b工字钢钢支撑（kg）	HRB400格栅钢筋（kg）	HRB400连接钢筋（kg）	A3角钢L100×80×10（kg）	A3连接钢板280×250×15（kg）	A3连接钢板240×200×15（kg）	M20螺栓（套）	垫圈M20×60（套）
433.9	238.3	3570	8142	5124	1506	182.2	630.6	10053	1247.8	18071	698	27249	36842	7252	2019	1286	2826	600	1248

洞身工程											施工辅助措施								
初期支护	二次衬砌				临时支护						管棚								超前锚杆
C25预留变形回填混凝土（m^3）	C25拱墙二衬防水混凝土（m^3）	C25模筑普通混凝土仰拱（m^3）	C15片石混凝土仰拱回填（m^3）	二衬HRB400钢筋（kg）	C20喷射混凝土（m^3）	HRB300钢筋网（kg）	HRB400格栅钢筋（kg）	A3角钢L100×80×10（kg）	HRB400连接钢筋（kg）	垫圈M20×60（套）	φ108×6mm无缝钢管（kg）	φ127×4mm无缝钢管（kg）	φ114×5mm无缝钢管（kg）	钻孔（m）	M30水泥浆（m^3）	C25混凝土套拱（m^3）	套拱HRB400钢筋（kg）	C15片石混凝土套拱基础（m^3）	φ25中空注浆锚杆（m）
137.6	1841.6	251.3	404.3	54082	23.1	583	5878	324	598	200	18489	3709	141	1067.5	385	65	5232	10.6	1178

××隧道工程数量表

××至××港区疏港公路　　　　第2页　共2页

施工辅助措施	防排水工程																		
超前锚杆	路缘排水沟（通缝式）		沉砂井			洞内电缆沟		洞内电缆沟盖板											
M30砂浆（m^3）	C25预制混凝土排水沟（m^3）	HRB300钢筋（kg）	C25现浇混凝土（m^3）	HRB300钢筋（kg）	铸铁盖板（kg）	C25现浇混凝土电缆沟（m^3）	HRB300钢筋（kg）	C25预制混凝土（m^3）	HRB300钢筋（kg）	ϕ250mm双壁打孔波纹管（m）	ϕ150mm双壁打孔波纹管（m）	C15片石混凝土基座（m^3）	300g/m^2无纺土工布（m^2）	2～4cm碎石（m^3）	C25现浇混凝土（m^3）	HRB300钢筋（kg）	HRB400钢筋（kg）	ϕ100mm双壁打孔波纹管（m）	ϕ100mm PVC横向排水管（m）
169	19.5	2770	0.5	21	653	441.8	10652	31.6	3408	537.0	6.0	28.3	6194.4	86.3	47.3	1336.0	2906.0	92.1	526.0

防排水工程														预留洞室				隧道路面	
		沉降缝、施工缝		沉降缝、施工缝			接头井			洞口拦水沟								路面	
EVA防水板（m^2）	MF12（120×35mm）塑料盲沟（m）	中埋式橡胶止水带（m）	背贴式止水带（m）	HRB300固定钢筋（kg）	沥青麻丝填缝料（m^2）	BW-S120缓膨型止水条（m）	C25现浇混凝土（m^3）	C25预制混凝土盖板（m^3）	盖板HRB400钢筋（kg）	40型伸缩缝（m）	HRB400钢筋（kg）	C50钢纤维混凝土（m^3）	C10素混凝土（m^3）	开挖坚石（m^3）	C25防水混凝土（m^3）	HRB300钢筋（kg）	HRB400钢筋（kg）	厚度24cm水泥混凝土面层（m^2）	15cm C15素混凝土调平层（m^2）
5600.0	850.4	214.6	588.3	162.0	27.1	364.8	0.5	0.1	12	11.5	499.3	3.9	1.4	17.5	7.9	238	344	2025.1	1906.8

隧道路面		洞内装饰		其他工程															
HRB300钢筋（kg）	HRB400钢筋（kg）	防火涂料（m^2）	水泥漆（m^2）	量测断面个数（个）	10cm厚花岗岩隧道铭牌（m^2）	C20素混凝土基座（m^3）													
1213	707	3546	1310	18	36.5	28.8													

编制：　　　　复核：　　　　审核：

注：隧道照明及消防等详细工程数量表详见各相关图表。

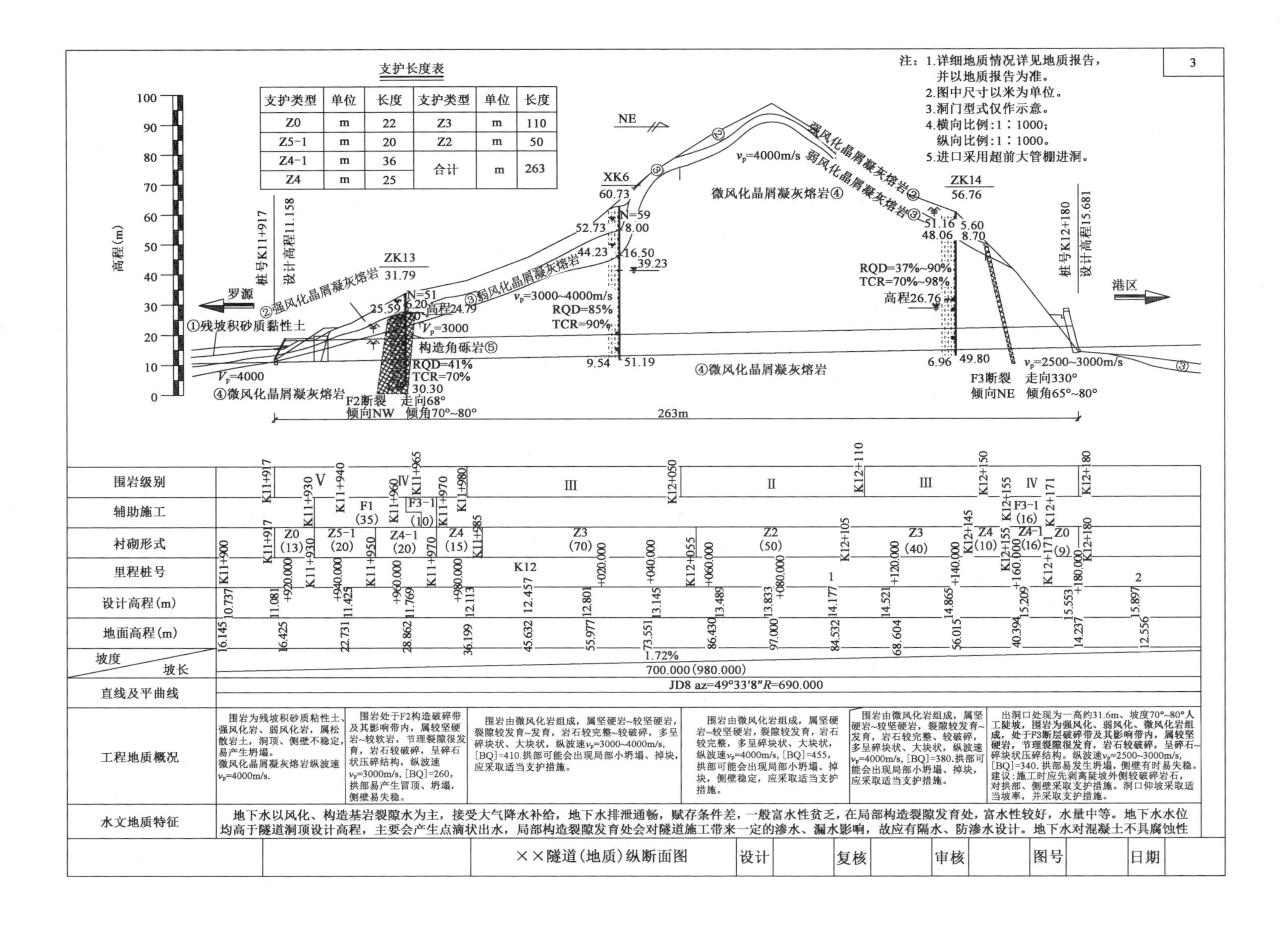
3
支护长度表
支护类型	单位	长度	支护类型	单位	长度
Z0	m	22	Z3	m	110
Z5-1	m	20	Z2	m	50
Z4-1	m	36	合计	m	263
Z4	m	25			
注：1.详细地质情况详见地质报告，
并以地质报告为准。
2.图中尺寸以米为单位。
3.洞门型式仅作示意。
4.横向比例：1：1000；
纵向比例：1：1000。
5.进口采用超前大管棚进洞。
高程(m)
100 90 80 70 60 50 40 30 20 10 0
桩号K11+917
设计高程11.158
罗源
①残坡积砂质黏性土
②强风化晶屑凝灰熔岩
③弱风化晶屑凝灰熔岩
④微风化晶屑凝灰熔岩
ZK13
31.79
N=51
25.59
6.20
高程24.79
V_p=3000
构造角砾岩⑤
RQD=41%
TCR=70%
30.30
V_p=4000
F2断裂 走向68°
倾向NW 倾角70°~80°
v_p=3000~4000m/s
RQD=85%
TCR=90%
XK6
60.73
52.73
N=59
8.00
44.23
16.50
39.23
9.54
51.19
NE
v_p=4000m/s
强风化晶屑凝灰熔岩②
弱风化晶屑凝灰熔岩③
微风化晶屑凝灰熔岩④
④微风化晶屑凝灰熔岩
ZK14
56.76
51.16
5.60
48.06
8.70
RQD=37%~90%
TCR=70%~98%
高程26.76
6.96
49.80
v_p=2500~3000m/s
F3断裂 走向330°
倾向NE 倾角65°~80°
桩号K12+180
设计高程15.681
港区
263m
围岩级别
V IV III II III IV
K11+917 K11+930 K11+940 K11+960 K11+965 K11+970 K11+980 K12+050 K12+110 K12+150 K12+155 K12+171 K12+180
辅助施工
F1 (35)
F3-1 (10)
F3-1 (16)
衬砌形式
Z0 (13) Z5-1 (20) Z4-1 (20) Z4 (15) Z3 (70) Z2 (50) Z3 (40) Z4 (10) Z4-1 (16) Z0 (9)
K11+917 K11+930 K11+950 K11+970 K11+985 K12+055 K12+105 K12+145 K12+155 K12+171 K12+180
里程桩号
K11+900 +920.000 +940.000 +960.000 +980.000 K12 +020.000 +040.000 +060.000 +080.000 1 +120.000 +140.000 +160.000 +180.000 2
设计高程(m)
10.737 11.081 11.425 11.769 12.113 12.457 12.801 13.145 13.489 13.833 14.177 14.521 14.865 15.209 15.553 15.897
地面高程(m)
16.145 16.425 22.731 28.862 36.199 45.632 55.977 73.551 86.430 97.000 84.532 68.604 56.015 40.394 14.237 12.556
坡度
坡长
1.72%
700.000(980.000)
直线及平曲线
JD8 az=49°33′8″R=690.000
工程地质概况
围岩为残坡积砂质粘性土、强风化岩、弱风化岩，属松散岩土，洞顶、侧壁不稳定，易产生坍塌。微风化晶屑凝灰熔岩纵波速v_p=4000m/s.
围岩处于F2构造破碎带及其影响带内，属较坚硬岩~较软岩，节理裂隙很发育，岩石较破碎，呈碎石状压碎结构，纵波速v_p=3000m/s, [BQ]=260，拱部易产生冒顶、坍塌，侧壁易失稳。
围岩由微风化岩组成，属坚硬岩~较坚硬岩，裂隙较发育~发育，岩石较完整~较破碎，多呈碎块状、大块状，纵波速v_p=3000~4000m/s, [BQ]=410.拱部可能会出现局部小坍塌、掉块，应采取适当支护措施。
围岩由微风化岩组成，属坚硬岩~较坚硬岩，裂隙较发育，岩石较完整，多呈碎块状、大块状，纵波速v_p=4000m/s, [BQ]=455，拱部可能会出现局部小坍塌、掉块，侧壁稳定，应采取适当支护措施。
围岩由微风化岩组成，属坚硬岩~较坚硬岩，裂隙较发育~发育，岩石较完整、较破碎，多呈碎块状、大块状，纵波速v_p=4000m/s, [BQ]=380.拱部可能会出现局部小坍塌、掉块，应采取适当支护措施。
出洞口处现为一高约31.6m、坡度70°~80°人工陡坡，围岩为强风化、弱风化、微风化岩组成，处于F3断层破碎带及其影响带内，属较坚硬岩，节理裂隙很发育，岩石较破碎，呈碎石~碎块状压碎结构。纵波速v_p=2500~3000m/s, [BQ]=340.拱部易发生坍塌，侧壁有时易失稳。建议：施工时应先剥离陡坡外侧较破碎岩石，对拱部、侧壁采取支护措施。洞口仰坡采取适当坡率，并采取支护措施。
水文地质特征
地下水以风化、构造基岩裂隙水为主，接受大气降水补给，地下水排泄通畅，赋存条件差，一般富水性贫乏，在局部构造裂隙发育处，富水性较好，水量中等。地下水水位均高于隧道洞顶设计高程，主要会产生点滴状出水，局部构造裂隙发育处会对隧道施工带来一定的渗水、漏水影响，故应有隔水、防渗水设计。地下水对混凝土不具腐蚀性
××隧道(地质)纵断面图
设计
复核
审核
图号
日期

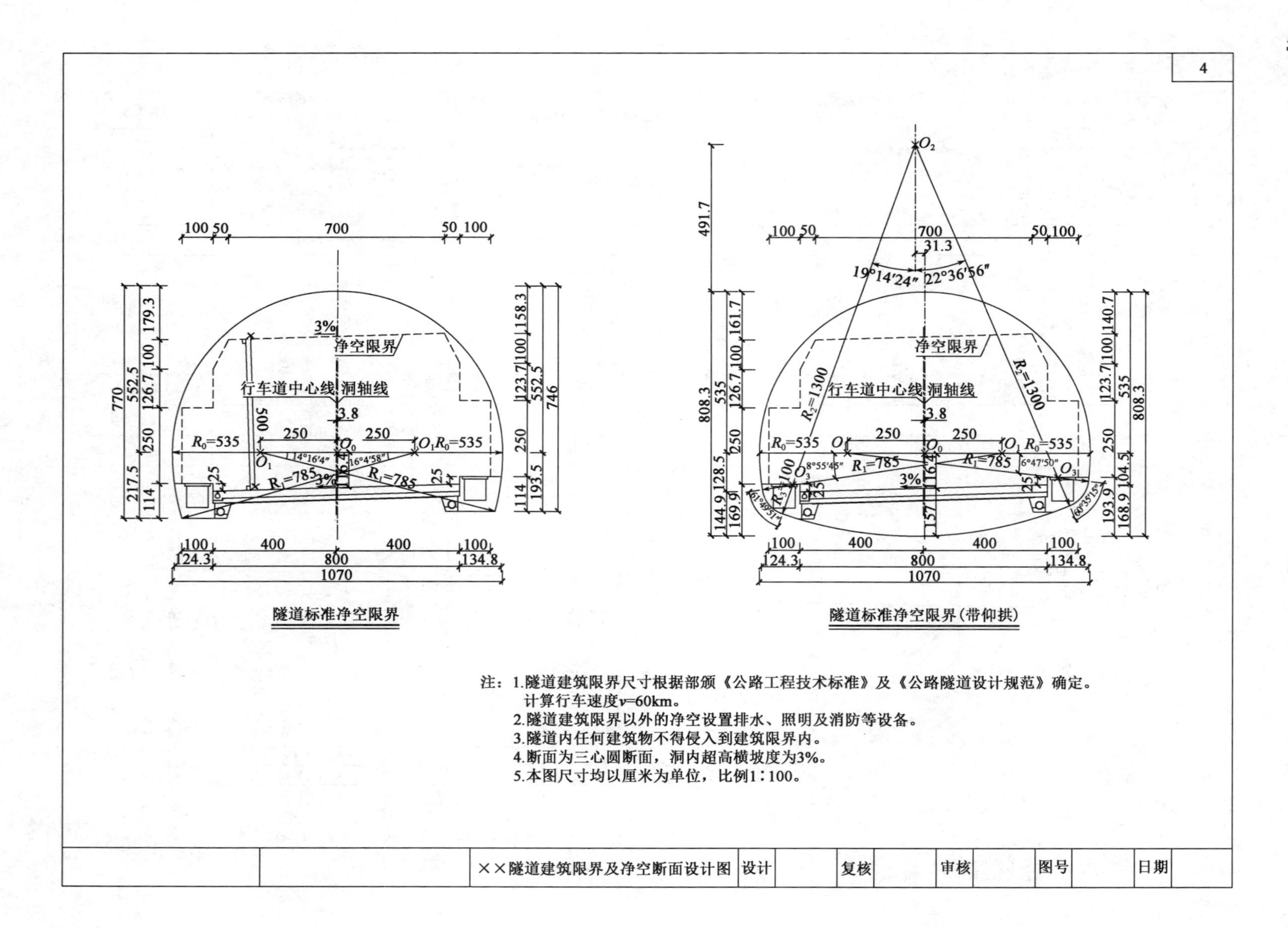
4
隧道标准净空限界
隧道标准净空限界(带仰拱)
净空限界
行车道中心线
洞轴线
注：1.隧道建筑限界尺寸根据部颁《公路工程技术标准》及《公路隧道设计规范》确定。
计算行车速度v=60km。
2.隧道建筑限界以外的净空设置排水、照明及消防等设备。
3.隧道内任何建筑物不得侵入到建筑限界内。
4.断面为三心圆断面，洞内超高横坡度为3%。
5.本图尺寸均以厘米为单位，比例1∶100。
××隧道建筑限界及净空断面设计图
设计
复核
审核
图号
日期

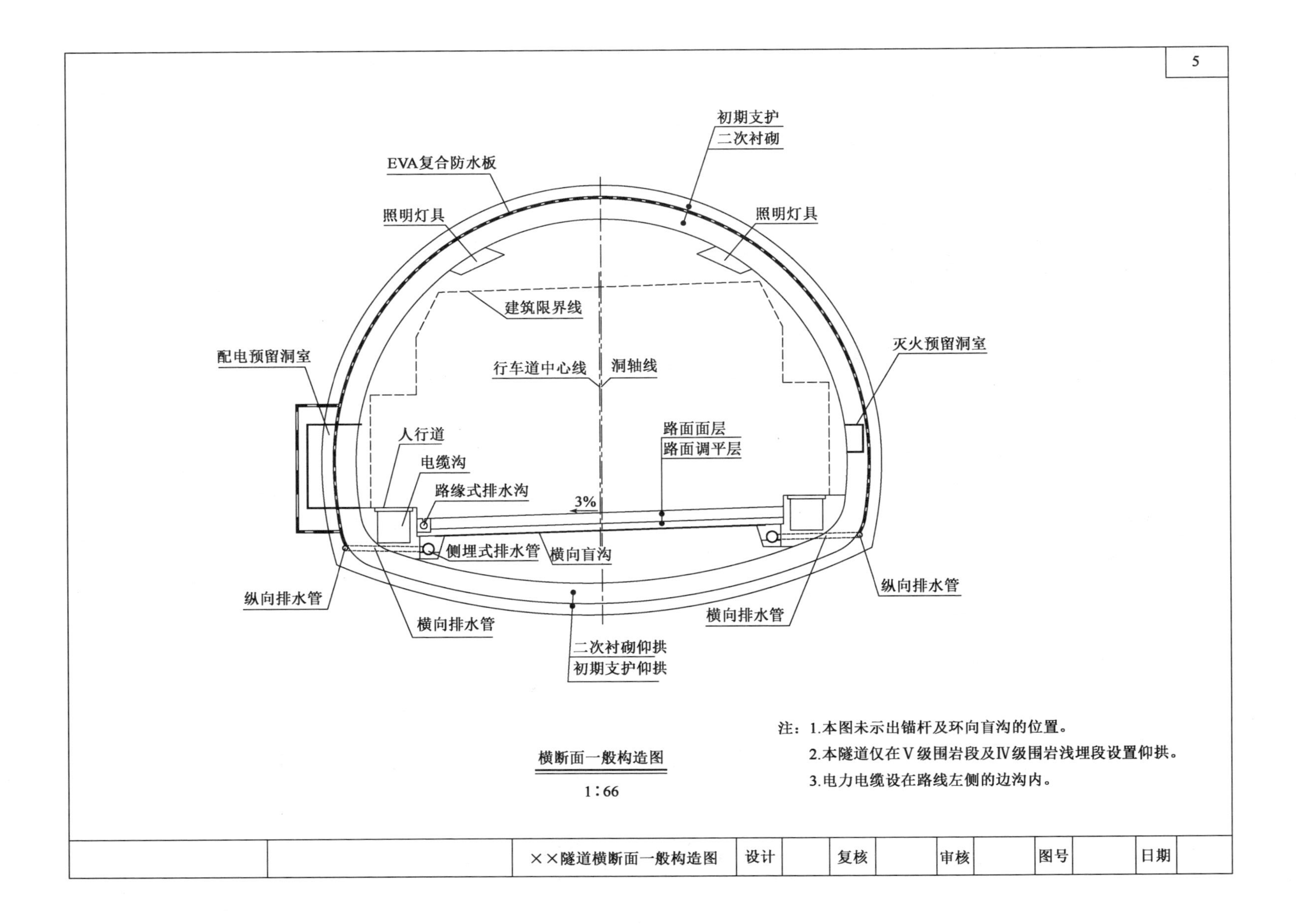
5
初期支护
二次衬砌
EVA复合防水板
照明灯具
照明灯具
建筑限界线
配电预留洞室
灭火预留洞室
行车道中心线
洞轴线
路面面层
路面调平层
人行道
电缆沟
路缘式排水沟
3%
侧埋式排水管
横向盲沟
纵向排水管
纵向排水管
横向排水管
横向排水管
二次衬砌仰拱
初期支护仰拱
横断面一般构造图
1∶66
注：1.本图未示出锚杆及环向盲沟的位置。
2.本隧道仅在V级围岩段及IV级围岩浅埋段设置仰拱。
3.电力电缆设在路线左侧的边沟内。
××隧道横断面一般构造图
设计
复核
审核
图号
日期

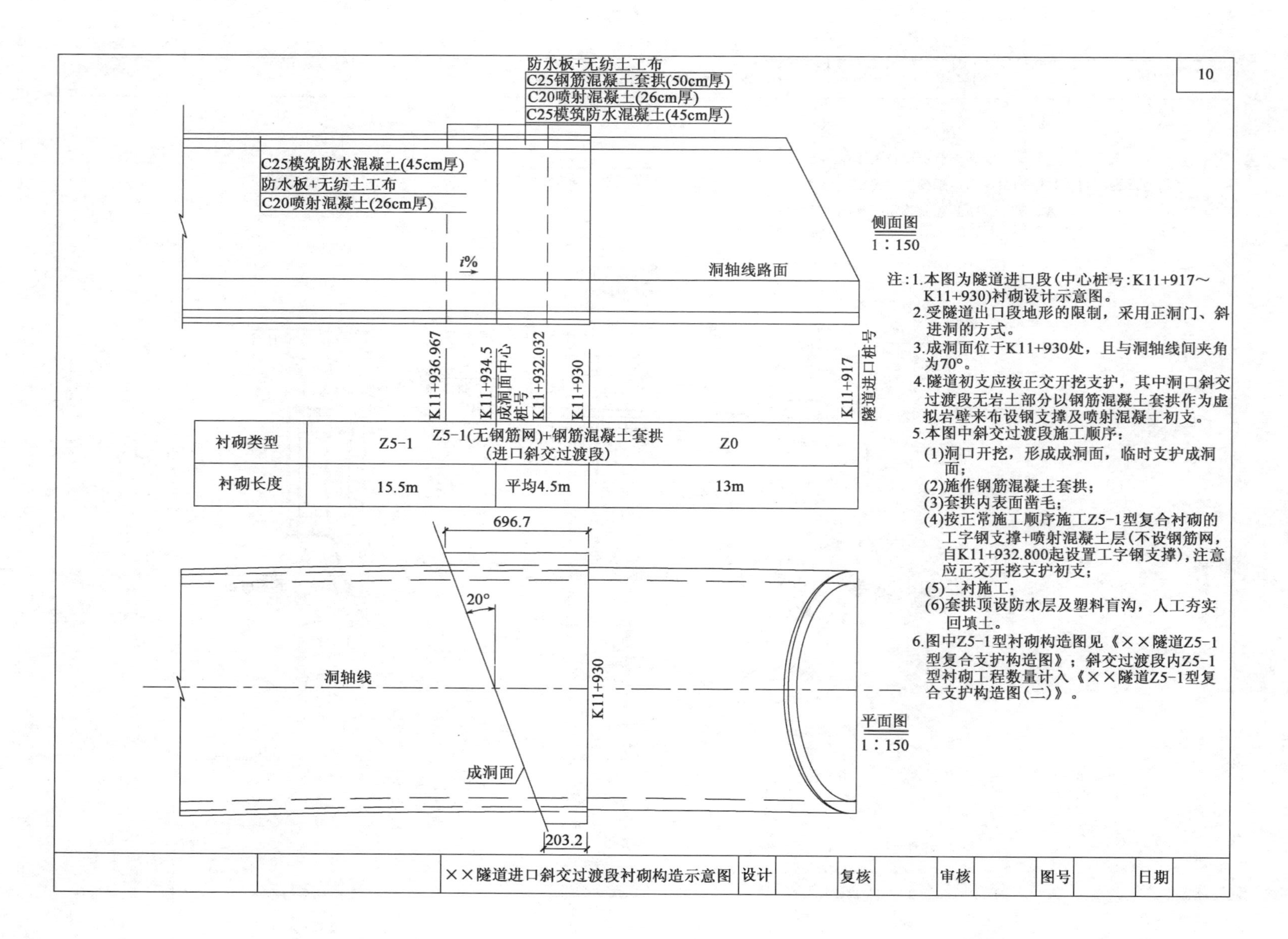
10
防水板+无纺土工布
C25钢筋混凝土套拱(50cm厚)
C20喷射混凝土(26cm厚)
C25模筑防水混凝土(45cm厚)
C25模筑防水混凝土(45cm厚)
防水板+无纺土工布
C20喷射混凝土(26cm厚)
i%
洞轴线路面
侧面图
1∶150
K11+936.967
K11+934.5
成洞面中心桩号
K11+932.032
K11+930
K11+917
隧道进口桩号
衬砌类型
Z5-1
Z5-1(无钢筋网)+钢筋混凝土套拱
(进口斜交过渡段)
Z0
衬砌长度
15.5m
平均4.5m
13m
696.7
20°
洞轴线
K11+930
成洞面
203.2
平面图
1∶150
注：1.本图为隧道进口段(中心桩号:K11+917～K11+930)衬砌设计示意图。
2.受隧道出口段地形的限制，采用正洞门、斜进洞的方式。
3.成洞面位于K11+930处，且与洞轴线间夹角为70°。
4.隧道初支应按正交开挖支护，其中洞口斜交过渡段无岩土部分以钢筋混凝土套拱作为虚拟岩壁来布设钢支撑及喷射混凝土初支。
5.本图中斜交过渡段施工顺序：
(1)洞口开挖，形成成洞面，临时支护成洞面；
(2)施作钢筋混凝土套拱；
(3)套拱内表面凿毛；
(4)按正常施工顺序施工Z5-1型复合衬砌的工字钢支撑+喷射混凝土层(不设钢筋网，自K11+932.800起设置工字钢支撑)，注意应正交开挖支护初支；
(5)二衬施工；
(6)套拱顶设防水层及塑料盲沟，人工夯实回填土。
6.图中Z5-1型衬砌构造图见《××隧道Z5-1型复合支护构造图》；斜交过渡段内Z5-1型衬砌工程数量计入《××隧道Z5-1型复合支护构造图(二)》。
××隧道进口斜交过渡段衬砌构造示意图
设计
复核
审核
图号
日期

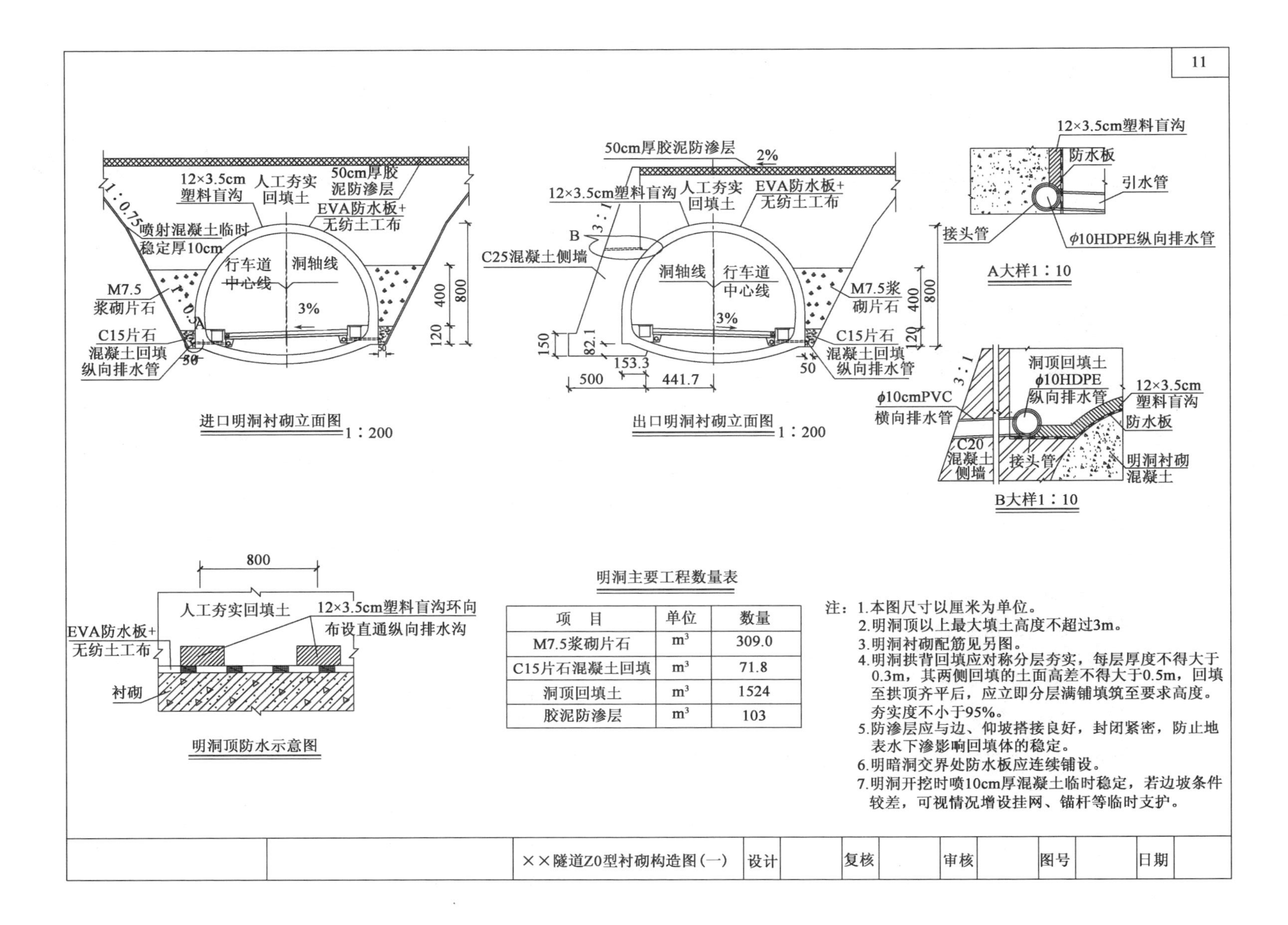

明洞主要工程数量表

项　目	单位	数量
M7.5浆砌片石	m^3	309.0
C15片石混凝土回填	m^3	71.8
洞顶回填土	m^3	1524
胶泥防渗层	m^3	103

注：1.本图尺寸以厘米为单位。
2.明洞顶以上最大填土高度不超过3m。
3.明洞衬砌配筋见另图。
4.明洞拱背回填应对称分层夯实，每层厚度不得大于0.3m，其两侧回填的土面高差不得大于0.5m，回填至拱顶齐平后，应立即分层满铺填筑至要求高度。夯实度不小于95%。
5.防渗层应与边、仰坡搭接良好，封闭紧密，防止地表水下渗影响回填体的稳定。
6.明暗洞交界处防水板应连续铺设。
7.明洞开挖时喷10cm厚混凝土临时稳定，若边坡条件较差，可视情况增设挂网、锚杆等临时支护。

××隧道Z0型衬砌构造图(一)	设计	复核	审核	图号	日期

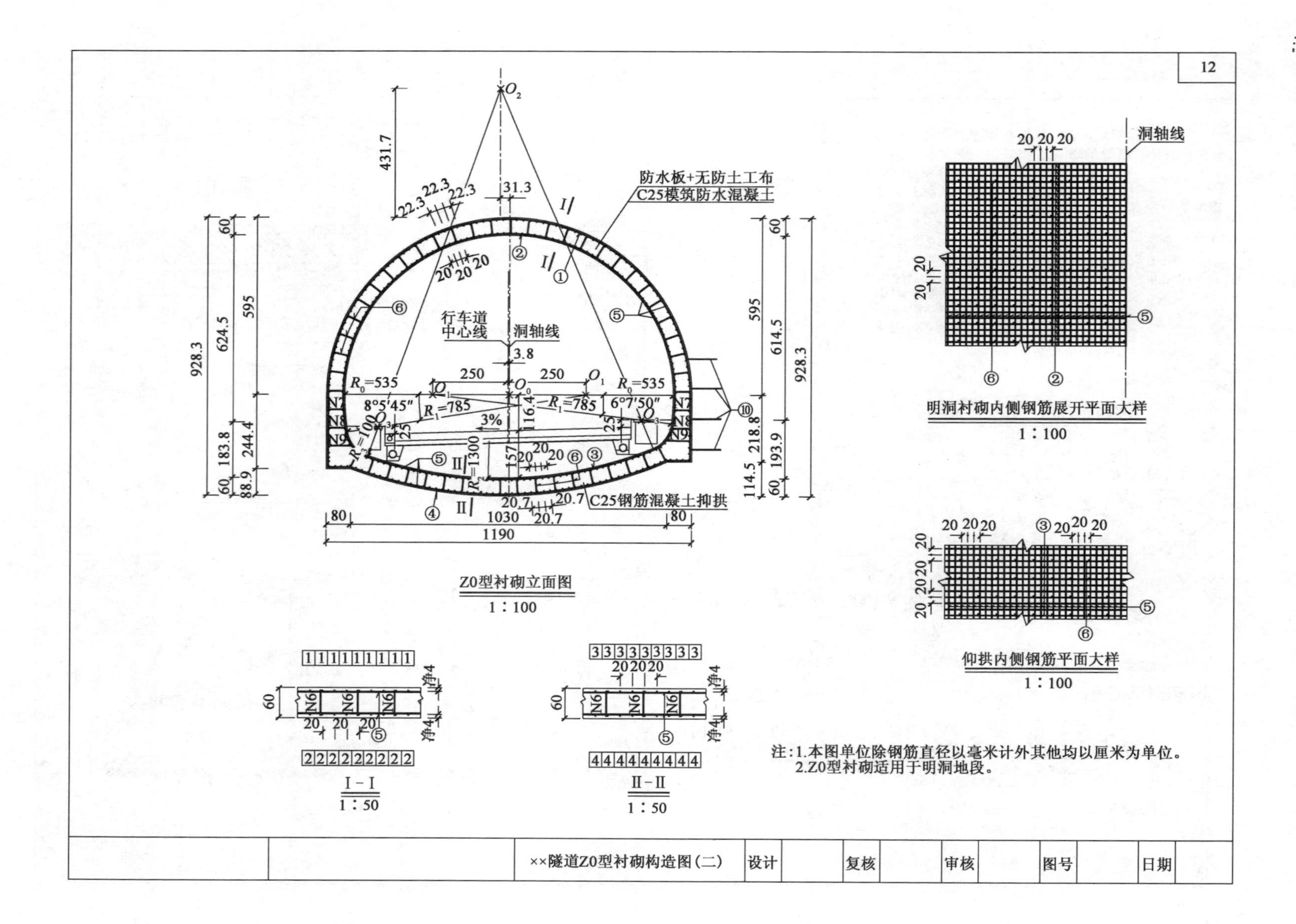
12
防水板+无防土工布
C25模筑防水混凝土
行车道
中心线
洞轴线
C25钢筋混凝土抑拱
Z0型衬砌立面图
1：100
明洞衬砌内侧钢筋展开平面大样
1：100
仰拱内侧钢筋平面大样
1：100
I－I
1：50
II－II
1：50
注：1.本图单位除钢筋直径以毫米计外其他均以厘米为单位。
2.Z0型衬砌适用于明洞地段。
××隧道Z0型衬砌构造图(二)
设计
复核
审核
图号
日期

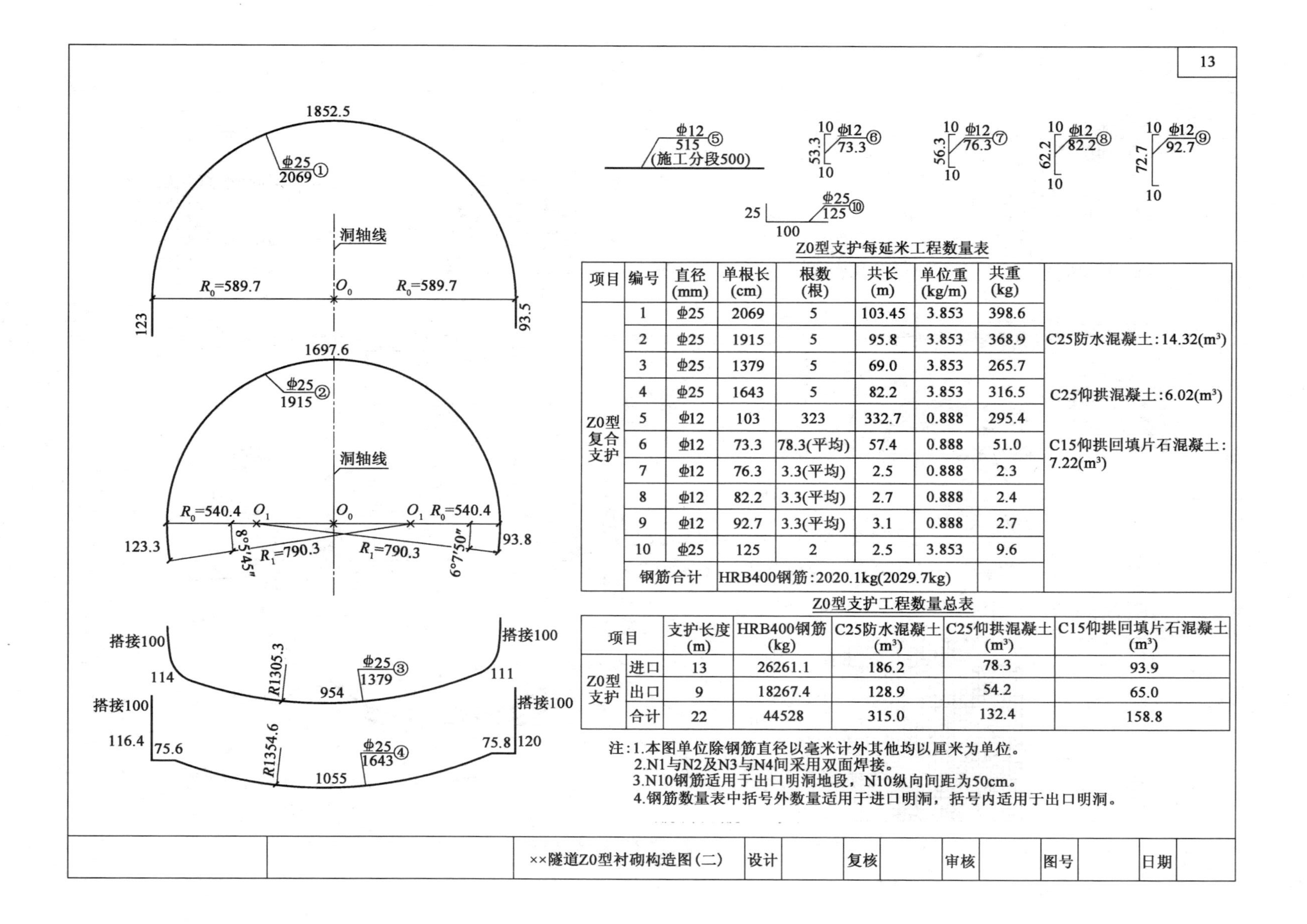

Z0型支护每延米工程数量表

项目	编号	直径(mm)	单根长(cm)	根数(根)	共长(m)	单位重(kg/m)	共重(kg)	
Z0型复合支护	1	ф25	2069	5	103.45	3.853	398.6	
	2	ф25	1915	5	95.8	3.853	368.9	C25防水混凝土:14.32(m^3)
	3	ф25	1379	5	69.0	3.853	265.7	
	4	ф25	1643	5	82.2	3.853	316.5	C25仰拱混凝土:6.02(m^3)
	5	ф12	103	323	332.7	0.888	295.4	
	6	ф12	73.3	78.3(平均)	57.4	0.888	51.0	C15仰拱回填片石混凝土:7.22(m^3)
	7	ф12	76.3	3.3(平均)	2.5	0.888	2.3	
	8	ф12	82.2	3.3(平均)	2.7	0.888	2.4	
	9	ф12	92.7	3.3(平均)	3.1	0.888	2.7	
	10	ф25	125	2	2.5	3.853	9.6	
	钢筋合计	HRB400钢筋:2020.1kg(2029.7kg)						

Z0型支护工程数量总表

项目		支护长度(m)	HRB400钢筋(kg)	C25防水混凝土(m^3)	C25仰拱混凝土(m^3)	C15仰拱回填片石混凝土(m^3)
Z0型支护	进口	13	26261.1	186.2	78.3	93.9
	出口	9	18267.4	128.9	54.2	65.0
	合计	22	44528	315.0	132.4	158.8

注:1.本图单位除钢筋直径以毫米计外其他均以厘米为单位。
2.N1与N2及N3与N4间采用双面焊接。
3.N10钢筋适用于出口明洞地段，N10纵向间距为50cm。
4.钢筋数量表中括号外数量适用于进口明洞，括号内适用于出口明洞。

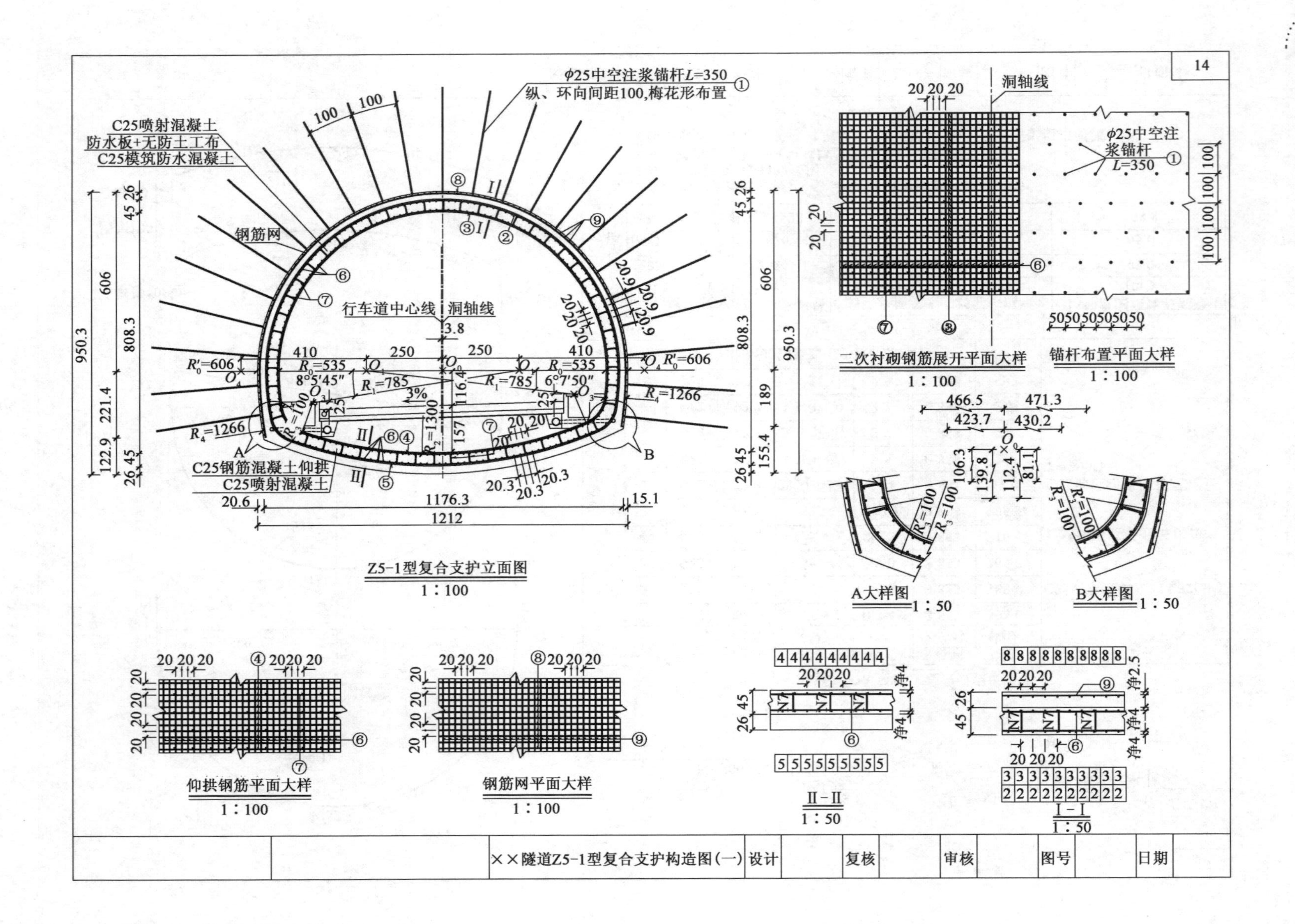

14
φ25中空注浆锚杆L=350
纵、环向间距100,梅花形布置
C25喷射混凝土
防水板+无防土工布
C25模筑防水混凝土
钢筋网
行车道中心线
洞轴线
C25钢筋混凝土仰拱
C25喷射混凝土
Z5-1型复合支护立面图
1∶100
二次衬砌钢筋展开平面大样
1∶100
φ25中空注
浆锚杆
L=350
锚杆布置平面大样
1∶100
A大样图
1∶50
B大样图
1∶50
仰拱钢筋平面大样
1∶100
钢筋网平面大样
1∶100
Ⅱ-Ⅱ
1∶50
Ⅰ-Ⅰ
1∶50
××隧道Z5-1型复合支护构造图(一)
设计
复核
审核
图号
日期

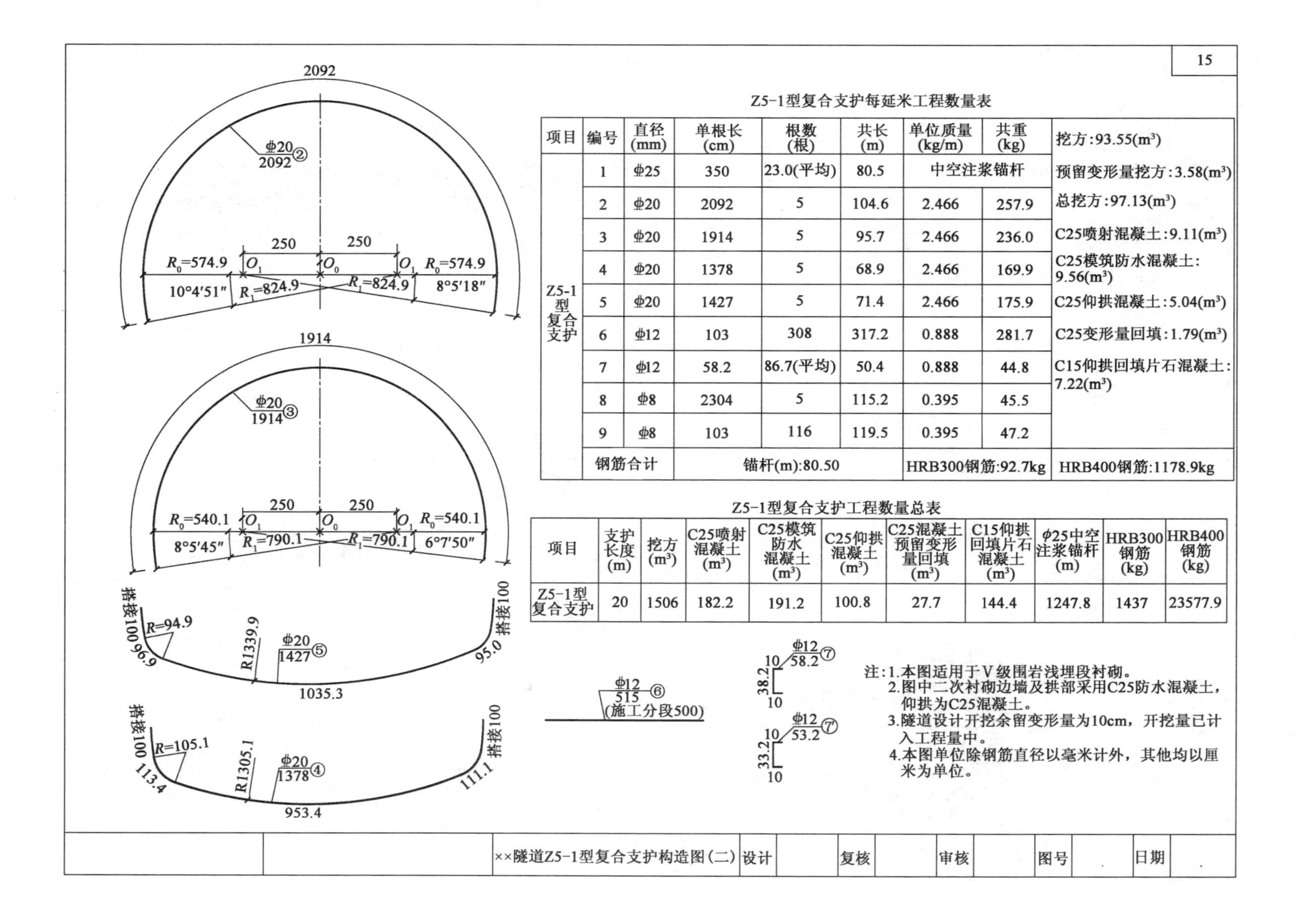

Z5-1型复合支护每延米工程数量表

项目	编号	直径(mm)	单根长(cm)	根数(根)	共长(m)	单位质量(kg/m)	共重(kg)	
Z5-1型复合支护	1	Φ25	350	23.0(平均)	80.5	中空注浆锚杆		挖方:93.55(m³)
								预留变形量挖方:3.58(m³)
	2	Φ20	2092	5	104.6	2.466	257.9	总挖方:97.13(m³)
	3	Φ20	1914	5	95.7	2.466	236.0	C25喷射混凝土:9.11(m³)
	4	Φ20	1378	5	68.9	2.466	169.9	C25模筑防水混凝土:9.56(m³)
	5	Φ20	1427	5	71.4	2.466	175.9	C25仰拱混凝土:5.04(m³)
	6	Φ12	103	308	317.2	0.888	281.7	C25变形量回填:1.79(m³)
	7	Φ12	58.2	86.7(平均)	50.4	0.888	44.8	C15仰拱回填片石混凝土:7.22(m³)
	8	Φ8	2304	5	115.2	0.395	45.5	
	9	Φ8	103	116	119.5	0.395	47.2	
	钢筋合计		锚杆(m):80.50			HRB300钢筋:92.7kg		HRB400钢筋:1178.9kg

Z5-1型复合支护工程数量总表

项目	支护长度(m)	挖方(m³)	C25喷射混凝土(m³)	C25模筑防水混凝土(m³)	C25仰拱混凝土(m³)	C25混凝土预留变形量回填(m³)	C15仰拱回填片石混凝土(m³)	Φ25中空注浆锚杆(m)	HRB300钢筋(kg)	HRB400钢筋(kg)
Z5-1型复合支护	20	1506	182.2	191.2	100.8	27.7	144.4	1247.8	1437	23577.9

注:1.本图适用于Ⅴ级围岩浅埋段衬砌。
2.图中二次衬砌边墙及拱部采用C25防水混凝土，仰拱为C25混凝土。
3.隧道设计开挖余留变形量为10cm，开挖量已计入工程量中。
4.本图单位除钢筋直径以毫米计外，其他均以厘米为单位。

		××隧道Z5-1型复合支护构造图(二)	设计		复核		审核		图号		日期	

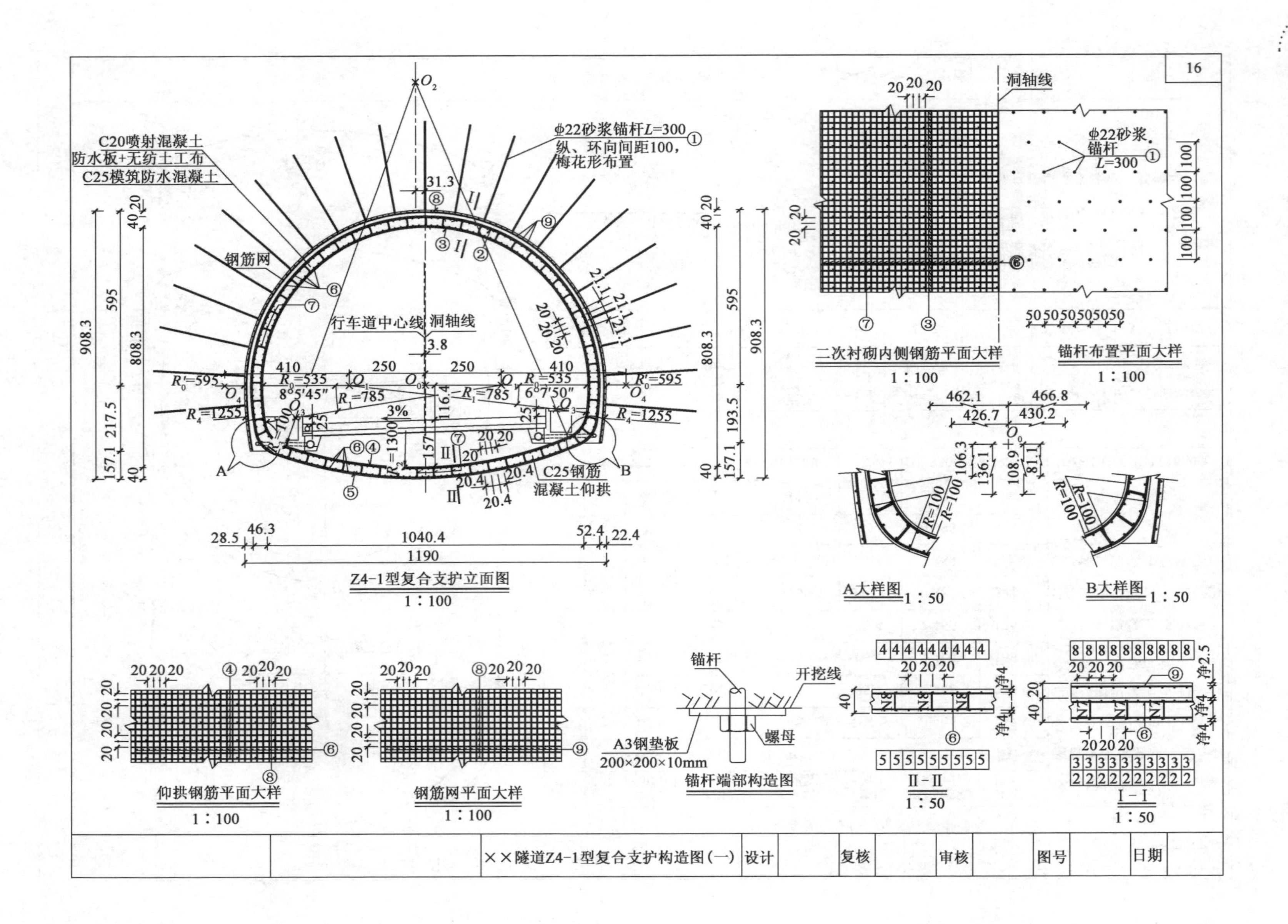
16
C20喷射混凝土
防水板+无纺土工布
C25模筑防水混凝土
ф22砂浆锚杆L=300
纵、环向间距100，
梅花形布置
钢筋网
行车道中心线
洞轴线
C25钢筋
混凝土仰拱
Z4-1型复合支护立面图
1：100
二次衬砌内侧钢筋平面大样
1：100
ф22砂浆
锚杆
L=300
锚杆布置平面大样
1：100
A大样图 1：50
B大样图 1：50
锚杆
开挖线
螺母
A3钢垫板
200×200×10mm
锚杆端部构造图
Ⅱ-Ⅱ
1：50
Ⅰ-Ⅰ
1：50
仰拱钢筋平面大样
1：100
钢筋网平面大样
1：100
××隧道Z4-1型复合支护构造图(一)
设计
复核
审核
图号
日期

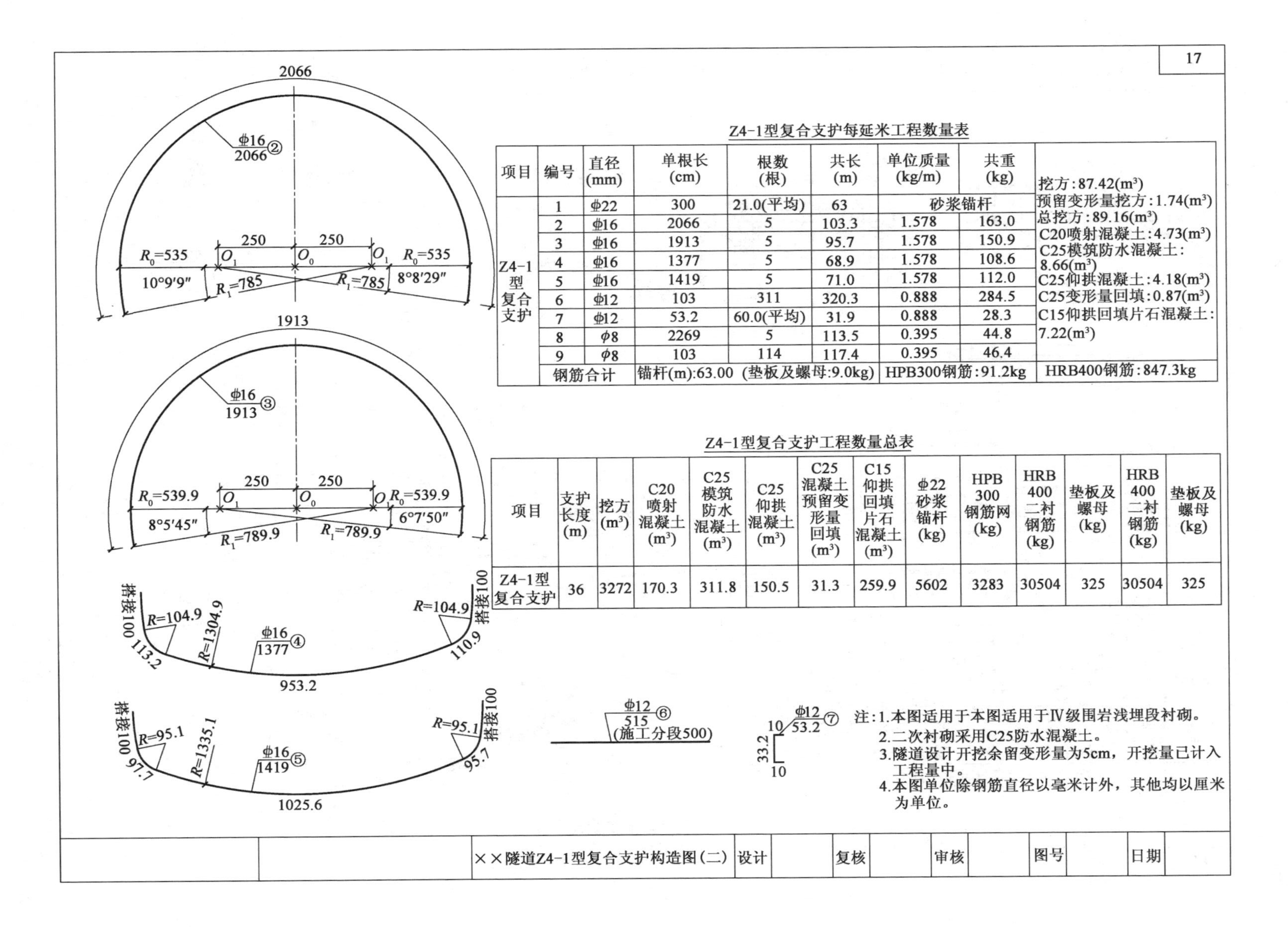

Z4-1型复合支护每延米工程数量表

项目	编号	直径(mm)	单根长(cm)	根数(根)	共长(m)	单位质量(kg/m)	共重(kg)	
Z4-1型复合支护	1	ϕ22	300	21.0(平均)	63	砂浆锚杆		挖方:87.42(m^3) 预留变形量挖方:1.74(m^3) 总挖方:89.16(m^3) C20喷射混凝土:4.73(m^3) C25模筑防水混凝土:8.66(m^3) C25仰拱混凝土:4.18(m^3) C25变形量回填:0.87(m^3) C15仰拱回填片石混凝土:7.22(m^3)
	2	ϕ16	2066	5	103.3	1.578	163.0	
	3	ϕ16	1913	5	95.7	1.578	150.9	
	4	ϕ16	1377	5	68.9	1.578	108.6	
	5	ϕ16	1419	5	71.0	1.578	112.0	
	6	ϕ12	103	311	320.3	0.888	284.5	
	7	ϕ12	53.2	60.0(平均)	31.9	0.888	28.3	
	8	φ8	2269	5	113.5	0.395	44.8	
	9	φ8	103	114	117.4	0.395	46.4	
	钢筋合计		锚杆(m):63.00 (垫板及螺母:9.0kg)			HPB300钢筋:91.2kg		HRB400钢筋:847.3kg

Z4-1型复合支护工程数量总表

项目	支护长度(m)	挖方(m^3)	C20喷射混凝土(m^3)	C25模筑防水混凝土(m^3)	C25仰拱混凝土(m^3)	C25混凝土预留变形量回填(m^3)	C15仰拱回填片石混凝土(m^3)	ϕ22砂浆锚杆(kg)	HPB300钢筋网(kg)	HRB400二衬钢筋(kg)	垫板及螺母(kg)	HRB400二衬钢筋(kg)	垫板及螺母(kg)
Z4-1型复合支护	36	3272	170.3	311.8	150.5	31.3	259.9	5602	3283	30504	325	30504	325

注:1.本图适用于本图适用于Ⅳ级围岩浅埋段衬砌。
2.二次衬砌采用C25防水混凝土。
3.隧道设计开挖余留变形量为5cm，开挖量已计入工程量中。
4.本图单位除钢筋直径以毫米计外，其他均以厘米为单位。

		××隧道Z4-1型复合支护构造图(二)	设计		复核		审核		图号		日期	

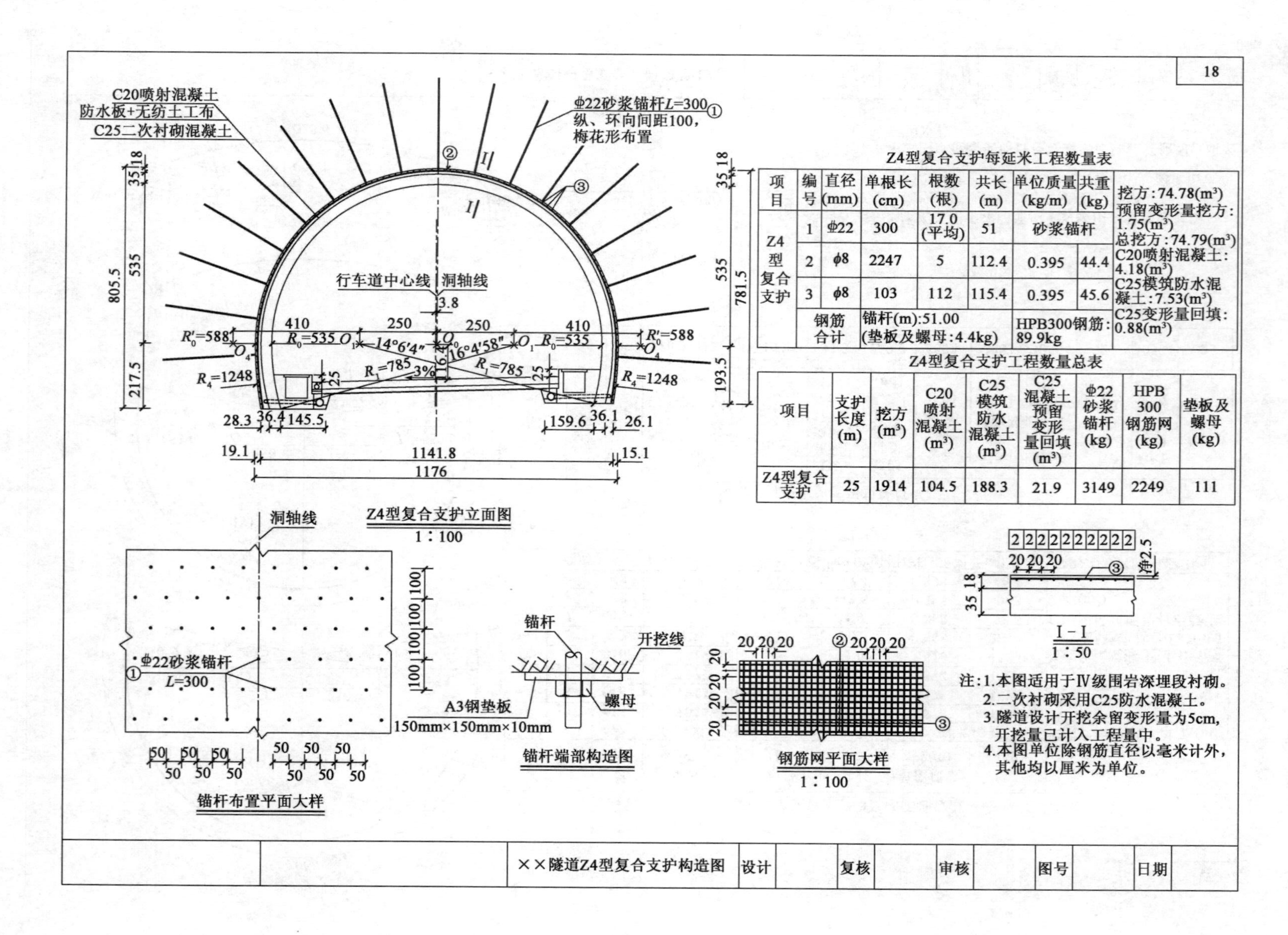

Z4型复合支护每延米工程数量表

项目	编号	直径(mm)	单根长(cm)	根数(根)	共长(m)	单位质量(kg/m)	共重(kg)	
Z4型复合支护	1	ф22	300	17.0(平均)	51	砂浆锚杆		挖方：74.78(m^3) 预留变形量挖方：1.75(m^3) 总挖方：74.79(m^3) C20喷射混凝土：4.18(m^3) C25模筑防水混凝土：7.53(m^3) C25变形量回填：0.88(m^3)
	2	φ8	2247	5	112.4	0.395	44.4	
	3	φ8	103	112	115.4	0.395	45.6	
	钢筋合计		锚杆(m)：51.00 (垫板及螺母：4.4kg)			HPB300钢筋：89.9kg		

Z4型复合支护工程数量总表

项目	支护长度(m)	挖方(m^3)	C20喷射混凝土(m^3)	C25模筑防水混凝土(m^3)	C25混凝土预留变形量回填(m^3)	ф22砂浆锚杆(kg)	HPB300钢筋网(kg)	垫板及螺母(kg)
Z4型复合支护	25	1914	104.5	188.3	21.9	3149	2249	111

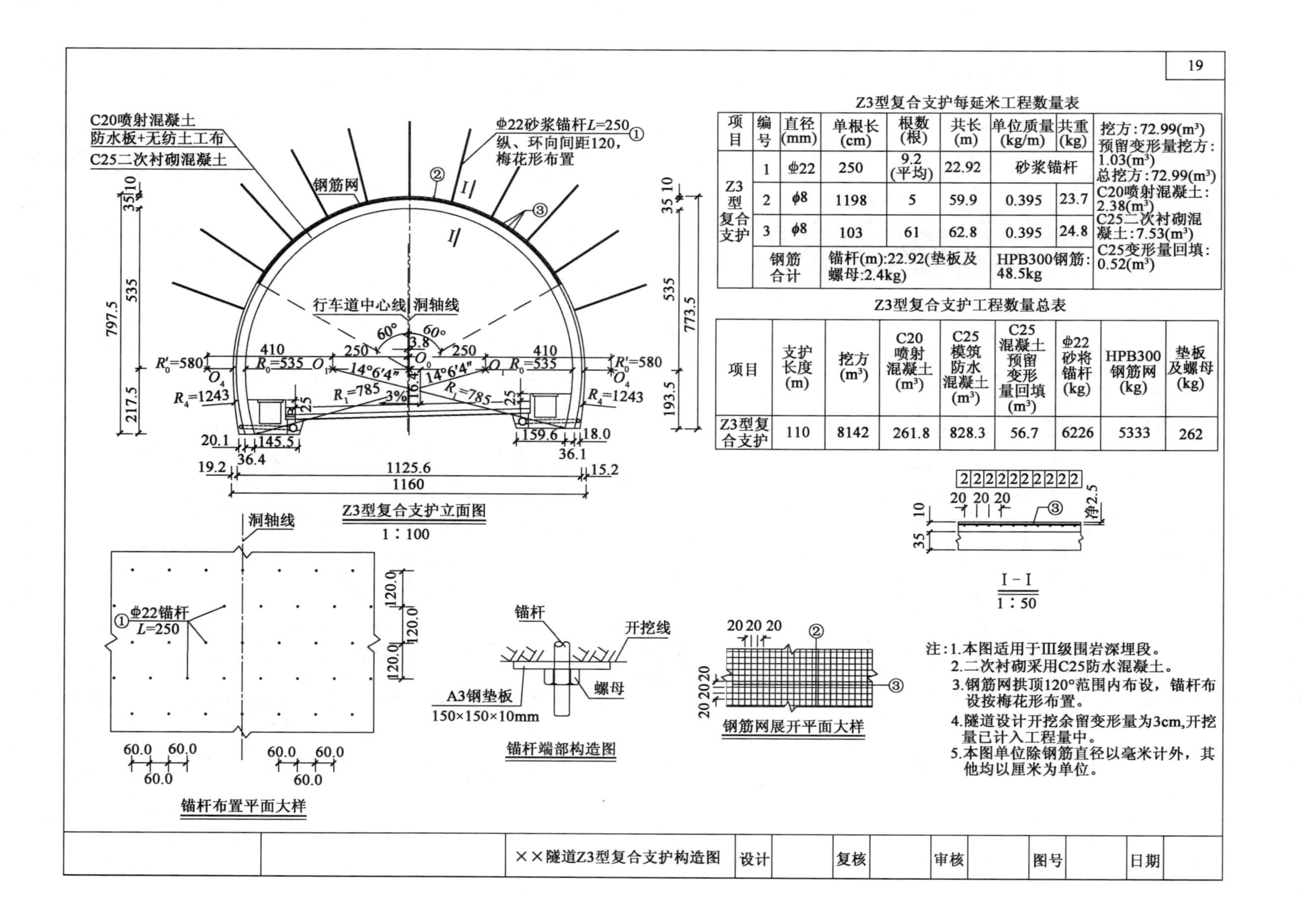

Z3型复合支护每延米工程数量表

项目	编号	直径(mm)	单根长(cm)	根数(根)	共长(m)	单位质量(kg/m)	共重(kg)	
Z3型复合支护	1	ф22	250	9.2(平均)	22.92	砂浆锚杆		挖方:72.99(m³) 预留变形量挖方:1.03(m³) 总挖方:72.99(m³) C20喷射混凝土:2.38(m³) C25二次衬砌混凝土:7.53(m³) C25变形量回填:0.52(m³)
	2	φ8	1198	5	59.9	0.395	23.7	
	3	φ8	103	61	62.8	0.395	24.8	
	钢筋合计		锚杆(m):22.92(垫板及螺母:2.4kg)			HPB300钢筋:48.5kg		

Z3型复合支护工程数量总表

项目	支护长度(m)	挖方(m³)	C20喷射混凝土(m³)	C25模筑防水混凝土(m³)	C25混凝土预留变形量回填(m³)	ф22砂将锚杆(kg)	HPB300钢筋网(kg)	垫板及螺母(kg)
Z3型复合支护	110	8142	261.8	828.3	56.7	6226	5333	262

注：1.本图适用于Ⅲ级围岩深埋段。
2.二次衬砌采用C25防水混凝土。
3.钢筋网拱顶120°范围内布设，锚杆布设按梅花形布置。
4.隧道设计开挖余留变形量为3cm,开挖量已计入工程量中。
5.本图单位除钢筋直径以毫米计外，其他均以厘米为单位。

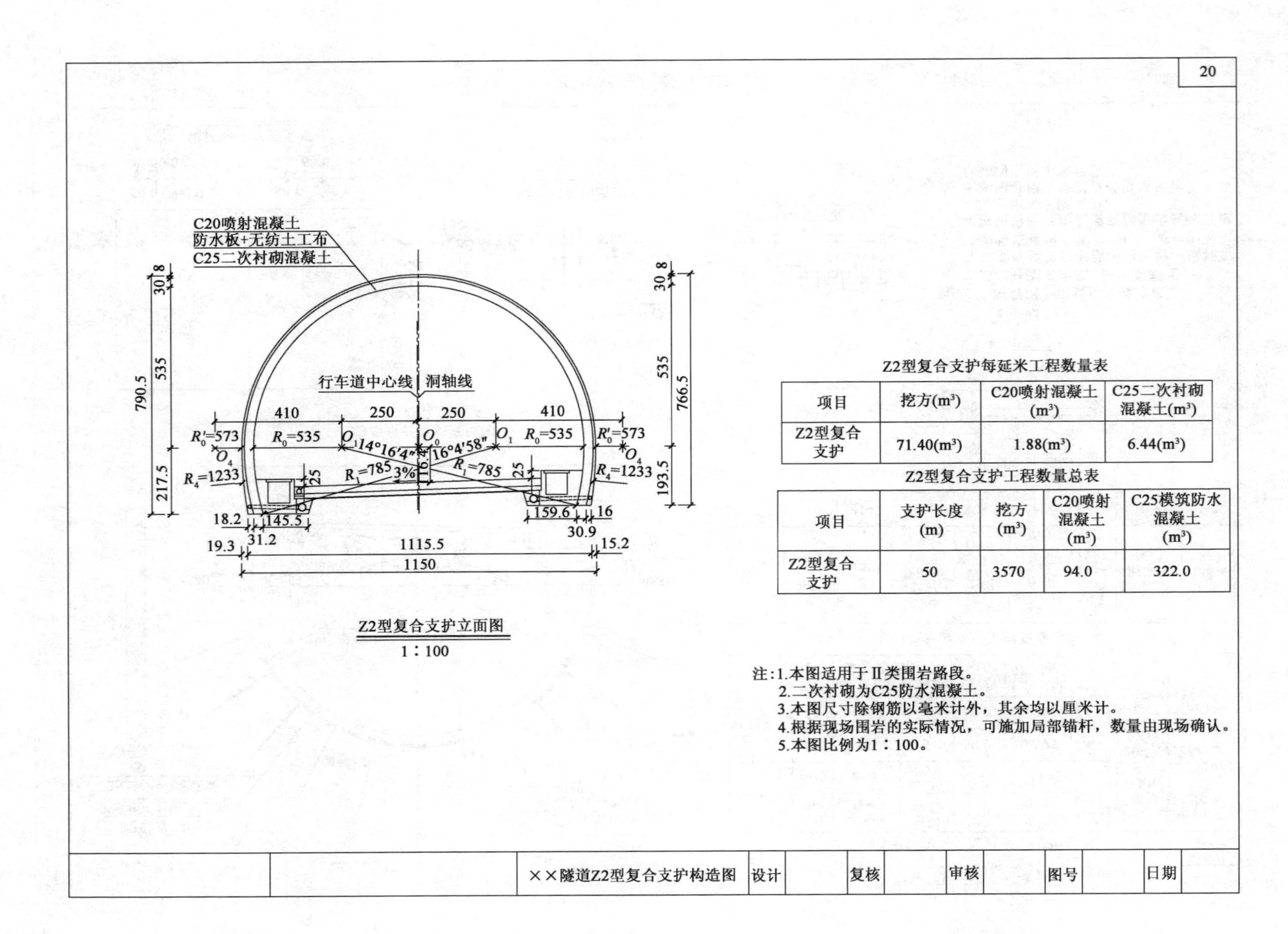

Z2型复合支护立面图

1：100

Z2型复合支护每延米工程数量表

项目	挖方(m^3)	C20喷射混凝土(m^3)	C25二次衬砌混凝土(m^3)
Z2型复合支护	71.40(m^3)	1.88(m^3)	6.44(m^3)

Z2型复合支护工程数量总表

项目	支护长度(m)	挖方(m^3)	C20喷射混凝土(m^3)	C25模筑防水混凝土(m^3)
Z2型复合支护	50	3570	94.0	322.0

注：1.本图适用于Ⅱ类围岩路段。
2.二次衬砌为C25防水混凝土。
3.本图尺寸除钢筋以毫米计外，其余均以厘米计。
4.根据现场围岩的实际情况，可施加局部锚杆，数量由现场确认。
5.本图比例为1：100。

	××隧道Z2型复合支护构造图	设计		复核		审核		图号		日期	

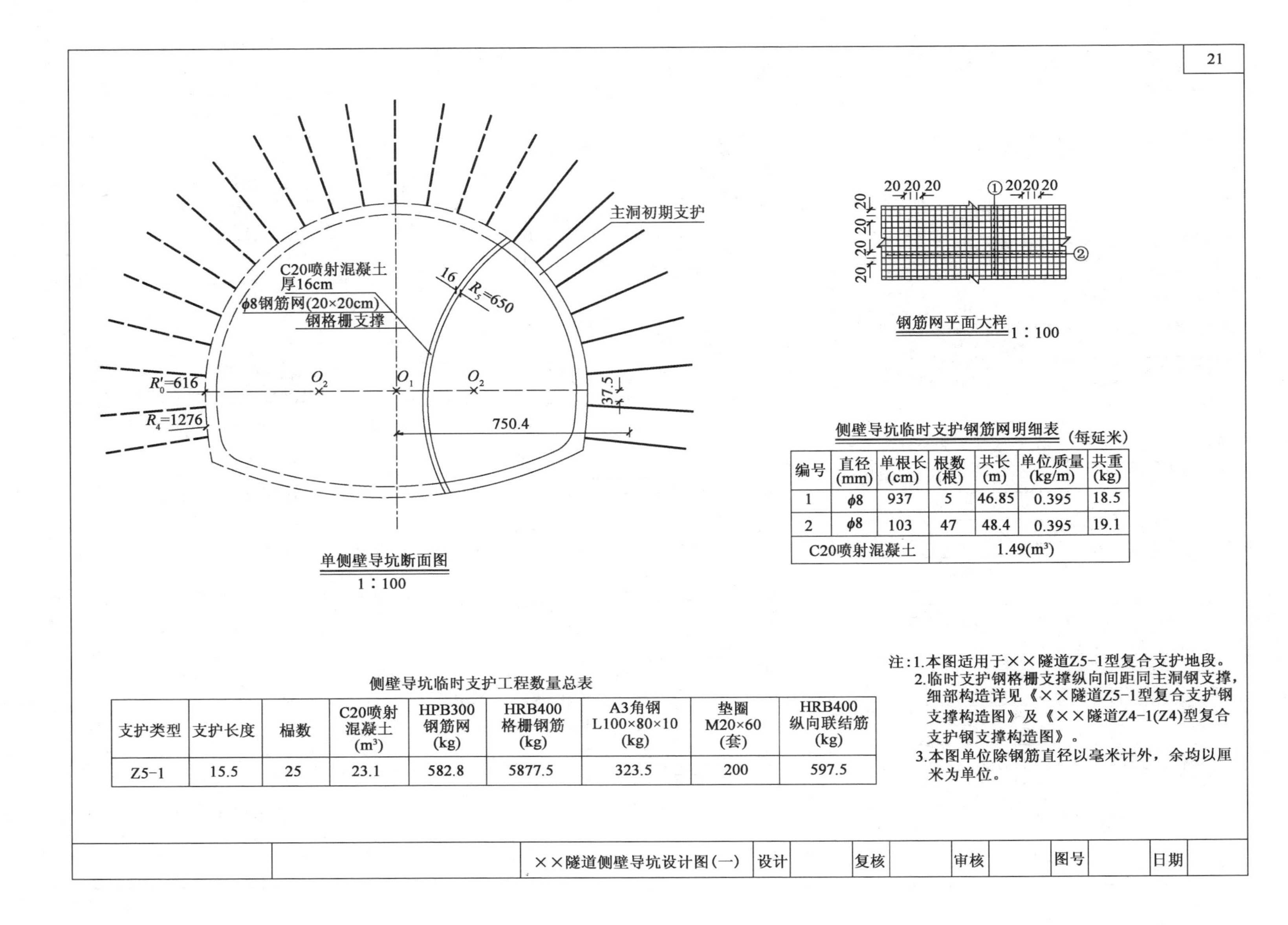

单侧壁导坑断面图

1∶100

钢筋网平面大样 1∶100

侧壁导坑临时支护钢筋网明细表（每延米）

编号	直径(mm)	单根长(cm)	根数(根)	共长(m)	单位质量(kg/m)	共重(kg)
1	φ8	937	5	46.85	0.395	18.5
2	φ8	103	47	48.4	0.395	19.1
C20喷射混凝土		1.49(m³)				

侧壁导坑临时支护工程数量总表

支护类型	支护长度	榀数	C20喷射混凝土(m³)	HPB300钢筋网(kg)	HRB400格栅钢筋(kg)	A3角钢L100×80×10(kg)	垫圈M20×60(套)	HRB400纵向联结筋(kg)
Z5-1	15.5	25	23.1	582.8	5877.5	323.5	200	597.5

注：1.本图适用于××隧道Z5-1型复合支护地段。
2.临时支护钢格栅支撑纵向间距同主洞钢支撑，细部构造详见《××隧道Z5-1型复合支护钢支撑构造图》及《××隧道Z4-1(Z4)型复合支护钢支撑构造图》。
3.本图单位除钢筋直径以毫米计外，余均以厘米为单位。

××隧道侧壁导坑设计图(一)	设计		复核		审核		图号		日期	

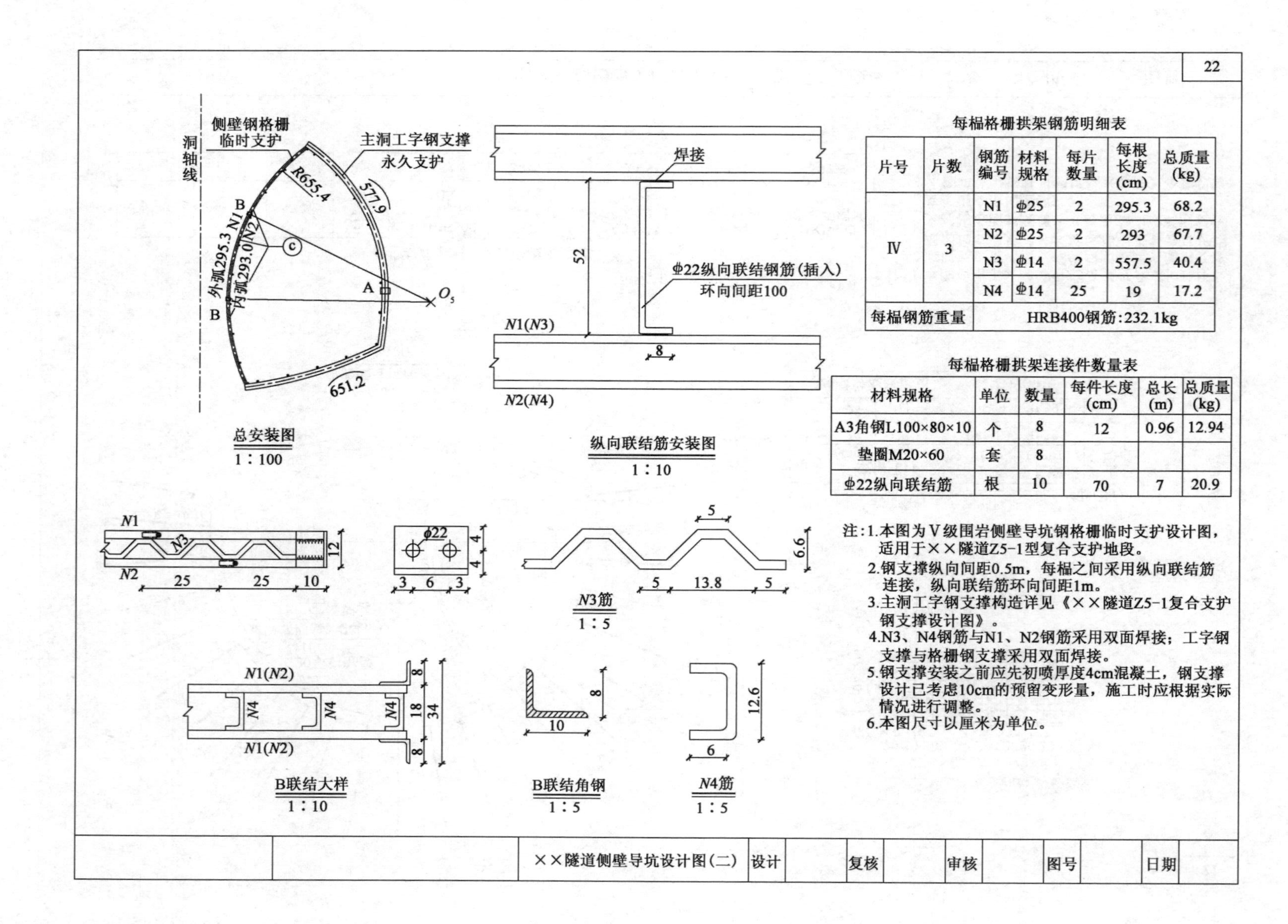

每榀格栅拱架钢筋明细表

片号	片数	钢筋编号	材料规格	每片数量	每根长度(cm)	总质量(kg)
Ⅳ	3	N1	ϕ25	2	295.3	68.2
		N2	ϕ25	2	293	67.7
		N3	ϕ14	2	557.5	40.4
		N4	ϕ14	25	19	17.2
每榀钢筋重量		HRB400钢筋:232.1kg				

每榀格栅拱架连接件数量表

材料规格	单位	数量	每件长度(cm)	总长(m)	总质量(kg)
A3角钢L100×80×10	个	8	12	0.96	12.94
垫圈M20×60	套	8			
ϕ22纵向联结筋	根	10	70	7	20.9

注:1.本图为Ⅴ级围岩侧壁导坑钢格栅临时支护设计图,适用于××隧道Z5-1型复合支护地段。
2.钢支撑纵向间距0.5m,每榀之间采用纵向联结筋连接,纵向联结筋环向间距1m。
3.主洞工字钢支撑构造详见《××隧道Z5-1复合支护钢支撑设计图》。
4.N3、N4钢筋与N1、N2钢筋采用双面焊接;工字钢支撑与格栅钢支撑采用双面焊接。
5.钢支撑安装之前应先初喷厚度4cm混凝土,钢支撑设计已考虑10cm的预留变形量,施工时应根据实际情况进行调整。
6.本图尺寸以厘米为单位。

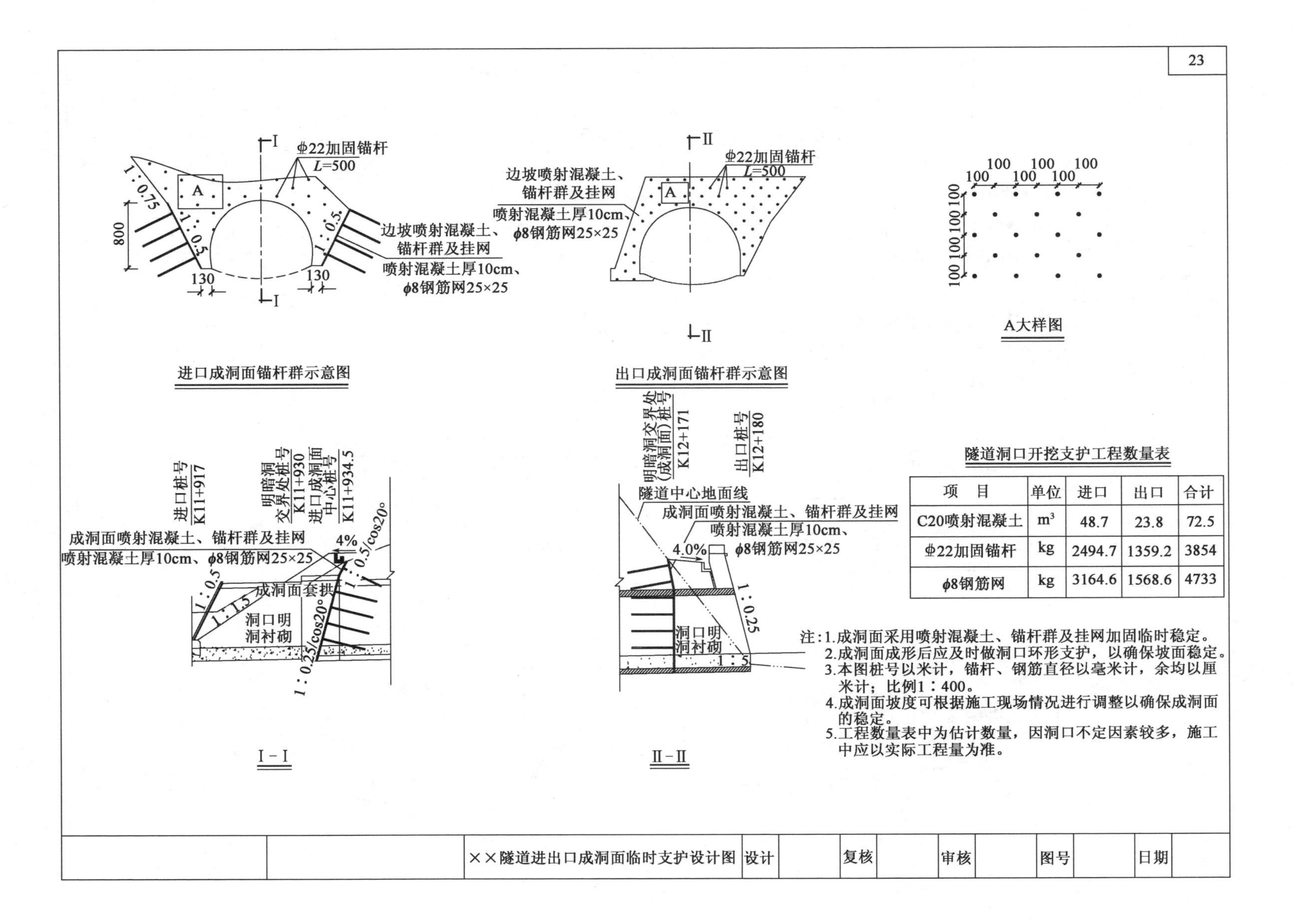

隧道洞口开挖支护工程数量表

项　目	单位	进口	出口	合计
C20喷射混凝土	m³	48.7	23.8	72.5
ф22加固锚杆	kg	2494.7	1359.2	3854
ϕ8钢筋网	kg	3164.6	1568.6	4733

注：1.成洞面采用喷射混凝土、锚杆群及挂网加固临时稳定。
2.成洞面成形后应及时做洞口环形支护，以确保坡面稳定。
3.本图桩号以米计，锚杆、钢筋直径以毫米计，余均以厘米计；比例1：400。
4.成洞面坡度可根据施工现场情况进行调整以确保成洞面的稳定。
5.工程数量表中为估计数量，因洞口不定因素较多，施工中应以实际工程量为准。

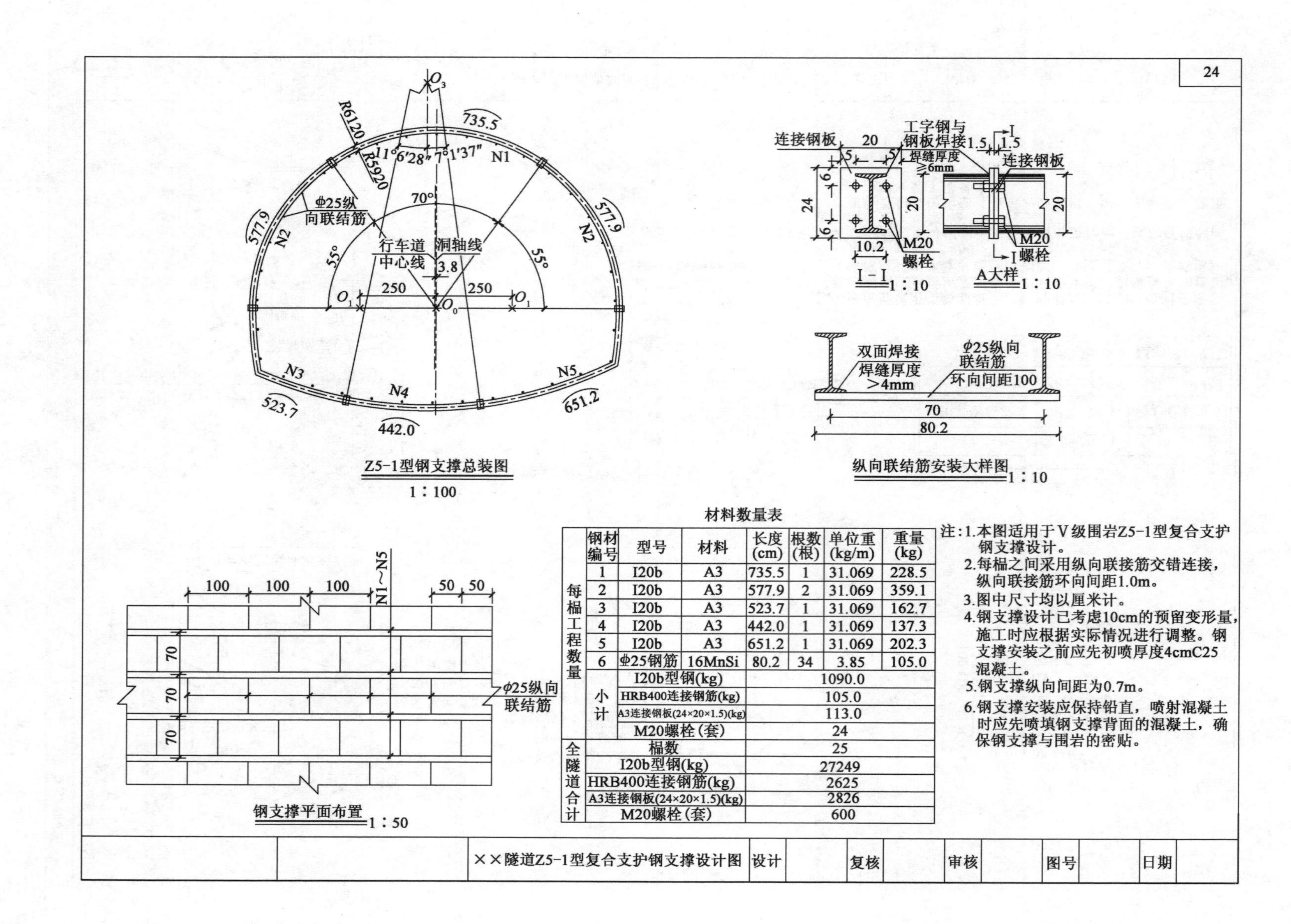

Z5-1型钢支撑总装图
1：100

纵向联结筋安装大样图 1：10

钢支撑平面布置 1：50

材料数量表

	钢材编号	型号	材料	长度(cm)	根数(根)	单位重(kg/m)	重量(kg)
每榀工程数量	1	I20b	A3	735.5	1	31.069	228.5
	2	I20b	A3	577.9	2	31.069	359.1
	3	I20b	A3	523.7	1	31.069	162.7
	4	I20b	A3	442.0	1	31.069	137.3
	5	I20b	A3	651.2	1	31.069	202.3
	6	φ25钢筋	16MnSi	80.2	34	3.85	105.0
	小计	I20b型钢(kg)		1090.0			
		HRB400连接钢筋(kg)		105.0			
		A3连接钢板(24×20×1.5)(kg)		113.0			
		M20螺栓(套)		24			
全隧道合计	榀数			25			
	I20b型钢(kg)			27249			
	HRB400连接钢筋(kg)			2625			
	A3连接钢板(24×20×1.5)(kg)			2826			
	M20螺栓(套)			600			

注：1.本图适用于Ⅴ级围岩Z5-1型复合支护钢支撑设计。
2.每榀之间采用纵向联接筋交错连接，纵向联接筋环向间距1.0m。
3.图中尺寸均以厘米计。
4.钢支撑设计已考虑10cm的预留变形量，施工时应根据实际情况进行调整。钢支撑安装之前应先初喷厚度4cmC25混凝土。
5.钢支撑纵向间距为0.7m。
6.钢支撑安装应保持铅直，喷射混凝土时应先喷填钢支撑背面的混凝土，确保钢支撑与围岩的密贴。

	××隧道Z5-1型复合支护钢支撑设计图	设计		复核		审核		图号		日期	

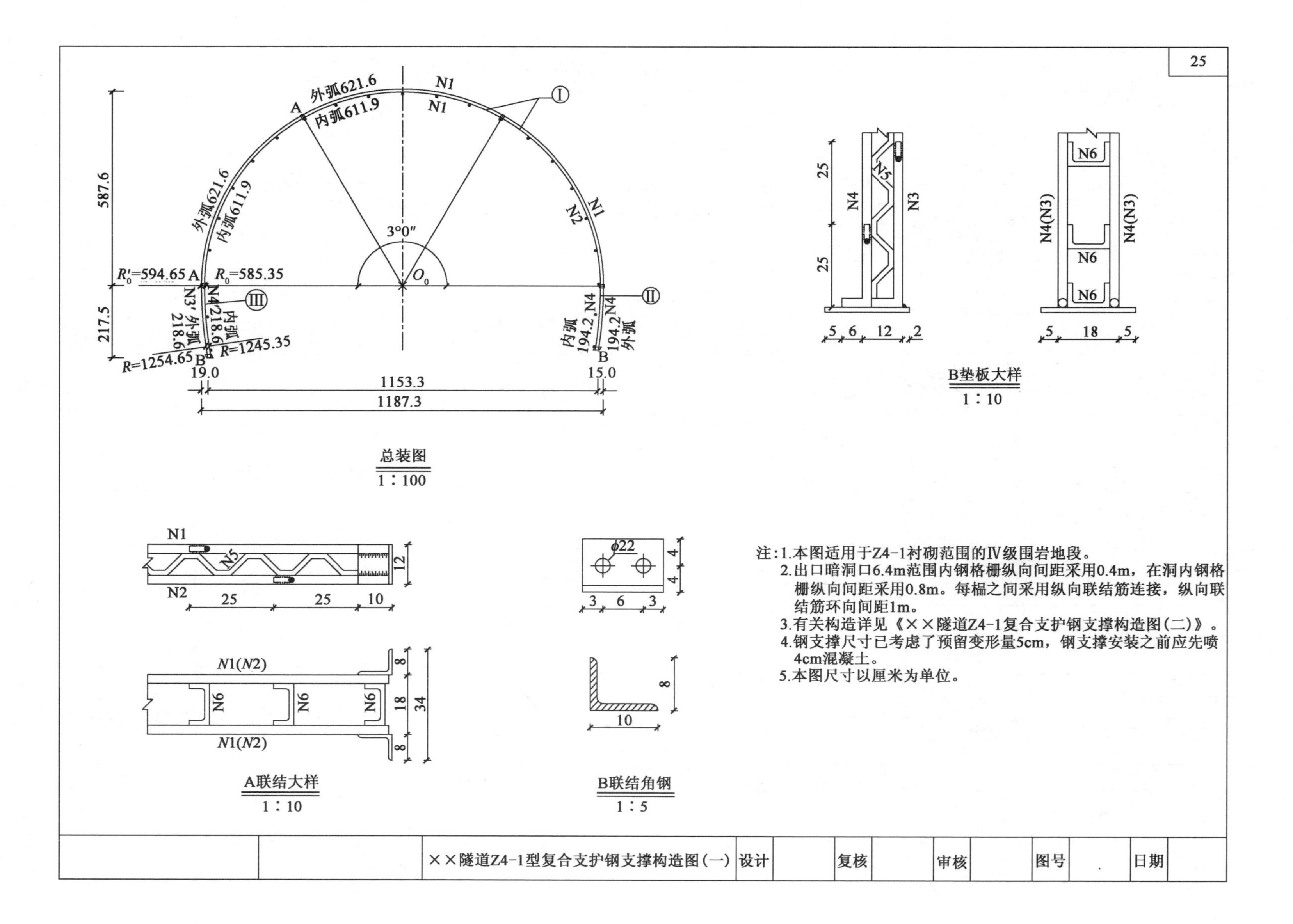
25
外弧621.6
内弧611.9
N1
N2
A
B
3°0″
O_0
R_0'=594.65
R_0=585.35
N3′
N4
外弧218.6
内弧218.6
R=1254.65
R=1245.35
内弧194.2
外弧194.2
587.6
217.5
19.0
15.0
1153.3
1187.3
总装图
1：100
N5
N6
N4(N3)
B垫板大样
1：10
A联结大样
1：10
φ22
B联结角钢
1：5
注：1.本图适用于Z4-1衬砌范围的Ⅳ级围岩地段。
2.出口暗洞口6.4m范围内钢格栅纵向间距采用0.4m，在洞内钢格栅纵向间距采用0.8m。每榀之间采用纵向联结筋连接，纵向联结筋环向间距1m。
3.有关构造详见《××隧道Z4-1复合支护钢支撑构造图(二)》。
4.钢支撑尺寸已考虑了预留变形量5cm，钢支撑安装之前应先喷4cm混凝土。
5.本图尺寸以厘米为单位。
××隧道Z4-1型复合支护钢支撑构造图(一)
设计
复核
审核
图号
日期

26

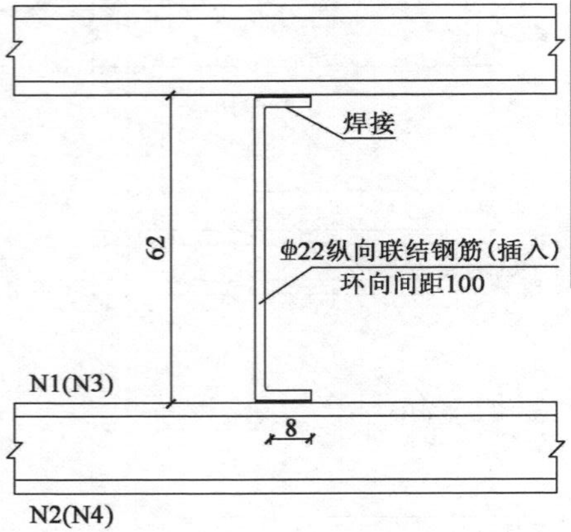

纵向联结筋安装图

1∶10

每榀格栅拱架连接件数量表

材料规格	单位	数量	每件长度(cm)	总长(m)	总质量(kg)
A3角钢 L100×80×10	个	16	12	1.92	25.88
A3钢板 280×250×15	块	2			16.49
垫圈 M20×60	套	16			
ф22纵向联结筋	根	23	80	18.4	54.9

每榀格栅拱架钢筋明细表

片号	片数	钢筋编号	材料规格	每片数量	每根长度(cm)	总重量(kg)
Ⅰ	3	N1	ф25	2	621.6	143.7
		N2	ф25	2	611.9	141.4
		N5	ф14	2	1173.6	85.1
		N6	ф14	25	19	17.2
Ⅱ	1	N3	ф25	2	194.2	15.0
		N4	ф25	2	194.2	15.0
		N5	ф14	2	366.6	8.9
		N6	ф14	8	19	1.8
Ⅲ	1	N3	ф25	2	218.6	16.8
		N4	ф25	2	218.6	16.8
		N5	ф14	2	412.7	10.0
		N6	ф14	8	19	1.8
每榀钢筋重量		HRB335钢筋:473.6kg				

格栅拱架材料数量总表

项目	支护长度	榀数	HRB400格栅钢筋(kg)	A3角钢L100×80×10(kg)	A3钢板280×250×15(kg)	垫圈M20×60(套)	HRB400纵向联结筋(kg)
格栅拱架	36	53	25099	1372	874	848	2911

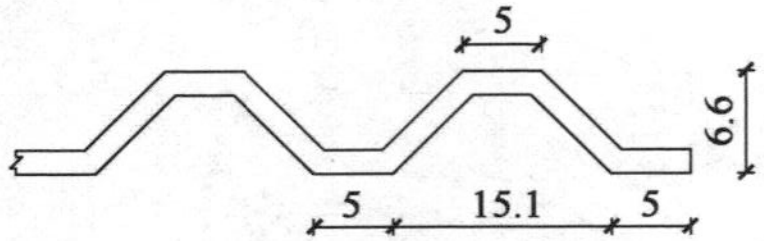

N5筋

1∶5

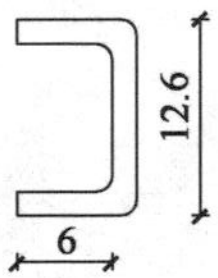

N6筋

1∶5

注:1.本设计除A联结采用螺栓联结、纵向联结采用插接外，余均采用双面焊接，焊缝厚度不得小于6mm。

2.总装图详见《××隧道Z4-1复合支护钢支撑构造图(一)》。

3.纵向连接筋在刚架支护内缘、外缘交错布置。

4.本图尺寸以厘米为单位。

		××隧道Z4-1型复合支护钢支撑构造图(二)	设计		复核		审核		图号	日期

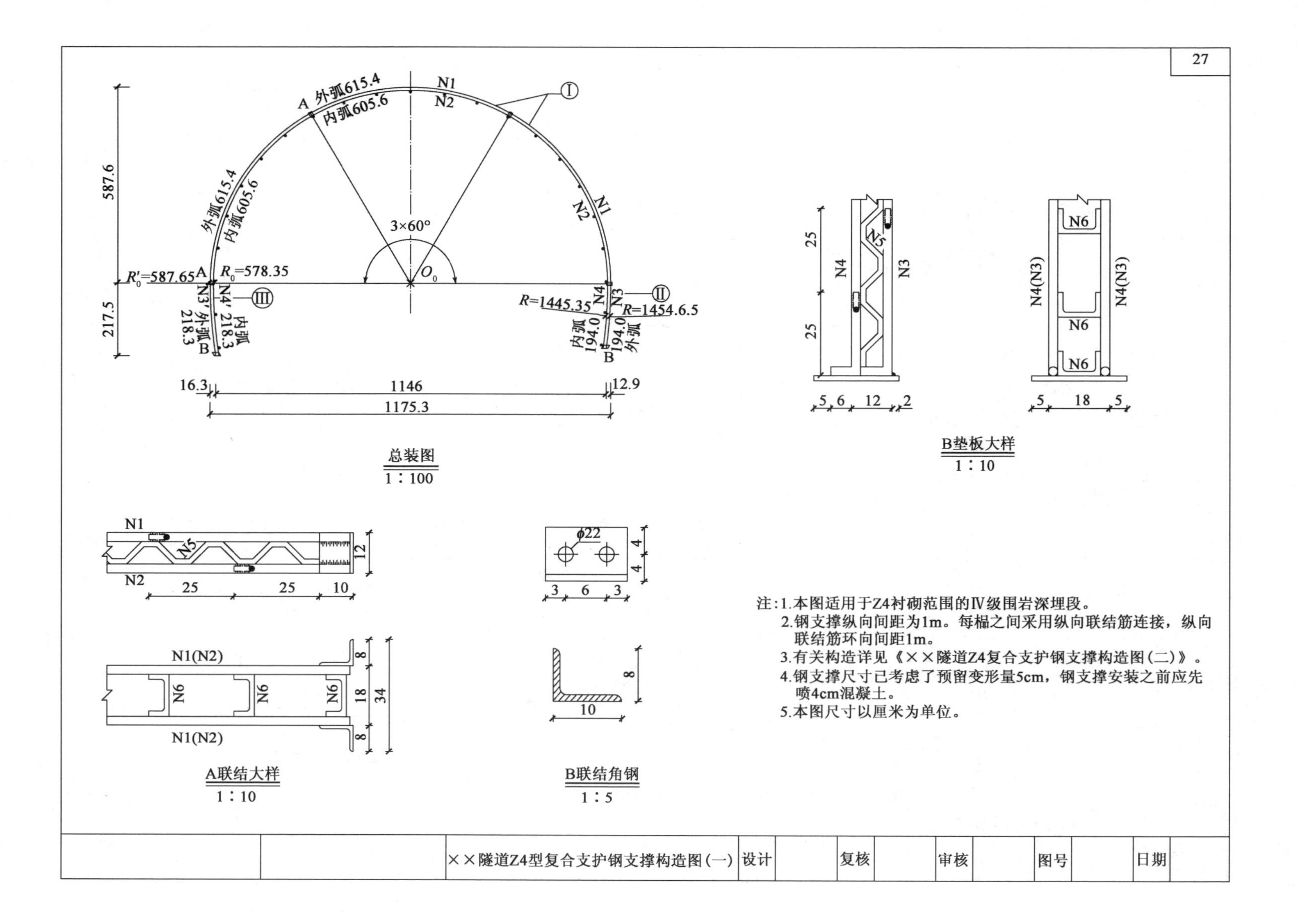
27
外弧615.4
内弧605.6
N1
N2
A
Ⅰ
3×60°
O_0
R'_0=587.65
R_0=578.35
N3′
N4′
Ⅲ
外弧 218.3
内弧 218.3
B
R=1445.35
R=1454.6.5
N4
N3
Ⅱ
内弧 194.0
外弧 194.0
587.6
217.5
16.3
1146
12.9
1175.3
总装图
1：100
N5
25
5 6 12 2
N4(N3)
N6
5 18 5
B垫板大样
1：10
12
10
φ22
4
3 6 3
8
10
N1(N2)
34
A联结大样
1：10
B联结角钢
1：5
注：1.本图适用于Z4衬砌范围的Ⅳ级围岩深埋段。
2.钢支撑纵向间距为1m。每榀之间采用纵向联结筋连接，纵向联结筋环向间距1m。
3.有关构造详见《××隧道Z4复合支护钢支撑构造图(二)》。
4.钢支撑尺寸已考虑了预留变形量5cm，钢支撑安装之前应先喷4cm混凝土。
5.本图尺寸以厘米为单位。
××隧道Z4型复合支护钢支撑构造图(一)
设计
复核
审核
图号
日期

28

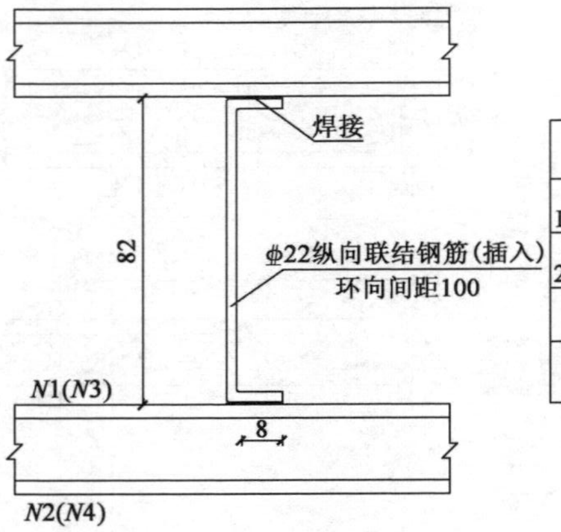

纵向联结筋安装图

1∶10

焊接

ф22纵向联结钢筋(插入)
环向间距100

82

8

N1(N3)

N2(N4)

每榀格栅拱架连接件数量表

材料规格	单位	数量	每件长度(cm)	总长(m)	总质量(kg)
A3角钢 L100×80×10	个	16	12	1.92	25.88
A3钢板 280×250×15	块	2			16.49
垫圈 M20×60	套	16			
ф22纵向联结筋	根	23	100	23	68.7

每榀格栅拱架钢筋明细表

片号	片数	钢筋编号	材料规格	每片数量	每根长度(cm)	总质量(kg)
Ⅰ	3	N1	ф25	2	615.4	142.2
		N2	ф25	2	605.6	140.0
		N5	ф14	2	1161.9	84.3
		N6	ф14	25	19	17.2
Ⅱ	1	N3	ф25	2	194	14.9
		N4	ф25	2	194	14.9
		N5	ф14	2	366.3	8.9
		N6	ф14	8	19	1.8
Ⅲ	1	N3	ф25	2	218.3	16.8
		N4	ф25	2	218.3	16.8
		N5	ф14	2	412.2	10.0
		N6	ф14	8	19	1.8
每榀钢筋重量	HRB400钢筋:469.7kg					

格栅拱架材料数量总表

项　目	支护长度	榀数	HRB100格栅钢筋(kg)	A3角钢L100×80×10(kg)	A3钢板280×250×15(kg)	垫圈M20×60(套)	HRB400纵向联结筋(kg)
格栅拱架	25	25	11743	647	412	400	1716

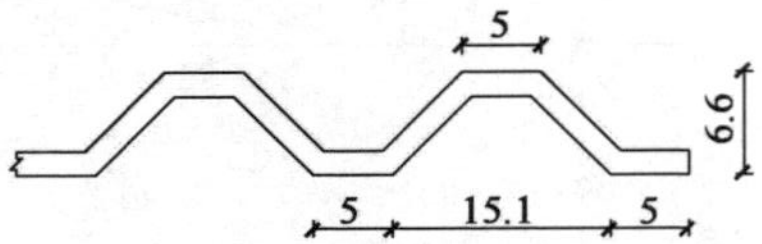

5　6.6　5　15.1　5

N5筋

1∶5

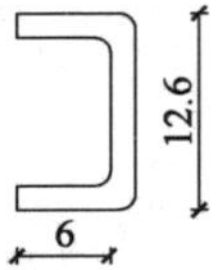

12.6　6

N6筋

1∶5

注:1.本设计除A联结采用螺栓联结、纵向联结采用插接外,余均采用双面焊接,焊缝厚度不得小于6mm。
2.总装图详见《××隧道Z4复合支护钢支撑构造图(一)》。
3.纵向连接筋在刚架支护内缘、外缘交错布置。
4.本图尺寸以厘米为单位。

	××隧道Z4型复合支护钢支撑构造图(二)	设计		复核		审核		图号		日期	

平面交叉设置及工程数量一览表

××至××港区疏港公路　　　　第1页　共1页

序号	中心桩号及起讫桩号	被交叉路名称	被交路现有标准			被交路改建标准			交通管理方式	交叉形式	交叉角度	被交路改建长度	引道纵坡	工程数量								备注	
														行车道			硬路肩	钢筋					
			等级	设计速度(km/h)	路基宽度(m)	等级	设计速度(km/h)	路基宽度(m)				m	%	20cm C35水泥混凝土面层(m²)	15cm 5%水泥稳定碎石基层(m²)	15cm填隙碎石底基层(m²)	C20混凝土路缘石(m³)	R235(t)	HR335(t)	填方(m³)	挖方(m³)	破除旧路面(m²)	
1	2	3	4	5	6	7	8	9	10	11	12	13	14	15	16	17	18	19	20	21	22	23	24
2	K11+600 ~K11+789		三级	30	6.5	三级	30	7.5	主路优先	T形交叉	27°37′49″	100	2.5	1549.5	169.0	238.0	20.7	0.204	0.905	1875.0		950	
	合计											100		1549.5	169.0	238.0	20.7	0.204	0.905	1875.0		950	

编制：　　　　复核：

（略）

第八篇
CHAPTER EIGHT

（略）

第九篇 CHAPTER NINE 其他工程

施工便道工程数量表

××至××港区疏港公路

序号	桩号	位置	便道长度(m)	挖方(m^3)	填方(m^3)	行车道					备注
						4cm沥青贯入式面层(m^2)	18cm5%水泥稳定碎石基层(m^2)	15cm填隙碎石底基层(m^2)			
1	2	3	4	5	6	7	8	9	10	11	12
1	××隧道出口	右侧	280		1586	1960	2128	2128			
	合计				1586	1960	2128	2128			

编制： 复核：

改沟工程数量表

××至××港区疏港公路　　　　第1页　共1页

序号	起讫桩号 或中心桩号	位置	主要尺寸及说明 必要时绘出断面 示意图	单位	长度	分项工程数量							备注
						M7.5 浆砌片石	挖基土方			改沟用地（亩）(666.67m^2)			
						(m^3)	(m^3)			园地	旱地		
1	2	3	4	5	6	7	8	10	11	12	13	14	15
1	K13 +130	左侧 20m	改渠 4.0×1.0 矩形渠	m	40	120.8	480.0				0.3		
2	K13 +850	左侧 35m	改沟 3.0×3.0 梯形沟	m	75	366.5	2475.0				1.35		
3	K15 +600	左侧 20m	改沟 1.0×1.5 矩形沟	m	80	157.6	755.0			0.3			
	总计				195.0	644.9	3710.0			0.3	1.65		

编制：　　　　复核：

第十篇 CHAPTER TEN

筑路材料

沿线筑路材料料场表

××至××港区疏港公路　　　　第1页　共1页

序号	材料名称	料场编号	中心桩号	位置	上路桩号	上路运距(km)	材料及料场状况	储量(km^3)	覆盖层厚度(m)	成材率(%)	开采及运输方式	便道(km)	便桥(m/座)	备注
1	2	3	4	5	6	7	8	9	10	11	12	13	14	15
1	片、块、碎石	Ⅰ-1	K10+000		K10+000	0.02	晶屑凝灰熔岩	大量		95	开采 汽车运			梅花
2	片、块、碎石	Ⅰ-2	K12+100	右侧200m	K11+800	0.5	晶屑凝灰熔岩	大量		95	开采 汽车运			廪头
3	片、块、碎石	Ⅰ-3	K19+300	左侧30m	K19+300	0.05	晶屑凝灰熔岩	大量		95	开采 汽车运			廪尾
4	砂										外购 汽车运			

编制：　　　　复核：

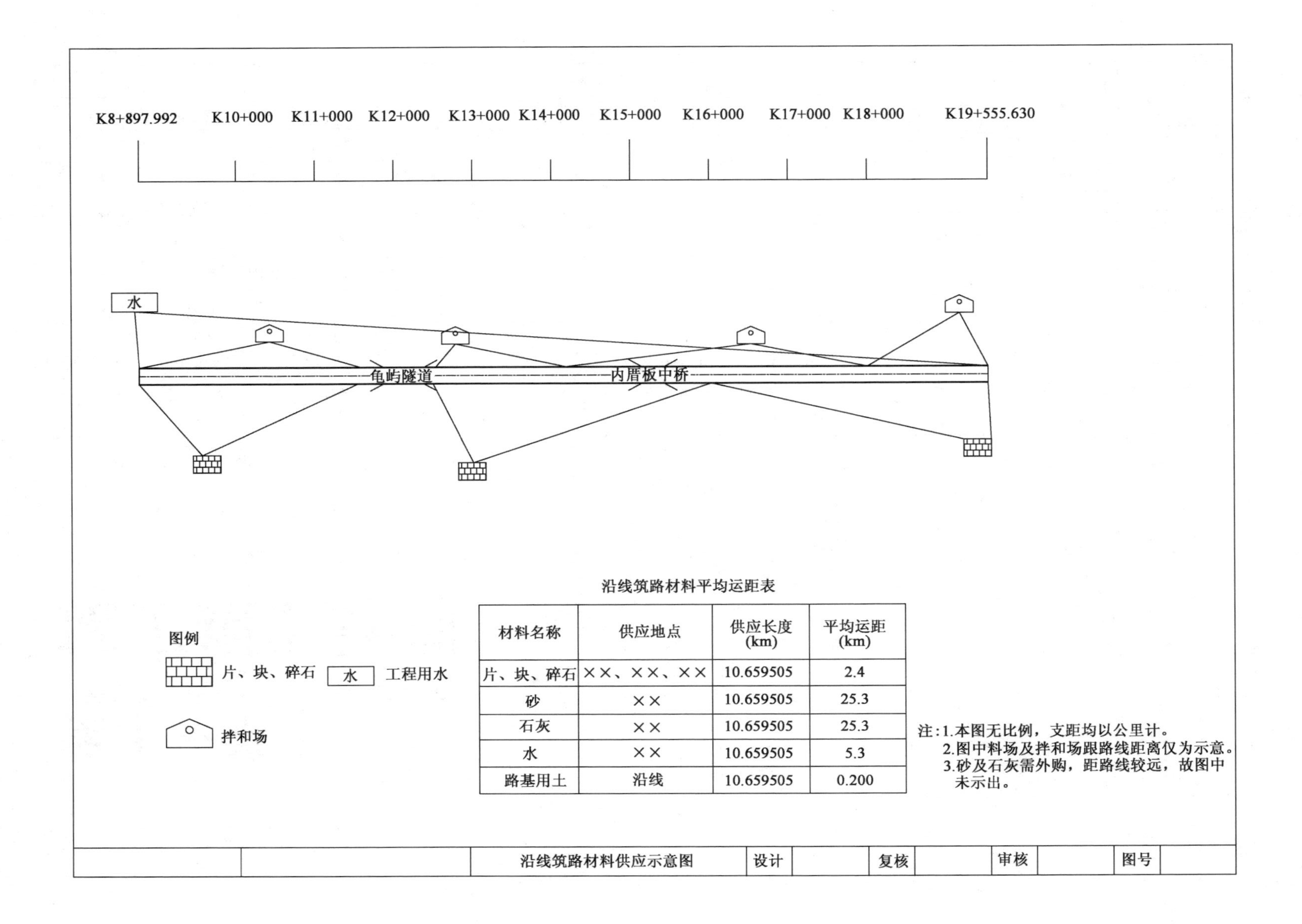

沿线筑路材料平均运距表

材料名称	供应地点	供应长度(km)	平均运距(km)
片、块、碎石	××、××、××	10.659505	2.4
砂	××	10.659505	25.3
石灰	××	10.659505	25.3
水	××	10.659505	5.3
路基用土	沿线	10.659505	0.200

注：1.本图无比例，支距均以公里计。
2.图中料场及拌和场跟路线距离仅为示意。
3.砂及石灰需外购，距路线较远，故图中未示出。

		沿线筑路材料供应示意图	设计		复核		审核		图号	

第十一篇
CHAPTER ELEVEN
施工组织计划

临时工程数量表

××至××港区疏港公路　　　　第1页　共1页

序号	工程名称	位置地点或桩号	工程说明	工程项目及数量							备注
				平整场地（m^2）	汽车便道长度（宽7m）（m）	便道填石（m^3）	便道填土（m^3）	临时通信线路（km）	临时电力线路（m）	水泥混凝土拌和站（座）	
1	拌和场、施工驻地	K9+860～K9+900左侧		500							
	K8+897.992～K10+000段小计			500							
2	拌和场、施工驻地	K10+355～K10+400左侧		500				0.2	200	1	
	K10+000～K10+719.437段小计			500				0.2	200	1	
3	拌和场、施工驻地	K12+200～K12+240左侧		500				0.8	800	1	
4	拌和场、施工驻地	K16+500～K16+540左侧		500				0.2	200	1	
5	拌和场、施工驻地	K19+060～K19+100左侧		500				0.2	200	1	
	K10+719.437～K19+555.63段小计			1500				1.2	1200	3	
	合计			2500				1.4	1400	4	

编制：　　　　复核：

公路临时用地表

××至××港区疏港公路　　　　第1页　共1页

序号	工程名称	起讫桩号	位置	所属县乡村	土地类别及数量(亩)($666.67m^2$)					备注
					交通用地	宅地	园地	非经济林地	未利用地	
1	2	3	4	5	6	7	8	9	10	11
一	拌和场、施工驻地									
1	拌和场、施工驻地	K9+860~K9+900	左	碧里乡梅花村			0.75			
	K8+897.992~K10+000段小计						0.75			
2	拌和场、施工驻地	K10+355~K10+400	左	碧里乡梅花村					0.75	
	K10+000~K10+719.437段小计								0.75	
3	拌和场、施工驻地	K12+200~K12+240	左	碧里乡廪头村					0.75	
4	拌和场、施工驻地	K116+260~K16+300	左	碧里乡下莲村					0.75	
5	拌和场、施工驻地	K19+060~K19+100	左	碧里乡廪尾村					0.75	
	K10+719.437~K19+555.63段小计								2.25	
合计							0.75		3.00	

编制：　　　　复核：　　　　SXI-2

参 考 文 献

[1] 中华人民共和国行业标准. 公路工程标准施工招标文件(2018 年版)[S]. 北京:人民交通出版社股份有限公司,2018.